Jacques Baud

Ukraine entre guerre et paix

Max Milo

1. Comprendre le conflit

De la manière dont on comprend une crise découle la manière de la résoudre. Cette affirmation, que je répète souvent, semble simple. Pourtant, nous sommes incapables de le faire. C'était déjà le cas avec la «guerre contre la terreur» de George W. Bush, que tous les pays occidentaux se sont empressés de suivre en Afghanistan, en Irak et ailleurs, où nous avons d'ailleurs soutenu l'agresseur (alors que l'on savait qu'il mentait).

Toutes ces guerres ont été perdues, nos militaires, les victimes civiles de la guerre (y compris celles des attentats terroristes) ne sont morts que pour une seule raison : nous n'avons pas voulu comprendre ces conflits, leur nature, et leurs acteurs avant de nous y engager.

On ne gagne pas une guerre en se persuadant qu'on a gagné.

Tirer les leçons d'un conflit ne doit pas seulement permettre de revisiter nos doctrines d'engagement et l'orientation de nos politiques d'armement, mais aussi — et c'est l'essentiel — d'éviter que de nouveaux conflits apparaissent. Penser qu'un conflit est le produit d'une seule cause («Poutine est fou!») est puéril. Les conflits résultent toujours d'un faisceau de causes, dont l'importance relative varie dans le temps.

L'identification de ces causes et de leurs interactions est la tâche des services de renseignement et de ceux qui sont censés éclairer nos décideurs. Or, en France plus qu'ailleurs, la réflexion sur le conflit qu'elle vienne des «pro-Russes» ou des «pro-Ukrainiens» n'est pas basée sur des faits, mais sur des convictions. Le problème n'est d'ailleurs pas limité aux conflits militaires, mais à toutes les crises. On se souvient de la déclaration d'Olivier Véran, ministre de la Santé, le 18 février 2020, dont les intonations rappelaient étrangement le général Gamelin en 1939...

Je n'ai pas besoin de vérifier que la France soit prête. La France est prête! Et elle est prête parce que nous avons un système de santé extrêmement solide[1].

En France, des « experts » militaires comme les généraux Dominique Trinquand, Michel Yakovleff, et des colonels comme Pierre Servent ou Michel Goya sont dans cette tradition. Ils basent leur jugement sur leur perception (voire leurs préjugés) et non sur des faits. Cela plait à nos médias, mais cela conduit à la défaite.

Ce phénomène est illustré de manière exemplaire par le rapport d'information du Sénat français, publié en février 2023[2]. Il est construit sur des préjugés, des accusations non-fondées, et des rumeurs, tandis que des éléments essentiels à la compréhension du conflit ont été écartés. Chaque événement est décrit comme s'il était tombé du ciel, sans raison. Il en résulte une lecture fataliste des problèmes, qui est nécessairement émotionnelle, que l'on ne comprend qu'à travers des « punch lines » et qui rend impossibles des solutions en profondeur.

On peut déjà prédire qu'il satisfera ceux qui s'expriment sur les plateaux de télévision, mais perpétuera les erreurs qui ont été faites ces trente dernières années et qui ont systématiquement conduit à des désastres. Le problème est que ce rapport a l'ambition de guider la réflexion pour le futur des forces armées françaises.

Cela étant dit, le Rapport annuel sur la Sécurité de la Suisse[3], publié en septembre 2022, souffre exactement des mêmes travers.

Dans le monde francophone occidental, notre lecture du conflit ukrainien souffre d'un cruel manque de réflexion honnête, scientifique et académique. En Europe, plus qu'aux États-Unis, les problèmes sont jugés sans être analysés dans le but de condamner et non d'y trouver des solutions. Cela vaut aussi bien pour ceux qui adhèrent au narratif officiel et pour ceux qui le rejettent. Chacun semble y voir le reflet de ses propres

---

1. Alexandra Bensaid & Nicolas Demorand, « Olivier Véran sur le coronavirus : "La France est prête car nous avons un système de santé extrêmement solide" », *France Inter*, 18 février 2020
2. Cédric PERRIN & Jean-Marc TODESCHINI, « Ukraine : un an de guerre. Quels enseignements pour la France ? », Commission des Affaires étrangères, de la Défense et des Forces Armées du Sénat, Rapport d'information N° 334, 8 février 2023
3. https://www.newsd.admin.ch/newsd/message/attachments/72369.pdf

préoccupations, sans réellement se demander si cela correspond à la réalité du terrain.

On adapte les faits à nos conclusions au lieu d'adapter les conclusions aux faits. C'est d'ailleurs de cette manière que semblent être traités les problèmes politiques dans tous les domaines.

2. Les acteurs

2.1. Les États-Unis

On présente souvent le conflit en Ukraine comme un conflit entre la Russie et l'OTAN. C'est en partie vrai, mais il serait plus exact de dire qu'il s'agit d'un conflit entre les États-Unis et la Russie. L'OTAN n'étant, conceptuellement, que le bras armé de la stratégie américaine en Europe (et peut-être en Asie aussi, nous le verrons).

La compréhension du conflit ukrainien part inéluctablement de l'étude de la stratégie américaine globale, que les Américains appellent « *Grand Strategy* ». Elle est imprégnée d'une combinaison complexe d'éléments philosophiques, sociétaux, politiques et militaires qui ont fait l'objet de très nombreux ouvrages. Nous n'entrerons pas dans les détails ici et nous concentrerons sur certains aspects saillants.

Il y a dans la culture américaine une dimension messianique issue de leur passé religieux, qui part du principe que les États-Unis sont les porteurs d'une vérité à la fois morale et économique justifiant leur présence dans le monde entier. À la fois paternalistes et missionnaires, les États-Unis pensent avoir un rôle à jouer dans le développement du monde. Apparu à la fin de la Seconde Guerre mondiale avec l'accession de ces derniers à la puissance nucléaire, ce sentiment s'est littéralement emballé après la chute du communisme en 1989 et s'est encore renforcé après la guerre du Golfe de 1991.

Dans son ouvrage « *Le Grand Échiquier* », Zbigniew Brzeziński nous donne un aperçu de la perception américaine du monde. Mais, toute pertinente et intéressante qu'elle soit, cette lecture doit être nuancée. En 1997, lorsqu'il écrit son ouvrage, Brzeziński n'est plus « aux affaires ». Sa vision est essentiellement celle des années 1980. Par exemple, il ne perçoit pas l'affaiblissement structurel naissant des États-Unis, ni le rôle croissant de la Chine dans un système mondialisé. Par la force des choses, il ne tient pas compte des puissances économiques émergentes (Brésil, Russie, Inde, Chine, Afrique du Sud ou BRICS) et leur potentiel pour défier le leadership occidental.

Cela étant dit, il observe avec justesse que les relations entre l'Ukraine et la Russie sont de nature particulière. Il montre comment la politique américaine peut utiliser l'Ukraine comme levier pour toucher la Russie et que l'objectif est moins de développer l'Ukraine que d'empêcher la réémergence de la Russie comme superpuissance.

Le réel élément qui permet de comprendre la « Grand Strategy » des États-Unis dans l'après-guerre froide, est la « doctrine Wolfowitz ».

2.1.1. *La doctrine Wolfowitz*

Les Européens comprennent mal la politique intérieure et extérieure américaine. Beaucoup sont restés sur une lecture des années 1940 qui liait les Américains et les Européens dans une communauté civilisationnelle et de destin.

Dès 1945, épargné par la guerre, le continent américain a pu profiter d'un avantage industriel et technologique qu'il n'avait jamais eu auparavant. Mais avec le début de la guerre froide et la possession de l'arme nucléaire, l'idée d'une communauté de destin a évolué en une forme de paternalisme protecteur dont le plan Marshall et l'OTAN sont l'expression. Les États-Unis se sont progressivement sentis investis de la mission de mener le monde libre dans sa croisade contre les tyrannies.

Cette perception a culminé avec la chute du communisme en URSS. Une chute où pourtant les Occidentaux n'avaient rien à voir. C'est le système communiste qui a implosé et non l'idée un peu farfelue que les Occidentaux auraient poussé l'URSS dans des dépenses militaires exorbitantes.

Le 7 mars 1992, le *New York Times* publie une ébauche du *Defense Planning Guidance 1994-1998*, du Pentagone, qui esquisse la stratégie des États-Unis après la guerre froide[4] :

---

4. « Excerpts From Pentagon's Plan: 'Prevent the Re-Emergence of a New Rival' », *The New York Times*, 8 mars 1992 (https://www.nytimes.com/1992/03/08/world/excerpts-from-pentagon-s-plan-prevent-the-re-emergence-of-a-new-rival.html)

> *Notre premier objectif est d'empêcher la réémergence d'un nouveau rival, sur le territoire de l'ex-Union soviétique ou ailleurs, qui représente une menace de l'ordre de celle que représentait autrefois l'Union soviétique.*

Après la dissolution de l'Union soviétique et le succès de la première guerre du Golfe, les États-Unis apparaissent tout-puissants. Cette stratégie préconise de maintenir leur position dominante dans le monde, même au détriment de leurs plus proches alliés :

> *Alors que les États-Unis soutiennent l'objectif de l'intégration européenne, nous devons chercher à empêcher l'émergence d'arrangements de sécurité exclusivement européens qui pourraient affaiblir l'OTAN, en particulier la structure de commandement intégrée de l'Alliance.*

Ce document déclenche un tollé, contraignant le département de la Défense à édulcorer sa version définitive du 16 avril 1992. Il reste connu sous le nom de «*doctrine Wolfowitz*» et continue à imprégner la stratégie américaine de nos jours. Elle a la particularité d'annoncer que pour atteindre ces objectifs, les États-Unis ne peuvent se reposer sur les mécanismes onusiens :

> *Tandis que les États-Unis ne peuvent pas devenir le gendarme du monde et assumer la responsabilité de résoudre tous les problèmes de sécurité internationale, nous ne pouvons pas non plus permettre que nos intérêts critiques dépendent uniquement des mécanismes internationaux qui peuvent être bloqués par des pays dont les intérêts peuvent être très différents des nôtres.*

Wolfowitz fait évidemment allusion au Conseil de Sécurité des Nations Unies, qui permet aux autres membres permanents (P5) de s'opposer aux États-Unis, grâce au droit de veto. Il en conclut que les États-Unis doivent pouvoir agir en dehors de ce mécanisme. C'est ce qui se passera en 2001 pour la guerre en Afghanistan et en 2003 pour l'Irak. Ainsi, avec la doctrine Wolfowitz, les États-Unis se distancient de l'«ordre international basé sur le droit» (OIBD) issu de la Seconde Guerre mondiale, pour définir un «ordre international basé sur des règles» (OIBR), plus flexible[5].

C'est sur la base de cette doctrine que les États-Unis fonderont leur guerre contre le terrorisme, les enlèvements à l'étranger, la pratique de la torture, leurs interventions dans les affaires intérieures de leurs adversaires (par exemple en soutenant matériellement et financièrement les mouvements d'opposition), et à encourager les mouvements sécessionnistes dans certains pays.

2.1.2. Le piège de Thucydide

Tant que les États-Unis avaient les capacités matérielles, économiques et militaires pour assurer leur rôle de leader du monde occidental, la doctrine Wolfowitz était en cohérence avec une sorte d'ordre naturel des choses. Mais cela n'a pas duré.

La chute du Mur de Berlin était annonciatrice d'une ère nouvelle. Alors que la Guerre Froide avait été animée par la notion de «division», l'idée de mondialisation devait émerger cde celle d'«intégration», comme l'expliquait Thomas Friedman[6]:

> *Le symbole du système de la guerre froide était un mur, qui nous divisait tous. Le symbole du système de la mondialisation est le World Wide Web, qui nous unit tous.*

En synergie avec l'évolution technologique, la mondialisation est le système du mouvement et de l'ubiquité, alors que la guerre froide était essentiellement un système statique, symbolisé par la notion de «blocs».

La fin de la guerre froide constitue l'événement marquant de la fin du XXe siècle, mais n'est cependant qu'un élément d'une convergence de facteurs à cette époque. L'évolution technologique, la baisse du cout des communications, les mécanismes d'intégration économique, les accords de libre-échange, la délocalisation industrielle et l'(imparfaite) harmonisation sociale qui en résulte, donnent naissance à la notion de «village global» aux interdépendances croissantes.

---

5. https://diplomaticopinion.com/2021/05/10/the-rules-based-international-order/
6. Thomas L. Friedman, «From supercharged financial markets to Osama bin Laden, the emerging global order demands an enforcer. That's Americas new burden», *The New York Times Magazine*, 28 mars 1999.

Particulièrement aux États-Unis, la mondialisation n'est alors pas simplement vue comme un phénomène économique, mais aussi avant tout une attitude mentale, une philosophie. Elle a l'ambition de remodeler le monde en un réseau d'acteurs à la fois partenaires et concurrents, dont les relations sont déterminées par leur avantage comparatif.

Initialement, la mondialisation proposait une meilleure coopération internationale et une interdépendance garante de stabilité. Chacun apportait sa contribution à l'édifice global en fonction de ses moyens. L'idée était noble, mais elle a dérivé. Les pays occidentaux ont rapidement commencé à exploiter les écarts de couts des ressources à leur avantage sans que la promesse de développement ne soit remplie pour les pays du Sud. Seuls des pays comme la Chine et l'Inde, grâce à un haut niveau d'éducation et des capacités manufacturières quasi-illimitées, ont progressivement pu acquérir le savoir-faire nécessaire.

Le monde a commencé à se diviser en un Occident financiarisé et un « reste du monde » manufacturier. Dans les années 2000, comme à l'époque de la guerre du Viêt-Nam, empêtrés dans des guerres couteuses, les États-Unis ont concentré leurs efforts sur le maintien de leur complexe militaro-industriel, et progressivement abandonné l'industrie civile au « reste du monde ».

Les États-Unis n'ont pas su évoluer avec leur propre projet de mondialisation et se sont ainsi fait dépasser par ce dernier. Leur société est de plus en plus polarisée[7]. La pauvreté et la misère se développent à grands pas. Le pays compte plus de prisons que d'établissements universitaires[8] et la qualité de l'éducation est en chute libre[9]. Le système pénitentiaire est devenu une activité économique[10] et génère un chiffre d'affaires de près de 74 milliards de dollars par an, soit plus que le PIB de 133 pays dans le monde[11] ! Rappelons que, selon le 13e amendement de la Constitution

---

7. https://www.edelman.com/trust/2023/trust-barometer

8. Christopher Ingraham, « The U.S. has more jails than colleges », *The Washington Post*, 6 janvier 2015 (https://www.washingtonpost.com/news/wonk/wp/2015/01/06/the-u-s-has-more-jails-than-colleges-heres-a-map-of-where-those-prisoners-live/)

9. Christopher Ingraham, « The U.S. has more jails than colleges. Here's a map of where those prisoners live », *The Washington Post*, 6 janvier 2015.

10. L. B. Wright, « The American Prison System: It's Just Business », *Fordham Journal of Corporate & Financial Law*, 9 décembre 2018 (https://news.law.fordham.edu/jcfl/2018/12/09/the-american-prison-system-its-just-business/#_ednref8)

11. Brian Kincade, « The Economics of the American Prison System », *smartasset.com*, 1er novembre 2022 (https://smartasset.com/mortgage/the-economics-of-the-american-prison-system)

des États-Unis, l'esclavage n'a pas été aboli pour les prisonniers, et que de nombreuses firmes américaines en profitent pour produire à bas cout. La financiarisation de l'économie a amené la disparition progressive des savoir-faire et de compétences conduisant à un retard en matière d'innovation[12]. La délocalisation de services bon marché, comme les « call-centers » ou la gestion des cartes de crédit, a fait place à la délocalisation de services managériaux ou d'ingénierie à haute valeur ajoutée[13].

La richesse des États-Unis ne vient plus de sa capacité à manufacturer des biens, mais de celle à générer des bénéfices financiers. Ainsi, les distributeurs de glaces des McDonald's® rapportent plus d'argent en panne qu'en fonctionnant[14]. Aujourd'hui, les États-Unis sont le pays qui a le plus de pannes électriques des pays industrialisés[15].

Modèles de développement économique et industriel dans les années 1960, les États-Unis sont aujourd'hui sur le déclin. L'écart croissant entre leur position dominante sur le plan géostratégique et leurs performances économiques les pousse progressivement dans le « piège de Thucydide ». En d'autres termes, incapables de s'élever, ils cherchent à abaisser les autres. L'Europe suit le même chemin.

C'est ce qui explique la déclaration de Joe Biden lors de son discours du 31 mars 2021[16] :

> *Le reste du monde se rapproche [de nous] et se rapproche vite. Nous ne pouvons pas accepter que cela continue.*

Le vainqueur de cette compétition économique est indubitablement la Chine. C'est pourquoi elle est devenue le principal adversaire des États-Unis.

---

12. Steve Denning, « Why U.S. Firms Are Dying: Failure To Innovate », *Forbes*, 27 février 2015 ; Danny Vinik, « America's innovation crisis », *Politico*, 14 octobre 2016 ; Walter Isaacson, « How America Risks Losing Its Innovation Edge », *TIME Magazine*, 3 janvier 2019 ; Jordan Bar Am, Laura Furstenthal, Felicitas Jorge & Erik Roth, « Innovation in a crisis: Why it is more critical than ever », *McKinsey & Company*, 17 juin 2020
13. Anna Huffington, *Third World America*, Crown Publishers, New York, 2010, p. 27-29
14. Andy Greenberg, « They Hacked McDonald's Ice Cream Machines—and Started a Cold War », *Wired*, 20 avril 2021
15. Ula Chrobak, « The US has more power outages than any other developed country. Here's why. », Popular Science, 17 août 2020 (https://www.popsci.com/story/environment/why-us-lose-power-storms/)
16. « Remarks by President Biden on the American Jobs Plan », Carpenters Pittsburgh Training Center (Pittsburgh, Pennsylvania), *whitehouse.gov*, 31 mars 2021

Mais les Américains nourrissent une autre crainte. Ils se considèrent en compétition avec trois « challengers » : la Chine, un adversaire puissant, qui est sur le point de les dépasser ; l'Europe, une puissance importante, mais qui n'est pas un adversaire à leur taille et la Russie, qu'ils voient comme une puissance importante parce que nucléaire, mais loin de constituer une menace pour leur leadership. À court et moyen terme, à l'exception de la Chine, aucun de ces « challengers » n'est réellement en mesure de rivaliser individuellement avec les États-Unis en termes d'influence et de puissance.

Alors pourquoi cette obsession des États-Unis pour littéralement « détruire » la Russie ? Tout simplement parce qu'ils savent qu'inévitablement, la Russie doit se rapprocher de l'un ou l'autre de ses adversaires principaux (l'Europe ou la Chine) leur donnant un avantage décisif, grâce à sa position, sa taille et ses inépuisables ressources énergétiques.

C'est l'alliance avec la Russie qui déterminera l'équilibre des grandes puissances dans le futur. En formant un « bloc eurasiatique » avec l'Europe, la Russie mettrait les États-Unis en face deux adversaires (Eurasie et Chine) suffisamment puissants pour défier leur leadership mondial sur le long terme. En s'associant avec la Chine, la Russie la renforcerait certainement en un « bloc asiatique » fort, mais les États-Unis conserveraient leur allié européen et n'auraient ainsi qu'un seul réel adversaire, pris entre les deux.

C'est pourquoi la stratégie américaine envers la Russie lors de la crise ukrainienne, en constatant qu'elle l'avait littéralement poussé dans les bras de la Chine, n'est pas vraiment incongrue.

L'idéal, pour les États-Unis, reste un monde morcelé sur lequel ils peuvent exercer leur hégémonie. C'est pourquoi maintenir l'Europe loin de la Russie est depuis longtemps une priorité des États-Unis. En septembre 1982 déjà, dans un *Special National Intelligence Estimate* (SNIE) classifié SECRET, la CIA avait déjà évoqué le risque d'une relation trop étroite entre l'Europe et l'URSS basée sur les ressources énergétiques[17]. La même année, le président Ronald Reagan avait (déjà !)

---

17. « The Soviet Gas Pipeline in Perspective », Special National Intelligence Estimate, SNIE 3-11/2-82, *Central Intelligence Agency*, 3 septembre 1982 (http://insidethecoldwar.org/sites/default/files/documents/NIE 3-112-82 The Soviet Gas Pipeline in Perspective September 21, 1982.pdf)

autorisé une opération clandestine visant à détruire le gazoduc Bratsvo[18], quarante ans presque jour pour jour avant la destruction des gazoducs Nord Stream 1 et 2 !

Rôle de la Russie dans la perception stratégique américaine

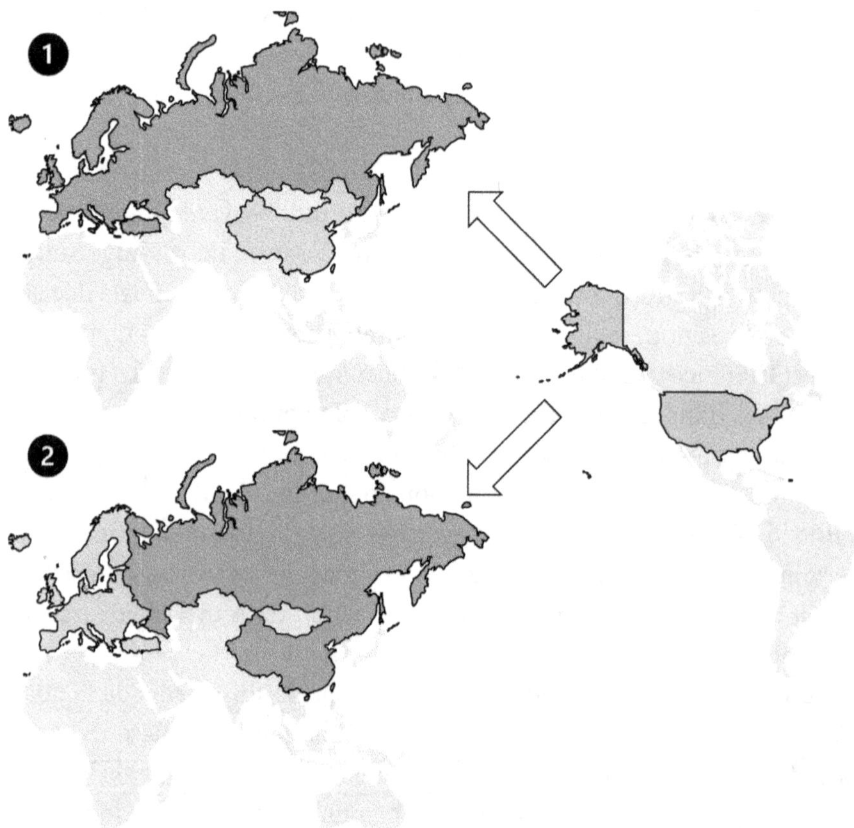

Figure 1 — Perception des États-Unis du rôle de la Russie comme pivot, pouvant donner à ses rivaux (l'Europe et la Chine) un avantage décisif. La Russie, comme source de matériaux stratégiques pourrait donner l'avantage à l'Europe en un bloc eurasiatique (1) ou à la Chine en un bloc asiatique (2).

Une Europe disposant d'une énergie abondante et bon marché signifierait à terme une perte d'influence des États-Unis. Avec la chute du commu-

---

18. David E. Hoffman, «Reagan Approved Plan to Sabotage Soviets», *The Washington Post*, 27 février 2004 (https://www.washingtonpost.com/archive/politics/2004/02/27/reagan-approved-plan-to-sabotage-soviets/a9184eff-47fd-402e-beb2-63970851e130/)

nisme, le risque d'un rapprochement entre l'Europe et la Russie au-delà d'une simple fourniture d'énergie n'a fait que renforcer cette perspective.

Significativement, la « dépendance » de l'Europe par rapport à la Russie n'apparaît pas vraiment dans le discours européen jusqu'à l'arrivée de Donald Trump. Son objectif est alors de rendre aux États-Unis leur grandeur (« *Make America Great Again!* »). Ne pouvant s'élever, il faut maintenir la tête des concurrents potentiels sous l'eau. C'est pourquoi l'administration Trump a rapidement appliqué des sanctions à la Chine, à l'Allemagne pour Nord Stream 2 et littéralement à l'ensemble de la planète pour ce qui concerne Huawei.

Afin de réduire leurs adversaires, les États-Unis entreprennent systématiquement de les fragmenter. C'est le vieux principe romain de *divide et impera* (diviser pour régner) qu'ils ont appliqué en ex-Yougoslavie, en Irak, au Moyen-Orient, en Syrie, qu'ils tentent déjà d'appliquer en Chine. C'est d'ailleurs la stratégie préconisée par Israël au Proche-Orient (plan Yinon[19]). C'est une illustration parfaite de l'idée d'un « ordre international basé sur des règles », qui se met en place au mépris de la Charte des Nations Unies.

La Russie a perçu ce risque ; et sa détermination à y résister est systématiquement tournée en dérision par ceux qui rejettent le droit international. Pourtant, la menace est bien réelle. Sous le titre « Décolonisation de la Russie »[20] un projet s'est développé en Europe dès le début des années 1990[21] sous le patronage des États-Unis. Il vise à démembrer la Russie en 19 ou 34 États indépendants (selon les modèles) en fonction de leurs composantes ethniques. Il est d'ailleurs singulier de constater qu'il est soutenu par les mêmes politiciens qui souhaitent plus d'intégration en Europe ! Nos politiciens, encouragés par nos médias, tentent de faire en Russie ce qu'ils ont tenté de faire en Afrique et ailleurs…

Un premier « *Forum des Nations Libres de Russie* » s'est déroulé à Varsovie en mai 2022, suivi d'un deuxième à Prague les 23 et 24 juillet 2022, d'un troisième à Gdansk les 23-25 septembre 2022 et un quatrième le 30 janvier 2023 au Parlement européen, à Bruxelles.

---

19. « À Clean Break : A New Strategy for Securing the Realm », *The Institute for Advanced Strategic and Political Studies,* July 1996, (http://www.informationclearinghouse.info/article1438.htm)
20. Casey Michel, « Decolonize Russia », The Atlantic, 27 mai 2022 (https://www.theatlantic.com/ideas/archive/2022/05/russia-putin-colonization-ukraine-chechnya/639428/)
21. https://www.csce.gov/international-impact/events/decolonizing-russia

De manière assez paradoxale et ironique, notre propagande contredit systématiquement ce que disent les dirigeants ukrainiens. Ainsi, sur le média d'État suisse RTS, la « paranoïa » de Vladimir Poutine est évoquée régulièrement, comme par Michel Eltchaninoff, philosophe[22], où Patrick Lemoine, psychiatre[23]. Mais le 3 mars 2023, Oleksiy Danilov, secrétaire du Conseil de défense et de sécurité nationale de l'Ukraine, déclare sur ce même média[24] :

> *l'Occident doit se préparer à la décolonisation de la Russie. La Russie va cesser bientôt d'exister dans ses frontières actuelles. Cela ne dépend pas de nous. Le début de l'écroulement de la Russie a été provoqué par Poutine le 24 février 2022. [...] Les processus qui ont œuvré à l'écroulement de l'URSS sont maintenant en cours dans la Russie d'aujourd'hui.*

Il confirme ce qu'il avait déjà déclaré un mois auparavant dans *The Kyiv Independent*, que la désintégration de la Russie est l'objectif de l'Ukraine[25]. C'est parfaitement cohérent avec ce qu'Olekseï Arestovitch avait déclaré en mars 2019 : la destruction de la Russie est la condition pour que l'Ukraine puisse adhérer à l'OTAN et entrer de plain-pied dans la communauté occidentale. Que cela soit une réalité objective ou une vision de l'esprit est certainement discutable, mais c'est la vision et la lecture des dirigeants américains et ukrainiens.

Singulièrement, alors que les médias anglo-saxons évoquent assez régulièrement le projet de démantèlement de la Russie[26], les médias francophones occultent systématiquement les événements et faits qui pourraient contredire leur narratif.

---

22. https://www.rts.ch/info/culture/livres/13114631-michel-eltchaninoff-poutine-peut-passer-de-la-theorie-aux-actes-tres-facilement.html

23. https://www.rts.ch/info/monde/12951473-megalomane-sous-cortisone-parano-la-sante-mentale-de-vladimir-poutine-analysee-par-un-psychiatre.html

24. https://www.rts.ch/info/monde/13818312-lukraine-demande-des-armes-des-armes-et-encore-des-armes.html

25. Alexander Query, « Danilov: 'Ukraine's national interest is Russia's disintegration' », *The Kiyv Independent*, 6 février 2023 (https://kyivindependent.com/national/danilov-ukraines-national-interest-is-russias-disintegration)

26. Anchal Vohra, « The West Is Preparing for Russia's Disintegration », *Foreign Policy*, 17 avril 2023 (https://foreignpolicy.com/2023/04/17/the-west-is-preparing-for-russias-disintegration/)

Carte des États libres post-russes — Décolonisation et reconstruction de la Russie[27]

Figure 2 — Carte présentée sur le site freenationsrf.org avec une partition à 34 États.

La gestion de cette crise montre que ni les Américains, ni les Européens n'ont la moindre compassion pour l'Ukraine. D'ailleurs, Kevin McCarthy, successeur de la très médiatisée Nancy Pelosi au poste de porte-parole de la Chambre des Représentants, a accepté de réduire l'aide à l'Ukraine en échange des voix nécessaires à son élection[28]! Il refusera d'ailleurs l'invitation de Zelensky en mars 2023. Ce qui montre à quoi tiennent nos « valeurs »!...

---

27. https://freenationsrf.org/

28. Josie Ensor, « Kevin McCarthy 'agreed to cut aid to Ukraine' to secure US speaker role », The Telegraph, 7 janvier 2023 (https://www.telegraph.co.uk/world-news/2023/01/07/kevin-mccarthy-fails-14th-ballot-speaker-us-house/)

2. Les acteurs

Figure 3 — Carte présentée au Forum des Nations Libres de Russie les 23 et 24 juillet 2022 à Prague. Elle montre une autre version de la partition de la Russie décomposée en 19 États indépendants.

2.1.3. La stratégie de la RAND Corporation (2019)

L'observation des événements en Ukraine et sur le pourtour de la Russie depuis 2020 met en évidence un schéma très cohérent. Contrairement à ce qu'affirme le journaliste Jean-Philippe Schaller, il ne faut pas être un agent de Poutine pour lire la stratégie esquissée en 2019 par la *RAND Corporation*[29] «*pour les États-Unis et leurs alliés*», avec l'objectif de «*mettre sous tension et déséquilibrer la Russie*»[30].

Il s'agit d'un ensemble de deux documents établis par le principal «think tank» du Pentagone : «*Extending Russia : Competing from Advantageous*

---

29. La RAND Corporation est un think-tank créé par le Pentagone au début de la guerre froide pour élaborer des stratégies contre l'URSS.
30. James Dobbins *et al.*, «Overextending and Unbalancing Russia», *RAND Corporation* (doc. n° RB-10014-A), 2019.

Ground[31]» et «*Overextending and Unbalancing Russia*[32]». Ils totalisent environ 350 pages et esquissent une stratégie complexe visant à créer des situations provoquant des tensions sociales et économiques, qui placent la Russie en permanence sur la défensive, sur plusieurs fronts à la fois, pour la déstabiliser et l'affaiblir politiquement en interne et à l'extérieur.

Son principe s'inspire du mythe — très répandu en France[33] — que l'URSS s'est effondrée à la suite d'une «surtension» de ses capacités, provoquée par le projet de «guerre des étoiles» de Ronald Reagan... Le problème est que c'est faux. Comme le constatait déjà un rapport de la CIA de l'époque, l'URSS ne s'est jamais engagée dans cette course[34]. L'URSS ne s'est pas effondrée à cause de l'action occidentale, c'est le système communiste qui a implosé, car il n'était pas viable.

Les mythes qui composent notre connaissance de la Russie sont à l'origine des décisions malheureuses — et stupides — que nous prenons aujourd'hui.

Ce qui est frappant dans ce document, qui compte une trentaine de recommandations majeures, est qu'à *aucun moment* il ne mentionne la promotion des droits humains ou l'État de droit. Il est clair ici qu'il ne s'agit pas de promouvoir la démocratie, améliorer la situation en Russie, ou aider l'Ukraine, mais à faire avancer les intérêts américains.

Toutefois, on oublie souvent que la RAND Corporation mettait en garde les décideurs politiques contre la mise en œuvre de cette stratégie, car elle pourrait provoquer une intervention de la Russie en Ukraine :

> *[...] Une telle action pourrait également avoir un cout important pour l'Ukraine ainsi que pour le prestige et la crédibilité des États-Unis. Il pourrait en résulter des pertes humaines et territoriales disproportionnées pour l'Ukraine, ainsi que des flux de réfugiés. Elle pourrait même conduire l'Ukraine à une paix désavantageuse.*

---

31. James Dobbins, Raphael S. Cohen, Nathan Chandler, Bryan Frederick, Edward Geist, Paul DeLuca, Forrest E. Morgan, Howard J. Shatz, Brent Williams, «Extending Russia : Competing from Advantageous Ground», *RAND Corporation*, 2019
32. James Dobbins & al., «Overextending and Unbalancing Russia», *RAND Corporation*, 2019 (Doc Nr RB-10014-A), 2019
33. Thierry Wolton, *Le KGB en France*, Grasset, 1986.
34. «Moscow's Response to US Plans for Missile Defense», Internet archive (web.archive.org/web/20170119110741/https://www.cia.gov/library/readingroom/docs/DOC_0006122438.pdf).

On savait donc pertinemment, dès 2019, que notre politique de déstabilisation de la Russie en s'appuyant sur l'Ukraine pouvait générer une catastrophe...

Options pour déstabiliser la Russie

Options géopolitiques	Probabilité de succès	Avantages (États-Unis)	Coûts et risques (Russie)
Fournir une aide létale à l'Ukraine	moyenne	élevés	élevés
Augmenter le soutien aux rebelles syriens	faible	moyens	élevés
Promouvoir la libéralisation au Belarus	faible	élevés	élevés
Intensifier les liens avec le Sud-Caucase	faible	faible	moyens
Réduire l'influence russe en Asie centrale	faible	faible	moyens
Déstabiliser la Transnistrie	faible	faible	moyens

Figure 4 — Analyse des options pour déstabiliser la Russie en matière géopolitique selon la RAND Corporation. On y reconnaît nombreux éléments qui ont été tentés par les États-Unis en 2020-2023. Mais on constate également que la RAND Corporation avait identifié que ces actions auraient une faible probabilité de succès. Le problème est que nos politiciens ne lisent pas et sont généralement incultes. C'est ce qui explique la faillite de la stratégie occidentale. [Source : « Overextending and Unbalancing Russia », RAND Corporation, 2019 (p. 4).]

2.2. L'Ukraine

2.2.1. Les objectifs de l'Ukraine

Nous connaissons les objectifs de l'Ukraine par l'interview donnée par Olekseï Arestovitch, proche conseiller de Zelensky, le 18 mars 2019 : il s'agit d'entrer dans l'OTAN, pour ensuite entrer dans l'Union européenne. Le problème est que les tensions avec la Russie, l'OTAN ne peut accepter l'Ukraine en son sein sans courir le risque d'activer l'article 5 de la Charte atlantique. C'est un peu comme vouloir contracter une police d'assurance pour un risque dont la probabilité d'occurrence est de 100 % !

Les accords de Minsk auraient pu contribuer de manière décisive à calmer ces tensions et permettre plus facilement l'accession de l'Ukraine dans l'OTAN. Mais les aveux d'Angela Merkel et de François Hollande montrent que les Occidentaux cherchaient à entretenir ces tensions, l'intérêt de l'Ukraine n'étant qu'un objectif secondaire.

L'entrée de l'Ukraine dans l'OTAN n'est donc possible que si la Russie est dans l'incapacité de la menacer. Il lui faut donc faire subir une défaite cuisante qui anéantisse son économie, provoque une révolution et un changement de régime, voire un démantèlement de la Russie en entités plus petites. C'est exactement ce que déclare Arestovitch : «*Notre prix pour entrer dans l'OTAN est une guerre contre la Russie et sa défaite*». Il donne alors même la date probable de cette guerre : «*2021 ou 2022*»[35] !

Mais le prix à payer sera plus élevé que prévu, comme nous le verrons.

En mars 2022, lors d'un entretien sur CNN, Zelensky lui-même reconnaîtra qu'il a été manipulé et instrumentalisé par les Américains pour entrer dans l'OTAN[36] :

> *Je leur ai demandé personnellement de dire franchement s'ils allaient nous accepter dans l'OTAN dans un an ou deux ou cinq, de le dire directement et clairement, ou de dire simplement non [...] Et la réponse a été très claire, vous ne serez pas membre de l'OTAN, mais publiquement, les portes resteront ouvertes.*

Cette mécanique qui doit conduire à l'effondrement de la Russie et ultérieurement à l'extension de l'OTAN n'est pas une création ukrainienne, mais américaine.

Il s'agit de pousser la Russie dans un conflit, qui doit permettre l'application massive et brutale d'un déluge de sanctions. Il s'agit d'isoler la Russie en une forme de « mobbing stratégique » visant à la mettre au ban de la communauté internationale et ainsi provoquer un changement de

---

35. « Predicted Russian – Ukrainian war in 2019 – Alexey Arestovich », YouTube, 18 mars 2022 (https://youtu.be/1xNHmHpERH8)
36. Chandelis Duster, « Zelensky: "If we were a NATO member, a war wouldn't have started" », cnn.com, 20 mars 2022 (https://edition.cnn.com/europe/live-news/ukraine-russia-putin-news-03-20-22/h_7c08d64201fdd9d3a141e63e606a62e4)

régime. Publiés en avril 2019, les deux documents décrivent exactement ce que l'on observera en 2022-2023.

Comme l'explique Olekseï Arestovitch, l'adhésion de l'Ukraine à l'OTAN doit nécessairement passer par la destruction de l'État russe ou par le renversement de son gouvernement (avec l'aide des Occidentaux). Autrement dit, pour l'Ukraine la défaite totale de la Russie est un « objectif facilitant » (*enabling objective*), alors que pour les États-Unis, il s'agit d'un « objectif final » (*end goal*).

C'est pour les pousser à se révolter que les sanctions occidentales frappent également les citoyens russes. D'ailleurs, en septembre 2022, Volodymyr Zelensky a déclaré qu'il n'accepterait de négocier avec la Russie qu'à la condition que Vladimir Poutine ne soit plus au pouvoir[37]. Il a d'ailleurs promulgué un décret quelques jours plus tard, interdisant toute négociation avec la Russie avant le départ de Vladimir Poutine[38]. En d'autres termes, les négociations de paix ne dépendent pas de la situation de l'Ukraine, mais de celle de la Russie. Ce qui confirme que les Occidentaux ne cherchent pas la victoire de l'Ukraine, mais la défaite de la Russie.

Comme l'avait déclaré Olekseï Arestovitch en mars 2019, c'est le prix à payer par l'Ukraine. C'est pourquoi, pour nos politiciens, peu importe le prix. Comme le dit le sénateur républicain Lindsey Graham, il s'agit de laisser les Ukrainiens se battre jusqu'au dernier[39]. C'est d'ailleurs la même formulation qui a été utilisée par François Hollande lors d'une interview où il a été piégé par les humoristes Lexus et Vovan qui se sont fait passer pour Petro Porochenko[40]. C'est une vision quasi-millénariste, que l'Occident s'est empressé d'embrasser, qui pousse un pays à l'autodestruction pour créer un renouveau de l'espace géostratégique européen.

2.2.2. La stratégie ukrainienne

L'Ukraine savait qu'une offensive contre le Donbass déclencherait une réaction de Moscou. Comme l'indique très clairement Olekseï Arestovitch en mars 2019, elle s'est engagée dans ce conflit en sachant qu'elle devrait se

37. « Ukraine Will Not Negotiate with Russia as Long As Putin Is In Power: Zelensky », *Barron's/ AFP*, 30 septembre 2022 (https://www.barrons.com/news/ukraine-will-not-negotiate-with-russia-as-long-as-putin-is-in-power-zelensky-01664548507)
38. Vladimir Socor, « Zelenskyy Bans Negotiations with Putin », *Eurasia Daily Monitor* (Volume 19, n° 147), 5 octobre 2022 (https://jamestown.org/program/zelenskyy-bans-negotiations-with-putin/)
39. https://youtu.be/HkbwZCqn7BY
40. https://youtu.be/D8FDgJsrRt0?t=549

battre. Mais il semble que Volodymyr Zelensky ait été leurré par les promesses américaines que les sanctions massives mettraient très rapidement la Russie à genoux et qu'après de brefs combats, l'Ukraine serait victorieuse, Les sanctions contre la Russie faisaient partie de la stratégie ukrainienne et occidentale.

C'est pourquoi, bien que les Occidentaux sussent qu'il y aurait une intervention russe, aucune mesure de précaution n'a été prise pour évacuer les populations ukrainiennes de la zone prévisible des combats. En fait, le gouvernement ukrainien pensait que les Russes seraient stoppés par les conséquences économiques, sociétales et politiques de leur intervention avant même de pouvoir la concrétiser.

Processus devant conduire à l'adhésion de l'Ukraine à l'OTAN

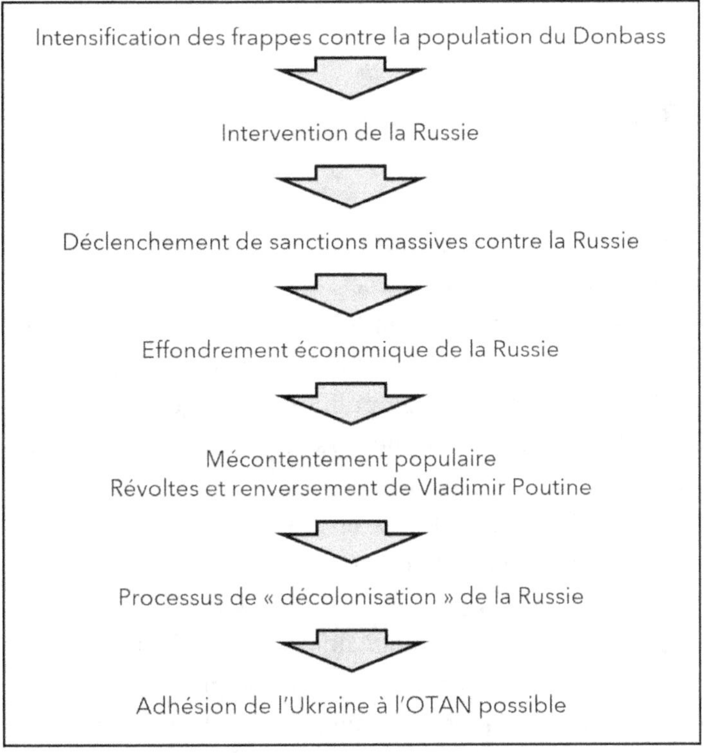

Figure 5 — L'accession de l'Ukraine à l'OTAN passe par la disparition de la Russie en tant que puissance géostratégique. Processus pour détruire la Russie en tant que puissance stratégique et permettre l'intégration de l'Ukraine dans l'OTAN. Ce processus est décrit par la RAND Corporation et Olekseï Arestovitch, conseiller de Volodymyr Zelensky en 2019.
Il explique pourquoi les Occidentaux attachent plus d'importance à la défaite de la Russie qu'à la victoire de l'Ukraine. Victoire dont on n'a jamais pu articuler les critères.

Mais la résilience de l'économie et de la société russe en a décidé autrement. Les combats ont littéralement phagocyté l'armée ukrainienne. Aujourd'hui, Zelensky est pris entre l'exigence de victoire que lui impose sa classe politique qui n'acceptera pas une négociation après autant de sacrifices et un combat désespéré.

C'est la raison pour laquelle, Volodymyr Zelensky peut se permettre d'être exigeant avec les Occidentaux. Avec le risque que cela génère un agacement croissant. Ainsi, des parlementaires américains ont demandé à Joe Biden de cesser les livraisons d'armes[41]. Mais en lui faisant miroiter une victoire rapide, les Américains ont clairement acquis une dette envers l'Ukraine. C'est pourquoi Joe Biden et Jens Stoltenberg ont été contraints de promettre une aide « *pour aussi longtemps qu'il faudra* » à Zelensky[42].

2.3. La Russie

2.3.1. *Les objectifs de la Russie*

Quelles que soient nos préférences, juger un conflit — et plus encore, une guerre — avec partialité conduit à de mauvaises décisions. C'est ce qui s'est passé avec notre lecture des objectifs de la Russie, qui a créé une image artificielle de la politique étrangère et de la stratégie russes et a ainsi poussé l'Ukraine vers une détérioration irrémédiable de la situation.

Pour la Russie, la guerre a débuté en 2014 déjà, et les accords de Minsk devaient y mettre fin. C'est la détermination des Ukrainiens, de l'Allemagne, de la France, des États-Unis et de la Grande-Bretagne à ne pas les mettre en œuvre qui a conduit à une nouvelle phase du conflit, qui a poussé les Russes à intervenir. Cette nouvelle phase n'avait pas d'autre but que d'imposer par la force ce que les Accords de Minsk auraient dû

---

41. Kelley Beaucar Vlahos, « Republican lawmakers to Biden: no more 'unrestrained aid' to Ukraine », *Responsible Statecraft*, 20 avril 2023 (https://responsiblestatecraft.org/2023/04/20/re-publican-lawmakers-to-biden-no-more-unrestrained-aid-to-ukraine/)
42. Patsy Widakuswara, « Biden to Vow 'As Long as It Takes' Support for Ukraine on War Anniversary », *Voice of America*, 17 février 2023 (https://www.voanews.com/a/biden-to-vow-as-long-as-it-takes-support-for-ukraine-on-war-anniversary-/6968536.html)

apporter : la sécurité pour les populations du Donbass. C'est pourquoi les Russes voient leur intervention comme une « *Opération Militaire Spéciale* » (*Spetsialnaya Voïennaya Operatsya* ou SVO).

Le 24 février 2022, Vladimir Poutine a énoncé les deux objectifs de cette opération : « démilitarisation » et « dénazification ». Il a tiré ces termes des quatre objectifs formulés par l'*Autorité de contrôle alliée* en juillet 1945 à la Conférence de Potsdam pour l'Allemagne.

N'ayant pas voulu écouter et comprendre Vladimir Poutine, les Occidentaux ont systématiquement conseillé et aidé l'Ukraine dans la mauvaise direction. De manière un peu cynique, on pourrait dire que les Russes devraient remercier nos médias qui ont tout fait pour que l'Ukraine prenne les mauvaises décisions. En fait, les Occidentaux ont privilégié le narratif à la réalité du terrain.

Premièrement, les objectifs exprimés par Vladimir Poutine ne sont pas liés à un élément physique (territoire, ville, etc.), mais à un élément dynamique (destruction de forces). Cela signifie que la manière d'atteindre l'objectif est liée à l'évolution des forces sur le terrain et non à un projet politique préétabli.

Deuxièmement, il faut comprendre le cadre philosophique dans lequel les Russes opèrent. Ils ont une perspective clausewitzienne, dans laquelle la guerre et la politique (étrangère) ont la même finalité. Ainsi, l'accomplissement d'objectifs opératifs et militaires peut être exploité pour atteindre des objectifs stratégiques et politiques. Cela signifie que les objectifs atteints sur le terrain seront utilisés comme levier pour atteindre d'autres objectifs, par exemple, la neutralité de l'Ukraine.

2.3.1.1. *Les narratifs alternatifs occidentaux sur les causes — les faux amis*

Pour comprendre la dynamique du conflit (et si possible le résoudre) il faut donc soigneusement distinguer entre les causes de l'intervention militaire et les objectifs que cette intervention permettrait d'atteindre.

Notre irrépressible tendance à remplacer le discours des protagonistes par nos propres « impressions » détachées des faits nous conduit invariablement vers une dégradation de la situation. Cela concerne les médias qui relaient les idées des néonazis ukrainiens, mais aussi des analystes parfois considérés comme « pro-russes ». Ces soi-disant experts ont développé toute une série de discours qui cherchent à expliquer l'intervention russe, non sur la base de ce que les Russes ont dit, mais sur celle de leurs propres perceptions ou de leurs propres attentes. On ne construit pas la paix sur des chimères, mais sur des faits.

2.3.1.1.1. L'intervention russe serait l'expression d'un conflit de civilisation

Propagé à la fois par l'extrême-droite et l'extrême-gauche, ce narratif explique la guerre en Ukraine comme un affrontement entre une civilisation traditionaliste inspirée par la religion et un Occident « wokiste »[43]. C'est faux. S'il y a bien deux « grandes » manières de comprendre la société sur le continent européen, sa ligne de fracture n'est pas à la frontière russe, mais entre l'Europe occidentale (la « vieille Europe » selon Donald Rumsfeld) et l'Europe orientale (la « nouvelle Europe »). Comme la Russie, les pays baltes, la Pologne, le Bélarus, la Hongrie ou l'Ukraine appartiennent à une culture plus traditionnelle qui a une vision plus saine et plus équilibrée de la société. La Russie ne mène pas une guerre de civilisation. On pourrait même dire que c'est l'inverse. Les Occidentaux ont le sentiment que seule leur manière de voir est juste et que le reste du monde doit adopter cette même vision du monde. Les Russes, en revanche, pensent que chaque société a un aspect positif, et qu'il n'y a pas lieu d'imposer une manière de voir.

2.3.1.1.2. L'intervention russe serait causée par l'extension de l'OTAN à l'Est

C'est la justification donnée par les milieux hostiles à l'OTAN. C'est faux. Il importe ici de distinguer les motifs de tensions entre l'Occident et la Russie et la raison pour laquelle cette dernière a décidé d'intervenir en Ukraine.

La Russie voit comme une menace existentielle la possibilité que le territoire ukrainien soit utilisé par l'OTAN pour y déployer des troupes et des systèmes d'armes. Le 30 novembre 2021, Vladimir Poutine avait mis en garde l'OTAN contre un tel déploiement, et avait déclaré que

---

43. https://www.rts.ch/info/monde/13163399-alexandre-soljenitsyne-a-la-source-des-discours-de-vladimir-poutine-sur-lukraine.html

cela représenterait une ligne rouge pour la Russie qui provoquerait une réponse forte[44].

Depuis la fin de la guerre froide, l'OTAN s'est lentement rapproché de la frontière russe. Les promesses occidentales de ne pas étendre l'Alliance à l'Est n'ont jamais été tenues parce qu'elles n'étaient pas entérinées par un traité. Dans un premier temps, les Russes n'ont pas perçu l'extension de l'OTAN comme une menace. Au début des années 1990, ils caressaient même l'espoir de faire partie d'un OTAN qui aurait été repensé en un système de sécurité collective basée sur la coopération et non plus sur la confrontation, sur le modèle de l'OSCE. Cette position a été maintenue par Vladimir Poutine au début des années 2000. Cela a changé dès 2002, lorsque les Américains, sous la présidence de George W. Bush, ont commencé à se retirer de tous les traités de désarmement.

À la différence des Occidentaux, dont la pensée stratégique s'inscrit dans un rapport de forces, les Russes pensent en termes de « *corrélation des forces* » (Соотношение Сил), une expression trop souvent traduite en Occident par « *équilibre des forces* ». Alors que les Occidentaux voient la guerre comme un affrontement de forces, les Russes comprennent la guerre comme une combinaison de facteurs qui vont du tactique au stratégique, avec des objectifs qui s'emboîtent les uns dans les autres dans une cohérence politique et stratégique. La notion de « corrélation des forces » traduit donc une vision holistique de la guerre que n'ont pas les Occidentaux. C'est d'ailleurs la raison pour laquelle les Occidentaux ont connu des échecs au Viêt-Nam, au Moyen-Orient, au Sahel et dans la lutte contre le terrorisme.

Ainsi, l'extension de l'OTAN n'était pas un problème pour les Russes tant que les États-Unis respectaient les accords de maîtrise des armements. C'est leur retrait progressif de ces accords, puis la décision de déployer des missiles en Europe de l'Est qui a créé l'inquiétude des Russes, exprimée par le discours du 10 février 2007 à Munich. Vladimir Poutine constate alors que les Occidentaux jouent avec le droit international, pas seulement au Moyen-Orient, mais également en Europe. Il ne s'agit donc pas, comme le prétend Benoît Vitkine, correspondant

---

44. « Putin says NATO troops in Ukraine would be a 'red line' for Moscow », *PBS*, 30 novembre 2021 (https://www.pbs.org/newshour/world/putin-says-nato-troops-in-ukraine-would-be-a-red-line-for-moscow)

du Monde à Moscou, d'un «*discours hostile contre le monde unipolaire et donc contre les États-Unis*»[45], mais de la traduction d'une inquiétude, face à un Occident qui semble ne pas se fixer de limites.

Jusqu'au début 2022, la Russie considérait l'évolution de l'OTAN comme un problème politique, qui devait avoir une solution diplomatique. C'est pourquoi, à la mi-décembre 2021, elle a soumis des propositions aux États-Unis et à l'OTAN. Mais avec la dégradation de la situation au Donbass en février, la Russie a décidé d'intervenir au profit des populations du Donbass et de saisir l'opportunité d'exploiter une victoire en Ukraine comme levier pour trouver une solution à la fois pour la sécurité des populations russophones d'Ukraine et pour sa propre sécurité.

2.3.1.1.3. L'intervention russe viserait à reconstituer l'empire tsariste ou de l'Union soviétique (on ne sait pas vraiment)

C'est le narratif porté par les néonazis (ou similaires) dans les pays baltes, en Pologne et en Ukraine. C'est une forme de conspirationnisme, basée sur les écrits d'Alexandre Douguine que la presse de boulevard[46] et nos médias d'État[47] décrivent comme «*un proche de Vladimir Poutine*»[48]. C'est tout simplement un mensonge, car non seulement il semble que les deux hommes ne se soient jamais rencontrés[49], mais Douguine voit Poutine comme un «libéral» et le critique ouvertement[50]. Il aurait même été renvoyé de l'Université de Moscou pour ses propos extrémistes en 2014, selon le média ukrainien *Euromaidan Press*[51]. Nos médias mentent une fois de plus, mais c'est probablement leur rhétorique qui a encouragé les Ukrainiens à mener un attentat

---

45. Caroline Roux dans l'émission «C dans l'air» du 17 octobre 2021 («Poutine, maître du jeu #cdanslair 17.10.2021», *France 5/YouTube*, 18 octobre 2021) (1h33'30")

46. https://www.thesun.co.uk/news/19571946/putins-guide-alexander-hospital-bomb-killed-daughter/

47. https://www.rts.ch/info/monde/13319945-la-fille-dun-ideologue-russe-proche-du-kremlin-tuee-dans-lexplosion-dune-voiture-a-moscou.html

48. Katherine Bayford, «Alexander Dugin was never Putin's brain», *Unherd*, 22 août 2022 (https://unherd.com/thepost/alexander-dugin-was-never-putins-brain/)

49. Pjotr Sauer, «Alexander Dugin: who is Putin ally and apparent car bombing target?», *The Guardian*, 21 août 2022 (https://www.theguardian.com/world/2022/aug/21/alexander-dugin-who-putin-ally-apparent-car-bombing-target)

50. https://irrussianality.wordpress.com/2017/09/13/interview-with-alexander-dugin/

51. «Putin's ideologist, chauvinist philosopher Dugin fired from work», *Euromaidan Press*, 28 juin 2014 (https://euromaidanpress.com/2014/06/28/putins-ideologist-chauvinist-philosopher-dugin-fired-from-work/)

---

terroriste contre lui en août 2022. Ce qui pourrait expliquer que nos médias n'aient pas condamné cet acte !

On attribue également à Vladimir Poutine (ex-membre du KGB, bien sûr !!) une nostalgie l'ex-URSS en déclarant que « *la destruction de l'URSS fut la plus grande catastrophe géopolitique de l'histoire du XXe siècle*[52] ». Cette phrase revient périodiquement dans les médias, comme la *RTS*[53], *Le Monde*[54], *Le Figaro*[55] ou *France 24*[56], pour illustrer son ambition de restaurer la « grandeur » de l'URSS. C'est de la propagande. En réalité, la phrase est tirée d'un discours du 25 avril 2005, où Poutine ne regrette pas le régime soviétique, mais la *manière chaotique* dont le passage vers la démocratie s'est déroulé pour la société russe[57]. À la différence d'Alexandre Loukachenko, président du Bélarus, Vladimir Poutine n'est pas un nostalgique du monde communiste. Au contraire, il a promu des politiques économiques très « occidentales ». D'ailleurs, Alexandre Soljenitsyne et Alexandre Douguine, que l'on décrit comme ses sources d'inspiration, étaient de virulents opposants au système soviétique.

2.3.1.1.4. L'intervention russe nierait l'existence du peuple ukrainien

La propagande d'extrême-extrême-droite ukrainienne est relayée par nos journalistes qui attribuent à Vladimir Poutine l'idée que l'Ukraine « *est un pays qui n'existe pas et qu'il ne reconnaît pas l'existence de l'Ukraine en tant que pays*[58] ».

À l'appui de cet argument on cite invariablement un article de Vladimir Poutine publié le 12 juillet 2021, intitulé « *Sur l'unité historique des Russes et des Ukrainiens*[59] ». Le journaliste Paul Gogo (nomen est omen),

---

52. « Comment un homme a changé la Russie », *la-croix.fr*, 26 avril 2005
53. https://pages.rts.ch/la-1ere/programmes/signature/5679174-jacques-allaman-poutine-ou-le-passe-d-une-illusion.html
54. « La chute de ƀempire soviétique, vingt-cinq ans après », *lemonde.fr*, 8 septembre 2016
55. « Vladimir Fédorovski : « La chute de ƀURSS est encore un traumatisme... » », *lefigaro.fr*, 16 décembre 2016
56. « Poutine, ƀincontournable patron de la Russie », *France 24*, 18 mars 2018
57. http://en.kremlin.ru/events/president/transcripts/22931
58. Isabelle Mandraud dans l'émission « C dans l'air » du 11 janvier 2022 (« Poutine rêve d'URSS, l'Ukraine sous tension #cdanslair 11.01.2022 », *France 5/YouTube*, 12 janvier 2022) (08'55")
59. « Article de Vladimir Poutine « Sur l'unité historique des Russes et des Ukrainiens », *france.mid.ru*, 12 juillet 2021 (https://france.mid.ru/fr/presse/russes_ukrainiens/)

correspondant de *La Libre* à Moscou, y voit une conspiration de Vladimir Poutine pour réunir les deux pays par la force[60].

En réalité, ceux qui ont pris la peine de lire cet article peuvent constater qu'à aucun moment Vladimir Poutine ne parle d'annexion ou même de réunifier l'Ukraine et la Russie. Il y rappelle que Russes et Ukrainiens partagent un héritage commun, mais y reconnaît sans ambiguïté l'existence et la souveraineté de l'Ukraine, et la définit comme un « *État libre* ». Son propos est clairement de faire comprendre à l'Ukraine qu'elle n'a aucune raison de faire une discrimination entre ses citoyens basée sur leur origine.

Ce que cachent les médias et journalistes ultra-nationalistes ou néonazis, est que par cet article, Vladimir Poutine répond à la « *Loi sur les peuples autochtones d'Ukraine* » qui vient alors d'être adoptée le 1er juillet 2021[61]. Cette loi rappelle les lois raciales de Nuremberg des années 1930, et accorde des droits constitutionnels différents aux citoyens ukrainiens, en fonction de leur origine ethnique.

Depuis 2014, la vie politique est influencée par des éléments d'extrême-droite, qui disposent de leviers considérables à travers la corruption et la violence. Ceux qui tentent d'en nier l'existence sous prétexte qu'ils n'auraient pas de majorité parlementaire ou que Volodymyr Zelensky est juif, n'ont rien compris à la situation en Ukraine. Ces éléments prônent la « pureté raciale » des Ukrainiens (« Idée de Nation »), un discours qui n'apparaît pas textuellement dans nos médias, mais que nos journalistes semblent avoir assez largement épousé, comme nous le verrons plus bas.

L'article de *La Libre*[62] reflète un phénomène que l'on constate depuis 2014 : la conviction que les autorités de Kiev et « l'idée de nation » sont soutenues par l'ensemble de la population.

---

60. Paul Gogo, « L'inquiétant article de Vladimir Poutine sur l'Ukraine », *La Libre*, 16 juillet 2021 (mis à jour le 18 juillet 2021) (https://www.lalibre.be/international/europe/2021/07/18/linquietant-article-de-vladimir-poutine-sur-lukraine-HOFONP6JYZCNHBHCZZPRMDE4TQ/)
61. « Принят Закон «О коренных народах Украины» », *rada.gov.ua*, 1er juillet 2021 (https://www.rada.gov.ua/ru/news/Novosty/Soobshchenyya/211516.html)
62. Paul Gogo, « L'inquiétant article de Vladimir Poutine sur l'Ukraine », *La Libre*, 16 juillet 2021 (mis à jour le 18 juillet 2021) (https://www.lalibre.be/international/europe/2021/07/18/linquietant-article-de-vladimir-poutine-sur-lukraine-HOFONP6JYZCNHBHCZZPRMDE4TQ/)

2.3.1.1.5. L'intervention russe serait motivée par la haine de l'Occident, de l'Europe et/ou de leur démocratie

Ce serait par haine de la démocratie que Vladimir Poutine aurait déclenché une guerre contre l'Occident. Cet argument s'appuie sur l'allégation que Vladimir Poutine aurait déclenché cette guerre en 2014 parce qu'il s'opposait au traité entre l'Ukraine et l'Union européenne[63]. C'est de la désinformation pure et simple. En 2013, alors qu'elle voulait s'associer à l'UE, l'Ukraine souhaitait une solution qui aurait mieux tenu compte de ses liens économiques traditionnels avec la Russie. C'est José-Manuel Barroso, alors président de la Commission européenne, qui a lui-même imposé un choix à l'Ukraine, alors que la Russie avait offert une solution de compromis[64].

En réalité, ni la Russie, ni Vladimir Poutine n'étaient opposés à l'UE. Au contraire, la Russie y voyait l'opportunité d'avoir un contrepoids à l'hégémonie américaine. C'est pourquoi la Russie a toujours été favorable à la création d'une capacité européenne autonome de défense, à laquelle les États-Unis se sont systématiquement opposés (doctrine Wolfowitz).

2.3.1.2. Les motifs réels de l'intervention militaire

Les différents narratifs vus plus haut ne constituent ni les motifs, ni la cause de l'intervention militaire russe en Ukraine. Ils ne sont que des «*facteurs facilitants*» (*enabling factors*) qui existent en toile de fond et qui contribuent à creuser le fossé entre l'Occident et la Russie, mais que la Russie n'a jamais considérés comme justifiant un affrontement militaire.

Ces narratifs font de la guerre en Ukraine une fatalité que l'on ne peut pas influencer par des négociations. C'est pourquoi on les voit (ré-) apparaître sur nos médias afin de montrer qu'il ne sert à rien d'ouvrir un dialogue[65]. Ce sont des constructions révisionnistes des événements élaborées à partir d'aucun élément concret et qui s'apparentent à la théorie de la conspiration.

---

63. Bemjamin Haddad, dans l'émission «C dans l'air» du 21 février 2022 («Ukraine : que veut vraiment Poutine ? #cdanslair 21.02.2022», *France 5/YouTube*, 22 février 2022) (04'02")
64. «Barroso reminds Ukraine that Customs Union and free trade with EU are incompatible», *ukrinform*, 25 février 2013
65. https://www.france24.com/fr/émissions/vu-de-russie/20221216-vu-de-russie-une-guerre-civilisationnelle-contre-un-occident-satanique

Les tensions entre l'Ukraine et la Russie résultent de deux problèmes principaux. Un problème géostratégique, l'intérêt des Américains d'étendre l'OTAN à l'Ukraine, et un problème de société, le traitement de la minorité russe en Ukraine, auquel la société russe dans son ensemble est sensible.

Le problème géostratégique a été délibérément créé par les Américains, en pilotant le coup d'État de Maidan et en plaçant au pouvoir une minorité ultra-nationaliste et néonazie dont on savait que les actions allaient conduire à des tensions dans le pays, notamment le rapprochement avec l'OTAN. Six ans plus tôt, le 1er février 2008, William Burns, alors ambassadeur des États-Unis à Moscou (devenu directeur de la CIA) avait adressé une note confidentielle à Washington qui avertissait :

> *[L'élargissement de l'OTAN à l'Ukraine] pourrait potentiellement diviser le pays en deux, entraînant des violences ou même, selon certains, une guerre civile, ce qui pousserait la Russie à décider d'intervenir ou non.*

En février 2014, les nouvelles autorités de Kiev issue de l'Euromaïdan ont fait converger ces deux problèmes. Mais pour les Russes, ces deux problèmes devaient être réglés par des solutions diplomatiques.

Les langues qui divisent l'Ukraine

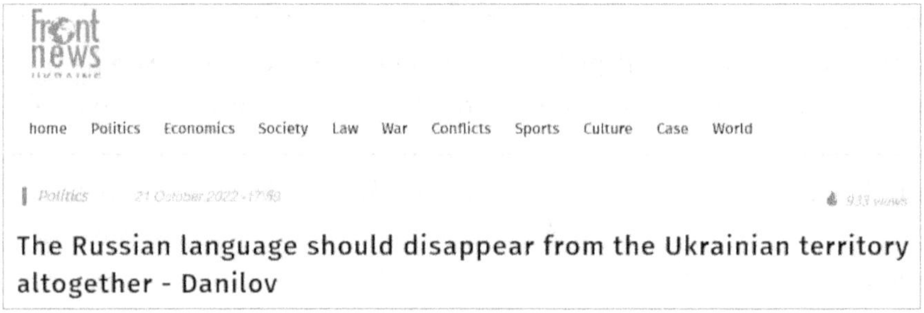
Front news

home Politics Economics Society Law War Conflicts Sports Culture Case World

Politics 21 October 2022 - [illegible] 933 views

The Russian language should disappear from the Ukrainian territory altogether - Danilov

Figure 6 — L'exclusion de la langue russe des langues officielles en 2014, puis la poursuite d'une politique d'épuration ethnique visant à éradiquer la culture russe en Ukraine est à l'origine des tensions internes que les accords de Minsk auraient dû résoudre. Aucun politicien occidental n'a exprimé d'opposition à cette politique depuis 2014, permettant ainsi à la haine de s'installer.

Vladimir Poutine comptait a) sur la mise en œuvre des accords de Minsk (avec l'engagement de l'Allemagne et de la France) pour résoudre la question des minorités du Donbass, et b) sur une discussion sur la base des propositions adressées à l'OTAN et aux États-Unis en décembre 2021.

Mais, ni les Ukrainiens ni les Occidentaux, Allemagne et France en tête, n'avaient l'intention de mettre en œuvre les accords de Minsk. En juin 2022, Petro Porochenko a avoué qu'il avait signé les Accords uniquement pour permettre à l'Ukraine de se réarmer[66] et a même été piégé par des journalistes au téléphone à ce propos[67]. Venant de Porochenko, dont les propos xénophobes contre ses propres citoyens russophones étaient connus (mais n'ont suscité aucune réaction dans nos médias...), une telle duplicité était prévisible.

La vraie surprise est venue le 24 novembre 2022, d'Angela Merkel dans le magazine *Der Spiegel*. Elle confirme que l'Ukraine n'a pas signé les accords de Minsk pour les appliquer, mais pour gagner du temps et remettre son armée sur pied de guerre et elle révèle qu'elle-même les a signés sans avoir réellement l'intention de les faire appliquer[68]. Un aveu qu'elle confirmera le 8 décembre dans *Die Zeit*[69], et qui sera suivi par une confession semblable de la part de François Hollande, ex-président de la France[70]. Le tableau sera complété, le 9 février 2023, lorsque Volodymyr Zelensky confesse à son tour au *Spiegel*, qu'il avait déclaré à Emmanuel Macron et à Angela Merkel qu'il ne mettrait pas en œuvre ces accords[71].

On a alors la confirmation que l'Allemagne et la France étaient complices de l'Ukraine, et n'étaient pas disposées à remplir la tâche pour laquelle elles s'étaient engagées. Voilà pour l'honneur de pays qui se réclament de «valeurs européennes», mais qui n'ont pas de parole. Non seulement cela confirme — et renforce — les déclarations de Vladimir Poutine, mais

---

66. «Minsk deal was used to buy time – Ukraine's Poroshenko», The Press United, 17 juin 2022 (https://thepressunited.com/updates/minsk-deal-was-used-to-buy-time-ukraines-poroshenko/)
67. https://twitter.com/i/status/1593290123718053888
68. https://www.spiegel.de/panorama/ein-jahr-mit-ex-kanzlerin-angela-merkel-das-gefuehl-war-ganz-klar-machtpolitisch-bist-du-durch-a-d9799382-909e-49c7-9255-a8aec106ce9c
69. https://www.zeit.de/2022/51/angela-merkel-russland-fluechtlingskrise-bundeskanzler
70. Theo Prouvost, «Hollande: 'There will only be a way out of the conflict when Russia fails on the ground'», *The Kyiv Independent*, 28 December 2022 (https://kyivindependent.com/national/hollande-there-will-only-be-a-way-out-of-the-conflict-when-russia-fails-on-the-ground)
71. «Putin ist ein Drache, der fressen muss», *Der Spiegel*, 9 février 2023 (https://archive.is/Q5Eol#-selection-4281.0-4323.21)

---

2. Les acteurs

cela montre au « reste du monde », la duplicité des Occidentaux, avec un impact important sur la nature de nos relations avec les autres continents.

À ceci s'ajoutent la sottise et l'incompétence. En juin 2022, est publié le verbatim de la conversation téléphonique du 20 février 2022 entre Emmanuel Macron et Vladimir Poutine. Non seulement cela a montré que le président français n'avait tout simplement jamais lu les accords de Minsk, dont il était censé être le garant, mais qu'il avait eu cette conversation en présence d'un journaliste[72]. Vladimir Poutine en gardera l'image d'un fanfaron qui ne connaît pas ses dossiers et auquel on ne peut pas faire confiance.

Autrement dit, les principaux acteurs occidentaux des accords de Minsk avouent eux-mêmes s'être engagés avec l'idée de ne pas respecter leur signature. Ils ont ainsi menti à la fois aux Russes, aux populations du Donbass et au peuple ukrainien. Avec l'aide de nos médias, ils ont tout fait pour empêcher des solutions. Par exemple, jusqu'en février 2022, chercheurs et journalistes ont systématiquement utilisé le terme « séparatiste » pour désigner les autonomistes du Donbass, qui étaient prêt à rester sous l'autorité de Kiev, comme cela était prévu dans les accords de Minsk.

Quant aux propositions russes de décembre 2021, concernant l'élargissement de l'OTAN à l'Ukraine, elles ont immédiatement été rejetées par les Occidentaux, sans aucune discussion.

Pour comprendre la position russe, il faut rappeler la situation des populations du Donbass.

2.3.1.2.1. La situation de la minorité russophone en Ukraine

Pour les Russes, depuis 2014, la population russophone du Donbass est victime d'une guerre que Vladimir Poutine a qualifiée de « génocide »[73]. Le terme nous semble excessif, car on l'associe généralement à des cas majeurs, comme l'Holocauste juif. Nos médias ont d'ailleurs largement critiqué l'emploi de ce mot par Vladimir Poutine, mais ne se sont pas

---

72. « « On s'en fout des propositions des séparatistes ! » : quand Emmanuel Macron téléphonait à Vladimir Poutine pour éviter la guerre en Ukraine », *franceinfo / AFP*, 25 juin 2022 (https://www.francetvinfo.fr/monde/europe/manifestations-en-ukraine/on-s-en-fout-des-propositions-des-separatistes-quand-emmanuel-macron-telephonait-a-vladimir-poutine-pour-eviter-la-guerre-en-ukraine_5220382.html)
73. https://www.ohchr.org/FR/ProfessionalInterest/Pages/CrimeOfGenocide.aspx

privés de l'utiliser eux-mêmes un an plus tard pour qualifier les transferts d'enfants vers la Russie, destinés à les soustraire aux bombardements de la ville de Donetsk[74].

Pour les médias qui propagent des idéologies nauséabondes en Occident, la discrimination dont font l'objet les Ukrainiens russophones n'est que de la propagande du Kremlin. En réalité, ils cachent la réalité.

Début juillet 2021, juste après l'adoption de la *Loi sur les Peuples autochtones d'Ukraine*, Oleg Seminsky, du parti présidentiel «Serviteurs du Peuple» et député de la Rada, déclarait[75] :

> *Les Russes ne sont pas un peuple autochtone au sens de la loi, ils ne pourront donc pas jouir pleinement de tous les droits de l'homme et libertés fondamentales définis par le droit international et prévus par la Constitution et les lois de l'Ukraine.*

C'est la variante ukrainienne des lois de Nuremberg de 1935, qui recouvre exactement ce que disait à la BBC un militant de l'Euromaïdan en mars 2014[76] : la notion «*d'une nation, d'un peuple et d'un pays*». C'est «*l'Idée de Nation*», que les lettres «I» et «N» superposées, formant l'emblème du régiment AZOV, symbolisent. En d'autres termes, l'Ukraine appartient uniquement aux Ukrainiens ukrainophones, tandis que les autres (comme les Ukrainiens d'origine russe) ne peuvent pas en faire partie pleinement.

Assez curieusement, aucun média, ni aucun gouvernement européen n'a protesté contre cette loi qui pénalise des citoyens ukrainiens pour ce qu'ils sont et non pour ce qu'ils font. C'est exactement ce que nous avons tenté de combattre depuis les années 1930, afin que l'origine ethnique ne soit plus un critère dans la manière d'appliquer les lois.

Les exactions dont est victime la minorité russophone du Donbass sont un motif légitime d'intervention. C'est la raison pour laquelle nos

---

74. Salomé Kourdouli, «Qui est Maria Lvova-Belova, organisatrice russe de la déportation d'enfants ukrainiens ?», *rtbf.be*, 21 février 2023 (https://www.liberation.fr/international/europe/qui-est-maria-lvova-belova-organisatrice-russe-de-la-deportation-denfants-ukrainiens-20230221_FXYNDQNEVFE7RNIY2PXMJNLCN4/)

75. «Нардеп від «Слуги народу» Семінський заявив про «позбавлення конституційних прав росіян, які проживають в Україні»», AP News, 2 juillet 2021 (https://apnews.com.ua/ua/news/nardep-vid-slugi-narodu-seminskii-zayaviv-pro-pozbavlennya-konstitutciinikh-prav-rosiyan-yaki-prozhivaiut-v-ukraini/)

76. «Neo-Nazi threat in new Ukraine: NEWSNIGHT», *BBC Newsnight/YouTube*, 1er mars 2014 (https://youtu.be/5SBo0akeDMY)

médias en nient l'existence. C'est le cas de la RTS, qui n'y voit que de la propagande du Kremlin[77]. En mars 2022, dans un échange surréaliste avec Gennady Gatilov, ambassadeur de Russie, le journaliste suisse Philippe Revaz nie l'existence des victimes du Donbass, dans un mélange de mauvaise foi et d'imbécilité et de manière assez abjecte, tourne en dérision les crimes des milices néonazies en Ukraine[78].

L'existence de néonazis en Ukraine selon les médias américains

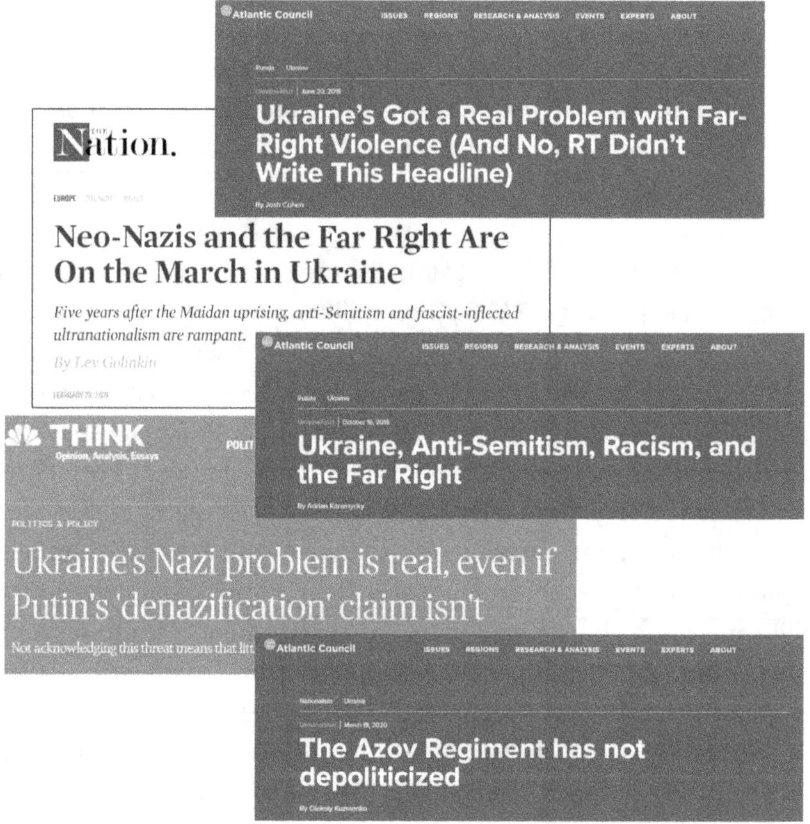

Figure 7 — Pour le journaliste Jean-Philippe Schaller de la RTS, la présence de néonazis dans les rangs ukrainiens n'est qu'une invention de la propagande russe. Ce n'est pas l'avis de la plupart des médias et cela démontre que la haine envers les Russes dépasse de loin le respect des faits...

---

77. « À la rencontre du régiment Azov, accusé par la Russie d'être infesté de "néonazis" ? », *rts.ch*, 16 avril 2022 (https://www.rts.ch/info/monde/13004251-a-la-rencontre-du-regiment-azov-accuse-par-la-russie-detre-infeste-de-neonazis.html)
78. https://www.rts.ch/play/tv/redirect/detail/12961433

Car, pour affirmer que Vladimir Poutine a déclenché une guerre le 24 février 2022, il faut nier tout ce qui a précédé. Pourtant, le président russe a été clair[79] :

> *Le but de cette opération est de protéger les populations qui, depuis huit ans, subissent les humiliations et le génocide perpétrés par le régime de Kiev. À cette fin, nous chercherons à démilitariser et dénazifier l'Ukraine, ainsi qu'à traduire en justice ceux qui ont perpétré de nombreux crimes sanglants contre des civils, y compris contre des citoyens de la Fédération de Russie.*

Les milices ukrainiennes néonazies qui opéraient dans la région du Donbass considèrent les russophones comme des « *Untermenschen* ». Par leur silence sur ces crimes, nos médias — et nos politiciens — montrent qu'ils ont adopté le même propos et s'inscrivent dans la ligne idéologique adoptée par l'Ukraine après le coup d'État de février 2014. Mais comme ils ne veulent pas être assimilés à des néonazis, ils cherchent à minimiser leur importance dans le système sécuritaire et répressif ukrainien.

L'*Atlantic Council*, un média lié à l'OTAN et au gouvernement américain, avait averti depuis longtemps que « *Le Régiment Azov ne s'est pas dépolitisé*[80] » et que « *L'Ukraine a un réel problème de violence d'extrême droite (et non, RT n'a pas écrit ce titre)*[81] ». En mars de cette année, *NBC News* écrivait que « *le problème nazi en Ukraine est réel* »[82], contrairement à ce que prétend la RTS[83], tandis que le média centriste américain *The Hill* déclare que cela n'a rien à voir avec la propagande

---

79. « Address by the President of the Russian Federation », The Kremlin, 24 février 2022 (http://en.kremlin.ru/events/president/news/67843)

80. Oleksiy Kuzmenko, « The Azov Regiment has not depoliticized », Atlantic Council, 19 mars 2020 (https://www.atlanticcouncil.org/blogs/ukrainealert/the-azov-regiment-has-not-depoliticized/)

81. Josh Cohen, « Ukraine's Got a Real Problem with Far-Right Violence (And No, RT Didn't Write This Headline) », *The Atlantic Council*, 20 juin 2018 (https://www.atlanticcouncil.org/blogs/ukrainealert/ukraine-s-got-a-real-problem-with-far-right-violence-and-no-rt-didn-t-write-this-headline/)

82. Allan Ripp, « Ukraine's Nazi problem is real, even if Putin's 'denazification' claim isn't », NBC News, 5 mars 2022 (https://www.nbcnews.com/think/opinion/ukraine-has-nazi-problem-vladimir-putin-s-denazification-claim-war-ncna1290946)

83. https://www.rts.ch/info/monde/13532090-poutine-na-pas-un-discours-de-desinformation-mais-un-discours-carrement-faux.html

du Kremlin[84]. Nos médias ont manifestement des préférences politiques bien curieuses[85] et je voudrais croire qu'ils n'ont pas de sympathies néonazies, mais leurs analyses ne le démontrent pas. Nous avons déjà vu que certains journalistes du service public suisse entretiennent des théories sur un complot islamiste qui menacerait l'Occident et viserait à nous « grand-remplacer[86] », et ont inspiré Anders Breivik, responsable du massacre d'Utoya[87] !

Ce mépris pour les victimes ukrainiennes russophones se retrouve aujourd'hui à l'égard des victimes « ukrainiennes ukrainophones ». La résistance occidentale à toute forme de négociation entre l'Ukraine et la Russie est très largement due à la perception que la guerre ne cause des victimes que chez les Russes : les Ukrainiens mènent une guerre victorieuse sans pertes.

2.3.1.2.2. Le respect du droit international

L'intervention russe en Ukraine est invariablement qualifiée de violation du droit international, notamment parce qu'elle est « non-provoquée et injustifiée ». Mais est-ce bien le cas ?

Les événements observés entre mars 2021 et février 2022 en Ukraine permettent de penser que l'on a cherché à créer une situation dans laquelle la Russie se verrait contrainte d'intervenir. Il est probable que les événements de Géorgie en 2008 ont servi de modèle.

En août 2008, les promesses occidentales d'une entrée dans l'OTAN avaient encouragé le gouvernement géorgien à bombarder la population russophone de Tskhinvali, en Ossétie du Sud. Une attaque qu'un rapport commandité par l'Union européenne[88] a jugée illégale et disproportionnée[89] :

84. Lev Golinkin, « The reality of neo-Nazis in Ukraine is far from Kremlin propaganda », *The Hill*, 9 novembre 2017 (https://thehill.com/opinion/international/359609-the-reality-of-neo-nazis-in-the-ukraine-is-far-from-kremlin-propaganda/)
85. https://youtu.be/bEv4-IJsl9k
86. Sylvain Besson, *La Conquête de L'Occident. Le Projet secret des islamistes*, éditions du Seuil, Paris, 7 octobre 2005 ;
87. https://www.qub.ac.uk/Research/GRI/mitchell-institute/FileStore/Filetoupload,818003,en.pdf
88. « Quotes from EU-sponsored Georgia war report », *Reuters*, 30 septembre 2009
89. Andrew Rettman, « EU-sponsored report says Georgia started 2008 war », *euobserver.com*, 30 septembre 2009

Se pose la question de savoir si l'usage de la force par la Géorgie en Ossétie du Sud, à commencer par le bombardement de Tskhinvali dans la nuit du 7 au 8 août 2008, était justifiable au regard du droit international. Ça ne l'était pas.

C'est donc bien le gouvernement géorgien qui a provoqué l'intervention russe, comme le constate Heidi Tagliavini, ambassadrice suisse chargée de la mission d'enquête sur les événements de 2008[90] :

Du point de vue de la Mission, c'est la Géorgie qui a déclenché la guerre en attaquant Tskhinvali (en Ossétie du Sud) à l'artillerie lourde dans la nuit du 7 au 8 août 2008.

C'est ainsi la responsabilité de protéger (R2P) qui a poussé Dimitri Medvedev (et non par Vladimir Poutine, comme le prétend l'animatrice Caroline Roux sur *France 5*[91]) à décider d'intervenir.

Après la dissolution de l'URSS, d'importantes minorités russophones se sont trouvées malgré elles sur le territoire de nouveaux pays au nationalisme exacerbé et traitées avec dédain et méfiance par les nouveaux pays. Dans certains pays, des statuts différenciés ont été créés pour les nationaux ethniques et les russophones, qui — parfois — ne sont pas même considérés comme des citoyens. Cette situation a amené la Russie à s'inquiéter du sort de ces minorités et à conclure des traités avec ces pays, afin de garantir les droits des Russes.

En Ukraine, le *Traité d'amitié*, signé le 31 mai 1997, devait garantir aux russophones « *la protection de l'originalité ethnique, culturelle, linguistique et religieuse des minorités nationales sur leur territoire*[92] ». L'abolition de la loi Kivalov-Kolesnichenko le 23 février 2014, était une violation de ce traité et a déclenché des manifestations dans tout le sud de l'Ukraine, et conduit la Crimée à revendiquer son statut de janvier 1991, sous l'autorité de Moscou, qu'elle avait juste avant l'indépendance de l'Ukraine, en décembre.

---

90. Timothy Heritage, « Georgia started war with Russia: EU-backed report », *Reuters*, 30 septembre 2009 (https://www.reuters.com/article/us-georgia-russia-report-idUSTRE58T4MO20090930)
91. Caroline Roux dans l'émission « C dans l'air » du 17 octobre 2021 (« Poutine, maître du jeu #cdanslair 17.10.2021 », *France 5/YouTube*, 18 octobre 2021) (53'04")
92. https://apps.dtic.mil/dtic/tr/fulltext/u2/a341002.pdf

Parce que l'armée régulière ukrainienne était réticente à combattre ses compatriotes russophones, le nouveau gouvernement de Kiev a mis sur pied, avec l'aide des pays occidentaux, des milices paramilitaires, composées de militants ultra-nationaliste et néonazis fanatiques pour suppléer aux militaires. Dès lors, les exactions contre les Ukrainiens russophones par Kiev se sont multipliées et sont bien connues et documentées. Rien d'étonnant donc qu'un an après son rattachement à la Russie, la population de Crimée «*préférait Moscou à Kiev*», selon le magazine américain *Forbes* en 2015[93].

Il existait une solution négociée à cette situation : les accords de Minsk. En devenant la *Résolution 2202 (2015)* du Conseil de sécurité des Nations Unies, non seulement les deux puissances garantes pour l'Ukraine (l'Allemagne et la France), mais également les quatre autres membres permanents du Conseil de Sécurité, et a fortiori, les autres pays-membres des Nations Unies, devaient aider l'Ukraine à la mettre en œuvre.

Or non seulement les Occidentaux ont déclaré qu'ils n'avaient eu aucune intention de faire appliquer ces accords, mais ils n'ont strictement rien fait pour protéger les populations du Donbass et ont — au contraire — armé l'Ukraine. En clair, les Occidentaux ont délibérément refusé d'appliquer le droit international.

Dès la fin mars 2021, après la promulgation par Volodymyr Zelensky d'un décret ordonnant la reconquête de la Crimée et du sud du pays[94], les troupes sont déployées aux frontières du Donbass. Dès ce moment, les observateurs de l'OSCE notent une intensification du brouillage contre leurs drones qui patrouillent le long de la ligne du cessez-le-feu[95]. Pour les Russes, les indicateurs pour une opération ukrainienne contre la Crimée et le Donbass sont perçus comme une nouvelle menace contre les minorités russophones.

---

93. Kenneth Rapoza, «One Year After Russia Annexed Crimea, Locals Prefer Moscow To Kiev», *Forbes*, 20 mars 2015 (https://www.forbes.com/sites/kenrapoza/2015/03/20/one-year-after-russia-annexed-crimea-locals-prefer-moscow-to-kiev/)
94. https://www.president.gov.ua/documents/1172021-37533
95. https://twitter.com/Eire_QC/status/1383830469695860749

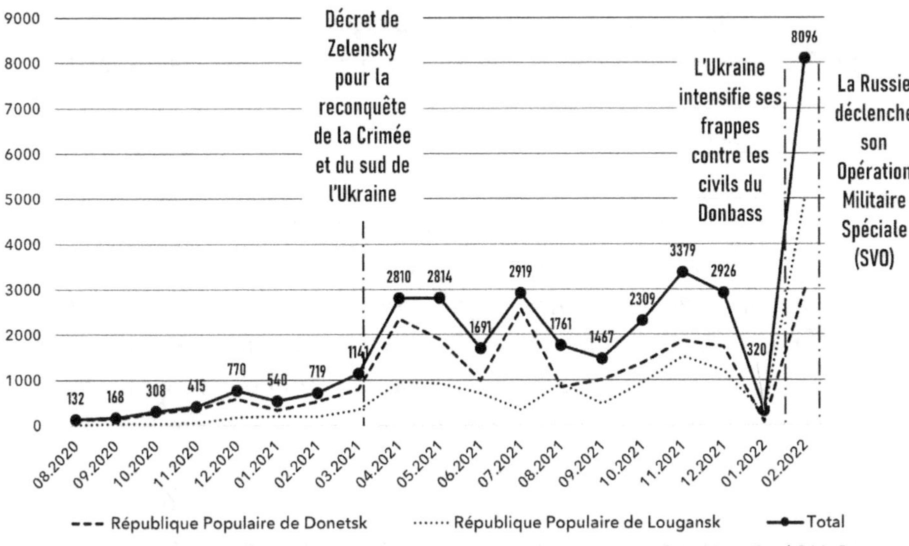

Figure 8 — C'est en mars 2021, après la publication du décret sur la reconquête de la Crimée et du sud du pays, le début du déploiement ukrainien aux frontières du Donbass et une première intensification des bombardements, que les Russes s'attendent à une opération ukrainienne. C'est pourquoi, ils déploient des troupes dans leur District Militaire Sud dès avril 2021.

C'est cette menace qui a poussé la Russie à activer ses forces du District Militaire Sud dès avril 2021 avec une «planification de circonstance» (*contingency planning*) afin de se préparer à intervenir en Ukraine au cas où la menace se concrétiserait. C'est ce qui est arrivé à la mi-février 2022, avec l'intensification de la préparation d'artillerie contre le Donbass[97].

Il est probable que les Russes aient entrevu l'opportunité de transformer un succès opératif pour protéger les populations du Donbass en un succès stratégique par la non-entrée de l'Ukraine dans l'OTAN. Certains diront que la R2P n'était qu'un simple prétexte pour la Russie. C'est possible, mais nous avons tout fait pour lui donner ce prétexte, par ailleurs parfaitement légitime en soi.

---

96. https://www.crisisgroup.org/content/conflict-ukraines-donbas-visual-explainer
97. «Transcript of Vladimir Putin's speech announcing 'special military operation' in Ukraine», *The Sydney Morning Herald*, 24 février 2022 (https://www.smh.com.au/world/europe/full-transcript-of-vladimir-putin-s-speech-announcing-a-special-military-operation-20220224-p59zhq.html)

Car dans cette perspective, grâce aux conditions créées par l'Ukraine et ses alliés occidentaux, l'intervention russe est devenue légitime. C'est pourquoi on ne parle jamais des victimes du Donbass, car l'objectif du narratif occidental est de dérationaliser la décision russe.

En fait, la Russie n'a fait qu'appliquer le principe de « responsabilité de protéger » (*responsibility to protect*) (R2P), défini comme suit par les Nations Unies[98] :

La responsabilité de protéger (souvent appelée « R2P ») repose sur trois piliers égaux : la responsabilité de chaque État de protéger ses populations (pilier I) ; la responsabilité de la communauté internationale d'aider les États à protéger leur population (pilier II) ; et la responsabilité de la communauté internationale de protéger lorsque, manifestement, un État n'assure pas la protection de sa population (pilier III).

Autrement dit, la responsabilité de protéger incombe en premier lieu à l'État vis-à-vis de sa population (pilier I) (ici, l'Ukraine), mais lorsqu'ils ne le fait pas, et la communauté internationale (pilier II) ne les aide pas à le faire (comme l'Allemagne et la France, qui étaient garantes de l'application des accords de Minsk), des acteurs extérieurs sont habilités à le faire dans le cadre de l'article 51 de la Charte des Nations Unies (pilier III). C'est ce que les Russes ont fait.

En clair : si nos diplomates avaient rempli leur mission, fait respecter le DIH et le principe de R2P entre 2014 et 2022, et avaient cherché à faire appliquer les accords de Minsk, nous n'en serions pas là.

Parce que nous avons ignoré les causes réelles du conflit en Géorgie, nous n'avons pas prêté attention aux événements qui avaient toutes les chances de créer les mêmes effets en Ukraine. Mais il « fallait » ignorer ces causes profondes afin de prétendre que la réaction russe est irrationnelle, injustifiée ou « non-provoquée ». En fait, c'est le conspirationnisme développé par nos médias qui a contribué au déclenchement de la guerre en Ukraine.

---

98. https://www.un.org/fr/chronicle/article/la-responsabilite-de-proteger

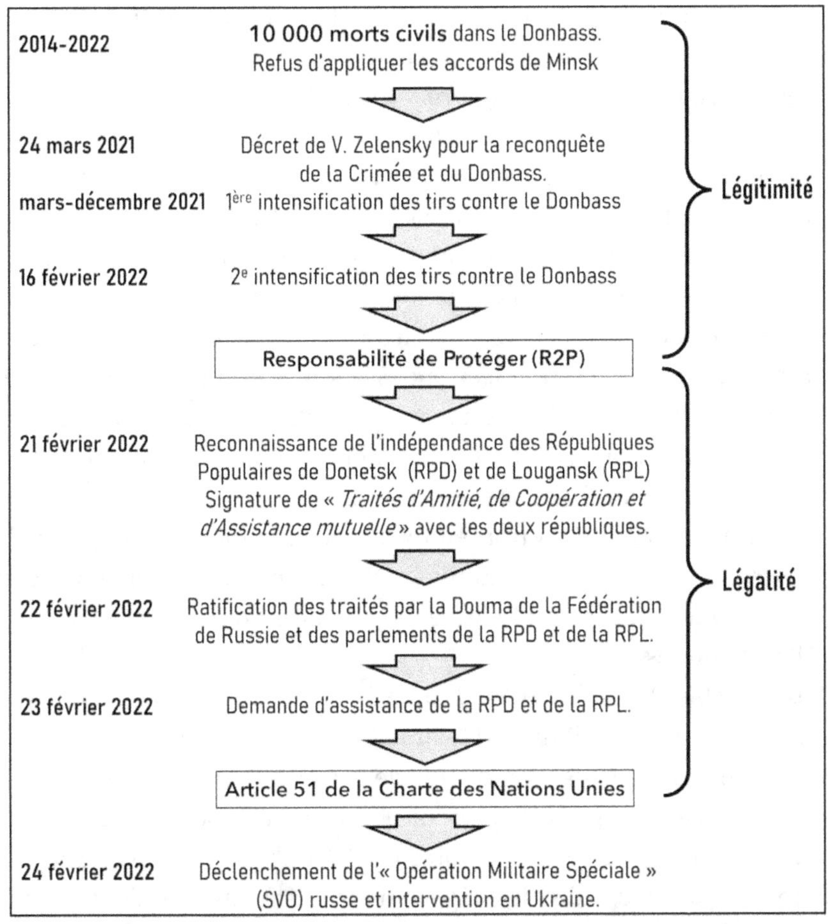

Figure 9 — Le processus qui a conduit à la décision d'intervenir en Ukraine. C'est le scénario que les Russes ont ouvertement expliqué et présenté dans nos médias entre le 15 et le 24 février. Mais il a rapidement été oublié, car il démontre que les Russes ont eu une démarche parfaitement rationnelle pour lancer leur opération. Par ailleurs, c'est le seul processus qui soit en cohérence avec les actions militaires sur le terrain.

2.3.2. La guerre comme continuation de la politique

L'objectif de « démilitarisation » visait à détruire le potentiel militaire de l'Ukraine qui menaçait la population du Donbass. On pourrait dire que cet objectif a déjà été atteint deux fois avant le printemps 2023 :

- En juin 2022, le potentiel matériel de l'armée ukrainienne[99] et une grande partie du potentiel humain sont détruits. Le 12 juin 2022, le président Zelensky signe un décret autorisant l'engagement des unités de la Défense territoriale (*Terroborona*) dans les combats[100]. C'est à cette période que *Radio France International* (RFI) déclare que l'armée ukrainienne a épuisé ses matériels et armements d'origine soviétique ou russe et dépend dès lors complètement de l'aide occidentale[101].

- À la fin 2022, le potentiel humain est pratiquement détruit. Les autorités ukrainiennes modifient la loi sur le recrutement qui élargit le spectre des personnels mobilisables[102]. Parallèlement, la loi militaire est durcie afin de décourager la désertion et punir plus sévèrement l'insubordination[103]. On observe une recrudescence des recrutements forcés, qui semblent surtout concerner les minorités, notamment la minorité magyare[104]. Nous y reviendrons.

- Au printemps 2023, la « troisième » armée ukrainienne, composée de réservistes, de volontaires étrangers et d'équipements occidentaux est prête pour une contre-offensive de printemps qui suscite beaucoup d'incertitudes…

Les objectifs énoncés par Vladimir Poutine le 24 février 2022 étaient clairs et relativement limités. La situation a permis à la Russie d'aller au-delà de ces objectifs, afin d'avoir de l'espace pour une négociation. Par exemple, le 29 mars 2022, Moscou a retiré les troupes encerclant Kiev en un geste de bonne volonté après que Volodymyr Zelensky a fait sa proposition dans le cadre des négociations d'Istanbul. Les Occidentaux y ont vu une retraite, mais en réalité, avec seulement 22 000 hommes, la

---

99. « Zelenskiy Asks NATO Allies for Modern Heavy Weapons, More Financial Support », *RFE/RL's Ukrainian Service*, 29 juin 2022 (https://www.rferl.org/a/ukraine-zelenskiy-nato-modern-weapons-financial-supprot/31921346.html)

100. « Country policy and information note: military service, Ukraine, June 2022 (accessible) », *gov.uk*, 17 juillet 2022 (https://www.gov.uk/government/publications/ukraine-country-policy-and-information-notes/country-policy-and-information-note-military-service-ukraine-june-2022-accessible)

101. « Ukraine dependent on arms from allies after exhausting Soviet-era weaponry », *RFI*, 10 juin 2022 (https://www.rfi.fr/en/ukraine-dependent-on-arms-from-allies-after-exhausting-soviet-era-weaponry)

102. Stefan Korshak, « Ukrainian Cabinet's New Conscription Rules: War-critical Workers May Avoid Draft », *Kiyv Post*, 31 janvier 2023 (https://www.kyivpost.com/post/11701)

103. « Zelensky Signs Controversial Law Toughening Punishment for Desertion in Army », *AFP/Kiyv Post*, 25 janvier 2023 (https://www.kyivpost.com/post/11498)

104. Füssy Angéla, « Mint a barmokat, úgy fogdossák össze a férfiakat Kárpátalján – Nézze meg helyszíni videóriportunkat! », *PestiSracok*, 23 janvier 2023 (https://pestisracok.hu/mint-a-barmokat-ugy-fogdossak-ossze-a-ferfiakat-karpataljan-nezze-meg-helyszini-videoriportunkat/)

Russie n'a jamais déployé suffisamment de troupes pour pouvoir s'emparer d'une ville de près de 3 millions d'habitants.

Le fait d'avoir des troupes encerclant Kiev avait une fonction opérative (fixer les forces ukrainiennes), mais également une fonction stratégique comme «monnaie d'échange» (*bargaining chip*). Le retrait de la fin mars 2022 était donc très vraisemblablement planifié depuis longtemps[105], mais les Russes en ont fait un atout politique. Ils ont ainsi retiré des troupes d'un secteur d'importance secondaire pour eux afin de renforcer leur dispositif dans la zone du Donbass, où se trouve son objectif prioritaire. C'est une manière d'exploiter des succès opératifs en succès stratégique.

On peut imaginer que les Russes voient de la même manière l'offensive de printemps attendue par les Occidentaux en 2023. En cas d'offensive, ils chercheraient à obtenir des gains plus élevés que ce qu'ils souhaitent, afin de pouvoir les utiliser dans une négociation ultérieure.

Comme le rappelle Serguei Lavrov dans son interview du 20 juillet 2022 à plusieurs médias russes, les objectifs de la Russie ne sont pas d'ordre géographique ou territorial. Comme l'a dit Vladimir Poutine le 24 février, il s'agit de «démilitariser», autrement dit de neutraliser la menace militaire qui pèse sur le Donbass. Cela se traduit évidemment par une avance sur le terrain, mais le terrain n'est pas l'objectif. Comme le dit Lavrov, si les Occidentaux fournissent des missiles d'une portée de 300 km à l'Ukraine afin d'atteindre leur objectif, les forces russes devront avancer de 300 km pour détruire ces missiles ou avoir une zone-tampon de 300 km[106].

2.3.3. *La Russie prête à négocier dès le début*

L'incapacité de nos «stratèges de salon» à comprendre une logique différente de la leur est exactement à l'origine de nos échecs économiques, politiques et militaires. Ainsi, Patrick Martin-Genier, que l'on voit régulièrement sur les plateaux de *France 5* ou *LCI*, déclare que

---

105. Jonathan Spicer & Gleb Garanich, «Russia pledges to reduce attack on Kyiv but U.S. warns threat not over», *Reuters*, 29 mars 2022 (https://www.reuters.com/world/europe/ukraine-sets-ceasefire-goal-new-russia-talks-breakthrough-looks-distant-2022-03-29/).
106. «Foreign Minister Sergey Lavrov's interview with RT television, Sputnik agency and Rossiya Segodnya International Information Agency, Moscow, July 20, 2022», *Ambassade de la Fédération en Russie en Allemagne*, 21 juillet 2022 (https://russische-botschaft.ru/de/2022/07/21/foreign-minister-sergey-lavrovs-interview-with-rt-television-sputnik-agency-and-rossiya-segodnya-international-information-agency-moscow-july-20-2022/)

« *Vladimir Poutine ne veut rien négocier, il veut exterminer l'Ukraine*[107] ». C'est un mensonge pur et simple, qui ne repose sur rien.

En réalité, Vladimir Poutine a toujours privilégié une solution négociée. C'étaient les accords de Minsk, dont il a demandé de manière répétée la mise en œuvre ! C'est parce que les Occidentaux (Allemagne et France en tête) ont refusé de les appliquer, et que l'Ukraine s'apprêtait à adopter une solution militaire dès mars 2021, que l'on est passé à un mode plus confrontationnel.

Le 25 février 2022, les Russes ont progressé de manière spectaculaire, détruisant en un jour l'essentiel des capacités militaires critiques de l'Ukraine. Comprenant que le scénario prévu allait tourner au désavantage de l'Ukraine, Volodymyr Zelensky appelle à des négociations[108]. Il contacte Igniazio Cassis, ministre suisse des Affaires étrangères, afin d'organiser une médiation et une conférence de paix[109].

La Russie se déclare prête à discuter et un premier cycle de pourparlers est engagé à Gomel, à proximité de la frontière bélarusse. Mais l'Union européenne n'est pas de cet avis et arrive le 27 février avec un paquet d'armes de 450 millions d'euros pour inciter l'Ukraine à se battre[110].

S'engage alors une « chasse aux sorcières » en Ukraine, qui vise ceux qui soutiennent le processus de négociations. Denis Kireyev, membre du renseignement militaire ukrainien (GUR), qui faisait partie de l'équipe de négociation, est assassiné le 5 mars par le service secret ukrainien (SBU)[111], comme le confirmera plus tard Kyrylo Budanov, directeur du GUR[112]. D'autres assassinats suivront. Le 2 mars, Vlodymyr Struk, maire

---

107. « Guerre en Ukraine : Vladimir Poutine "ne veut rien négocier, il veut exterminer l'Ukraine", affirme un spécialiste de l'Europe », *franceinfo*, 12 mars 2022 (https://www.francetvinfo.fr/monde/europe/manifestations-en-ukraine/guerre-en-ukraine-vladimir-poutine-ne-veut-rien-negocier-il-veut-exterminer-l-ukraine-affirme-un-specialiste-de-l-europe_5006026.html)

108. Olga Rudenko, « Ukraine ready to negotiate with Russia », The Kyiv Independent, 25 février 2022 (https://kyivindependent.com/national/ukraine-ready-to-negotiate-with-russia/).

109. Arthur Rutishauser, « Schweiz will Friedenskonferenz in Genf organisieren », *Tages Anzeiger*, 26 février 2022 (https://www.tagesanzeiger.ch/schweiz-will-friedenskonferenz-in-genf-organisieren-129475547083)

110. Maïa de La Baume & Jacopo Barigazzi, « EU agrees to give €500M in arms, aid to Ukrainian military in "watershed' move", Politico, 27 février 2022 (https://www.politico.eu/article/eu-ukraine-russia-funding-weapons-budget-military-aid/).

111. https://www.timesofisrael.com/ukraine-reports-claim-negotiator-shot-for-treason-officials-say-he-died-in-intel-op/

112. Vlasta Lazur, « « Денис Кірєєв – співробітник ГУР, якого вбили в автівці СБУ, а тіло викинули на вулицю ». Інтерв'ю з Кирилом Будановим », Radio Svoboda, 22 janvier 2023 (https://www.radiosvoboda.org/a/вбивство-кірєєва/32233661.html)

de Kreminna, est éliminé par le SBU après avoir établi des contacts avec les Russes. La presse anglo-saxonne en parle[113], mais aucun journaliste francophone ne condamne. Le 7 mars, c'est Yuriy Prilipko, maire de Gostomel, qui est assassiné après avoir voulu négocier une évacuation de civils avec les Russes.

Un mois plus tard, le même scénario se reproduit. Volodymyr Zelensky fait une proposition qui comprend la neutralité de l'Ukraine, l'interdiction d'armes nucléaires sur son territoire, la résolution non-violente de la situation de la Crimée et Sébastopol, l'identification des régions de Donetsk et de Lougansk comme des « zones séparées », le renoncement à une adhésion à l'OTAN et au déploiement de bases et de contingents militaires étrangers sur son territoire[114]. Les Russes sont prêts à la discuter et on s'attend à une résolution de la crise[115].

Mais une fois de plus l'Union européenne et la Grande-Bretagne menacent Zelensky de lui retirer leur soutien et les livraisons d'armes s'il persistait à vouloir négocier. Il retire donc sa proposition. Le média ukrainien *Ukraïnskaya Pravda* constate alors que les Occidentaux sont les principaux obstacles à la paix[116].

En mars 2022, les Russes atteignent leur objectif de « dénazification », avec l'encerclement de Marioupol. En juin, ils atteignent leur objectif de « démilitarisation ». On peut donc dire qu'à partir de juin 2022, les Russes n'auraient plus eu aucune raison de ne pas vouloir une solution négociée.

Mais c'est à ce moment que la situation se complique. Voyant qu'ils ont perdu la partie, les Occidentaux commencent à livrer des armes à l'Ukraine, afin de garder le conflit « actif ». La propagande occidentale

---

113. Kaya Terry, « Pro-Russian mayor of city in eastern Ukraine who welcomed Putin's invasion is found shot dead in the street after being kidnapped from his home », *The Daily Mail*, 3 mars 2022 (https://www.dailymail.co.uk/news/article-10571663/Pro-Russian-mayor-city-eastern-Ukraine-shot-dead-kidnapped-home.html)
114. « Zelensky says Ukrainian neutrality on the table ahead of fresh talks with Russia in Turkey », France 24, 27 mars 2022 (mis à jour le 28 mars 2022) (https://www.france24.com/en/europe/20220327-live-kyiv-accuses-russia-of-destroying-fuel-and-food-storage-depots-in-ukraine); « Ukraine ready to discuss adopting neutral status in Russia peace deal, Zelenskiy says », Reuters, 28 mars 2022 (https://www.reuters.com/world/europe/ukraine-prepared-discuss-neutrality-status-zelenskiy-tells-russian-journalists-2022-03-27/).
115. « Russia, Ukraine "close to agreement" in negotiations, says Turkey », Aljazeera, 20 mars 2022 (https://www.aljazeera.com/news/2022/3/20/turkey-says-russia-ukraine-close-to-agreement); « After rejecting ultimatum, Zelensky insists "meeting" with Putin needed to end war », The Times of Israel, 21 mars 2022 (https://www.timesofisrael.com/liveblog-march-21-2022/).
116. https://www.pravda.com.ua/eng/news/2022/05/5/7344206/

parle de «contre-offensives» ukrainiennes et que la Russie «a perdu la guerre», mais c'est l'inverse qui se passe.

L'Ukraine et les Occidentaux sont captifs de la théorie des «couts irrécupérables» (*sunk cost fallacy*)[117]. Connue en économie, cette théorie décrit la tendance à s'obstiner sur une action dont les couts dépassent les bénéfices, mais dans laquelle on a déjà investi des ressources importantes[118]. Le problème est que ce type d'obstination conduit inéluctablement à un prix final plus élevé, même si d'aventure l'objectif est atteint. C'est le prix que les Ukrainiens ont payé à Marioupol, à Severodonetsk et à Lysychansk...

Plus le conflit dure, plus l'Ukraine perd des ressources et du territoire. Les Russes estiment que plus la situation se dégrade pour l'Ukraine, plus elle aura à perdre dans un processus de négociations et plus celles-ci seront difficiles. C'est exactement ce que disent Sergueï Lavrov et Vladimir Poutine en juillet 2022: «*Plus le conflit se prolonge, plus les négociations seront difficiles*»[119].

Le 18 août 2022, le président Tayyip Erdogan rencontre Volodymyr Zelensky à Lvov. Il lui propose d'organiser une entrevue avec Vladimir Poutine[120] et d'assurer une médiation avec Moscou[121]. Mais le 24, Boris Johnson rend une visite impromptue à Zelensky pour déclarer qu'il «*n'est pas temps pour proposer quelque plan foireux de négociation*»[122] et apporte une aide supplémentaire de £54 millions pour des armes.

Le 14 septembre 2022, dans son discours sur l'état de l'Union européenne, Ursula von der Leyen déclare que «*l'heure est à la détermination, pas à l'apaisement*»[123]. À ce stade, les Européens sont convaincus

---

117. https://youtu.be/GCmfXMMhRzk

118. Caeleigh MacNeil, «Coûts irrécupérables : un piège influençant nos décisions ?», *asana.com*, 10 janvier 2022 (https://asana.com/fr/resources/sunk-cost-fallacy)

119. «Putin warns negotiations will get harder longer conflict in Ukraine continues», Radio New Zealand, 8 juillet 2022 (https://www.rnz.co.nz/news/world/470559/putin-warns-negotiations-will-get-harder-longer-conflict-in-ukraine-continues)

120. «Erdogan offers Zelensky opportunity to organise meeting with Putin», *Ukraïnska Pravda*, 19 août 2022 (https://www.pravda.com.ua/eng/news/2022/08/19/7363969/)

121. Grzegorz Kuczyński, «Lviv Summit Confirms Erdogan's Diplomatic Offensive», *Warsaw Institute*, 22 August 2022 (https://warsawinstitute.org/lviv-summit-confirms-erdogans-diplomatic-offensive/)

122. Tom Balmforth & Andrea Shalal, «UK's Boris Johnson, in Kyiv, warns against 'flimsy' plan for talks with Russia», *Reuters*, 24 August 2022 (https://www.reuters.com/world/europe/uks-johnson-kyiv-warns-against-flimsy-plan-talks-with-russia-2022-08-24/)

123. «Discours sur l'état de l'Union 2022 de la présidente von der Leyen», *Commission Européenne*, 14 septembre 2022 (https://ec.europa.eu/commission/presscorner/detail/fr/speech_22_5493)

par la propagande que Kiev est dans une dynamique de victoire et ils ont tellement investi dans ce conflit qu'ils ne peuvent plus revenir en arrière.

Estimant que les Occidentaux ne peuvent pas perdre la face dans cet exercice et qu'ils continueront d'autant plus à soutenir l'Ukraine que leur propre situation économique se dégrade, les Russes changent de stratégie. Ils décident de détruire de manière systématique le potentiel ukrainien. C'est ce qu'explique le général Sourovikine en octobre[124].

Soutien à des négociations dans la population russe [%]

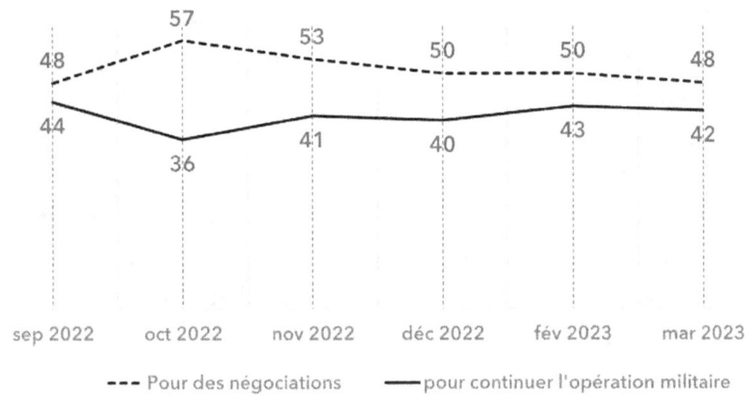

Figure 10 — La volonté de la population russe à négocier tend à s'affaiblir. Les livraisons d'armes à l'Ukraine, les attentats terroristes sur le sol russe et le sabotage de Nord Stream 2 ont eu pour effet de renforcer le soutien à l'opération militaire en Ukraine. [Source : Centre Levada]

En novembre 2022, poussé par l'échec qui s'annonce aux élections de mi-mandat, le gouvernement américain semble avoir compris cette dynamique et incite Volodymyr Zelensky à négocier[125]. Pourtant, sur le plateau de la RTS, Claude Wild, ambassadeur de Suisse à Kiev, affirme que c'est la Russie qui demande à négocier, car elle serait en position de faiblesse[126]. Rien n'est plus faux. C'est même exactement l'inverse. Pour

---

124. «Суровикин: российская группировка на Украине методично «перемалывает» войска противника», *TASS*, 18 octobre 2022 (https://tass.ru/armiya-i-opk/16090805)
125. Missy Ryan, John Hudson & Paul Sonne, «U.S. privately asks Ukraine to show it's open to negotiate with Russia», *The Washington Post*, 5 novembre 2022 (https://www.washingtonpost.com/national-security/2022/11/05/ukraine-russia-peace-negotiations/)
126. https://www.rts.ch/play/tv/redirect/detail/13567586?startTime=383

les Russes, ni les Ukrainiens, ni les Occidentaux ne sont des interlocuteurs dignes de foi. Le 9 décembre, lors de sa conférence de presse à Bichkek (Kirghizstan), Vladimir Poutine a déclaré que le niveau de confiance avec l'Occident était « *presque à zéro* »[127].

Les Russes ne sont pas opposés à une négociation, mais depuis octobre 2022, ils se sont faits à l'idée que les Occidentaux les entraînaient dans une guerre d'usure et ils ne sont pas pressés. Ils ne négocieront que s'ils ont des garanties solides que l'Ukraine et les Occidentaux ne tenteront pas de refaire ce qu'ils avaient fait avec les accords de Minsk.

En Russie, l'opinion reste sensiblement sur la même ligne que le gouvernement. Les chiffres du Centre Levada[128] (considéré comme agent étranger en Russie) sont très proches de ceux d'un sondage « secret », révélé par le média d'opposition russe *Meduza*, dont l'origine et l'authenticité n'ont pas pu être vérifiées[129].

En d'autres termes, la prolongation du conflit voulue par les Occidentaux semble renforcer le soutien populaire au gouvernement russe. Alors que dans les pays européens, les populations manifestent pour que leurs pays cessent d'alimenter le conflit, en Russie, il semble que le soutien populaire pour Vladimir Poutine reste entier.

127. Kevin Liffey, « Putin says loss of trust in West will make future Ukraine talks harder », *Reuters*, 9 décembre 2022 (https://www.reuters.com/world/europe/putin-says-loss-trust-west-will-make-future-ukraine-talks-harder-2022-12-09/)
128. https://www.levada.ru/2023/03/02/konflikt-s-ukrainoj-otsenki-fevralya-2023-goda/
129. https://meduza.io/en/feature/2022/11/30/make-peace-not-war

3. Considérations géostratégiques

3.1. La menace russe sur l'Europe

La tendance historique à l'expansion que l'on prête à la Russie d'aujourd'hui n'est qu'une extrapolation de notre compréhension de la pensée marxiste qui guidait la politique soviétique. Dans cette lecture, l'URSS se voyait comme le fer de lance de la lutte des classes et engagée dans une guerre permanente et systémique avec l'Occident, qui s'inscrivait dans un processus historique. Jusqu'à la mort de Staline, la pensée militaire stratégique de l'URSS était dominée par l'idée que sa sécurité ne serait garantie que par une victoire du socialisme sur le capitalisme, et que l'affrontement entre les deux systèmes était inévitable. Les stratèges soviétiques parlent alors du principe « d'inévitabilité de la guerre ».

Toutefois, la volonté de l'URSS d'envahir l'Europe semble avoir été un mythe, comme le démontre une étude du *Staff College* de Ft Leavenworth, aux États-Unis[130]. Elle se base sur des documents, articles et procès-verbaux de réunions soviétiques déclassifiés, qui indiquent que les dirigeants soviétiques n'avaient aucune intention d'envahir l'Europe[131]. En revanche, ils craignaient que si elle paraissait faible, les Occidentaux aient pu saisir l'occasion d'attaquer l'URSS[132].

---

130. Dr. Mahir J. Ibrahimov, Mr. Gustav A. Otto & Col Lee G. Gentile, Jr., « Cultural Perspectives, Geopolitics & Energy Security of Eurasia: Is the Next Global Conflict Imminent? », US Army Command and General Staff College Press, Fort Leavenworth, 2017 (https://www.armyupress.army.mil/Portals/7/combat-studies-institute/csi-books/cultural-perspectives.pdf)
131. Raymond Garthoff, Deterrence and the Revolution in Soviet Military Doctrine, The Brookings Institute, Washington D.C., 1990, p. 11
132. Vladislav Zubok, The Kremlin's Cold War: From Stalin to Khrushchev, Harvard University Press, Boston, 1997, p. 20

Aujourd'hui plus qu'avant, la menace militaire russe contre l'Europe, est une fiction soigneusement entretenue pour encourager la haine dans nos pays. On ne voit pas très bien pourquoi la Russie chercherait à attaquer son principal client d'hydrocarbures et sa principale source de produits manufacturés.

Elle est à la fois brandie et contredite par nos médias, nos politiques et les mêmes personnes qui, en février 2022 déjà[133], puis en mars[134], en juin[135], en octobre[136], en novembre[137], en décembre 2022[138] et en février 2023[139], affirmaient que la Russie avait déjà perdu la guerre contre une Ukraine qui manque pourtant d'équipements et d'armements!

Cette menace est d'autant moins compréhensible que les pays européens sont prêts à sacrifier une partie de leurs propres capacités de défense pour remplacer les matériels ukrainiens systématiquement détruits par la Russie. Cette soi-disant menace n'a d'ailleurs empêché ni l'Estonie de donner toute son artillerie à l'Ukraine, ni la Lettonie de faire de même avec l'ensemble de ses missiles anti-aériens portables STINGER[140]. Cela démontre, s'il le fallait, que ces pays limitrophes de la Russie ne craignent pas d'être l'objet d'une attaque.

---

133. Jean-Baptiste Jeangène Vilmer, « Pourquoi Poutine a déjà perdu la guerre », *Le Grand Continent*, 27 février 2022 (https://legrandcontinent.eu/fr/2022/02/27/pourquoi-poutine-a-deja-perdu-la-guerre/)

134. « Invasion de l'Ukraine : "La Russie a perdu la guerre" », *Le Journal de Montréal*, 2 mars 2022 (https://www.journaldemontreal.com/2022/03/02/invasion-de-lukraine-la-russie-a-perdu-la-gucrre)

135. Ian Bremmer, « La Russie a déjà perdu la guerre », *L'Écho*, 18 juin 2022 (https://www.lecho.be/opinions/general/la-russie-a-deja-perdu-la-guerre/10396613.html)

136. Paul Véronique, « Général Michel Yakovleff: "Poutine a perdu la guerre, mais il ne l'a pas encore compris" », *L'Express*, 20 octobre 2022 (mis à jour 22 octobre 2022) (https://www.lexpress.fr/monde/europe/general-michel-yakovleff-poutine-a-perdu-la-guerre-mais-il-ne-l-a-pas-encore-compris_2182214.html)

137. « Ukraine : "La Russie a déjà perdu cette guerre", estime l'historien Jean-François Colosimo », Public Sénat, 25 novembre 2022 (https://www.publicsenat.fr/article/politique/ukraine-la-russie-a-deja-perdu-cette-guerre-estime-l-historien-jean-francois)

138. « François Hollande: "Vladimir Poutine a déjà perdu la guerre en Ukraine" », *Le Soir*, 26 décembre 2022 (https://www.lesoir.be/485229/article/2022-12-26/francois-hollande-vladimir-poutine-deja-perdu-la-guerre-en-ukraine)

139. Jonathan Littell, « Poutine a déjà perdu la guerre, mais on ne fait pas ce qui est nécessaire pour l'obliger à l'accepter », *Le Monde*, 24 février 2023 (https://www.lemonde.fr/idees/article/2023/02/24/jonathan-littell-on-laisse-poutine-croire-qu-il-n-a-pas-perdu-la-guerre_6163122_3232.html)

140. « Latvia to deliver all available Stinger MANPADS to Ukraine », *Ukraïnska Pravda*, 21 avril 2023 (https://www.pravda.com.ua/eng/news/2023/04/21/7398940/)

L'idée que la Russie est une menace pour notre société est d'ailleurs assez récente, comme celle de notre «dépendance énergétique» qui ne semble pas avoir posé un problème aux Européens avant que Donald Trump n'en fasse un argument pour empêcher la réalisation du gazoduc Nord Stream 2.

3.2. Les «valeurs»

3.2.1. De l'«ordre international basé sur le droit» à l'«ordre international basé sur des règles»

Dès le début des années 2000, pour mener leur guerre contre le terrorisme, les États-Unis et la Grande-Bretagne ont cherché à créer un ordre international alternatif qui leur laisse les mains libres. Il s'agit de réduire l'autorité des institutions internationales. À cette fin on remplace l'«ordre international basé sur le droit» (*law-based international order*) (OIBD) issu de la Seconde Guerre mondiale, par un «ordre international basé sur des règles» (*rules-based international order*) (OIBR).

En clair, les relations internationales ne sont plus régies par des règles de droit reconnues et acceptées par tous, mais par des règles établies unilatéralement. Ces règles peuvent être des «valeurs» (les fameuses «valeurs occidentales»), mais aussi des intérêts nationaux. L'OIBR est donc plus large et intègre d'autres éléments que le droit, comme des normes sociales ou des principes (souvent d'origine occidentale). Au prime abord, cela semble plus séduisant, mais le problème est que les règles — à la différence du droit — sont plus floues.

Comme le dit l'*Australian Institute of International Affairs* (AIIA)[141] :

> *Contrairement à la croyance populaire, un ordre international fondé sur des règles ne s'inscrit pas dans la continuité du passé, mais remplace un ordre fondé sur le droit international. Le déclin de l'idéal d'un droit international politiquement neutre est une évolution dangereuse.*

---

141. Prof. Shirley Scott, «In Defense of the International Law-Based Order», Australian Institute of International Affairs (AIIA), 7 juin 2018 (https://www.internationalaffairs.org.au/australianout-look/in-defense-of-the-international-law-based-order/)

Inspirée de la politique israélienne, cette approche a conduit les États-Unis à se retirer de tous les traités de contrôle des armements. C'est également ce qui a permis aux Américains d'enlever des citoyens sur le territoire de pays européens sans leur approbation, ou l'usage de la torture en Europe.

Les États-Unis voient les Nations unies en opposition à leur vision unipolaire du monde, où ils représentent le modèle à suivre. C'est pourquoi, devant la montée en puissance de la Chine et de la Russie, et leur cohésion au Conseil de sécurité des Nations unies, les États-Unis tentent de mettre en place un système alternatif de gestion de l'ordre international, articulé autour de pays qui leur sont favorables. C'est le fondement du « *Sommet pour la démocratie* », lancé par Joe Biden en décembre 2021, dont l'objectif principal est de « *renforcer la démocratie et se défendre contre l'autoritarisme* ». Pourtant, des 111 pays invités, seuls 19 étaient des « *démocraties complètes* », selon la définition de l'*Economist Intelligence Unit* (EIU). Les 92 autres étant (toujours selon l'EIU) des « *démocraties défaillantes* » (comme les États-Unis eux-mêmes, la France et la Belgique), des « *régimes hybrides* » et des « *régimes autoritaires* »[142].

En fait, on tend à remplacer un ordre mondial basé sur le droit international, avec comme clé de voûte le système onusien, par un système de « valeurs », dont la clé de voûte serait la pensée américaine.

Une note du 17 mai 2017, adressée à Rex Tillerson, alors Secrétaire d'État, nous éclaire sur l'exploitation de nos « valeurs » à des fins géopolitiques[143] :

> *(…) Dans le cas d'alliés américains tels que l'Égypte, l'Arabie saoudite et les Philippines, l'Administration a tout à fait raison de mettre l'accent sur les bonnes relations pour diverses raisons importantes, y compris la lutte contre le terrorisme, et de faire face honnêtement aux compromis difficiles en ce qui concerne droits humains.*
> *(…) Par rapport à nos rivaux, le dilemme est bien moins important. Nous ne voulons pas soutenir les adversaires de l'Amérique à l'étranger ; nous cherchons à faire pression sur eux, à les concurrencer et à les déjouer. Pour cette raison, nous devrions considérer les droits*

---

142. « Democracy Index 2020 – In sickness and in health? », *The Economist Intelligence Unit*, 2021 (https://www.eiu.com/n/campaigns/democracy-index-2020/)
143. https://www.politico.com/f/?id=00000160-6c37-da3c-a371-ec3f13380001

de l'homme comme une question importante dans les relations des États-Unis avec la Chine, la Russie, la Corée du Nord et l'Iran. Et ceci, pas seulement par souci moral pour la gestion intérieure de ces pays. C'est aussi parce que faire pression sur ces régimes sur les droits de l'homme est une manière de leur imposer des couts, d'appliquer une contre-pression et de leur reprendre l'initiative sur le plan stratégique.

En d'autres termes, nous n'utilisons pas nos valeurs pour les diffuser, mais comme levier pour influencer nos adversaires où leur imposer des changements politiques. Par ailleurs, nous nous servons de ces « valeurs » de manière extrêmement sélective. Ainsi, nous entretenons des liens cordiaux avec les États-Unis, pourtant, entre 1947 et 1989, ils ont tenté 72 fois de renverser des gouvernements : 6 fois ouvertement et 66 fois par des opérations clandestines, dont seules 26 ont été réussies[144]. Sans parler de l'implication (très probable) des États-Unis dans la destruction d'infrastructures critiques européennes (Nord Stream 1 et 2) que Jens Stoltenberg, secrétaire général de l'OTAN n'a pas hésité à qualifier d'« acte de guerre »[145].

Le discours sur nos valeurs est à géométrie variable. Ainsi, à l'occasion de la crise ukrainienne, Joe Biden a répété à l'envi que « *les nations ont la liberté de choisir leur propre voie et de choisir avec qui elles veulent s'associer*[146] ». C'est un menteur. Les États-Unis imposent des sanctions aux pays qui achètent des armes russes, en vertu du *Countering America's Adversaries Through Sanctions Act* (CAATSA), et ont, par exemple, sanctionné la Chine pour avoir acquis des systèmes d'armes russes ! Ainsi, 33 pays[147] ont été mis sous sanctions ou ont subi des rétorsions, afin de les dissuader d'acheter un matériel militaire russe[148]. Mais la France ne fait pas mieux : l'origine de

---

144. Lindsey A. O'Rourke, « The U.S. tried to change other countries' governments 72 times during the Cold War », *The Washington Post*, 23 décembre 2016.

145. Katya Adler, « A journey to the site of the Nord Stream explosions », BBC News, 18 novembre 2022 (https://www.bbc.com/news/world-63636181)

146. Shane Harris, Robyn Dixon, Rachel Pannett & Emily Rauhala, « Biden says U.S. has not verified a pullback of Russian troops from Ukraine's border, despite Moscow's claims », *The Washington Post*, 15 février 2022

147. Il s'agit de : Algérie, Angola, Arménie, Azerbaïdjan, Biélorussie, Cameroun, Chine, Égypte, Ghana, Inde, Indonésie, Iran, Irak, Kazakhstan, Kirghizistan, Malaisie, Mexique, Maroc, Myanmar, Népal, Nicaragua, Nigéria, Pakistan, Pérou, Philippines, Qatar, Arabie saoudite, Serbie, Corée du Sud, Turquie, Émirats arabes unis, Ouzbékistan et Vietnam

148. John V. Parachini, Ryan Bauer, Peter A. Wilson, « Impact of the U.S. and Allied Sanction Regimes on Russian Arms Sales », *RAND Corporation*, 2021

la rupture entre Bamako et Paris n'a pas grand-chose à voir avec l'État de droit (Paris s'était très bien accommodé d'un coup d'État en 2020), mais avec un contrat d'armement passé entre le Mali et la Russie[149].

Donc on ne lutte pas pour le respect du droit international, mais pour le maintien d'une suprématie occidentale. C'est très différent, et le conflit ukrainien a mis en évidence cette différence aux yeux du monde.

3.2.1.1. *Le mandat d'arrêt contre Vladimir Poutine*

Le 14 mars 2023, la *Cour Pénale Internationale* (CPI) a émis un mandat d'arrêt contre Vladimir Poutine pour l'enlèvement, la détention et la déportation d'environ 6 000 enfants ukrainiens vers la Russie.

3.2.1.1.1. La Cour Pénale Internationale (CPI) ou la justice « à la carte »

La CPI est une juridiction internationale créée par le Statut de Rome de 1998, et entrée en vigueur en 2002. Son pouvoir ne peut s'exercer que sur les pays qui reconnaissent sa juridiction. Certains pays, comme les États-Unis, Israël, l'Ukraine, la Russie, la Chine ou l'Inde ne la reconnaissent pas.

Dans les années 2000, les pays occidentaux ont fait pression sur les pays africains pour qu'ils signent le Statut de Rome, en jouant sur l'aide financière qu'ils leur apportaient[150]. Or, très rapidement, il apparaît que la CPI exerce surtout ses pouvoirs sur les pays qui ne font pas partie du monde occidental. Alors que la justice devrait être indépendante et impartiale, on constate qu'elle n'a été invoquée que pour juger des personnalités provenant de pays adversaires de l'Occident. C'est ce qui a provoqué le retrait de nombreux pays africains. Les crimes de guerre commis par les pays occidentaux en Afghanistan, en Irak ou en Syrie n'ont pas été traités par la CPI.

Le 11 juin 2020, le président Donald Trump a émis un décret (*Executive Order 13928*), qui autorise le gel des avoirs et l'interdiction d'entrée des familles des fonctionnaires de la CPI[151].

---

149. Georges François Traoré, « Les vraies raisons de la brouille : Bah N'Daw aurait communiqué aux Français des documents de contrat d'armement », *maliweb.net*, 26 mai 2021 ; Georges Ibrahim Tounkara, « Assimi Goïta, l'homme au centre de la transition au Mali », *dw.com*, 26 mai 2021

150. Mwangi S. Kimenyi, « Can the International Criminal Court Play Fair in Africa ? », *Brookings Institution*, 17 octobre 2013 (https://www.brookings.edu/blog/africa-in-focus/2013/10/17/can-the-international-criminal-court-play-fair-in-africa/)

151. « Factsheet: U.S. Sanctions on the International Criminal Court », *Center for Constitutional Rights*, 2 avril 2021 (https://ccrjustice.org/factsheet-us-sanctions-international-criminal-court)

Le 2 septembre 2020, l'administration américaine a même adopté des sanctions contre des juges de la *Cour pénale internationale* (CPI) «*impliqué dans les efforts de la CPI pour enquêter sur du personnel américain*» pour crimes de guerre[152]!... Ainsi, toute personne apportant une contribution sous forme de «services» à des personnes désignées pour faire l'objet de sanctions — le Procureur ou son principal collaborateur — pourrait faire l'objet de sanctions civiles et pénales[153].

En avril 2021, juste après l'élection de la nouvelle direction de la CPI[154], désormais présidée par le juge polonais (!) Piotr Hofmański, l'administration Biden a révoqué l'*Executive Order 13928*, mais obtenu de la CPI afin qu'elle n'enquête pas sur les crimes de guerre commis par l'armée américaine en Afghanistan[155]... Voilà pour l'impartialité des magistrats...

À cet effet, en août 2022, les États-Unis ont édicté le *American Service-Members' Protection Act* (ASPA) qui est une loi qui empêche la CPI de mettre en accusation et d'arrêter des citoyens américains. Elle autorise même le gouvernement américain à prendre tous les moyens nécessaires — y compris la force militaire — pour libérer des Américains qui auraient été arrêtés[156]. Les États-Unis ont même fait savoir que les pays qui coopéreraient avec la CPI pour arrêter des citoyens américains subiraient des représailles. Ainsi, la loi américaine permet de retirer l'aide militaire américaine aux pays qui ratifieraient le Statut de Rome[157].

Théoriquement indépendante, la CPI ne l'est donc pas. À de nombreuses reprises, elle a démontré qu'elle servait les intérêts de la communauté occidentale plutôt que la justice. C'est la différence entre

---

152. «US Sanctions on the International Criminal Court», *Human Rights Watch*, 14 décembre 2020 (https://www.hrw.org/news/2020/12/14/us-sanctions-international-criminal-court)

153. «Factsheet: U.S. Sanctions on the International Criminal Court», *Center for Constitutional Rights*, 2 avril 2021 (https://ccrjustice.org/factsheet-us-sanctions-international-criminal-court)

154. https://www.icc-cpi.int/news/new-icc-presidency-elected-2021-2024

155. Andrea Germanos, «Critics Fume as ICC Excludes US From Probe Into Afghan War Crimes», *commondreams.org*, 27 septembre 2021; «Statement of the Prosecutor of the International Criminal Court, Karim A. A. Khan QC, following the application for an expedited order under article 18(2) seeking authorisation to resume investigations in the Situation in Afghanistan», *www.icc-cpi.int*, 27 septembre 2021 (https://www.commondreams.org/news/2021/09/27/critics-fume-icc-excludes-us-probe-afghan-war-crimes)

156. Todd Buchwald, «Unpacking New Legislation on US Support for the International Criminal Court», *Just Security*, 9 mars 2023 (https://www.justsecurity.org/85408/unpacking-new-legislation-on-us-support-for-the-international-criminal-court/)

157. «U.S.: 'Hague Invasion Act' Becomes Law», *Human Rights Watch*, 3 août 2002 (https://www.hrw.org/news/2002/08/03/us-hague-invasion-act-becomes-law)

un « ordre international basé sur le droit » et un « ordre international basé sur des règles ».

Durant mes nombreuses années dans les instances internationales, j'ai été surpris de voir combien les crimes de guerre commis dans les pays africains suscitaient plus de réactions que ceux commis par les Occidentaux. Il n'est donc pas vraiment surprenant que la CPI ait une mauvaise réputation en Afrique, où elle est considérée comme un outil pour imposer la loi des Occidentaux, et non pour la justice. De fait, malgré les centaines de crimes de guerre et contre l'humanité commis par les armées occidentales (États-Unis, Grande-Bretagne, France, Pologne, Ukraine, Canada, etc.) dans des pays injustement, illégalement et illégitimement attaqués, ce sont presque que des Africains qui ont été traduits devant cette cour[158].

Le mandat d'arrêt contre Vladimir Poutine aura probablement des conséquences négatives... mais probablement plus pour les Occidentaux que pour la Russie. Car en émettant un mandat d'arrêt, avant même d'avoir des éléments concrets pour le justifier, la CPI a montré qu'elle n'apportait qu'une justice « à la carte », avec des objectifs politiques. Une fois de plus, les Occidentaux ont montré à l'ensemble du monde que les institutions qu'ils ont créées servent leurs propres intérêts et non ceux du monde.

Les magistrats de la CPI ont manqué une occasion de montrer qu'ils étaient intègres : leur crédibilité et leur légitimité dans le « reste du monde » n'est pas très élevée et continuera certainement à s'affaiblir. Leur refus de condamner les crimes commis par les pays occidentaux confirme un sentiment très largement partagé qu'ils n'appliquent pas la justice de manière impartiale, mais qu'ils exploitent la justice au profit d'intérêts politiques.

3.2.1.1.2. La substance de l'accusation

Quant à la substance, des journalistes d'investigation américains[159] se sont intéressés au bien-fondé des accusations contre la Russie.

---

158. https://en.wikipedia.org/wiki/International_Criminal_Court
159. Jeremy Loffredo & Max Blumenthal, « ICC's Putin arrest warrant based on State Dept-funded report that debunked itself », *The Grayzone*, 31 mars 2023 (https://thegrayzone.com/2023/03/31/iccs-putin-arrest-state-dept-report/)

Le mandat de la CPI se base sur un rapport publié aux États-Unis le 14 février 2024[160], que la chaîne suisse RTS attribue à l'Université de Yale[161], suggérant qu'il s'agit du résultat d'une démarche scientifique et impartiale. Or, ce n'est pas le cas.

En fait, ce rapport a été établi par le rapport de l'*Humanitarian Research Lab* (HRL) de l'Université de Yale, sous la conduite du *Conflict Observatory* du gouvernement américain. Ce dernier est une structure dépendant du *Bureau des Conflits et des Opérations de Stabilisation*. Il a été spécialement créé par le Département d'État américain le 17 mai 2022 pour traiter l'intervention en Ukraine[162].

On est donc très loin de l'approche impartiale que suggère le terme « humanitarian », puisque le rapport a été financé par le gouvernement américain[163]. D'ailleurs, sa méthodologie pose question, car elle ne se fonde que sur des informations indirectes (de seconde main) :

> *Cette méthodologie a ses limites. Yale HRL s'appuie explicitement sur des informations de sources ouvertes pour son travail et ne procède pas à des entretiens avec des témoins ou des victimes.*

En fait, nos « experts » n'ont fait que tirer des informations de l'Internet !

Quant à nos médias, ils évoquent le caractère secret de ces actions, mais omettent soigneusement de préciser que les parents des enfants craignent d'être traités de collaborateurs :

> *De nombreuses familles ukrainiennes ne souhaitent pas partager publiquement leurs expériences, car elles craignent d'être considérées comme des collaborateurs de la Russie.*

---

160. « Russia's Systematic Program for the Re-Education & Adoption of Ukraine's Children », *Humanitarian Research Lab at Yale School of Public Health*, 14 février 2024 (https://hub.conflictobservatory.org/portal/sharing/rest/content/items/97f919ccfe524d31a241b53ca44076b8/data)
161. https://www.rts.ch/play/tv/redirect/detail/13792813
162. https://www.state.gov/promoting-accountability-for-war-crimes-and-other-atrocities-in-ukraine/
163. Carly Olson, « Russia has relocated 6,000 Ukrainian children to camps in Russian territory, a report finds. », *The New York Times*, 15 février 2023 (https://www.nytimes.com/2023/02/15/world/europe/russia-ukraine-children-camps.html)

Cela étant dit il est bon que la communauté internationale se préoccupe des enfants. Mais il faut se préoccuper de *tous* les enfants. Personne n'a tenu rigueur au gouvernement de Kiev qui bombardait ses propres citoyens entre 2014 et 2022... De même, personne n'a réagi lorsqu'il a été révélé que les sanctions contre l'Irak avaient provoqué la mort de 500 000 enfants, comme l'avait justifié Mme Madeleine Albright, secrétaire d'État américaine en 1996[164]. Là encore, nos médias s'offusquent bruyamment sur les rumeurs propagées par l'Ukraine, mais taisent — et donc acceptent — les crimes contre les enfants arabes.

C'est le problème des crimes de guerre en Ukraine. On les condamne sans même savoir s'ils ont réellement été commis par des Russes. Car il suffit de consulter la carte pour voir que les zones occupées par les forces russes sont des zones russophones et que l'on ne voit pas vraiment ni pourquoi ni comment la Russie tenterait de s'aliéner une population qui lui est déjà largement acquise. Comme le déclare Ignazio Cassis, ministre suisse des Affaires étrangères[165] :

> *Ce ne sont pas des crimes de guerre tant qu'un tribunal ne l'a pas décrété.*

En d'autres termes, que les rumeurs soient vérifiées ou non, ceux qui s'indignent contre la Russie pour des rumeurs qui n'ont pas été confirmées, mais qui ne se sont jamais indignés pour les petits Irakiens décédés, tombent dans la catégorie des « suprémacistes ». Pour eux, la vie d'un petit Irakien vaut 1 000 fois moins que celle d'un petit Ukrainien. Pas très surprenant, car l'idée d'un « peuple supérieur » domine l'idéologie au pouvoir en Ukraine et celle de ceux qui la soutiennent.

Blinken, Nuland, Baerbock, Albright... les crises sont gérées par des individus qui ont un profond mépris des autres et de la vie humaine...

---

164. Émission 60 Minutes, « Madeleine Albright », *newmedia7/YouTube*, 5 août 2016. (https://www.youtube.com/watch?v=FbIX1CP9qr4) (En réalité, il semble que le chiffre ait plutôt été d'environ 130 000 enfants morts ; ce qui est suffisant pour s'indigner... sauf pour nos journalistes, nos politiciens et nos magistrats !)

165. « Ignazio Cassis : "Ce ne sont pas des crimes de guerre tant qu'un tribunal ne l'a pas décrété" », *rts.ch*, 7 avril 2022 (https://www.rts.ch/info/suisse/13002882-ignazio-cassis-ce-ne-sont-pas-des-crimes-de-guerre-tant-quun-tribunal-ne-la-pas-decrete.html)

3.2.1.1.3. Le mandat d'arrêt contre Vladimir Poutine

Plusieurs anomalies font du mandat d'arrêt contre Vladimir Poutine un acte plus politique que judiciaire.

Tout d'abord, ni la Russie, ni l'Ukraine, ni les États-Unis n'ont ratifié le Statut de Rome. Autrement dit, non seulement ils ne reconnaissent pas la juridiction de la CPI, mais cette dernière n'a aucune juridiction sur eux. Il est d'ailleurs intéressant de noter que Joe Biden s'est félicité de cette décision avant de préciser que les États-Unis ne reconnaissaient pas la CPI.

Deuxièmement, on est surpris que ce mandat ne couvre pas le cas de Boutcha ! Après une année, il semble que l'on ne soit pas parvenu à rassembler les éléments permettant d'incriminer les Russes. Apparemment, la commission d'enquête mise sur pied par les Européens et de laquelle ont — naturellement — été exclus les Russes n'est pas en mesure de livrer des accusations concluantes[166]. D'ailleurs, alors que n'importe quelle broutille permet d'alimenter la propagande contre la Russie, les crimes de Boutcha semblent avoir étrangement disparu de nos médias.

Troisièmement, ce mandat d'arrêt n'est basé sur aucune enquête sérieuse, mais uniquement sur présomptions, des déclarations unilatérales de l'Ukraine et des informations de seconde main. Nous y reviendrons.

Quatrièmement, on peut attendre de la justice internationale un regard impartial sur les questions qu'elle doit trancher. Or cela n'est pas le cas. Ainsi, ni la CPI ni nos médias n'ont considéré comme « génocide » le transfert d'enfants ukrainiens russophones vers les zones ukrainophones afin de leur faire perdre leur culture russe, comme le montre un reportage de la RTBF du « 19:30 », où l'enseignante explique qu'elle doit leur faire oublier le russe afin de leur faire parler l'ukrainien[167].

L'accusation de crime de guerre est exigeante. Surtout si elle s'exprime aussi bruyamment. Elle impose ses conditions à la fois à l'accusé et à l'accusateur. Soit on condamne tous les crimes, soit on n'en condamne aucun, car condamner seulement un côté, bruyamment et sans nuance sans réagir sur les autres, signifie *que l'on accepte les autres crimes*. Cela va

---

166. « Commission de l'ONU: trop tôt pour tirer des conclusions sur des crimes de guerre en Ukraine », *Euronews / AP/ AFP*, 15 juin 2022 (https://fr.euronews.com/2022/06/15/commission-de-lonu-trop-tot-pour-tirer-des-conclusions-sur-des-crimes-de-guerre-en-ukraine)
167. https://www.rtbf.be/article/en-ukraine-le-desamour-pour-la-langue-russe-vue-comme-celle-de-lagresseur-10971374

bien au-delà du simple «deux poids, deux mesures» et cela ne concerne pas seulement les institutions judiciaires. C'est ce que l'on a vu avec les attentats terroristes en Russie qu'aucun de nos médias (entre autres : *RTS, RTBF, LCI, France 5*) n'a condamné. Or, il n'y a pas de bons et de mauvais crimes de guerre.

Le problème est que les Russes connaissent la réalité des choses. Ils savent que les russophones du Donbass ne sont pas des citoyens à part entière en Ukraine, que depuis 2014 l'armée ukrainienne bombarde les populations civiles du Donbass et que l'initiative de la Russie visait simplement à éloigner les enfants des zones de guerre depuis 2014. Le reportage des journalistes américains montre que les «camps» où ont été envoyés les enfants sont en réalité des hôtels, aménagés pour des cours de musique.

Nul doute que cette manœuvre n'aura aucun effet sur la gouvernance en Russie. Au contraire, elle risque de confirmer à la population russe que l'Occident cherche à renverser le pouvoir en Russie. Vladimir Poutine en ressortira avec l'image d'un homme courageux qui ne craint pas d'affronter les pays occidentaux.

L'objectif est de rendre plus difficile des négociations de paix. Non seulement ces magistrats ne cherchent pas la justice, mais ils tentent d'empêcher la paix. En faisant cela, la CPI a condamné l'Ukraine à mort, car ce n'est pas la Russie qui est en position de faiblesse.

Les crimes quels qu'ils soient sont condamnés par tous les systèmes de valeurs. La particularité des valeurs occidentales est le traitement impartial et juste de ces crimes. Nous ne reconnaissons pas la loi du Talion, mais accordons à l'accusé le droit de se défendre. C'est l'essence de nos valeurs. Or, aucun de nos médias, de nos journalistes ou même de nos gouvernements ne s'offusque que les Russes soient totalement exclus des commissions d'enquête sur les crimes dont ils sont accusés (notamment dans les affaires MH-17, Skripal, Navalny, Boutcha, Nord Stream, etc.). Cette incohérence sur l'essence de ce qui faisait les valeurs de l'Occident est en train de nous décrédibiliser, à juste titre.

En réalité, si nous avions confiance en nos valeurs et en nos accusations, nous respecterions les règles que ne nous nous sommes fixées et que nous voulons universelles. La réalité, malheureusement, est que notre société occidentale est aux mains de suprémacistes qui pensent que nous sommes supérieurs aux autres... C'est ce qui est en train de nous détruire.

3.2.2. *Un regard nouveau sur le néonazisme et l'extrémisme*

Après la guerre froide, au lieu de construire des relations sur la base d'une coopération plus approfondie avec la Russie, on a artificiellement maintenu l'idée qu'elle continuait à constituer une menace. Dans les pays qui avaient des intérêts nationaux outre-mer, le nouveau paysage géostratégique leur permettait de développer des forces de projection. Mais dans les pays qui n'avaient pas de tradition pour intervenir hors d'Europe, la disparition de la menace du Pacte de Varsovie signifiait la remise en question de la nécessité même de maintenir une armée. C'était en particulier le cas de l'Allemagne ou la Suisse[168]. Plus généralement, les États-Unis ont bien compris que les initiatives «*Des épées à la charrue*» («*Swords to Ploughshares*») pouvaient remettre en question leur présence militaire en Europe.

Dans ce contexte, les pays d'Europe de l'Est jouent un rôle essentiel. Le traitement qu'ils réservent à leurs minorités russes, alimenté par une haine mêlée de crainte envers la Russie justifie de la voir comme une menace. Au lieu de construire des relations sur une coopération constructive, avec une Russie demanderesse, les Occidentaux ont tout fait pour pouvoir continuer à la voir comme une menace potentielle.

Ainsi, nous avons toléré — et même intégré — les valeurs de ces pays qui continuent à vénérer leur passé de lutte contre les Soviétiques avec l'aide du Troisième Reich. Nous avons toléré qu'en Europe du XXIᵉ siècle, des pays continuent à avoir des citoyens qui ont plus de droits que d'autres, en raison de ce qu'ils sont, et non de ce qu'ils font. La haine contre Vladimir Poutine reste imprégnée de l'idéologie «naziabonde» que nos médias ont dû chercher à masquer pour préserver leur narratif.

Il a donc fallu cacher que le pouvoir ukrainien était profondément suprémaciste. À cette fin, il suffit de déclarer que le problème n'existe pas, comme le fait le journaliste suisse Jean-Philippe Schaller dans son émission *Geopolitis*[169].

---

168. https://www.bk.admin.ch/ch/f/pore/vi/vis179.html
169. https://youtu.be/bEv4-IJsl9k?t=414

Il est important ici d'être précis sur les termes utilisés. Nos « fact-checkers » nous démontrent qu'il n'y a pas de « nazis » en Ukraine. C'est vrai. Le nazisme est une idéologie politique des années 1930 qu'il n'est pas nécessaire de décrire ici. Le « néo-nazisme », en revanche, est plus un phénomène de société qu'une idéologie à proprement parler. C'est un assemblage hétéroclite d'idéologies qui associent la haine de tout et de tous dans une sorte de représentation théâtrale de la violence, en y associant la symbolique nazie. C'est pour les distinguer des « nazis » qu'on les nomme « néonazis ». C'est d'ailleurs le terme qu'utilise régulièrement Vladimir Poutine et non le mot « nazi », comme le prétend la RTS suisse[170]. Certains utilisent le terme « ukronazi », afin de mettre en évidence la dimension nationaliste ukrainienne et les références aux forces nazies de la Seconde Guerre mondiale, qui sont bien présentes.

Le terme « néonazi » exprime le caractère racialiste de ses adeptes en Ukraine, qui voient une hiérarchie entre les citoyens du pays en fonction de leur origine ethnique.

C'est d'ailleurs pour cette raison que personne n'évoque la « *Loi sur les peuples indigènes* » en Ukraine et que nous y armons des mouvements qui prônent la pureté raciale du pays. Aucun de nos médias et leurs journalistes n'ont réagi à cette loi qui pénalise des citoyens non sur la base de ce qu'ils sont. Depuis 1948 nous tolérons que des Arabes soient traités en citoyens « inférieurs » en Palestine, pourquoi devrait-on s'indigner que les russophones soient traités de la même manière en Ukraine ?

Nous avons même autorisé les réseaux sociaux comme Facebook et Instagram à déroger aux règles élémentaires de tolérance pour accepter des « posts » prônant la violence contre « *les Russes et les occupants russes* »[171]. Cela inclut les appels au meurtre de Vladimir Poutine et d'Alexandre Loukachenko et la violence perpétrée par les néonazis[172].

---

170. « Poutine n'a pas un discours de désinformation, mais un discours carrément faux », *RTS.ch*, 19 novembre 2022 (https://www.rts.ch/info/monde/13532090-poutine-na-pas-un-discours-de-desinformation-mais-un-discours-carrement-faux.html)
171. Munsif Vengattil & and Elizabeth Culliford, « Facebook allows war posts urging violence against Russian invaders », *Reuters*, 11 mars 2022 (https://www.reuters.com/world/europe/exclusive-facebook-instagram-temporarily-allow-calls-violence-against-russians-2022-03-10/)
172. « Facebook and Instagram Say It Is Okay to Support Nazism in Ukraine, and They Modify Terms Allowing Advocacy for Death to Russians », *The Conservative Treehouse*, 10 mars 2022 (https://theconservativetreehouse.com/blog/2022/03/10/facebook-and-instagram-say-it-is-okay-to-support-nazism-in-ukraine-and-they-modify-terms-allowing-advocacy-for-death-to-russians/)

La conséquence logique de cette situation est qu'aux États-Unis[173], en Belgique[174], en Suisse[175], dans tous les milieux l'antisémitisme augmente[176]. Comme dans toute cette crise ukrainienne, il semble que les Occidentaux aient de la peine à voir plus loin que le bout de leur nez. Car la violence que nous avons tolérée, voire que nos médias ont stimulé, a déclenché trois phénomènes distincts qui tendent à converger vers l'antisémitisme :

- Afin d'ôter tous les défauts de l'Ukraine et de gommer le caractère raciste de sa politique à l'égard des minorités linguistiques, nos médias ont dû littéralement « blanchir » les extrémistes qui composent ses unités de volontaires et fermer les yeux sur l'extrémisme qui nourrit le nationalisme ukrainien. C'est ce que nous avons vu avec l'émission *Géopolitis*. Un politicien suisse de droite m'a même attaqué sur sa page *Facebook* en affirmant que les volontaires partis alimenter les rangs des paramilitaires ukrainiens étaient des démocrates ! En réalité, beaucoup partagent ce que disait ce militant de l'Euromaïdan : « *Poutine n'est pas même un Russe. C'est un juif !*[177] »

- Alors que les pays occidentaux alignent les plans de soutien à l'Ukraine et constatent que leur économie ne parvient plus à soutenir le rythme, un certain agacement commence à se faire sentir envers les exigences de Volodymyr Zelensky. Surtout aux États-Unis, on observe qu'un nombre croissant de commentateurs du conflit constatent que les principaux instigateurs et les plus farouchement opposés à toute solution politique depuis 2014 sont de la même religion que Zelensky. C'est le cas de Victoria Nuland, d'Antony Blinken, mais également de nombreux personnages qui sont dans les rouages de l'administration américaine. Sans entrer dans plus de détails ici, il semble que la

---

173. Herb Scribner, « Antisemitism is on the rise in the U.S., surveys say », *Axios*, 13 février 2023 (https://www.axios.com/2023/02/13/antisemitism-ajc-poll-survey-rise-online)
174. « Is antisemitism on the rise in Brussels ? », VRT.be, 27 février 2023 (https://www.vrt.be/vrtnws/en/2023/02/27/is-antisemitism-on-the-rise-in-brussels/)
175. « The number of anti-Semitic incidents rose by 6% in 2022, the vast majority of them happening online, Jewish groups said on Tuesday », *Swissinfo*, 28 février 2023 (https://www.swissinfo.ch/eng/society/anti-semitism-cases-on-the-rise-in-switzerland--especially-online/48321170)
176. Douglas Belkin, « Antisemitism Is Rising at Colleges, and Jewish Students Are Facing Growing Hostility », *The Wall Street Journal*, 14 décembre 2022 (https://www.wsj.com/articles/antisemitism-is-rising-at-colleges-and-jewish-students-are-facing-growing-hostility-11671027820)
177. Shaun Walker, "Azov fighters are Ukraine's greatest weapon and may be its greatest threat", *The Guardian*, 10 septembre 2014 (https://www.theguardian.com/world/2014/sep/10/azov-far-right-fighters-ukraine-neo-nazis)

communauté juive soit de plus en plus prise entre les feux des républicains et des démocrates.

- Le remodelage du paysage géostratégique et géopolitique du Moyen-Orient, qui pourrait devenir plus hostile envers l'État hébreu, particulièrement avec l'avènement d'un gouvernement d'extrême-droite. Allié majeur des États-Unis au Proche-Orient, Israël est considéré comme un problème permanent pour sa politique étrangère par une grande partie de ce que l'on appelle l'État profond américain.

Afin de soutenir l'Ukraine, nous avons dû tordre le bras à nos valeurs ; car sa politique intérieure est très loin d'être démocratique, contrairement à ce que prétendent nos médias. L'interdiction des médias[178] et partis politiques d'opposition[179] est totalement ignorée chez nous. Le 4 février 2023, un mécanicien ukrainien de la région de Nikolaïev a été arrêté par le SBU pour avoir « liké » deux « posts » en 2022 sur le réseau social *VKontakte*, qui était favorable à Vladimir Poutine. Ce « like » a été interprété comme de la « *diffusion de matériel justifiant l'agression armée de la Fédération de Russie contre l'Ukraine* » (Article 436-2 du Code pénal, partie 2) et il encoure jusqu'à 8 ans de prison. L'acte d'accusation ne mentionne pas d'activités d'espionnage. Mais le 15 février, il est suspecté de fournir des informations à l'« *Empire des Sorcières de Russie* », une société secrète, que le SBU considère comme un réseau d'espionnage[180].

---

178. « Ukraine: President bans opposition media Strana.ua and sanctions editor-in-chief », European Federation of Journalists, 26 août 2021
179. « NSDC bans pro-Russian parties in Ukraine », Ukrinform, 20 mars 2022 (https://www.ukrinform.net/rubric-polytics/3434673-nsdc-bans-prorussian-parties-in-ukraine.html)
180. Oleg Chernish, « Чи міг український «сільський чаклун» стати шпигуном для російських відьом. Історія одного злочину », BBC News Ukrainian Service, 16 avril 2023 (https://www.bbc.com/ukrainian/articles/clmdjyrl08do)

***Lutte contre la glorification du nazisme, du néonazisme
et d'autres pratiques qui contribuent à alimenter les formes contem-
poraines de racisme, de discrimination raciale,
de xénophobie et de l'intolérance qui y est associée***

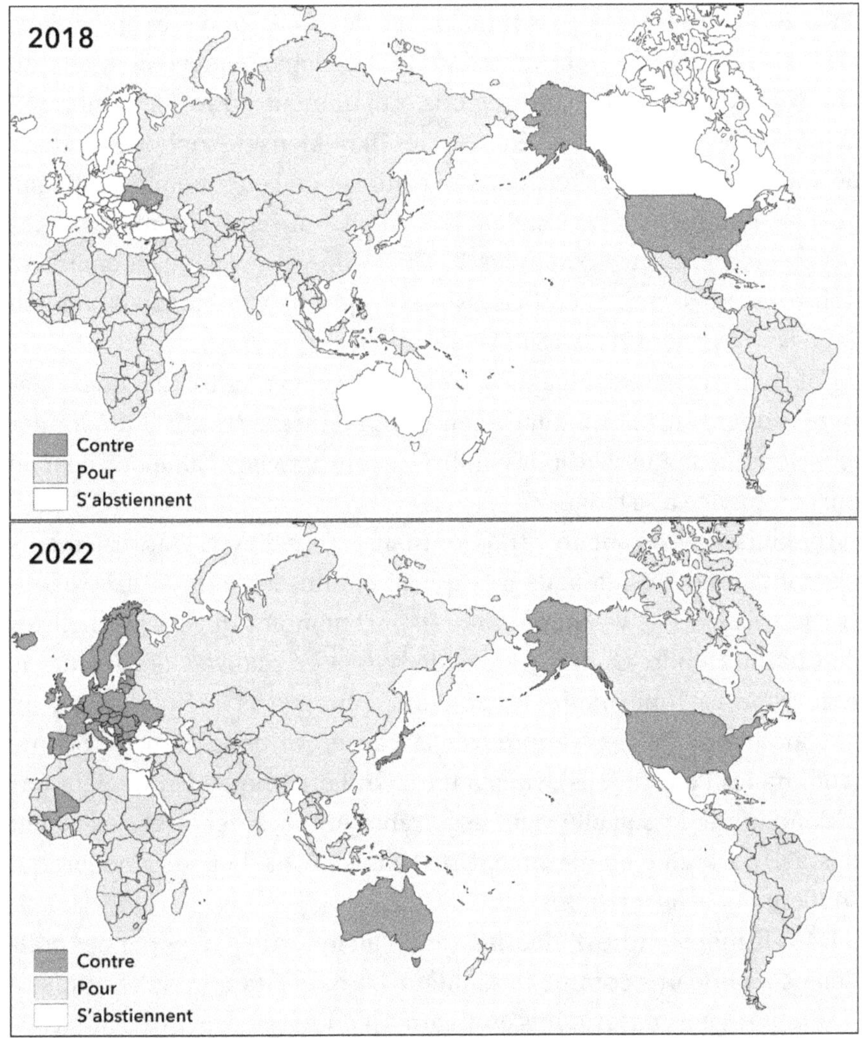

Figure 11 — Chaque année, la Russie présente au vote de l'Assemblée générale des Nations Unies une résolution contre la glorification du nazisme. Jusqu'en 2022, seuls deux pays rejetaient cette résolution, les États-Unis et l'Ukraine. En 2022, sous prétexte que la Russie avait déclaré lutter contre le nazisme en Ukraine, les pays Occidentaux.se sont joints aux pays opposants. Voilà pour nos valeurs…

3.2.3. *Une nouvelle perception du terrorisme*

En juillet-août 2022, on observe en Ukraine une campagne d'épuration (lire : éliminations) menée par le service de sécurité (SBU) dans les territoires occupés par la coalition russophone. Il s'agit d'une campagne terroriste qui vise des personnalités et des fonctionnaires ukrainiens prorusses. Elle arrive à la suite d'importants changements à la tête du SBU[181], à Kiev[182], et dans les régions, notamment à Lvov, à Ternopol[183] depuis juillet. Il s'agit alors d'éliminer les Ukrainiens russophones accusés de soutenir la Russie. C'est dans le contexte de cette même campagne qu'a été éliminée Darya Dugina, le 21 août, vraisemblablement par les services de sécurité ukrainiens[184]. On retrouve le même phénomène huit mois plus tard, avec l'assassinat du journaliste-blogueur Vladlen Tatarsky, le 1er avril 2023 à Saint-Pétersbourg.

L'objectif de ces campagnes n'est pas clair. S'agit-il de détourner l'attention des échecs militaires en Ukraine même ? S'agit-il de donner l'illusion que la Russie est déstabilisée et ainsi raviver l'aide occidentale qui commence à se fatiguer ?

Toujours est-il qu'aucun de nos journalistes, médias ou gouvernements n'a condamné ces attentats à l'explosif contre des journalistes russes. Ces journalistes ne valent pourtant ni plus ni moins que les journalistes de Charlie Hebdo. Or, il n'y a pas de bon et de mauvais terrorisme : le terrorisme est une méthode. Soit on approuve la méthode, soit on la condamne. On peut approuver la cause qui pousse au terrorisme (comme les Palestiniens), sans approuver la méthode. On ne peut pas la condamner lorsqu'elle vient des Arabes et l'accepter lorsqu'elle vient d'Israël, d'Ukraine ou des États-Unis ! Nous avons donc des médias qui soutiennent le terrorisme !

Dans le même ordre d'idée, les appels au meurtre lancés par des politiciens américains comme le sénateur Lindsay Graham ou le ministre luxembourgeois des Affaires étrangères Jean Asselborn, qui n'ont d'ail-

---

181. https://www.republicworld.com/world-news/russia-ukraine-crisis/zelensky-dismisses-dy-head-of-security-service-of-ukraine-and-replaces-several-officials-articleshow.html

182. https://www.kyivpost.com/ukraine-politics/zelensky-replaces-leadership-of-sbus-dept-of-information-and-analytical-support-decrees.html

183. https://en.interfax.com.ua/news/general/852306.html

184. Julian E. Barnes, Adam Goldman, Adam Entous & Michael Schwirtz, «U.S. Believes Ukrainians Were Behind an Assassination in Russia», *The New York Times*, 5 octobre 2022 (https://www.nytimes.com/2022/10/05/us/politics/ukraine-russia-dugina-assassination.html)

leurs été condamné par personne, montrent que nous ne valons pas grand-chose. Cela signifie que nos médias et nos politiciens acceptent que l'on tue sur la base notre jugement personnel. Pourquoi l'État islamique n'aurait-il donc pas le même droit ? Comme on le constate, une telle manière de penser est totalement inacceptable ! Pourrait-on appliquer la même logique à ces politiciens et journalistes qui les ont approuvés ?

Le 13 avril 2023, l'émission « C à vous » de *France 5* évoque la situation intérieure en Russie à travers le cas d'enfants qui auraient été interpelés par les services de sécurité pour avoir fait circuler des images de propagande. Nos journalistes en tirent la conclusion que le pays glisse vers le fascisme (ce qui signifie que cela n'était pas le cas avant !). C'est possible, mais en 2015 en France, le simple fait de ne pas « être Charlie » était considéré comme de « l'apologie du terrorisme ».[185] Un enfant de 8 ans a même été interpelé parce qu'il l'avait déclaré à l'école qu'il « n'était pas Charlie »[186] !

Ces cas illustrent exactement ce que nous reprochent à juste titre les non-européens : nous avons institutionnalisé la « *loi du plus fort* » qui préconise : « *faites ce que je dis, mais pas ce que je fais* ». Car la France est loin d'être exemplaire en matière de droits humains. Alors qu'elle était en situation de crise, la France a déclaré qu'elle ne respecterait plus les droits de l'Homme[187]. Pourquoi n'en serait-il pas de même dans d'autres pays, qui ont également une menace terroriste ?

3.3. Les sanctions

Les sanctions sont devenues un outil privilégié de la politique étrangère des pays occidentaux et ont progressivement remplacé la diplomatie pour amener leurs partenaires à s'aligner sur leurs décisions. Leur

---

185. Grégoire Bézie, « "Non, je ne suis pas Charlie" : là où s'arrête la liberté d'expression », *France 3 Corse*, 16 janvier 2015 (mis à jour le 10 juin 2020) (https://france3-regions.francetvinfo.fr/corse/2015/01/16/non-je-ne-suis-pas-charlie-la-ou-s-arrete-la-liberte-d-expression-634010.html)
186. Caroline Politi, « Enfant de 8 ans entendu pour apologie du terrorisme : "Il n'y a pas de poursuites" », *L'Express*, 29 janvier 2015 (https://www.lexpress.fr/societe/justice/enfant-de-8-ans-entendu-pour-apologie-du-terrorisme-il-n-y-a-pas-de-poursuites_1646040.html)
187. « État d'urgence : la France prévient qu'elle ne respectera pas les droits de l'homme », *AFP/Le Point.fr*, 27 novembre 2015 (https://www.lepoint.fr/societe/etat-d-urgence-la-france-previent-qu-elle-ne-respectera-pas-les-droits-de-l-homme-27-11-2015-1985317_23.php)

logique est de créer une pression intolérable pour les populations visées et les pousser à provoquer un changement de politique dans leur pays[188].

Elles prolongent la politique étrangère de nos pays pour influencer la politique intérieure des autres pays. En d'autres termes, elles sont une manière de contourner l'article 2 de la Charte des Nations Unies qui établit le principe de la non-ingérence dans les affaires intérieures des États. C'est la raison pour laquelle, les seules sanctions légales sont celles décidées par le Conseil de Sécurité des Nations Unies. C'est également la raison pour laquelle la Russie et la Chine ne les utilisent pas comme rétorsion aux sanctions qui leur sont appliquées.

Les sanctions appliquées à la Russie après le 24 février 2022 devaient créer «choc et sidération» (*shock and awe*) pour provoquer son effondrement[189]. C'est la même expression que celle utilisée en 2003 par les Américains pour désigner leurs frappes avant l'invasion de l'Irak. Selon le média économique *Bloomberg,* elles devaient être «*l'équivalent économique d'une bombe nucléaire*»[190].

Elles n'étaient donc pas destinées à «punir» la Russie ou à influencer sa politique, mais à provoquer son effondrement, avant même que son intervention n'aboutisse. C'est d'ailleurs ce qu'ont déclaré Bruno Le Maire, ministre français de l'Économie, puis Annalena Baerbock, ministre allemande des Affaires étrangères. L'idée était qu'après le déclenchement de l'offensive ukrainienne contre le Donbass en préparation depuis mars 2021, la Russie interviendrait pour protéger la population russophone. Il devenait alors possible de lui asséner un coup fatal décisif par des sanctions. C'est pourquoi ces sanctions ont été massives et appliquées simultanément avant que la Russie puisse réagir.

Dans ce scénario, les États-Unis et l'Union européenne ont utilisé l'Ukraine comme appât. Comme l'expliquait Olekseï Arestovitch en mars 2019 déjà, les Ukrainiens ont été attirés dans une guerre qui devait être extrêmement courte et décisive. Les Occidentaux ont tout simplement joué avec la vie des Ukrainiens en exploitant leur nationalisme.

---

188. Richard Nephew, *The Art of Sanctions – A View from the Field*, Columbia University Press, New York, 2018

189. Daniel Flatley, «How Biden's Shock-and-Awe Tactic Is Failing to Stop Russia», *Bloomberg*, 24 février 2023 (https://www.bloomberg.com/news/features/2023-02-24/russia-sanctions-to-stop-putin-s-war-in-ukraine-became-300b-distraction#xj4y7vzkg)

190. Daniel Flatley, «How Biden's Shock-and-Awe Tactic Is Failing to Stop Russia», *Bloomberg*, 24 février 2023 (https://archive.is/pRivV#selection-3483.0-3515.30)

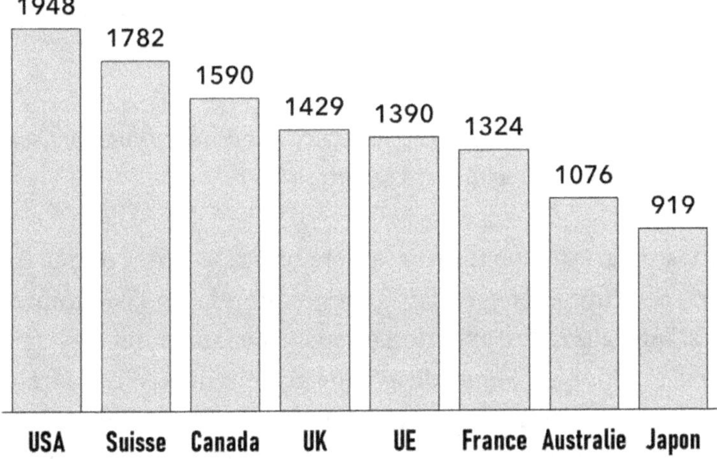

Figure 12 — Sanctions appliquées à la Russie depuis le 24 février 2022.
Jusqu'en octobre 2022, la Suisse était le pays qui avait adopté le plus de sanctions.
[Source : Castellum AI]

Les sanctions sont donc devenues une arme de guerre, conçue pour atteindre des objectifs de guerre[191]. Dans le cadre du conflit ukrainien, elles devaient permettre d'obtenir la défaite totale de la Russie, avant même que les armes ne parlent, grâce à son effondrement. Cela signifie que ceux qui se sont associés à ces sanctions sont devenus *de facto* et *de iure* des cobelligérants dans le conflit ukrainien.

Par ailleurs, on constate que les sanctions ont plutôt contribué à renforcer l'unité du pays et à resserrer les rangs derrière Vladimir Poutine. C'est d'ailleurs un risque qui avait été entrevu par la RAND Corporation en 2019 déjà, sur la base des observations de 2014 :

> *Les sanctions internationales n'ont pas amélioré le comportement de la Russie et ont même permis au régime d'accuser de manière plausible l'Occident d'être responsable des difficultés économiques des citoyens ordinaires.*

---

191. Nicholas Mulder, *The Economic Weapon: The Rise of Sanctions as a Tool of Modern War*, Yale University Press, Cornell University, 25 janvier 2022 (https://yalebooks.yale.edu/book/9780300259360/economic-weapon/)

3.3.1. L'efficacité des sanctions sur l'économie russe

La forme et la nature des sanctions contre la Russie avaient tout pour atteindre leur objectif. Le 1ᵉʳ mars 2022, Bruno Le Maire, ministre français des Finances, déclarait[192] :

Les sanctions sont efficaces, les sanctions économiques et financières sont même d'une efficacité redoutable.

Manifestement, et comme à son habitude, il ne connaît pas ses dossiers. Son ministère n'a fait aucune analyse de l'économie russe. Car dès l'été 2022, les experts sérieux constatent que les sanctions n'ont pas fonctionné. Si nos dirigeants avaient mieux lu la stratégie de la RAND Corporation qu'ils ont suivie, ils auraient noté que le think tank américain avait déjà constaté l'inefficacité des sanctions contre la Russie[193] :

Les faiblesses économiques de la Russie sont considérables, mais l'effet contre-intuitif des sanctions montre que les faiblesses ne doivent pas être confondues avec les vulnérabilités que les États-Unis pourraient exploiter à leur avantage.

C'est pourquoi l'UE commence à enchaîner les paquets de sanctions, tous aussi inefficaces les unes que les autres, jusqu'à interdire la vente de toilettes à la Russie[194]... Le 29 décembre 2022, le magazine britannique *The Economist* (probablement un « agent de Poutine » pour le journaliste suisse Jean-Philippe Schaller !) déclarait que « *la neuvième économie du monde avait fait beaucoup mieux que ce que l'on attendait* »[195] :

---

192. « «Nous allons provoquer l'effondrement de l'économie russe», affirme Bruno Le Maire », *France 24/YouTube*, 1ᵉʳ mars 2022 (https://youtu.be/Ntzacqlm-Ac)
193. « Extending Russia : Competing from Advantageous Ground », *RAND Corporation*, 2019 (p. 28)
194. James Crisp, « EU stops selling toilets to Russia as punishment for invading Ukraine », *The Telegraph*, 16 février 2023 (https://www.telegraph.co.uk/world-news/2023/02/16/eu-toilet-ban-russia-ukraine-invasion-export-sanctions/)
195. « In 2022 Russia kept the economic show on the road », *The Economist*, 29 décembre 2022 (https://www.economist.com/finance-and-economics/2022/12/29/in-2022-russia-kept-the-economic-show-on-the-road)

Actuellement, le système économique russe est en meilleure forme que prévu. Parallèlement, l'Europe, accablée par des prix de l'énergie élevés, entre en récession.

Nicholas Mulder, auteur d'un ouvrage sur les sanctions américaines, constate qu'elles ont une histoire d'inefficacité et semblent agir plus par effet « boomerang ». Concernant l'Ukraine, il observe[196] :

[Les pays occidentaux] ont abandonné l'idée que cela influence le processus de décision russe. Au lieu de ça, ils les voient plutôt comme une guerre d'usure économique.

Cela explique la déclaration de Josep Borrel, en mars 2023[197] :

Il n'y a plus grand-chose à faire du point de vue des sanctions, mais nous pouvons continuer à accroître notre soutien financier et militaire [à l'Ukraine].

Le problème est que le nombre des pays sous sanctions ne fait qu'augmenter, car les sanctions fonctionnent selon un mécanisme « à cliquet » qui ne revient pas en arrière. Les pays sous sanctions ont compris que quoi qu'ils fassent, celles-ci resteraient. Ils ont donc fini par s'adapter et ont appris à vivre coupés des pays occidentaux. Aujourd'hui, des pays comme l'Iran ou la Russie sont déjà sous le coup de tellement de sanctions qu'ils ne craignent plus rien. Ils collaborent donc activement.

L'effondrement prévu par les économistes européens n'est pas arrivé. Dans son évaluation de janvier 2023, le FMI estime que la Russie a une économie qui réagit mieux que prévu aux sanctions et présentera des performances meilleures que les pays qui l'ont sanctionnée en 2024[198].

---

196. Ben Holland, « Sanctions Are the Economic Weapon with a History of Backfiring », *Bloomberg*, 29 janvier 2022 (https://archive.is/FR6Kz#selection-3341.0-3407.16)
197. Alexandra Brzozowski, « 'Not much left' on Russia sanctions, other support needed now, says EU's Borrell », *EURACTIV.com*, 10 mars 2023 (mis à jour 11 mars 2023) (https://www.euractiv.com/section/defence-and-security/interview/not-much-left-on-russia-sanctions-other-support-needed-now-says-eus-borrell/)
198. www.imf.org/fr/Publications/WEO/Issues/2023/01/31/world-economic-outlook-update-january-2023

Le problème est que jusqu'en 2022, nos brillants économistes se limitaient à comparer l'économie de la Russie à celle de l'Italie ou de l'Espagne. Mais c'est un peu simpliste. Les sanctions de 2014 ont résonné comme une sonnette d'alarme pour le gouvernement russe, qui s'est attaché à « durcir » son économie.

Ainsi, pour la balance des paiements, la dernière édition du *CIA Factbook* classe la Russie au quatrième rang mondial, la France au 26e et les États-Unis au... 209e [199]! Avec une dette publique qui représente 25 % de son PIB, il place la Russie au 183e rang mondial, alors que la France est au 14e rang (123,01 %) et les États-Unis au 11e (126,39 %)[200].

Moins financiarisée que les pays occidentaux, la Russie a une économie plus robuste, plus équilibrée et avec une plus grande part qu'eux de l'économie réelle dans son PIB. C'est la principale raison pour laquelle elle a bien résisté à des sanctions qu'aucun pays occidental n'aurait pu absorber de cette manière.

Structure du PIB par secteur économique (2017)

Pays	Agriculture	Industrie	Services
Russie	4.7 %	33.0 %	62.3 %
Union Européenne	1.6 %	25.1 %	70.9 %
États-Unis	0.9 %	19.1 %	80.0 %
Allemagne	0.7 %	30.7 %	68.6 %

Figure 13 — La structure du PIB russe montre une part beaucoup plus grande de l'agriculture et du secteur manufacturier que ses grands partenaires européens. On observe que les Occidentaux ont progressivement abandonné leurs capacités de production et ont largement créé leur dépendance envers l'extérieur en développant le secteur des services.

Le 1er avril 2023, sur la chaîne LCI — qui est sans doute la chaîne la plus active dans la désinformation sur la Russie — le journaliste Quentin Bérichel nous explique que l'économie russe s'effondre[201]. C'est un menteur. Car un mois plus tôt, dans son rapport sur le *Global Russia*

---

199. https://www.cia.gov/the-world-factbook/field/current-account-balance/country-comparison
200. https://www.cia.gov/the-world-factbook/field/public-debt/country-comparison
201. « L'économie russe accuse (finalement) le coup des sanctions », *LCI*, 1er avril 2023 (https://youtu.be/7bh1ZX0H0E4)

78

Manufacturing Purchasing Managers' Index (PMI) l'agence américaine *Standard & Poor* constatait « *la plus forte amélioration des conditions de production industrielle depuis six ans en février* »[202] :

> *Les dernières données indiquent une solide amélioration de la santé du secteur industriel russe, la plus marquée depuis un peu plus de six ans. Cette embellie prolonge la séquence de croissance actuelle de dix mois.*
>
> *L'amélioration des conditions d'exploitation a été favorisée par une forte augmentation de la production en février. L'augmentation de la production s'est accélérée par rapport à janvier et a été légèrement plus rapide que la moyenne de la période. Les entreprises manufacturières russes suivies ont montré que la reprise était liée à la substitution des produits importés et à une nouvelle augmentation des nouvelles commandes.*

Alors qu'en mars 2022 l'Union européenne avait décidé d'exclure un certain nombre de banques russes du système de paiement interbancaire SWIFT[203], un an plus tard, c'est le gouvernement russe qui interdit à ses banques de l'utiliser[204]. En 2022, Wall Street avait déconseillé les gouvernements occidentaux de déconnecter les banques russes de SWIFT[205]. Pour satisfaire Kiev, les dirigeants européens n'ont pas écouté. Résultat : les Américains n'ont plus aucune visibilité sur les paiements faits de et vers la Russie.

Quant à cette dernière, en 2014, après une première vague de sanctions, elle a créé son propre système alternatif, le *System for Transferof Financial Messages* (SPFS), qui est opérationnel depuis 2022[206]. Ce

---

202. www.pmi.spglobal.com/Public/Home/PressRelease/947832c3086449a48a90e75cc273bf64
203. « Russian banks banned from SWIFT », *UK P&I*, 2 mars 2022 (https://www.ukpandi.com/news-and-resources/articles/2022/russian-banks-banned-from-swift/)
204. « Russia bans SWIFT », *RT*, 20 mars 2023 (https://www.rt.com/business/573298-russia-bans-swift-use/)
205. Daniel Flatley, Katherine Doherty & Hannah Levitt, « Wall Street Counsels Washington Against Kicking Russia Off SWIFT », *Bloomberg*, 25 février 2022 (https://www.bloomberg.com/news/articles/2022-02-25/wall-street-counsels-washington-against-kicking-russia-off-swift?leadSource=uverify%20wall)
206. Huileng Tan, « China and Russia are working on homegrown alternatives to the SWIFT payment system. Here's what they would mean for the US dollar. », *Business Insider*, 19 avril 2022 (https://www.businessinsider.com/china-russia-alternative-swift-payment-cips-spfs-yuan-ruble-dollar-2022-4)

système est connecté avec le *Cross-Border Interbank Payment System* (CIPS) chinois, ce qui devrait contribuer à réduire l'hégémonie du dollar dans les transactions internationales[207].

On est donc très loin d'un effondrement de l'économie russe. Bien au contraire. Le magazine *Newsweek* prédit même à la fin janvier 2023, que l'économie russe pourrait être plus performante que celle des États-Unis à l'horizon 2025[208] !

Perspectives de croissance pour 2023-2024

Dernières projections de croissance des *Perspectives de l'économie mondiale*

(PIB réel, variation annuelle en pourcentage)	ESTIMATION 2022	PROJECTIONS 2023	PROJECTIONS 2024
Production mondiale	**3,4**	**2,9**	**3,1**
Pays avancés	**2,7**	**1,2**	**1,4**
États-Unis	2,0	1,4	1,0
Zone euro	3,5	0,7	1,6
Allemagne	1,9	0,1	1,4
France	2,6	0,7	1,6
Italie	3,9	0,6	0,9
Espagne	5,2	1,1	2,4
Japon	1,4	1,8	0,9
Royaume-Uni	4,1	-0,6	0,9
Canada	3,5	1,5	1,5
Autres pays avancés	2,8	2,0	2,4
Pays émergents et pays en développement	**3,9**	**4,0**	**4,2**
Pays émergents et pays en développement d'Asie	4,3	5,3	5,2
Chine	3,0	5,2	4,5
Inde	6,8	6,1	6,8
Pays émergents et pays en développement d'Europe	0,7	1,5	2,6
Russie	-2,2	0,3	2,1

Figure 14 — Les projections du Fond Monétaire International pour 2023-2024 montrent que la Russie aura une croissance plus importante que les pays de la zone euro. [Source : FMI]

207. « Moscow, Beijing working on SWIFT workaround », *Reuters*, 16 mars 2022 (https://www.reuters.com/article/ukraine-crisis-russia-china-idUKL5N2VJ39Z)

208. Brendan Cole, « Russia's Economy Forecast to Outperform U.S. Within Two Years », *Newsweek*, 31 janvier 2023 (https://www.newsweek.com/russias-economy-forecast-outperform-us-within-two-years-1777788)

Les sanctions annoncées à la suite de la SVO comprenaient le gel des avoirs publics et privés («oligarques») russes déposés dans les banques européennes et américaines. Tout d'abord estimée à environ 600 milliards USD[209], cette fortune a été réévaluée à 300 milliards d'euros (14 avril 2023)[210]. Toutefois, il est apparu que les autorités judiciaires de l'UE n'ont pu identifier que 33,8 milliards d'euros sur les 250 milliards d'euros détenus en Europe. Les fonds restants n'ont pas été retrouvés et restent vraisemblablement sous le contrôle de la Russie[211].

En janvier 2023, Ursula von der Leyen avait déclaré vouloir «saisir et non geler» («seize — not freeze») ces avoirs afin de les donner à l'Ukraine[212]. Mais en réalité, outre le fait que l'UE n'a pas pu localiser ces fonds, la légalité de saisir des fonds de la réserve russe est discutable. Il n'y a alors pas de cadre légal en Europe pour soutenir une telle décision[213]. La Commission européenne a même statué que les avoirs russes devront être rendus à leurs propriétaires une fois le conflit terminé[214].

Par ailleurs, il est possible que les rumeurs sur une confiscation des avoirs russes aient fait peur aux investisseurs d'autres pays, bien qu'aucune information officielle ne le confirme à ce stade. Cela pourrait expliquer les retraits massifs (principalement dans le dernier trimestre de 2022) de quelque 133 milliards USD, du Crédit suisse, provoquant la chute de la banque en mars 2023[215].

Aveuglés par notre propre propagande et par ce qui s'était passé en 2014, où les sanctions avaient eu un effet marqué sur l'économie russe,

209. Richard Partington, «Russia 'preparing legal action' to unfreeze $600bn foreign currency reserves», *The Guardian*, 19 avril 2022 (https://www.theguardian.com/business/2022/apr/19/russia-preparing-legal-action-to-unfreeze-600bn-foreign-currency-reserves)

210. https://www.consilium.europa.eu/en/policies/sanctions/restrictive-measures-against-russia-over-ukraine/sanctions-against-russia-explained/

211. Oleksiy Yarmolenko, «Delfi: The EU cannot find the frozen €300 billion of the Russian Central Bank, which they want to give to Ukraine», *Babel.ua*, 21 février 2023 (https://babel.ua/en/news/90794-delfi-the-eu-cannot-find-the-frozen-300-billion-of-the-russian-central-bank-which-they-want-to-give-to-ukraine)

212. Elisabeth Braw, «Freeze—Don't Seize—Russian Assets», *Foreign Policy*, 13 janvier 2023 (https://foreignpolicy.com/2023/01/13/putin-sanctions-oligarchs-freeze-seize-assets/)

213. «Faut-il saisir les actifs gelés de la Russie pour reconstruire l'Ukraine?», *Swissinfo.ch*, 23 février 2023 (https://www.swissinfo.ch/fre/politique/faut-il-saisir-les-actifs-gel%C3%A9s-de-la-russie-pour-reconstruire-l-ukraine-/48307052)

214. Wester van Gaal, «EU: Russian assets to be returned in case of peace treaty», *EU Observer*, 30 novembre 2022 (https://euobserver.com/ukraine/156496)

215. Anna Cooban, «Credit Suisse got its lifeline. Investors are unconvinced», *CNN*, 17 mars 2023 (https://edition.cnn.com/2023/03/17/investing/credit-suisse-shares-drop-despite-lifeline/index.html)

nos experts ont surévalué le résultat des sanctions de 2022. À l'évidence, tenter d'empêcher les échanges avec un pays comme la Russie, qui est un fournisseur majeur de matières premières, de produits agricoles et d'engrais, principalement dans les pays de l'hémisphère Sud et de l'Asie, est très différent d'une même politique contre un pays « consommateur ».

Assez curieusement, personne n'a anticipé la résistance de l'économie russe, l'impact des sanctions qui auraient pu avoir au niveau global (aux dépens des pays de l'hémisphère Sud) et l'absence de soutien international à la politique des pays occidentaux.

3.3.2. *Les sanctions sur les produits pétroliers*

Les sanctions sur les produits pétroliers ont eu pour effet logique — c'était leur objectif — d'empêcher la Russie de vendre ses produits afin de pouvoir financer son opération en Ukraine. Or, ces restrictions ont certainement provoqué une diminution des volumes vendus par la Russie. Mais, en vertu de la loi de l'offre et de la demande, cette réduction de l'offre sur le marché a très logiquement provoqué une hausse des prix, et donc des revenus de la Russie. Selon *Bloomberg*, en avril 2022, l'augmentation des cours a donné à la Russie un revenu supplémentaire de plus de 9 milliards de dollars[216].

Sur LCI, le général Dominique Trinquand, aussi brillant en technologie pétrolière qu'en art opératif, explique qu'avec le départ des compagnies pétrolières occidentales, la Russie n'est plus en mesure d'assurer une production normale[217]. C'est tout simplement faux.

Trois jours plus tôt, *Bloomberg* déclarait que les exportations de diesel russe n'avaient jamais été aussi importantes[218].

Tout d'abord, il faut rappeler qu'après les sanctions sur les matériels d'exploitation pétrolière en 2014, la Russie a entrepris de fabriquer elle-même ces équipements... et elle en est maintenant exportatrice[219] ! En

---

216. « Russia expects to earn $9.6 billion more in April due to high oil prices », *Reuters*, 5 avril 2021 (https://www.reuters.com/business/energy/russia-expects-earn-96-bln-more-april-due-high-oil-prices-2022-04-05/)

217. https://youtu.be/7bh1ZX0H0E4

218. Jack Wittels & Prejula Prem, « Russia's Diesel Exports Heading for Record Despite EU Sanctions », *Bloomberg*, 27 mars 2022 (https://www.bloomberg.com/news/articles/2023-03-27/russia-s-diesel-exports-heading-for-record-despite-eu-sanctions#xj4y7vzkg)

219. « A Russian oil and gas equipment manufacturing company is interested in the Norwegian market », *ernergi24.no*, 3 juin 2021 (https://energi24.no/betalt-innhold-arkiv/a-russian-oil-and-gas-equipment-manufacturing-company-is-interested-in-the-norwegian-market)

fait, malgré les sanctions, la Russie a accru sa capacité de production de pétrole en 2022 en augmentant le nombre de puits de 7 %, ce qui porte le total à 7 800 puits[220]. De plus, contrairement à ce qu'affirme notre général et selon un journal britannique, le secteur pétrolier russe « *fonctionne en grande partie comme avant [les sanctions]. La Russie a pu préserver la majeure partie de son savoir-faire, de ses actifs et de ses technologies dans le domaine des services pétroliers*[221] ».

Le plafonnement du prix du pétrole russe décidé par le G7, puis l'Union européenne au début 2023 a eu plusieurs effets désastreux, bien que parfaitement prévisibles. Tout d'abord, la Russie a déclaré qu'elle ne vendrait son pétrole qu'aux pays qui respectent le prix du marché. En d'autres termes, cela signifie que potentiellement, le marché déjà tendu de l'énergie risque de se contracter davantage, avec une hausse générale du prix des hydrocarbures.

Ensuite, la décision des Occidentaux d'intervenir sur un marché qui est régulé par l'OPEP+ a été considérée par les pays du Moyen-Orient comme une insulte à leur souveraineté économique. Cela explique — en partie au moins — le refus des pays arabes de se plier aux injonctions occidentales d'augmenter le niveau de production.

Paradoxalement, un an après l'adoption des sanctions contre la Russie, les pays européens restent les principaux importateurs de produits pétroliers russes. Les exceptions au régime adopté par l'UE sont si nombreuses qu'elles n'ont pas vraiment affecté les importations. Le problème est qu'aujourd'hui, les pays européens passent par des intermédiaires qui permettent de masquer l'origine russe des produits, moyennant un supplément de cout, payé par les Occidentaux. Nous avions donc les inconvénients des sanctions, sans l'effet escompté[222].

Selon un rapport du *Centre for Research on Energy and Clean Air* (CREA), d'avril 2023, les pays occidentaux ont importé pour 42 milliards

220. Tim McNulty, « Putin enjoys oil boom as Russia sanctions fail to dent Kremlin coffers », *Express (UK)*, 14 février 2023 (https://www.express.co.uk/news/world/1734625/Vladimir-Putin-Russian-oil-Ukraine-war-sanctions)

221. Tim McNulty, « Putin enjoys oil boom as Russia sanctions fail to dent Kremlin coffers », *Express (UK)*, 14 février 2023 (https://www.express.co.uk/news/world/1734625/Vladimir-Putin-Russian-oil-Ukraine-war-sanctions)

222. Shweta Sharma, « EU is still largest importer of Russian oil due to loophole in sanctions, report claims », *The Independent*, 19 avril 2023 (https://www.independent.co.uk/news/world/europe/eu-largest-importer-russia-oil-ukraine-war-b2321756.html)

d'euros de produits pétroliers en provenance de pays qui ont augmenté leurs importations de pétrole brut russe au cours des 12 mois qui ont suivi l'invasion de la Russie[223]. Cela signifie que non seulement les pays occidentaux n'ont pas empêché la Russie d'exporter ses produits pétroliers, mais qu'ils ont payé leurs importations plus cher que s'ils avaient payé directement à la Russie. On est donc dans un schéma asymétrique, où non seulement les Occidentaux n'atteignent pas leur objectif, mais leurs économies en souffrent.

3.3.3. *Le manque de microprocesseurs*

Le 1er avril 2023, sur la chaîne de télévision française LCI, le journaliste Jean Quatremer explique que les sanctions frappent durement l'économie russe au point que les Russes doivent «*dépecer des machines à laver pour obtenir des puces électroniques*[224]». C'est un menteur.

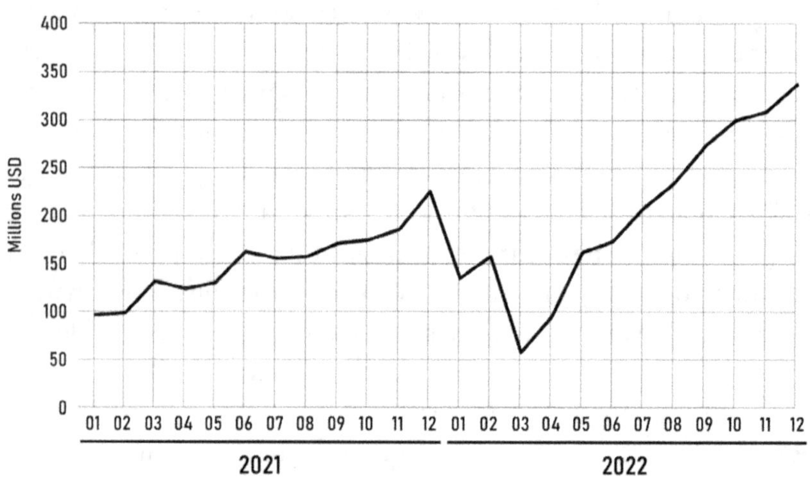

Figure 15 — *Contrairement à ce que prétend la désinformation occidentale, la Russie a augmenté ses importations de semi-conducteurs en 2022. Elle a simplement changé de fournisseurs. Alors qu'elle s'approvisionnait essentiellement en Occident, la Russie s'est tournée vers l'Asie. Dans une économie mondialisée, les sanctions ne remplacent pas une diplomatie efficace. [Source : Free Russia Foundation]*

223. https://energyandcleanair.org/wp/wp-content/uploads/2023/04/CREA_Press-release_The-laundromat_EU-G7-and-Australias-indirect-imports-of-Russian-oil-revealed.pdf
224. https://youtu.be/7bh1ZX0H0E4?t=491

En janvier 2023, la *Fondation pour une Russie Libre*, basée à Washington, a publié un rapport sur l'efficacité des sanctions contre la Russie. Il en ressort que les importations russes de microprocesseurs sont passées de 1,82 milliard de dollars en 2021 à 2,45 milliards de dollars en 2022 (pour l'ensemble de l'année). La Chine est devenue la principale source d'approvisionnement en microprocesseurs de la Russie. En 2022, la Chine, Hong Kong, l'Allemagne, les Pays-Bas et la Finlande étaient les principaux fournisseurs en valeur ; la Chine, Hong Kong, l'Estonie, la Turquie et l'Allemagne étaient en tête pour le nombre de transactions[225].

3.3.4. *Les sanctions sur Nord Stream*

Rappelons que l'Allemagne a mis un terme au projet de *Nord Stream 2 (NS2) avant* que la Russie ne déclenche son offensive en Ukraine. Cette interruption, voulue par Donald Trump, a été applaudie par les conspirationnistes occidentaux, qui voyaient dans ce gazoduc le « *gazoduc de Poutine* ». Ainsi, le quotidien français *Libération*[226] invente une théorie de la conspiration selon laquelle Vladimir Poutine aurait cherché à mettre l'Europe « *à la merci de Moscou* » grâce à son gaz naturel. C'est totalement faux.

En 2014, après des sanctions appliquées à la Russie, Vladimir Poutine a compris que l'objectif des Occidentaux était d'affaiblir son pays. Il a également réalisé que les sempiternelles disputes liées aux « fuites » des gazoducs traversant l'Ukraine allaient s'accentuer et que sa dépendance envers l'Europe mettait son économie en péril. Il a donc décidé de renoncer à construire de nouveaux gazoducs vers l'Europe[227].

En 2016, afin d'entamer sa transition énergétique et sortir du charbon, Angela Merkel a réussi à convaincre Vladimir Poutine de construire NS2, en suivant le tracé de Nord Stream 1 (NS1), pour éviter les aléas d'un approvisionnement transitant par l'Ukraine.

225. « Effectiveness Of U.S. Sanctions Targeting Russian Companies and Individuals », *Free Russia Foundation*, Washington DC, janvier 2023 (https://www.4freerussia.org/effectiveness-of-u-s-sanctions-targeting-russian-companies-and-individuals/?ref=en.thebell.io)
226. Christophe Bourdoiseau, « L'Allemagne gèle le « gazoduc de Poutine » », *Libération*, 22 février 2022 (https://www.liberation.fr/international/europe/lallemagne-gele-le-gazoduc-de-poutine-20220222_2P4HYGUGOBHE5OO4SG7U6POQFA/)
227. Michael Birnbaum, « Putin cancels new natural gas pipeline to Europe in a surprise move », *The Washington Post*, 1ᵉʳ décembre 2014 (https://www.washingtonpost.com/world/europe/putin-cancels-new-natural-gas-pipeline-to-europe-in-a-surprise-move/2014/12/01/c1955c90-73ee-11e4-95a8-fe0b46e8751a_story.html)

Mais en été 2017, l'administration Trump a mis en place une stratégie d'isolement de la Russie en la chassant de ses marchés traditionnels[228]. Dès 2018, Trump exerce des pressions sur l'Allemagne pour qu'elle renonce au NS2[229], puis applique des sanctions contre les entreprises participant à sa construction en janvier 2020[230]. La politique de Donald Trump est soutenue en Europe par les écologistes et par les russophobes d'Europe orientale. Le 20 janvier 2021, 58 parlementaires européens (venant principalement des ex-pays de l'Est, avec quelques «Occidentaux» comme Bernard Guetta) proposent de stopper le projet germano-russe[231].

Le 14 juin 2022, la société Gazprom réduit le flux de gaz vers l'Allemagne de 40 %. La RTS déclare que « *la Russie utilise toujours plus l'arme du gaz pour faire pression sur les Européens* ». Dans quel but ? Le média suisse ne le précise évidemment pas, et n'explique pas plus la raison de cette réduction. C'est une accusation gratuite, qui insinue que la Russie mène une guerre économique contre l'Occident, afin de « *tendre le marché des matières premières et faire monter les prix* »[232].

En fait, ce que cache le média suisse est que la société Siemens, responsable de l'entretien des turbines du NS1, a dû faire réparer une de ces turbines dans l'un de ses ateliers au Canada. Le problème est que — dans un premier temps — le Canada refuse de restituer la turbine à l'Allemagne en raison des sanctions contre la Russie. Or, en l'absence de cette turbine, Gazprom ne peut faire fonctionner le gazoduc normalement et réduit sa capacité de 40 % pour des raisons techniques[233]. En d'autres termes, non seulement le Canada impose des sanctions sur l'Allemagne, mais la réduction des livrai-

228. Sarah McFarlane, Georgi Kantchev, « Gaz : Trump prêt à marcher sur les plates-bandes russes en Europe », *L'Opinion*, 29 juillet 2018. (https://www.lopinion.fr/international/gaz-trump-pret-a-marcher-sur-les-plate-bandes-russes-en-europe)

229. Dpa, « Trump kritisiert Deutschland wegen Ostsee-Pipeline » (« Trump critique l'Allemagne au sujet du pipeline de la mer Baltique »), *merkur.de*, 3 avril 2018.

230. « Donald Trump approuve les sanctions américaines à l'égard des entreprises collaborant au gazoduc Nord Stream 2 », *Agence Europe*, 3 janvier 2020.

231. *Joint Motion for a Resolution Pursuant to Rule 132(2) and (4) of the Rules of Procedure on the Arrest of Aleksei Navalny*, Parlement européen, 20 janvier 2021 (2021/2513(RSP)).

232. https://www.rts.ch/info/monde/13181278-le-robinet-de-gaz-russe-pour-leurope-est-progressivement-coupe.html#timeline-anchor-1655470920416

233 « Russia lowers gas flows to Europe with part stuck in Canada », The Associated Press, 14 juin 2022 (https://apnews.com/article/russia-ukraine-canada-business-baltic-sea-8558b02f065d79bd5d9f725188239c98) ; Huileng Tan, « Russia is cutting 40 % of one key pipeline's natural-gas supply to Germany because a piece of equipment is stuck in Canada due to sanctions », Business Insider, 15 juin 2022 (https://www.businessinsider.com/russia-cuts-gas-supply-germany-siemens-equipment-stuck-canada-sanctions-2022-6?r=US&IR=T)

sons russes résulte — une fois de plus — de problèmes internes au camp occidental. Le média suisse a donc menti… Une fois de plus!

À la mi-juillet et après de longues tractations, le Canada accède à la demande de l'Allemagne de restituer la turbine, ce qui provoque la colère de Zelensky, qui convoque l'ambassadeur du Canada pour l'admonester[234]. Mais le problème ne s'arrête pas là. Malgré l'accord canadien, la turbine tarde à arriver, et les Russes n'ont aucune garantie qu'ils reverront cette turbine. De plus, d'autres turbines qui doivent subir des travaux de maintenance au Canada dès la fin juillet 2022 et les Occidentaux n'ont défini aucune politique claire. C'est pourquoi, le 14 juillet 2022, Gazprom a adressé une lettre aux autorités allemandes pour annoncer qu'elle pourra invoquer la «force majeure» après les travaux de maintenance prévus sur NS1 entre le 11 et le 21 juillet.

À ceci s'ajoute que malgré la demande faite par Gazprom à Siemens, les Canadiens refusent de donner aux Russes le descriptif des travaux effectués sur cette première turbine. En l'absence de ces documents, la Russie n'autorise pas le retour de la turbine et sa réinstallation dans la station de compression. Forts de l'expérience de 1982, les Russes craignent que les Canadiens n'aient saboté la turbine avant de la restituer. Résultat: NS 1 travaille à une fraction de sa capacité.

Finalement, en décembre 2022, *Reuters* annonce que la Russie a commencé à produire elle-même les turbines nécessaires à la circulation du gaz dans les gazoducs[235]. Reuters démontre ainsi que le média suisse nous a menti sur toute la ligne (il n'est évidemment pas le seul!) et que les sanctions n'ont fait que stimuler la production industrielle russe.

3.3.5. *Les engrais et les céréales*

En mai-juin 2022, les Occidentaux s'inquiètent tout à coup pour les exportations de céréales ukrainiennes. On accuse alors la Russie d'organiser le blocus des ports ukrainiens de la mer Noire. C'est évidemment

---

234. «L'ambassadeur du Canada à Kiev convoqué à la suite du transfert "inacceptable" de turbines», *Le Figaro* / AFP, 11 juillet 2022 (https://www.lefigaro.fr/flash-actu/l-ambassadeur-du-canada-a-kiev-convoque-a-la-suite-du-transfert-inacceptable-de-turbines-20220711)
235. «UPDATE 1-Russia's Power Machines completes first high-power gas turbine to replace imported equipment», *Reuters*, 26 décembre 2022 (https://www.reuters.com/article/russia-gasturbine/update-1-russias-power-machines-completes-first-high-power-gas-turbine-to-replace-imported-equipment-idUKL8N33G0Q5)

faux, car ce sont les Ukrainiens eux-mêmes qui ont miné leurs ports, afin de prévenir une attaque amphibie de la Russie.

D'ailleurs, à la mi-juin 2022, David Arakhamia, proche conseiller de Zelensky, déclare que les militaires ukrainiens «*s'opposent fermement à l'idée de déminer les ports ukrainiens de la mer Noire en échange de l'autorisation d'exporter des céréales par la Russie*»[236]. Mais cela n'empêche pas la *RTS* d'écrire, le 27 juin, que «*les navires de transport sont bloqués au port depuis février à cause des mines marines et des navires de guerre russes au large*»[237].

En réalité, il semble que cela soit une tentative de plus du gouvernement ukrainien de trouver un motif pour une intervention occidentale dans le conflit, comme le suggère le *Washington Post*[238]. On a pour cela accusé la Russie d'utiliser «*l'arme de la faim*» et de prendre ainsi en otages les pays de l'hémisphère sud[239]. En réalité, la Russie n'a pas empêché l'Ukraine d'exporter ses céréales (dont la majeure part peut aller vers l'Europe par voie terrestre). Ce sont bien les sanctions occidentales qui ont entravé les exportations russes de céréales.

Les Occidentaux clament *urbi et orbi* que les engrais et les produits alimentaires ne sont pas sanctionnés. Ainsi, Josep Borrell, responsable de la politique étrangère de l'UE, déclare[240] :

> *Le secteur agricole russe n'est pas visé. Nos sanctions n'interdisent pas l'importation de produits agricoles ou d'engrais russes, ni le paiement de ces exportations russes.*

---

236. Dave Lawler, «Ukraine suffering up to 1,000 casualties per day in Donbas, official says », *Axios*, 15 juin 2022 (https://www.axios.com/2022/06/15/ukraine-1000-casualties-day-donbas-arakhamia)

237. https://www.rts.ch/info/monde/13202280-un-missile-russe-touche-un-centre-commercial-du-centre-de-lukraine-faisant-craindre-un-lourd-bilan.html

238. Karoun Demirjian, Alex Horton & Stefano Pitrelli, «Russia's grain blockade may require U.S. intervention, general suggests », *The Washington Post*, 26 mai 2022 (https://www.washingtonpost.com/national-security/2022/05/26/russia-ukraine-grain-blockade/)

239. «Moscou accusée d'utiliser «la faim comme arme de guerre» Access to the comments Discussion», *Euronews / AFP*, 25 juin 2022 (https://fr.euronews.com/2022/06/25/moscou-accusee-dutiliser-la-faim-comme-arme-de-guerre)

240. Vince Chadwick, «Exclusive: Internal report shows EU fears losing Africa over Ukraine», devex.com, 22 juillet 2022 (https://www.devex.com/news/exclusive-internal-report-shows-eu-fears-losing-africa-over-ukraine-103694)

Pourtant, ces produits ne parviennent que difficilement à sortir de Russie. En réalité, si effectivement ces produits ne sont pas sanctionnés, les transports, les compagnies qui les exportent, ainsi que les moyens de paiement le sont! C'est pourquoi ces produits pourrissent dans des ports européens au lieu d'approvisionner les pays qui en auraient besoin, car aucun acteur économique européen n'ose les faire transporter.

Quant à l'l'Ukraine, l'exportation de ses céréales par bateau, elle n'est pas dirigée vers les pays du Sud qui sont en manque, mais vers les pays de l'hémisphère Nord.

Destinataires des céréales ukrainiennes au 21 avril 2023 [tonnes]

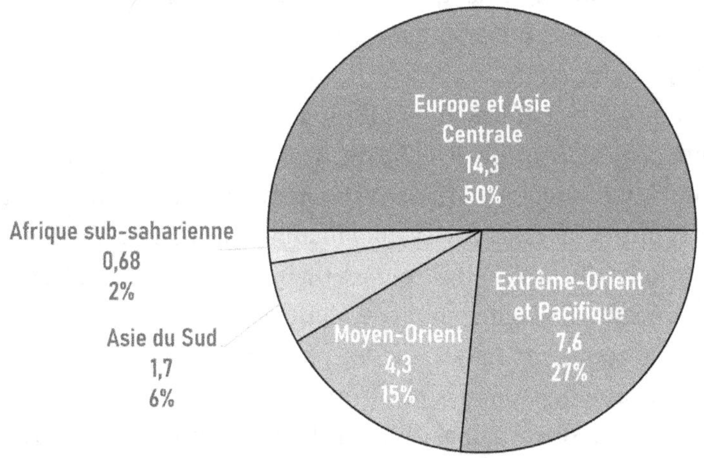

Figure 16 — Alors que les pays occidentaux ont accusé la Russie d'empêcher la livraison de céréales vers les pays de l'hémisphère sud, on constate que les livraisons ukrainiennes ne concernent que pour 2 % l'Afrique subsaharienne. [Source : https://www.un.org/en/black-sea-grain-initiative/vessel-movements]

C'est le même problème avec les vols aériens. Le ciel étant fermé aux avions russes, la Russie a elle aussi fermé son ciel aux avions occidentaux. Il en résulte une situation asymétrique : ces sanctions touchent plus durement les Occidentaux que les Russes. En fait, elles font le beurre des compagnies aériennes asiatiques — et notamment chinoises — qui ne sont pas obligées de contourner le ciel russe, alors que leurs homologues occidentales doivent faire des détours couteux et longs. Mais les Américains sont de mauvais joueurs : afin de compenser cet avantage comparatif, ils envisagent de leur imposer une taxe[241]!

La proposition de rouvrir le ciel européen au trafic russe est sur la table, mais les Russes ne sont pas pressés : de toute façon, avec les sanctions qui pèsent sur certains citoyens russes, les moyens de paiements (cartes de crédit, et système bancaire) et les exportations, les Russes n'ont aucun intérêt à aller se rendre en Europe !

3.3.6. L'isolement de la Russie

La stratégie des États-Unis et de l'Union européenne était d'isoler la Russie sur tous les plans politique, économique et diplomatique. C'est une forme de « mobbing stratégique » visant à provoquer l'effondrement de l'économie russe et à décourager les autres pays à lui venir en aide. Cela n'a pas fonctionné[242].

Les sanctions occidentales jouent un rôle décisif dans cette stratégie. Un élément central de ce dispositif a été de couper la Russie du système de paiement interbancaire SWIFT afin de l'empêcher de commercer avec le monde extérieur et de la pousser à la faillite. Cela devait amener des troubles sociaux, qui devaient alimenter un mouvement révolutionnaire avec pour objectif un « changement de régime ».

Mais évidemment, imaginer qu'un pays fournisseur de matières premières et énergétiques soit isolé du monde était d'autant plus absurde que l'économie russe est saine. En 2021, la dette publique de la Russie était de 17 % de son PIB, la plaçant 182e (sur 198 pays) dans le monde. Par comparaison, la dette extérieure de la France était alors de 112 % de son PIB, et les États-Unis de 128 %[243].

Le système des sanctions n'est pas limité à celles qui touchent la Russie, mais aussi à celles qui pourraient être appliquées aux pays tiers qui ne s'associeraient pas aux décisions américaines et européennes. En effet, assez rapidement, les Occidentaux ont dû constater que les

---

241. Kate Kelly & Mark Walker, « Banned from Russian Airspace, U.S. Airlines Look to Restrict Competitors », The New York Times, 17 mars 2023 (mis à jour 18 mars 2023) (https://www.ny-times.com/2023/03/17/us/politics/russia-us-airlines-ukraine.html)
242. Josh Holder, Lauren Leatherby, Anton Troianovski & Weiyi Cai, « The West Tried to Isolate Russia. It Didn't Work. », *The New York Times*, 23 février 2023 (https://www.nytimes.com/interactive/2023/02/23/world/russia-ukraine-geopolitics.html)
243. https://en.wikipedia.org/wiki/List_of_countries_by_public_debt

---

pays de l'hémisphère Sud n'allaient pas les suivre pour appliquer des sanctions[244].

La crise ukrainienne a mis en évidence que les Occidentaux n'ont que les sanctions comme outil de politique étrangère. Les pressions — pour ne pas dire chantage — dont les pays africains ont été l'objet à l'occasion des votes aux Nations Unies sur la Russie ont montré que les partenariats avec les Occidentaux constituent un jeu dangereux[245]. De manière assez inattendue, les pressions sur les pays africains pour qu'ils s'alignent tendent à se retourner contre les Occidentaux[246].

À la différence des années 1960-2020 où les Occidentaux menaient la danse en raison de leur suprématie économique, la Chine est aujourd'hui un partenaire incontournable du « reste du monde » et beaucoup plus intéressant.

Si dans certains pays de la « nouvelle Europe », comme la Pologne ou les pays baltes, la haine des Russes domine la réflexion politique, dans d'autres pays, comme la Slovaquie, les liens avec la Russie restent forts. Ainsi, en septembre 2022, un sondage a montré que la majorité des Slovaques souhaitent plutôt une victoire russe[247].

En février 2023, par une résolution votée à 141 contre 7, l'Assemblée générale des Nations Unies (UNGA) a demandé la cessation immédiate des hostilités et le retrait de la Russie d'Ukraine. Les chiffres suggèrent un soutien massif à la position occidentale. Mais la réalité est plus subtile.

L'objectif des Occidentaux est d'obtenir l'effondrement de la Russie par son isolement. Pour l'atteindre, ils cherchent à imposer leurs décisions et à sanctionner ceux qui ne seraient pas avec eux. Les votes à l'UNGA font l'objet de pressions énormes sur les pays du Sud, qui jouxtent le chan-

---

244. Sharon Wajsbrot, « L'Opep se refuse à remplacer le pétrole russe », *Les Echos*, 5 mai 2022 (mis à jour le 6 mai 2022) (https://www.lesechos.fr/finance-marches/marches-financiers/lopep-se-refuse-a-remplacer-le-petrole-russe-1405149)

245. Krista Larson, « Africa leader warns of pressure to choose sides in Ukraine », *AP News*, 20 septembre 2022 (https://apnews.com/article/russia-ukraine-united-nations-general-assembly-macky-sall-f7b8ec5e6092dc439adc1230e4f64d1d)

246. Robbie Gramer & Jack Detsch, « Western Allies Pressure African Countries to Condemn Russia », *Foreign Policy*, 5 mai 2022 (https://foreignpolicy.com/2022/05/05/western-allies-pressure-african-countries-to-condemn-russia/)

247. Michal Hudec, « Most Slovaks want Russia to win Ukraine war », *EURACTIV.sk*, 15 septembre 2022 (https://www.euractiv.com/section/politics/short_news/most-slovaks-want-russia-to-win-ukraine-war/)

tage[248]. Ainsi, ce qui paraît être un succès contre la Russie dans le court terme, est un échec sur le plan stratégique et à moyen et long terme. Les pays africains ont compris que leur dépendance aux Occidentaux est une vulnérabilité majeure. C'est ce qu'ont compris les pays du Sahel, qui ont entrepris d'expulser les forces armées étrangères de leur territoire.

Les « abstentions » (formelles ou par la politique de la « chaise vide ») sont une manière d'exprimer le refus de s'aligner sur les positions occidentales, sans s'affronter ouvertement. C'est pourquoi les abstentions pèsent plus lourd que ne le laissent supposer nos médias.

Contrairement à ce qu'affirmait Josep Borrell, les Africains sont très au courant des affaires européennes, et souvent même mieux que les citoyens européens eux-mêmes. Mais ils ne souhaitent pas être impliqués dans ce conflit qui ne les concerne en aucune manière. On en revient toujours à la même question : pourquoi ce conflit est-il plus condamnable que ceux que nous avons créés en Afrique ou au Moyen-Orient ?

Pays sous sanctions des États-Unis (2022)

Figure 17 — Les pays sous sanctions des États-Unis ont maintenant tendance à unir leurs efforts. Les sanctions ont le plus souvent pour objectif d'imposer des politiques, par conséquent il est peu probable qu'elles soient allégées.

248. « Western Allies Pressure African Countries to Condemn Russia », *Foreign Policy*, 5 mai 2022 (https://foreignpolicy.com/2022/05/05/western-allies-pressure-african-countries-to-condemn-russia/)

Demande de la cessation immédiate des hostilités (février 2023)

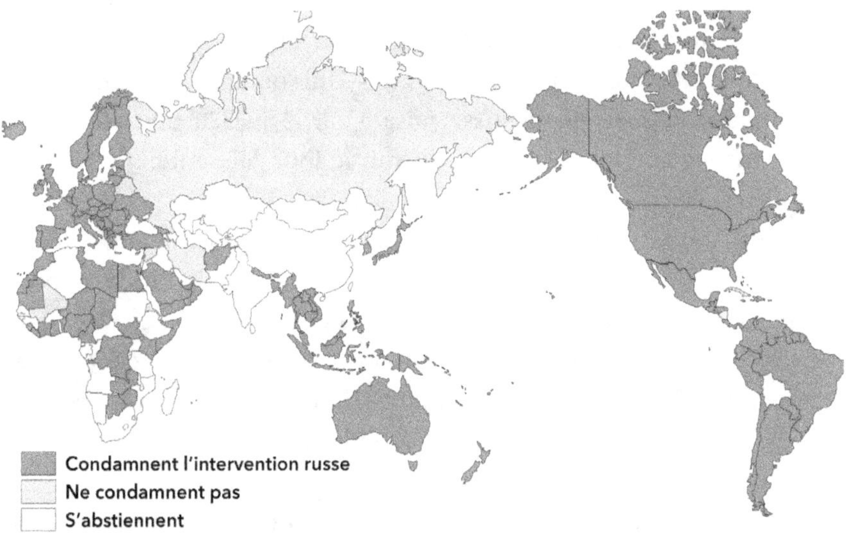

Figure 18 — Pays-membres des Nations Unies demandant la cessation immédiate de l'intervention russe. Plusieurs pays se sont plaints d'avoir été pressés par des pays occidentaux pour voter.

Pays ayant adopté des sanctions contre la Russie (février 2023)

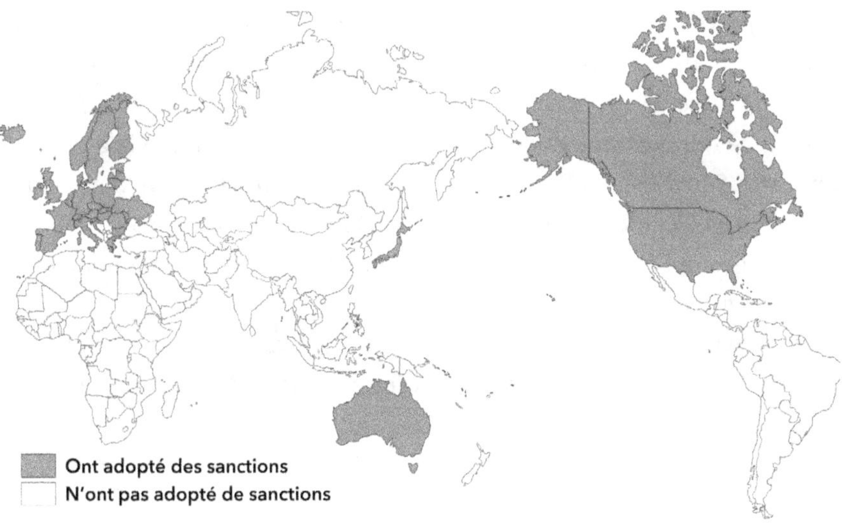

Figure 19 — Pays ayant adopté des sanctions contre la Russie.

3. Considérations géostratégiques

3.3.6.1. *La relation triangulaire entre la Russie, l'Inde et la Chine.*

À la réunion du G20 en mars 2023 à New Delhi, les Américains ont tenté de faire pression sur l'Inde pour avoir une condamnation de la Russie dans la déclaration finale. Les États-Unis ont ainsi mis l'Inde dans une situation impossible : la Russie faisant partie du G20, une telle déclaration finale avait peu de chance de voir le jour, laissant comme seule perspective de conclure le G20 sans déclaration finale.

En fait, les Américains comptaient sur le rapprochement spectaculaire entre la Russie et la Chine — vieil ennemie de l'Inde — pour pousser à cette déclaration. Mais l'Inde n'a pas « mordu ». En Occident, dès lors qu'il s'agit de la Chine ou de la Russie, on met l'accent sur les divergences. En Asie, et plus largement dans un monde conscient de ses responsabilités (ce qui exclut l'Occident dans son ensemble) on met l'accent sur ce qui rapproche.

La Chine et l'Inde ont des différends et les deux sont proches de la Russie. L'Inde a parfaitement bien compris (à la différence des dirigeants mono-neuroniques occidentaux) que le rapprochement sino-russe n'est pas dirigé contre elle, mais contre l'agressivité américaine. Or, non seulement l'Inde entrevoit à travers ce rapprochement une opportunité d'améliorer sa propre situation, mais les États-Unis commencent à se comporter en adversaire de l'Inde également.

Le 31 mars 2023, la Russie a publié son concept de politique étrangère, qui n'avait pas été modifié depuis 2016[249]. Il est intéressant d'y voir que la Russie ne se voit plus comme pays européen, mais comme une « vaste puissance eurasiatique et euro-pacifique ». Autrement dit, elle a amorcé son pivot vers l'Est. La Russie, que nous avons empêchée de devenir un pont entre l'Occident et l'Orient, va consolider un bloc déjà très fort et qui deviendra l'épicentre du développement de notre planète dans très peu de temps.

Nous avons fait avec la Russie exactement ce que l'UE a fait avec l'Ukraine en 2013 : au lieu de la considérer comme un pont, on l'a considéré comme un fossé.

---

249. https://mid.ru/en/foreign_policy/fundamental_documents/1860586/?lang=fr

3.3.6.2. La Chine

Sur le plan économique, les sanctions occidentales ont eu trois effets majeurs : inciter la Russie à développer une base industrielle pour des produits de consommation qu'elle n'avait pas, la pousser à développer des liens avec la Chine qu'elle n'avait pas auparavant, et à réduire sa dépendance aux capitaux étrangers. L'incitation à développer une capacité autochtone dans de nombreux domaines a contribué à mieux gérer l'emploi.

La Chine est depuis quelques années déjà un partenaire de la Russie. Les liens industriels entre les deux pays sont historiques et importants. Les querelles idéologiques des années 1960-1980 sont oubliées, de même que les disputes territoriales.

La Russie a compris que ses transactions avec l'UE sont systématiquement placées dans un contexte politique et idéologique et sont ainsi sujettes à des sanctions de manière totalement imprévisible. Elle a également compris que le développement de la Chine et l'explosion du marché asiatique constituent une opportunité : plus stable, mieux prévisible, plus résistant aux sanctions, payant plus et cherchant à réduire sa dépendance envers les États-Unis, il est clairement plus attractif. C'est pourquoi la Russie a construit un vaste réseau de pipelines et commence à fournir autant de ressources qui ne seront plus disponibles pour l'Europe.

Depuis la présidence de Donald Trump, les Américains se sont faits plus pressants envers la Chine et jouent avec la question de Taïwan — comme ils ont joué avec l'Ukraine — pour l'amener dans un conflit qui l'affaiblirait. Les Chinois en sont conscients et la situation de la Russie a inévitablement conduit à un rapprochement entre les deux pays.

Il est d'ailleurs intéressant que pour la Chine, les Occidentaux justifient leur soutien à l'indépendance de Taïwan, alors qu'en Ukraine, ils réfutent les éléments historiques et politiques qui font de la Crimée un territoire qui ne s'est jamais senti ukrainien et que les Ukrainiens n'ont jamais vraiment considéré comme « ukrainien » (notamment par leurs investissements d'infrastructure).

En avril 2023, les déclarations de l'ambassadeur de Chine en France sur le plateau de la chaîne française LCI déclenchent la polémique[250].

---

250. https://youtu.be/8XYDYf1gmtA

En réalité l'interview montre le niveau d'inculture du journaliste, car les propos de l'ambassadeur sont loin d'être faux.

On reproche à la Chine de soutenir la Russie avec un raisonnement de « deux poids deux mesures » en raison de la situation de la Crimée. Mais ce sont des situations bien différentes.

La différence fondamentale entre la Crimée et Taïwan est que Taïwan, comme la Chine, considère qu'il n'y a qu'une seule Chine et que Taïwan en est une province. C'est d'ailleurs ce que dit le « Consensus de 1992[251] », que reconnaissent les États-Unis et fait l'objet d'une déclaration commune du 16 décembre 1978[252]. Autrement dit, l'indépendance de Taïwan est une construction occidentale.

La Crimée, en revanche, bien qu'elle ait été « donnée » en 1954 par Khrouchtchev à l'Ukraine, alors membre de l'URSS, a toujours été russe, après avoir été aux mains des Tatars, dont nous reparlerons plus bas. Cette donation n'a d'ailleurs jamais été entérinée par les Parlements de la Russie, de l'Ukraine et de l'URSS. Mais, plus important, la Crimée a obtenu d'être retirée du giron ukrainien afin d'être subordonnée directement à Moscou par un référendum populaire le 20 janvier 1991[253]. La nouvelle configuration de l'URSS a été validée par le référendum du 17 mars 1991, mené par Moscou, qui confirme le maintien de l'Union. L'Ukraine ne deviendra indépendante que 9 mois plus tard alors que la séparation d'avec la Crimée a été consommée. Après un bras de fer juridique, c'est en 1995, que l'Ukraine abolit la constitution de Crimée et renverse par la force son président.

Donc, contrairement à ce que prétend Darius Rochebin, qui interroge l'ambassadeur chinois, ce dernier a raison. La situation des deux pays est fondamentalement différente. C'est le discours occidental, qui évacue des parties de l'Histoire et « simplifie » son explication afin de soutenir une politique clairement déstabilisatrice des États-Unis et de l'UE, qui cherche à s'impliquer militairement dans la région[254].

---

251. https://fr.wikipedia.org/wiki/Consensus_de_1992
252. http://us.china-embassy.gov.cn/eng/zmgx/zywj/lhgb/200310/t20031023_4917623.htm
253. NdA : avec une participation de 81,3 % de la population.
254. « EU's Borrell asks European navies to patrol Taiwan Strait », EURACTIV.com / AFP, 23 avril 2023 (https://www.euractiv.com/section/eu-china/news/borrell-asks-european-navies-to-patrol-taiwan-strait/)

Les Occidentaux ont tout fait pour que la Russie et la Chine se sentent dans une situation similaire et ressentent le besoin de se renforcer mutuellement par un partenariat encore plus robuste.

3.3.7. La stabilité de la Russie

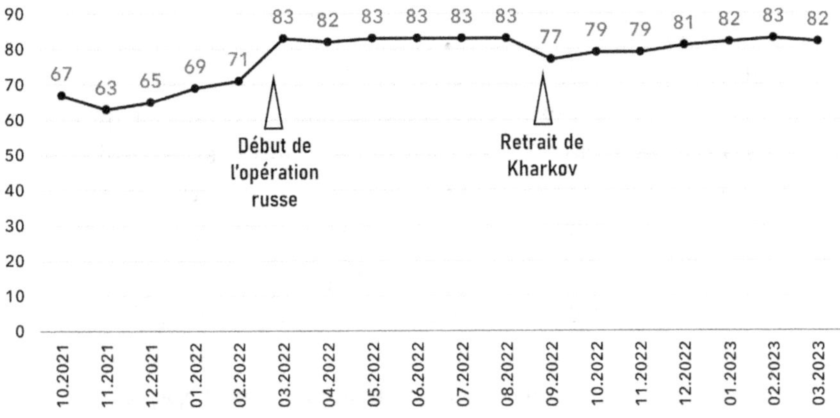

Figure 20 — Le taux de popularité de Vladimir Poutine est resté relativement stable depuis février 2022. Une inflexion a été observée après le retrait de la région de Kharkov par les forces russophones en septembre. On observe que d'une manière générale, la population russe soutient l'action de son gouvernement.
[Source : Centre Levada (considéré comme agent étranger en Russie)]

Il en est de même pour le soutien à l'opération spéciale russe (SVO) en Ukraine, qui reste très fort et qui s'est renforcé avec les livraisons d'armes occidentales.

Nos médias jouent avec les chiffres et les dates pour faire de la désinformation. C'est le cas du très controversé média suisse *Heidi News*, qui tente de démontrer que le gouvernement falsifie les sondages sur le soutien à la SVO. Il évoque le taux d'approbation de 58,8 %, mesuré les 26-28 février 2022 par le *Russian Field*, un institut plutôt proche de l'opposition à Vladimir Poutine[255]. Le média suisse compare ce chiffre aux 71 %, mesurés par l'institut de sondage *VTsIOM*, proche du gouver-

---

255. https://web.archive.org/web/20220310065852/https:/russianfield.com/netvoine

nement russe, le 5 mars 2022[256]. L'écart semble trop important pour être honnête, mais le média suisse ne mentionne évidemment pas les taux mesurés par *VTsIOM* les 5-7 mars 2022 qui montrent une augmentation à 64 % d'approbation[257]. Le média suisse ne dit bien évidemment pas que l'opposition à la SVO mesurée par *Russian Field*, qui était de 34 % à la fin février est passée à 22 % au début mars, une valeur supérieure à celle donnée par *VTsIOM* (21 %). Rien ne permet donc d'affirmer que le gouvernement falsifie les chiffres somme le prétend Heidi News.

Ces chiffres peuvent être comparés à ceux du *Centre Levada* — considéré comme « agent étranger » — qui a tenu une statistique régulière tout au long de la SVO, en posant systématiquement les mêmes questions, ce qui n'est pas le cas de *Russian Field*[258] mentionné par le média suisse. Le saut de popularité de la SVO entre la fin février et le début mars 2022 apparaît comme un fait et non comme une manipulation des chiffres, ainsi que le suggère *Heidi News*. En mars 2023, selon le Centre Levada, le soutien à l'opération militaire spéciale en Ukraine est de 72 %[259].

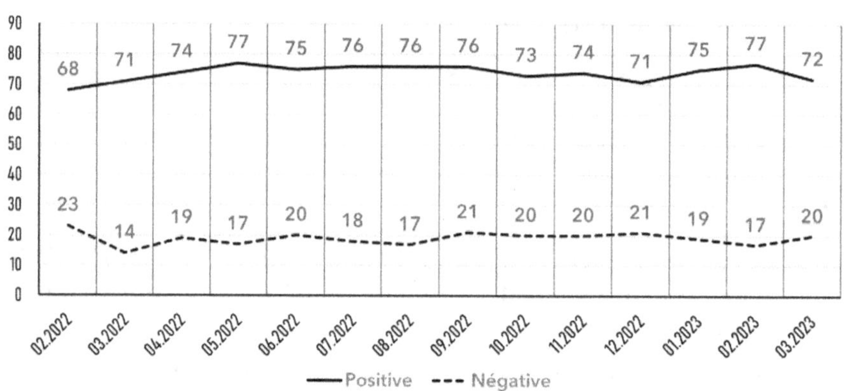

Soutien à l'action des forces armées en Ukraine [%]

Figure 21 — On observe que le soutien à la SVO est en augmentation constante. Une légère inflexion a été constatée à la fin 2022, notamment après le retrait de Kharkov, qui a été très mal expliqué à la population. En d'autres termes, les autorités russes ne sont pas sous pression de leur opinion, comme commencent à l'être les gouvernements occidentaux. [Chiffres : Centre Levada]

---

256. https://wciom.ru/analytical-reviews/analiticheskii-obzor/armija-i-obshchestvo-na-fone-spe-cialnoi-voennoi-operacii
257. https://web.archive.org/web/20220308171955/https://russianfield.com/zamir
258. https://russianfield.com/projects
259. https://www.levada.ru/2022/12/23/konflikt-s-ukrainoj-otsenki-dekabrya-2022-goda/

Malgré la désinformation et les manipulations de nos médias, l'opinion publique russe est majoritairement derrière ses autorités. Ce qui ressort des sondages est que les Russes soutiennent la SVO tout en souhaitant la paix et une sortie négociée du conflit, ce qui est la position du gouvernement russe depuis le début de la guerre en 2014.

Il est également intéressant de noter que selon Russian Field, la majorité des Russes attribuent la responsabilité du conflit aux Occidentaux.

Responsabilité de la dégradation de la situation selon la population russe (état au 26-28 février 2022)

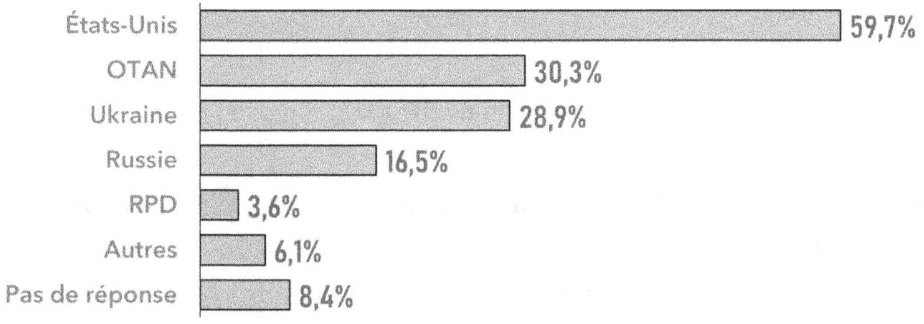

Figure 22 — Réponses à la question « Qui, selon vous, est à l'origine de l'escalade des relations avec l'Ukraine ? » selon l'institut de sondage Russian Field proche de l'opposition en Russie. La question a été posée au tout début de la SVO. Comme on le constate, la population a une position très proche de celle du gouvernement russe.

Il n'en demeure pas moins qu'il y aura en Russie — comme en Occident — une certaine fatigue par rapport aux hostilités. Mais il semble que cette fatigue reste plus favorable à la Russie tant au niveau intérieur qu'au niveau extérieur. L'insistance des Occidentaux à vouloir abattre la Russie et son gouvernement, y compris les appels au meurtre par certains dirigeants occidentaux, ne fait que renforcer le soutien à Vladimir Poutine.

Des politiciens sans valeur et sans aucunes valeurs, comme Lindsay Graham, sénateur républicain[260], ou Jean Asselborn, ministre luxem-

---

260. Lexi Lonas, « Graham calls for 'somebody in Russia' to take Putin out », *The Hill*, 4 mars 2022 (https://thehill.com/homenews/senate/596843-graham-calls-for-somebody-in-russia-to-take-putin-out/)

bourgeois des Affaires étrangères, qui déclarait sur *Radio 100,7* au Luxembourg, que «*Ce serait tout ce qu'on pourrait lui souhaiter, qu'il soit effectivement éliminé physiquement, pour que cela s'arrête*»[261]. Ainsi des individus qui n'ont pas levé le petit doigt pour faire appliquer les accords de Minsk, parce que le conflit tuait des russophones, appellent aujourd'hui au meurtre!... Nous sommes gouvernés par des individus qui ne valent rien.

Ces déclarations stupides n'ont fait que resserrer les rangs des Russes autour de leur président. À l'inverse, elles montrent que nos dirigeants sont incapables d'anticiper les problèmes avec intelligence et ne peuvent envisager que des solutions musclées.

3.4. Le renforcement de l'OTAN et de l'UE

Certains diront que le conflit en Ukraine a renforcé l'Alliance atlantique (OTAN) et l'Union européenne (UE). Ce n'est pas si sûr.

Tout d'abord, l'OTAN n'a eu qu'un rôle de figurant dans cette crise. Les pays-membres de l'OTAN ont contribué au soutien de l'Ukraine à titre individuel, mais l'OTAN, en tant qu'organisation, n'a eu qu'un rôle marginal. L'OTAN a contribué à remettre l'armée ukrainienne sur pied ès 2014, dans le cadre du *Partenariat Euro-Atlantique* (CPEA). Rappelons ici que le CPEA comprenait alors l'Ukraine, bien sûr, mais également la Russie, le Bélarus ou la Suisse. La finalité de cette structure parallèle à l'Alliance était d'aider les pays dits «partenaires» à améliorer leurs institutions de défense. L'intervention de l'OTAN pour réorganiser et former l'armée ukrainienne s'inscrivait donc dans un contexte «normal».

Le point marquant ici est que dans cette crise, les Alliés n'ont montré qu'une unité de façade. Ils ont agi de manière totalement erratique, allant de la destruction des gazoducs Nord Stream 1 et 2 contre l'Allemagne, au sabotage des initiatives de dialogue proposées par la Turquie.

Ceci s'explique par le fait que l'OTAN n'est pas une structure collégiale, mais un assemblage de pays qui se sont placés sous la protection d'une

---

261. Guillaume Oblet, «Jean Asselborn: "Éliminer physiquement Vladimir Poutine"», *Le Quotidien*, 2 mars 2022 (mis à jour le 3 mars 2022) (https://lequotidien.lu/politique-societe/jean-assel-born-eliminer-physiquement-vladimir-poutine/)

superpuissance, qui a, dès lors, le réel pouvoir de décision. Autrement dit, dans cette crise, l'OTAN a montré qu'elle n'était que l'instrument de la politique américaine.

On notera que depuis 2014, l'OTAN a été incapable de traiter le différend entre l'Ukraine et la Russie — toutes deux membres du Conseil de partenariat euro-atlantique (CPEA) — dans le cadre de ses propres institutions. Or, le CPEA *« qui compte 50 pays, est un forum multilatéral de dialogue et de consultation sur des questions politiques et de sécurité entre les pays-membres et les pays partenaires de l'OTAN »*[262].

Quant à l'UE, elle a montré qu'elle était uniquement capable d'alimenter le conflit en fournissant des armes et en écrasant dans l'œuf les tentatives de négociations souhaitées par l'Ukraine. Elle a montré une remarquable incapacité pour tenter d'apaiser les esprits.

Ceci s'explique par le fait que l'UE n'a pas de politique étrangère commune. La *Politique étrangère et de Sécurité Commune* (PESC) est restée un vœu pieux depuis la fin des années 1980. L'existence d'un ministre des Affaires étrangères, en la personne de Josep Borrell, se résume à la fonction d'un porte-parole stérile. Or, sans politique étrangère commune, il ne peut y avoir de *Politique de sécurité et de défense commune* (PSDC). L'affaire Nord Stream et la manière dont a été traitée la crise ukrainienne montre que l'UE navigue à vue, sans réels objectifs. Ses sanctions ont eu des effets que ses experts n'avaient pas été capables d'identifier en amont.

Un critère fondamental, invoqué de manière répétée par la Russie depuis 2007 est l'indivisibilité de la sécurité. C'est un principe qui a été accepté par les membres de l'OSCE et qui a été scellé dans le Document d'Istanbul (1999)[263] et la Déclaration d'Astana (2010)[264] :

> *La sécurité de chaque État participant est indissociablement liée à celle de tous les autres.*

Lorsque le gouvernement allemand a annoncé un budget de la Défense record de 100 milliards pour 2023, les médias ont exulté : « Poutine

---

262. https://www.nato.int/cps/fr/natohq/topics_49276.htm
263. https://www.osce.org/files/f/documents/0/2/39570.pdf
264. https://www.osce.org/files/f/documents/b/3/74987.pdf

voulait affaiblir l'Europe», mais elle se renforce! Dans quelle mesure, Vladimir Poutine avait-il cet objectif? Ce qui est sûr est que l'Allemagne a dû réviser sa copie. La dévalorisation de l'Euro par rapport au dollar et l'inflation consécutive aux sanctions prises contre la Russie ont sonné le glas de ce budget extraordinaire. En octobre 2022, le journal économique allemand *Handelsblatt* annonçait que le ministère de la Défense allait faire de larges coupes dans les dépenses prévues[265].

3.4.1. Les relations entre l'OTAN et la Russie

Nous n'avons retenu de la crise des missiles de Cuba, en 1962, que la sensibilité des Américains à avoir des missiles potentiellement hostiles dans leur proximité immédiate. Mais on oublie souvent que l'origine de cette crise était le déploiement, en 1961, de missiles nucléaires américains PGM-19 JUPITER, en Turquie. À l'époque, les Américains n'ont pas encore la technologie pour construire des missiles intercontinentaux et les JUPITER ne sont alors qu'une version améliorée des V2 allemands, avec une portée de 2 400–2 700 km.

Les Américains n'aiment pas qu'on leur fasse ce qu'ils font aux autres. Les Soviétiques l'avaient bien compris et ont alors commencé à déployer des missiles à Cuba. Finalement, les Américains, pris à leur jeu, ont dû retirer leurs missiles de Turquie... L'URSS a gagné.

Or, l'OTAN était au contact direct du territoire soviétique dès 1952 avec l'adhésion de la Turquie et touchait déjà le territoire russe en 1949 avec la Norvège. Le problème n'est donc pas que l'OTAN touche la frontière russe, mais ce que les Occidentaux y font.

Les pays baltes sont entrés dans l'OTAN en 2004, sans que cela crée vraiment un problème pour la Russie. En fait, le problème est venu des États-Unis. Dès 2002, en se retirant progressivement de tous les traités de contrôle des armements, Bush et Trump se sont également affranchis de leurs obligations. Dès 2004, ils commencent à négocier avec les nouveaux membres de l'OTAN (Pologne, Tchéquie et Roumanie) pour y implanter des lanceurs de missiles. C'est ce qui a déclenché l'inquiétude de Moscou.

---

265. Martin Greive, Martin Murphy & Frank Specht, «Regierung kürzt mehrere Rüstungsprojekte», *Handelsblatt*, 24 octobre 2022 (https://www.handelsblatt.com/politik/deutschland/bundeswehr-sondervermoegen-regierung-kuerzt-mehrere-ruestungsprojekte/28761788.html)

Cette inquiétude est renforcée par deux constatations. Premièrement, l'attitude des Américains, qui, depuis 1991, se sont lancés dans un grand nombre d'opérations militaires contre des pays souverains au mépris du droit international, sans rencontrer la moindre condamnation de leurs alliés occidentaux. Deuxièmement, les lanceurs Mk41 en question permettent de tirer des missiles antibalistiques (défensifs) ou des missiles nucléaires (offensifs). Le site de Radzikowo (Pologne) choisi pour les implanter, est à 800 km de la frontière russe et à 1 300 km de Moscou. Cette proximité va exactement à l'encontre des principes du traité ABM, qui visaient à permettre une négociation jusqu'aux dernières secondes avant une décision fatale.

Or, les Russes savent que les Occidentaux ne respectent ni leur parole ni les accords qu'ils ont signés. C'est pourquoi les assurances de Washington sur un usage purement défensif de ces lanceurs sont accueillies avec un légitime scepticisme à Moscou. C'est ce qui a motivé le discours musclé de Vladimir Poutine à Munich, en 2007.

L'inquiétude des Russes est non seulement légitime, mais elle est symétrique en Occident, comme le souligne la *RAND Corporation*[266] :

> *Si le fait de placer des moyens de frappe à proximité de la Russie réduisait le délai dont disposent les chefs militaires russes pour détecter et répondre aux attaques aériennes et aux attaques de missiles de croisière, cela laisserait aux chefs américains et alliés encore moins de temps pour détecter et répondre aux attaques de missiles russes contre les moyens actuellement situés dans ces bases. Cette combinaison de vulnérabilité mutuelle et de risque d'attaque-surprise pourrait être sérieusement déstabilisante en cas de crise, en particulier si des armes nucléaires tactiques sont également stockées dans des sites proches.*

Ainsi, contrairement à ce que nous racontent des généraux d'opérette sur nos plateaux de télévision, le problème des Russes n'est pas tellement d'avoir des chars à leur frontière, mais des armes à capacité nucléaire.

---

266. James Dobbins, Raphael S. Cohen, Nathan Chandler, Bryan Frederick, Edward Geist, Paul DeLuca, Forrest E. Morgan, Howard J. Shatz, Brent Williams, « Extending Russia : Competing from Advantageous Ground », RAND Corporation, 2019

C'est ce qui motivera, en mars 2023, la déclaration de Vladimir Poutine d'accéder à la demande d'Alexandre Loukachenko, de déployer des armes nucléaires sur le territoire bélarusse. Techniquement, cette décision n'a aucun impact, car ces armes ont des portées permettant leur tir depuis le territoire russe. En revanche, c'est un message politique.

3.4.2. L'adhésion de l'Ukraine à l'OTAN et à l'UE

3.4.2.1. L'adhésion de l'Ukraine à l'OTAN

Lors du Sommet de l'OTAN de 2008, il a été décidé de considérer la candidature de la Géorgie et de l'Ukraine à l'OTAN. La décision de l'OTAN ne suscite cependant pas l'enthousiasme, car on sait alors qu'elle est de nature provocatrice et qu'elle renforcera le sentiment d'encerclement des Russes.

En août 2008, le scénario qui a conduit à l'intervention de la Russie pour protéger les populations russophones d'Ossétie du Sud contre l'attaque disproportionnée[267] du gouvernement géorgien[268] a probablement servi de modèle pour la crise ukrainienne de 2022.

Après 2014, les relations entre l'Ukraine et ses voisins sont loin d'être harmonieuses. Le nouveau gouvernement d'extrême-extrême-droite considère les groupes ethniques comme inférieurs aux Ukrainiens « de souche ». Il en résulte des tensions ethniques très vives.

Outre la communauté russophone, qui est la plus importante, la minorité magyare subit depuis de nombreuses années[269] des exactions de la part des Ukrainiens[270], avec la bénédiction des pays occidentaux[271]. Grâce à la complaisance des médias occidentaux, les persécutions de cette minorité par des organisations d'extrême-droite ukrainienne ont augmenté[272]. C'est la principale raison pour laquelle la Hongrie s'oppose

267. Andrew Rettman, « EU-sponsored report says Georgia started 2008 war », *euobserver.com*, 30 septembre 2009
268. « Quotes from EU-sponsored Georgia war report », *Reuters*, 30 septembre 2009
269. https://youtu.be/9b07devNZU0
270. « Budapest summons Ukrainian ambassador over 'raids' on ethnic Hungarian organisation », *Euractiv.com / Reuters*, 1er décembre 2020 (https://www.euractiv.com/section/europe-s-east/news/budapest-summons-ukrainian-ambassador-over-raids-on-ethnic-hungarian-organization/)
271. Mariann Őry, « Foreign Minister Warns EU about Acts against Hungarians in Ukraine », *Hungary Today*, 24 janvier 2023 (https://hungarytoday.hu/foreign-minister-warns-eu-about-atrocities-against-hungarians-in-ukraine/)
272. https://hhrf.org/on-our-radar/hungarians-in-ukraine/

à l'adhésion de l'Ukraine à l'Alliance atlantique, comme l'explique le *Washington Times*[273], dont l'article est reproduit sur le site web de l'ambassade de Hongrie aux États-Unis[274]. En mars 2023, Peter Szijjarto, ministre des Affaires étrangères de la Hongrie déclarait que son gouvernement *« ne soutiendrait aucune démarche d'intégration concrète (de la part de l'Ukraine) dans l'OTAN ou l'UE »*, tant que la situation ne s'améliore pas. Afin de masquer les crimes ukrainiens, nos médias associent ce refus à la soi-disant proximité entre Viktor Orban et Vladimir Poutine[275] !

En avril 2023, l'OTAN se fissure autour de l'entrée de l'Ukraine dans l'Alliance. Alors que les pays extrémistes d'Europe orientale, comme les pays baltes et la Pologne poussent vers cette adhésion, les États-Unis, l'Allemagne et la Hongrie y sont opposés. Le *Financial Times* parle de profondes divergences au sein de l'OTAN[276]. En fait, cette situation a été provoquée par Volodymyr Zelensky lui-même, qui a mis l'Alliance au pied du mur en conditionnant sa présence au sommet de Vilnius (11-12 juillet 2023) à une déclaration concrète en faveur de l'Ukraine.

3.4.2.2. L'adhésion de l'Ukraine à l'UE

Contrairement aux divagations de nos « experts » la Russie ne s'est jamais opposée à l'adhésion de l'Ukraine à l'UE[277] et elle ne compte pas changer de politique dans l'avenir[278]. En 2013, c'est l'Union européenne qui s'est opposée à ce que l'Ukraine conserve des relations avec la Russie. Elle a refusé la proposition russe d'accommoder les intérêts économiques de l'Ukraine et de la Russie et que l'Ukraine soit simulta-

---

273. Balazs Tarnok, « Why is Hungary 'blocking' Ukraine's NATO accession? », The Washington Times, 25 juin 2021 (https://m.washingtontimes.com/news/2021/jun/25/why-is-hungary-blocking-ukraines-nato-accession/)
274. https://washington.mfa.gov.hu/eng/news/why-is-hungary-blocking-ukraines-nato-accession
275. « Ukraine's Hungarians stuck between Kyiv and 'pro-Putin' Orban », *France 24*, 21 mars 2023 (https://www.france24.com/en/live-news/20230321-ukraine-s-hungarians-stuck-between-kyiv-and-pro-putin-orban)
276. « US opposes offering Ukraine a 'road map' to Nato membership », *Financial Times*, 8 avril 2023 (https://www.ft.com/content/c37ed22d-e0e4-4b03-972e-c56af8a36d2e)
277. Elena Teslova, « Russia not worried about Ukraine's EU candidate status: Putin », *Anadolu Agency*, 17 juin 2022 (mis à jour 18 juin 2022) (https://www.aa.com.tr/en/world/russia-not-worried-about-ukraines-eu-candidate-status-putin/2616606)
278. Joe Walsh, « Russia-Ukraine Peace Talks: Russia Willing to Let Ukraine Join EU If It Stays Out Of NATO, Report Says », Forbes, 28 mars 2022 (https://www.forbes.com/sites/joewalsh/2022/03/28/russia-ukraine-peace-talks-russia-willing-to-let-ukraine-join-eu-if-it-stays-out-of-nato-report-says/).

nément partie de deux accords. C'est José-Manuel Barroso qui a exigé que l'Ukraine fasse un choix[279].

À la fin mars 2022, alors de Volodymyr Zelensky a fait ses propositions pour des négociations avec la Russie, cette dernière a précisé qu'elle s'opposerait à une adhésion de l'Ukraine à l'OTAN, mais pas à l'UE[280].

L'adhésion des pays d'Europe orientale a systématiquement été précédée par leur adhésion à l'OTAN. Cela n'est ni une règle écrite ni un processus immuable, mais cela était sans doute perçu comme un problème par l'Ukraine. Car son conflit ouvert avec la Russie dès 2014 a rendu pratiquement impossible son accès à l'OTAN, en raison du risque d'invoquer l'article 5 de la Charte atlantique. C'est d'ailleurs, ce que les Américains ont dit à Zelensky[281]. Mais cela ne devrait pas empêcher une adhésion à l'UE. Du moins en théorie. Car le problème aujourd'hui est qu'en admettant l'Ukraine en son sein, toute une cascade de problèmes pourrait affecter l'Europe.

Premièrement, cela imposerait à l'UE de financer substantiellement la reconstruction du pays. Déjà aujourd'hui, l'Ukraine est soutenue à bout de bras par l'UE.

Ensuite, tant que les problèmes endémiques de corruption ne sont pas réglés, les investisseurs ne se bousculeront pas pour venir en Ukraine.

La Hongrie est depuis longtemps partagée sur la question ukrainienne. Contrairement à ce que prétendent les soi-disant experts de médias français comme *France 5* ou *LCI*, ce n'est pas parce que Viktor Orban est un dictateur, mais simplement parce que les minorités sont persécutées en Ukraine. C'est le cas depuis de nombreuses années de la minorité hongroise. Au début 2023, on observe que ces minorités sont les premières visées par les recrutements forcés[282]. C'est ce qui explique

279. «Barroso reminds Ukraine that Customs Union and free trade with EU are incompatible», *ukrinform*, 25 février 2013 (https://www.ukrinform.net/rubric-economy/1461921-barroso_reminds_ukraine_that_customs_union_and_free_trade_with_eu_are_incompatible_299321.html)
280. Joe Walsh, «Russia-Ukraine Peace Talks: Russia Willing To Let Ukraine Join EU If It Stays Out Of NATO, Report Says», *Forbes*, 28 mars 2023 (https://www.forbes.com/sites/joewalsh/2022/03/28/russia-ukraine-peace-talks-russia-willing-to-let-ukraine-join-eu-if-it-stays-out-of-nato-report-says/)
281. Chandelis Duster, «Zelensky: "If we were a NATO member, a war wouldn't have started"», cnn.com, 20 mars 2022 (https://edition.cnn.com/europe/live-news/ukraine-russia-putin-news-03-20-22/h_7c08d64201fdd9d3a141e63e606a62e4)
282. Füssy Angéla, «Mint a barmokat, úgy fogdossák össze a férfiakat Kárpátalján - Nézze meg helyszíni videóriportunkat!», *PestiSracok*, 23 janvier 2023 (https://pestisracok.hu/mint-a-barmokat-ugy-fogdossak-ossze-a-ferfiakat-karpataljan-nezze-meg-helyszini-videoriportunkat/)

la colère de la Hongrie[283] et pourquoi 97 % des Hongrois sont opposés aux sanctions européennes contre la Russie[284].

Cela étant dit, l'intégration de l'Ukraine dans l'UE, proclamée urbi et orbi, semble encore loin. En avril 2023, la Pologne, la Hongrie, la Slovaquie ont interdit l'importation de céréales ukrainiennes.

3.4.3. *L'adhésion de la Suède et de la Finlande à l'OTAN*

En mai 2022, dans l'émotion et l'hystérie déclenchée par l'offensive russe en Ukraine, la Suède et la Finlande expriment leur intention d'être candidates à l'entrée dans l'OTAN. Beaucoup y voient un pied de nez à Vladimir Poutine. Jens Stoltenberg, secrétaire général de l'Alliance, déclare que « *Poutine voulait moins d'OTAN, mais il a obtenu le contraire[285]* ».

Si l'on s'en tient à la carte de l'Europe, c'est juste, mais un examen plus attentif montre que c'est simpliste. Nos politiciens voient la crise ukrainienne comme un match de football où chacun tente d'accumuler des points au détriment de la Russie. Mais la réalité est plus nuancée.

Tout d'abord, les dirigeants des deux pays scandinaves ont fait preuve d'un incroyable dilettantisme en négligeant de consulter les divers membres de l'Alliance au préalable — et la Turquie en premier lieu — afin de sonder leur soutien.

À l'évidence, la Turquie ne veut pas faire entrer dans l'Alliance des pays qui pourraient remettre en question sa politique à l'égard des Kurdes, qu'elle considère comme existentielle. Rien n'est encore dit dans ce dossier, mais la Turquie sait se montrer ferme avec ses alliés de l'OTAN, et il y a fort à parier qu'elle n'abandonnera pas ses exigences vis-à-vis de la Suède, dont la politique à l'égard des Kurdes est diamétralement opposée.

---

283. Chris King, « Shocking claims of ethnic Hungarians being forcibly drafted into Ukrainian military in Transcarpathia », *Euro Weekly News*, 24 janvier 2023 (https://euroweeklynews.com/2023/01/24/shocking-claims-of-ethnic-hungarians-being-forcibly-drafted-into-ukrainian-military-in-transcarpathia/);
284. Robert Semonsen, « 97% of Hungarians Reject Brussels' Sanctions Against Russia », *The European Conservative*, 17 janvier 2023 (https://europeanconservative.com/articles/news/97-of-hungarians-reject-brussels-sanctions-against-russia/)
285. « L'UE accorde 500 millions d'euros supplémentaires pour armer l'Ukraine », AFP/La Libre, 23 janvier 2023 (https://www.lalibre.be/international/europe/guerre-ukraine-russie/2023/01/23/lue-accorde-500-millions-deuros-supplementaires-pour-armer-lukraine-3NDE3VBSGFCJN-HNNRW2CP623JQ/)

Un des points les plus délicats pour la Suède est certainement l'extradition de Kurdes considérés comme terroristes par Ankara. On serait ainsi dans une situation pour le moins paradoxale, où un pays « démocratique » livrerait à un pays qu'il considère « autocratique » des individus à qui il a accordé sa protection au nom de la lutte contre l'autocratie !

Sur le plan stratégique, la décision de la Suède et de la Finlande met en évidence la faiblesse analytique de leurs organes de conduite ainsi que de ceux des Européens. Ils pensent qu'en cas de conflit, la puissance nucléaire américaine les protègerait mieux que leur neutralité. Ils font deux erreurs de raisonnement.

Premièrement, ils se basent sur l'idée que la Russie attaque ses voisins sans raison. C'est évidemment faux, comme nous l'avons vu. La décision russe d'intervenir en Ukraine est loin d'être irrationnelle, même si l'on ne l'approuve pas. Notre fâcheuse habitude de ne pas écouter ce que nous disent les Russes et d'y substituer nos propres raisonnements nous a systématiquement poussés vers de mauvaises décisions.

Deuxièmement, la Suède et la Finlande semblent avoir une lecture très enfantine de la stratégie nucléaire américaine. Les États-Unis ne sacrifieront jamais leur propre sol national en frappant le sol russe pour les beaux yeux de la Suède ou de la Finlande. Autrement dit, ces deux pays, qui répondaient aux critères de neutralité que la Russie souhaiterait pour ses voisins directs, se sont mis délibérément et inutilement dans le collimateur nucléaire de la Russie.

Pour la Russie, la menace principale pourrait venir du théâtre de guerre centre-européen. Dans le cas d'un hypothétique conflit en Europe, avec une Scandinavie neutre, la Russie n'avait pas besoin de se préoccuper de son flanc nord. Avec une Finlande qui entre dans l'image de la menace, elle pourrait être tentée d'utiliser des armes nucléaires de théâtre pour « flanc-garder » ses opérations en frappant les pays nordiques de manière préventive ou préemptive, sans pratiquement aucun risque de riposte nucléaire américaine.

En juin 2022, le média ukrainien ZN, UA déclare très justement[286] :

---

286. « The Economist: Україні вдається боришся з армією Росії, але це не означає, що НАТО теж зможе », ZN,UA, 10 juin 2022 (https://zn.ua/ukr/WORLD/the-economist-ukrajini-vdajetsja-borisja-z-armijeju-rosiji-ale-tse-ne-oznachaje-shcho-nato-tezh-zmozhe.html)

Certains alliés de l'OTAN pourraient mal interpréter les leçons de cette guerre, compte tenu des perspectives à long terme pour la sécurité européenne. La Russie ne disparaîtra pas en tant que rival stratégique, et son armée n'est pas aussi « Potemkine » qu'il y paraît.

Schéma possible d'un échange nucléaire dans le cadre d'un conflit en Europe

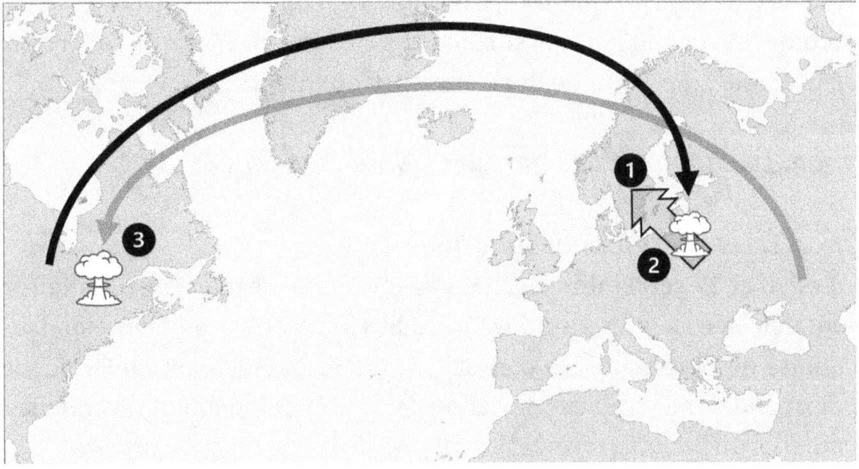

Figure 23 — En admettant que la Russie s'attaque à la Suède, membre de l'OTAN (1), et que les États-Unis ripostent par une frappe nucléaire sur les forces russes (2), la Russie pourrait frapper le territoire américain (3). Ainsi, la dissuasion nucléaire ne s'appliquera très vraisemblablement pas dans un cas comme celui-ci, car les États-Unis cherchent à sauvegarder leur sol national. En cas de conflit en Europe centrale, avec une Suède et une Finlande membres de l'OTAN, la Russie pourrait être tentée de se « flanc-garder » par des frappes nucléaires sur ces pays. Ici également, les États-Unis hésiteraient à frapper le territoire russe sous peine d'étendre les destructions à leur propre territoire.

Le 4 avril 2023, la Finlande devient le 31ᵉ membre de l'Alliance atlantique. Alors que son précédent président Sauli Niinisto avait promis un référendum populaire[287], il n'en a rien été.

En fait, en Suède comme en Finlande, il y a peu de réflexion stratégique. Ce sont des pays qui sont viscéralement opposés à la Russie depuis longtemps et dont la gouvernance est particulièrement puérile, comme

---

287. Tuomas Forsell & Jussi Rosendahl, « Finnish president says joining NATO would require referendum », *Reuters*, 30 octobre 2017 (https://www.reuters.com/article/us-finland-nato-idUSKBN1CZ2K6)

dans les pays baltes. Car on ne voit pas vraiment pourquoi la Russie s'intéresserait à entrer en guerre avec les pays scandinaves (et même ceux de l'Europe, d'ailleurs)… Même durant la guerre froide, le flanc nord de l'OTAN n'a jamais constitué une réelle menace pour l'URSS et la Russie.

Le fait d'avoir totalement dérationalisé le conflit ukrainien a conduit à la conclusion que n'importe quel pays pouvait être attaqué n'importe quand, au bon vouloir de Vladimir Poutine. C'est tout simplement idiot. La meilleure source de sécurité est toujours d'avoir de bonnes relations avec ses voisins. La Russie n'avait pas de contentieux avec les pays nordiques et ce sont eux qui se sont imaginés être au centre de l'attention de la Russie… Le royaume des cieux leur appartient !

3.4.4. *Le sabotage des gazoducs Nord Stream 1 et 2*

3.4.4.1. *Les théories conspirationnistes*

Les 26 et 27 septembre 2022, après une série d'explosions, des fuites sont détectées sur les gazoducs Nord Stream 1 et 2 à proximité de l'île danoise de Bornholm. Un consensus s'établit rapidement en Occident pour condamner un acte de sabotage[288]. Très rapidement, les médias parlent d'un « *acte terroriste*[289] » ou d'un « *acte de guerre*[290] ».

La question est de savoir qui en est l'auteur. Malgré l'absence totale d'éléments factuels, tous les regards se tournent vers la Russie. Sur la chaîne de télévision française LCI, le général français Michel Yakovleff affirme même que la Russie pourrait avoir saboté ses propres gazoducs, qui de toute façon n'avaient plus d'utilité, afin de démontrer qu'elle était capable de le faire[291] ! Le raisonnement est tout simplement idiot : pourquoi, dès lors, les Russes n'ont-ils pas détruit le gazoduc Soyouz en Ukraine, fermé par Zelensky en mai ? Penser que les Russes sont aussi stupides que nous est une erreur : ce général ferait bien de relire Sun Tzu.

---

288. « Nord Stream leaks: Sabotage to blame, says EU », BBC News, 28 septembre 2022 (https://www.bbc.com/news/world-europe-63057966)

289. « Nord Stream : explosions, « actes délibérés »… Ce que l'on sait des fuites des gazoducs en mer Baltique », TF1, 28 septembre 2022 (https://www.tf1info.fr/international/guerre-ukraine-russie-gazoducs-nord-stream-explosions-sabotages-ce-que-l-on-sait-sur-les-fuites-spectaculaires-en-mer-baltique-2233630.html)

290. Charlotte Lalanne, « Sabotages de Nord Stream : la "guerre hybride" a bel et bien commencé », L'Express, 1ᵉʳ octobre 2022 (mis à jour 3 octobre 2022), (https://www.lexpress.fr/monde/europe/sabotages-de-nord-stream-la-guerre-hybride-a-bel-et-bien-commence_2181076.html)

291. https://youtu.be/EMD47FFBvTs

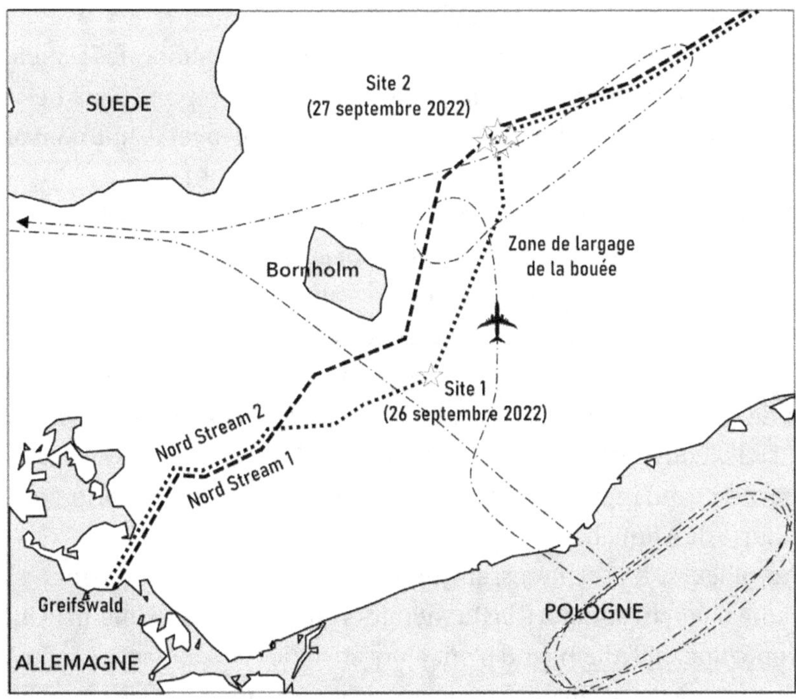

Figure 24 — Sites des explosions du 26 et du 27 septembre 2022 dans les environs de l'île danoise de Bornholm. Les explosifs ont été placés sur les gazoducs entre le 17 et le 22 septembre 2022, date du départ de l'USS Kearsarge de la zone. Afin que les explosions ne soient pas trop proches de l'exercice naval, leur déclenchement a été différé. Elle a été commandée par un émetteur placé dans une bouée, larguée par un appareil P8 Poseidon de l'US Navy le 26 au matin, après avoir été ravitaillée en vol au-dessus de la Pologne par un appareil KC-35R.

L'alternative est l'hypothèse d'une responsabilité américaine, populaire dans certains milieux du renseignement européen et intellectuels anglosaxons. Mais dans un cas comme dans l'autre, aucun fait ne permet d'attribuer de manière indiscutable la responsabilité de l'attentat. En Europe, le conspirationnisme antirusse domine. Sur RMC, le «journaliste» Nicolas Poincaré, un habitué des affabulations sur la Russie et la Chine, affirme qu'un scénario impliquant les Américains «*est assez inimaginable*» et que cela ne peut donc être que les Russes[292]. Sur la chaîne suisse RTS, Giacomo Luciani, professeur à l'*Institut de haute étude internationale*

---

292. https://youtu.be/hu1J6aA7c-w

---

et du développement (IHIED) de Genève, tire la même conclusion sans avoir le moindre élément factuel pour l'étayer[293].

Sur la chaîne *France 5*, à la question de savoir qui a saboté les gazoducs, le journaliste Anthony Bellanger, de *France Inter*, répond sans hésiter : « *La Russie !*[294] » En réalité, il n'en sait rien du tout et invente une conspiration russe. Nous sommes en plein conspirationnisme !

En octobre 2022, l'analyse de l'économiste Jeffrey Sachs[295], de l'université de Columbia est qualifiée de « *théorie du complot* » par la *Neue Zürcher Zeitung* (NZZ), quotidien suisse autrefois respectable[296]. Mais la NZZ accuse sans aucune base factuelle et s'inspire d'un article publié la veille par le *Center for European Policy Analysis*[297], (financé par l'industrie de l'armement américaine, la *National Endowment for Democracy* (NED) les gouvernements américain et estonien). Une source qui est juge et partie, ce qui montre que la NZZ ne travaille pas selon les principes de la Charte de Munich...

Par ailleurs, il est intéressant de constater que la NZZ attribue sans aucune nuance l'attentat à la Russie, alors que ni les États-Unis, ni l'Union européenne, ni l'Allemagne n'ont alors attribué ces sabotages à la Russie ou à un autre pays ! Un média conspirationniste qui dénonce une théorie du complot... et couvre donc ce qui a toutes les caractéristiques d'un attentat terroriste.

Ce raisonnement illustre la mentalité conspirationniste qui règne dans les médias et la classe politique occidentale. Car dès le début, les arguments infirmant un acte de la Russie sont nombreux.

Premièrement, depuis qu'elle en livre à l'Occident à la fin des années 1960, l'Union soviétique, puis la Russie, n'ont jamais utilisé le gaz naturel comme moyen de pression, même au plus fort de la guerre froide. En 1982, les Américains avaient déjà saboté le gazoduc russe Bratsvo[298].

---

293. https://www.rts.ch/play/tv/redirect/detail/13423556?startTime=176
294. https://youtu.be/K-WzRgrzlLU?t=88
295. https://youtu.be/nbt-CsSRJl8?t=6695
296. Lia Pescatore, « Nord-Stream-Lecks: kaum Fakten, dafür umso wildere Spekulationen », NZZ, 18 octobre 2022 (https://www.nzz.ch/amp/wirtschaft/nord-stream-lecks-kaum-fakten-dafuer-umso-wildere-spekulationen-ld.1706600)
297. Mary Blankenship & Bill Echikson, « Conspiracy Theorists, Right-wing Politicians Fuel Nord Stream Disinformation », Center for European Policy Analysis (CEPA), 17 octobre 2022 (https://cepa.org/article/conspiracy-theorists-right-wing-politicians-fuel-nord-stream-disinformation/)
298. Roman Kupchinsky, « Analysis: The Recurring Fear of Russian Gas Dependency », Radio Free Europe/Radio Liberty, 11 mai 2006

Quarante ans plus tard, ce sont les Occidentaux qui ont annoncé qu'ils voulaient cesser d'importer du gaz et des produits pétroliers russes, afin de ne plus être dépendants de leur voisin. En mars, c'est parce que le Canada ne voulait pas restituer une turbine pour Nord Stream 1, puis a refusé de donner des garanties de restitution pour d'autres turbines, que la Russie a été obligée d'interrompre ses livraisons, car elle ne pouvait plus garantir le bon fonctionnement du gazoduc.

Deuxièmement, si elle voulait faire pression sur l'Occident, elle pourrait jouer avec le robinet pour contrôler le marché et ainsi imposer sa volonté. C'est le principe du chantage : de pouvoir faire marche arrière. En détruisant les gazoducs, elle s'exclut automatiquement toute capacité d'action et de chantage sur les pays européens. Cela n'a donc strictement aucun intérêt. L'accusation contre la Russie est d'autant plus absurde, que la Russie et la Turquie ont annoncé vouloir créer un « hub énergétique » pour fournir du gaz à l'Europe[299].

Sur un plan plus technique, l'île de Bornholm est située au centre du détroit entre la Suède et la Pologne. Depuis la guerre froide, elle permet au Danemark de surveiller le passage des sous-marins nucléaires russes entre la mer Baltique et l'Atlantique Nord pour l'OTAN. Connu dans les services de renseignement sous l'appellation de BALTAP, ce détroit est couvert par la plus grande densité de senseurs électroniques sous-marins et d'écoute électronique de toute la Baltique. Il est difficilement imaginable que des actions sous-marines russes aient pu se dérouler si près de Bornholm sans déclencher une alerte des services de renseignement danois.

La Russie n'aurait eu ni l'intérêt ni la possibilité de commettre un tel sabotage. Bien entendu, les déclarations de la Russie, quelques jours après l'attentat, sur la réparation possible des gazoducs[300] n'ont pas été relevées par la presse francophone. Car elles mettraient en évidence leurs mensonges...

299. https://www.reuters.com/business/energy/erdogan-says-he-agreed-with-putin-form-natural-gas-hub-turkey-2022-10-19/

300. « Russia's Novak Says Possible to Repair Nord Stream Pipelines », *Bloomberg News*, 2 octobre 2022 (https://www.bloomberg.com/news/articles/2022-10-02/russia-s-novak-says-possible-to-repair-nord-stream-pipelines)

3.4.4.2. L'examen des faits

En revanche, dans le « camp » occidental, les coupables potentiels sont nombreux.

Parmi ceux-ci, on peut probablement exclure l'Allemagne. Le gazoduc Nord Stream 1 a été construit à la demande de Gerhard Schröder, et Nord Stream 2 à la demande d'Angela Merkel, afin de sortir de l'énergie nucléaire et du charbon. De plus, l'Allemagne est le pays qui souffre le plus des sanctions occidentales sur les combustibles fossiles, et on évoque alors qu'elle pourrait trouver un accord avec la Russie pour rétablir les livraisons de gaz.

De leur côté, les États-Unis et la Pologne ont montré une opposition au projet Nord Stream dès son début. En février 2022, le président Biden avait affirmé qu'en cas d'offensive russe, « *il n'y aurait plus de Nord Stream 2* ». Interrogé sur la manière de le faire, il a répondu « *Je vous promets que nous serons capables de le faire*[301] ». Durant la construction du gazoduc, la marine polonaise a interféré à plusieurs reprises de manière dangereuse et irresponsable avec les navires russes responsable du chantier[302]. Dès le début de l'opération russe en Ukraine, la conduite politique polonaise s'est montrée particulièrement immature, c'est pourquoi de nombreux analystes militaires anglo-saxons pensent que la Pologne est impliquée dans cet attentat.

En 2015, la marine suédoise avait déjà intercepté un drone sous-marin chargé d'explosifs à proximité du Nord Stream 2[303]. Les autorités suédoises n'ont pas précisé la nationalité du véhicule sous-marin, mais il semble qu'il soit de construction occidentale. Par ailleurs, cet événement ayant eu lieu juste après les événements de Maïdan, compte tenu de l'atmosphère du moment, il est très probable que si l'engin sous-marin avait été russe, la Suède l'aurait dit[304] !

---

301. « If Russia invades Ukraine, there will be no Nord Stream 2, Biden says », *Reuters*, 8 February 2022 (https://www.reuters.com/business/energy/if-russia-invades-ukraine-there-will-be-no-nord-stream-2-biden-says-2022-02-07/)
302. « Poland Denies "Provocative" Naval Maneuvers Near Nord Stream 2 », *The Maritime Executive*, 2 April 2021 (https://maritime-executive.com/article/poland-denies-provocative-naval-maneuvers-near-nord-stream-2)
303. Mark Iden, « Explosive-Laden Drone Found Near Nord Stream Pipeline », *Pipeline Technology Journal*, 13 novembre 2015 (https://www.pipeline-journal.net/news/explosive-laden-drone-found-near-nord-stream-pipeline)
304. Bernhard Trautvetter, « Nord-Stream-Anschläge: Warum spricht kaum jemand über die Drohnenfunde? », *telepolis*, 30 octobre 2022 (https://www.telepolis.de/features/Nord-Stream-Anschlaege-Warum-spricht-kaum-jemand-ueber-die-Drohnenfunde-7324248.html?seite=all)

Entre avril et octobre 2022, l'US Navy a déployé le navire USS Kearsarge et son groupe amphibie[305], pour les exercices BALTOPS 22 (avec des unités de sabotage et de spécialistes de démolitions sous-marines) en mer Baltique[306]. Les sites ads-b.nl et Flightradar24 ont dans leur base de données les mouvements des hélicoptères américains en mer Baltique et montrent de nombreux mouvements d'hélicoptères américains du type MH-60S dans la zone des sabotages quelques jours avant les fuites observées[307].

En résumé, les accusations contre la Russie ne sont fondées que sur des opinions ou des préjugés, tandis que celles concernant les États-Unis sont basées sur des éléments circonstanciels. Dans les deux cas, aucun élément factuel ne permet d'étayer une hypothèse à ce stade.

3.4.4.3. Une culpabilité américaine ?

Le fait est que la neutralisation de Nord Stream 2 a été un des axes principaux de la politique étrangère américaine depuis près de dix ans et en particulier sous le mandat de Donald Trump. Outre les déclarations de Joe Biden, qui peuvent être interprétées de différentes manières, il est certain qu'un tel sabotage ne pouvait pas avoir lieu sans la connaissance et l'approbation du Danemark et de la Suède qui ont la maîtrise technique de l'espace sous-marin à cet endroit. Il est par ailleurs également certain que ce sabotage n'aurait pas pu avoir lieu sans l'accord politique des États-Unis.

Par ailleurs, le contexte politique en Allemagne même tendrait à confirmer l'hypothèse d'une responsabilité américaine. Ces sabotages interviennent opportunément, alors que la gauche parlementaire allemande demande au gouvernement d'engager des négociations avec la Russie et encourage la population à descendre dans la rue pour réclamer la réouverture de Nord Stream[308], que l'Allemagne (et non la Russie) a fermé.

---

305. Staff Sgt. Brittney Vella, « 22nd MEU Returns from Seven-Month Deployment », marines.mil, 11 octobre 2022 (https://www.marines.mil/News/News-Display/Article/3184121/22nd-meu-returns-from-seven-month-deployment/)
306. https://www.fehmarn24.de/fehmarn/us-navy-passiert-fehmarnbelt-grosser-flottenverband-der-91809308.html
307. https://www.moonofalabama.org/2022/09/whodunnit-facts-related-to-the-sabotage-attack-on-the-nord-stream-pipelines.html
308. Sevim Dagdelen, « Sturm statt Burgfrieden », Junge Welt, 5 septembre 2022 (https://www.jungewelt.de/artikel/433948.sturm-statt-burgfrieden.html)

Depuis le début septembre, les manifestations pour demander la fin des sanctions contre la Russie[309] et le rétablissement des approvisionnements en gaz naturel[310] se multiplient en Allemagne. Elles ne sont pas rapportées par les médias européens qui cherchent à maintenir un état de tension. Simultanément, l'Allemagne mène des négociations secrètes avec la Russie, afin de trouver des solutions[311].

Un basculement de l'Allemagne en faveur d'une «normalisation» avec la Russie était donc possible. C'est pourquoi les États-Unis auraient cherché à rendre la situation actuelle irréversible. Apparemment, la CIA aurait averti les autorités allemandes d'un possible sabotage des gazoducs[312]. Il est difficile d'interpréter cet avertissement, mais il semble que l'agence américaine ait été opposée à ces sabotages, qui auraient pu mettre en danger la cohésion de l'OTAN. En tous les cas, il semble que le BND, le service de renseignement stratégique allemand, n'en ait pas été informé… Ainsi, tout a l'apparence d'une opération menée par certains pays de l'OTAN contre l'Allemagne.

La Russie a demandé à faire partie de la commission d'enquête conjointe (JIT) mise sur pied par le Danemark, la Suède et l'Allemagne. Comme on pouvait s'y attendre, sa demande a été refusée. Puis, sur la base d'une enquête préliminaire, la Suède a refusé de faire partie de la JIT en prétextant qu'elle ne pourrait pas partager ses informations avec l'Allemagne en raison du niveau de classification. Le 6 octobre, la police suédoise a annoncé avoir bouclé son enquête et conclut à un «sabotage grave»[313], mais a cependant refusé de partager ses conclusions pour des raisons de «sécurité nationale». C'est d'ailleurs la teneur de la réponse du gouvernement allemand à la question de parlementaires. En octobre, le

---

309. «Thousands march in eastern Germany to protest soaring energy prices», *aa.tr*, 27 septembre 2022 (https://www.aa.com.tr/en/environment/thousands-march-in-eastern-germany-to-protest-soaring-energy-prices/2696034)

310. Philip Oltermann, «Germany's Die Linke on verge of split over sanctions on Russia», *The Guardian*, 19 septembre 2022 (https://www.theguardian.com/world/2022/sep/19/germanys-die-linke-on-verge-of-split-over-sanctions-on-russia)

311. Pepe Escobar, «Who profits from Pipeline Terror ?», The Cradle, 29 septembre 2022 (https://thecradle.co/Article/Columns/16307)

312. https://www.spiegel.de/politik/nord-stream-gasleitungen-cia-warnte-bundesregierung-vor-anschlag-auf-ostsee-pipelines-a-3ab0a183-8af6-4fb2-bae4-d134de0b3d57

313. https://sakerhetspolisen.se/ovriga-sidor/nyheter/nyheter/2022-10-06-starkt-misstanke-om-grovt-sabotage-i-ostersjon.html

Danemark mène une enquête avec le service de renseignement intérieur (PET) et la police danoise[314], mais refusera d'en partager les résultats[315].

À la fin octobre, le gouvernement suédois annonce une enquête complémentaire par les forces armées suédoises.

À cette même période, la Russie accuse la Grande-Bretagne d'avoir participé au sabotage[316]. Elle s'appuie apparemment sur un tweet de Liz Truss, alors ministre des Affaires étrangères, adressé à Anthony Blinken disant « C'est fait ! », dans la minute qui a suivi les explosions. Vrai ou faux, toujours est-il que l'information a conduit à une enquête sur l'interception de ses communications par les services de renseignements russes. Celle-ci a montré que Liz Truss préférait utiliser son iPhone que les appareils cryptés du GCHQ (le service de renseignement électronique britannique)[317] !

En décembre 2022, le Washington Post[318] lance un pavé dans la mare en citant des responsables européens que la Russie n'était probablement pas l'auteur du sabotage…

À l'évidence, si l'enquête avait confirmé la responsabilité de la Russie, on aurait assisté à une succession de réunions d'urgence en Europe et au sein de l'OTAN. Or, il n'en a rien été. On ne sait donc pas avec certitude qui a effectivement mené cet attentat, mais les Allemands savent que ce n'est pas la Russie et que c'est donc un de leurs alliés de l'OTAN…

Si l'on ajoute qu'Anthony Blinken, secrétaire d'État américain, a qualifié cet attentat d'« incroyable opportunité[319] », ce que certainement aucun

---

314. « PET og Københavns Politi nedsætter fælles efterforskningsgruppe i sagen om gaslækager i Østersøen », *Københavns Politi*, 18 octobre 2022 (https://politi.dk/koebenhavns-politi/nyhedsliste/pet-og-københavns-politi-nedsætter-fælles-efterforskningsgruppe-i-sagen-om-gaslækager-i-østersøen/2022/10/18)
315. Charlie Duxbury, « Nord Stream investigation tests EU intelligence sharing around the Baltic », *Politico*, 28 octobre 2022 (https://www.politico.eu/article/sweden-denmark-germany-nord-stream-investigation-tests-eu-intelligence-sharing-around-the-baltic/)
316. « Russia Accuses U.K. of Being Involved in Nord Stream Explosions », *The Moscow Times / AFP*, 29 octobre 2022 (https://www.themoscowtimes.com/2022/10/29/russia-accuses-uk-of-being-involved-in-nord-stream-explosions-a79232)
317. Glen Owen & Dan Hodges, « Liz Truss's personal phone that was hacked by Kremlin agents was so compromised it was locked away in a 'secure location' as experts fear top secret negotiations and private messages may have been leaked », *The Mail on Sunday*, 29 octobre 2022 (https://www.dailymail.co.uk/news/article-11368619/Liz-Trusss-personal-phone-hacked-Putins-spies-secret-details-negotiations.html)
318. Shane Harris, John Hudson, Missy Ryan & Michael Birnbaum, « No conclusive evidence Russia is behind Nord Stream attack », *The Washington Post*, 21 décembre 2022 (https://www.washingtonpost.com/national-security/2022/12/21/russia-nord-stream-explosions/)
319. https://www.state.gov/secretary-antony-j-blinken-and-canadian-foreign-minister-melanie-joly-at-a-joint-press-availability/

Occidental n'aurait dit après les attentats de septembre 2001, on a une image du statut particulier de ce sabotage.

Le 13 octobre 2022, alors que la Russie propose à la Turquie la création d'un «hub énergétique», une tentative de sabotage contre gazoduc TurkStream est interceptée[320]... Les auteurs de cette tentative ne nous sont pas connus, mais on peut supposer qu'elle appartient au même projet, qui est d'isoler totalement et de manière irréversible la Russie.

Le 8 février 2023, le journaliste américain d'investigation Seymour Hersh dévoile que le sabotage des gazoducs a été conduit par les États-Unis avec l'aide de la Norvège[321]. Hersh confirme les suspicions qu'avaient de très nombreux experts (hors de France). L'élément intéressant qu'il apporte est le procédé utilisé par l'administration Biden pour contourner les mécanismes de contrôle parlementaires américains.

Le sabotage de gazoducs sous-marins exige un travail très pointu, à la fois discret et efficace, qui doit être effectué dans des circonstances très difficiles. Le problème est que, depuis les années 1980, le président des États-Unis est tenu de notifier au Congrès les opérations spéciales menées à l'étranger par les forces armées (Art 50 de l'US Code).

La première astuce a donc été de recruter des plongeurs dans une école de plongée située à Panama City, qui est un vivier de spécialistes qui «finissent» généralement dans les services spéciaux de la CIA ou les nageurs de combat américains, les SEALs. En employant des plongeurs nouvellement formés, n'appartenant pas au commandement des opérations spéciales (*Special Operations Command – SOCOM*), le président Biden s'affranchissait de l'obligation d'annoncer leur engagement au Congrès. C'est pourquoi, le 23 mars 2023, lorsque le député Sherman demande à Anthony Blinken de «*certifier qu'aucune agence du gouvernement américain n'a été impliquée*», il cherche à mentir au peuple américain, car on savait dès le départ que cela n'était pas le cas. Sherman est donc un tricheur sans honneur[322].

---

320. https://www.aa.com.tr/en/politics/several-arrested-after-attempt-to-blow-up-turkstream-pipeline-russia/2710880

321. Seymour Hersh, «How America Took Out the Nord Stream Pipeline», *Substack*, 8 février 2023 (https://seymourhersh.substack.com/p/how-america-took-out-the-nord-stream)

322. https://www.c-span.org/video/?c5063543/user-clip-rep-sherman-asks-blinken-nord-stream-sabotage

La deuxième astuce a été d'exploiter les déclarations de Joe Biden, lors de sa conférence de presse du 7 février 2022 à Washington avec Olaf Scholz, où il déclarait qu'en cas d'invasion de l'Ukraine « *il n'y aura plus de Nord Stream 2. Nous y mettrons fin*[323]. » ; et celle de Victoria Nuland durant une conférence de presse du Département d'État selon laquelle « *si la Russie envahit l'Ukraine, d'une manière ou d'une autre, Nord Stream 2 sera arrêté.*[324] » Ces deux déclarations ont été considérées par l'administration Biden comme une notification officielle de ce qui allait être fait.

La troisième astuce a été de placer cette opération sous la couverture de l'itération 2022 d'un exercice maritime naval qui se déroule chaque année en mer Baltique : l'exercice BALTOPS 22. Cette année, l'exercice comprenait, de manière très opportune, des entraînements à la pose et à l'enlèvement d'explosifs sous l'eau, comme l'ont annoncé l'US Navy[325] et l'OTAN[326]...

Seymour Hersh est sans aucun doute l'un des journalistes américains les plus respectés. Véritable journaliste d'investigation, il a dévoilé de très nombreuses affaires, grâce à un incomparable réseau de sources au sein du Pentagone et de la *Communauté du renseignement* (IC) américaine. Lituanien juif d'origine, il est difficile de voir en lui un « poutinolâtre », mais gageons que certains commentateurs français y parviendront !...

En tout état de cause, même si son récit est crédible, il n'apporte pas de réponse à certaines questions, comme la participation de la Grande-Bretagne et le tweet de Liz Truss. Néanmoins, l'enquête de Seymour Hersh est crédible et met en lumière un certain nombre d'éléments :

- La décision américaine a été prise par un noyau de 5 personnes (Joe Biden ; Jake Sullivan, son conseiller à la Sécurité nationale ; Anthony Blinken, secrétaire d'État ; Victoria Nuland, adjointe du secrétaire d'État ; et William Burns, directeur de la CIA), en dehors des mécanismes institutionnels.

---

323. https://youtu.be/OS4O8rGRLf8
324. https://youtu.be/ild-PsPD_Uw
325. « BALTOPS 22, the premier Baltic Sea maritime exercise, concludes in Kiel », *US Navy*, 17 juin 2022 (https://www.navy.mil/Press-Office/News-Stories/Article/3066830/baltops-22-the-premier-baltic-sea-maritime-exercise-concludes-in-kiel/)
326. « BALTOPS 22 kicks off in the Baltic Sea », *nato.int*, 8 juin 2022 (https://shape.nato.int/news-archive/2022/baltops-22-kicks-off-in-the-baltic-sea)

- Les garde-fous démocratiques destinés à prévenir des actions pouvant potentiellement conduire à une profonde détérioration des relations internationales, voire à la guerre, ne fonctionnent pas.

- La planification de cet incident a été initiée plusieurs mois avant le début de l'intervention russe en Ukraine, ce qui tendrait à confirmer que cette dernière a bel et bien été provoquée. L'idée initiale des Occidentaux était de provoquer l'effondrement de la Russie par les sanctions. Cela n'ayant pas fonctionné, ils ont tenté dès l'été 2022 d'asphyxier le pays en détruisant ses infrastructures d'exportation. Ce qui n'a toujours pas fonctionné...

- Au début 2023, nous n'avons toujours pas de preuves factuelles, mais des preuves circonstancielles et un faisceau d'indices toujours plus concordants de l'implication des États-Unis dans ces sabotages, avec la complicité de pays européens. En tous les cas, l'Allemagne a été ciblée par ses propres partenaires de l'OTAN dans ce que certains ont appelé « un acte de guerre ». Cela pose la question de la substance des relations entre pays occidentaux au sein de l'Europe et de l'OTAN : ces relations sont-elles basées sur le chantage permanent de l'usage de la force, voire du terrorisme ?

- Cette affaire tend à illustrer le fait que le renseignement occidental peine à s'intégrer et continue à servir des intérêts nationaux ou des intérêts qui ne sont pas nécessairement en leur faveur[327]. Déjà en 2021, le Danemark avait été épinglé pour avoir autorisé les services américains à espionner ses partenaires de l'OTAN et de l'UE[328] ! Si l'on en croit les déclarations du journaliste Nicolas Poincaré[329], les services de renseignement français n'avaient aucune idée de ce qui s'est tramé. Manifestement, ils travaillent avec une canne blanche !...

- Cela questionne la substance de la démocratie allemande, dont les dirigeants acceptent d'être mis devant des faits accomplis par leurs propres alliés et contre leur propre population. Quelles sont les valeurs que l'Allemagne défend ? Si les Allemands acceptent de telles

---

327. Charlie Duxbury, « Nord Stream investigation tests EU intelligence sharing around the Baltic », *Politico*, 28 octobre 2022 (https://www.politico.eu/article/sweden-denmark-germany-nord-stream-investigation-tests-eu-intelligence-sharing-around-the-baltic/)
328. Charlie Duxbury & Laurens Cerulus, « Vestager dodges tough questions on US spy scandal », *Politico*, 3 juin 2021 (https://www.politico.eu/article/margrethe-vestager-unsolved-spy-mystery-nsa-surveillance-edward-snowden/)
329. https://youtu.be/hu1J6aA7c-w?t=171

autorités, ils ne doivent pas se plaindre du désastre économique qui les menace...

3.4.4.4. *Le groupe « pro-ukrainien »*

Le 7 mars 2023, le *New York Times* (NYT) publie un article, qui évoque la responsabilité d'un « *groupe pro-ukrainien* »[330]. Le *même jour*, le média allemand *Die Zeit* donne quelques détails supplémentaires sur les six membres du commando, qui seraient des amateurs[331]. Le point intéressant ici est que le *Times* déclare tenir ses informations exclusivement du célèbre « officiel anonyme de renseignement » américain, alors que *Die Zeit* indique comme source un procureur allemand. Aucun des deux journaux ne mentionne les sources de l'autre...

Les révélations du NYT et de *Die Zeit* arrivent quatre jours après la visite d'Olaf Scholz à Washington. L'entrevue, qui n'a duré qu'une heure, sans témoins, n'a donné lieu à aucune conférence de presse. Apparemment, Scholz n'a pas voulu utiliser les moyens de communications téléphoniques ou vidéo, mais a préféré faire le voyage, ce qui suggère que l'objet de la discussion était important. Était-ce à propos de ces nouvelles révélations ? Peut-être. Toujours est-il qu'elles apparaissent comme une opération de « blanchiment » pour les États-Unis.

Le NYT précise qu'aucun Américain ou Britannique n'a été impliqué dans l'attentat, et que le groupe aurait agi sans que le gouvernement ukrainien ait été mis au courant. Nos « experts » des médias français, *France 5*, *LCI* et *BFM TV* avaient indiscutablement vu la main d'un État pour accuser la Russie ! Pourtant, ce seraient donc des amateurs... et des Ukrainiens !

Toutefois, la théorie du « *groupe pro-ukrainien* » propagée par les États-Unis prend rapidement l'eau. Le 27 mars 2023, le Conseil de Sécurité des Nations Unies rejette la proposition russe de mettre sur pied une enquête internationale pour déterminer les faits[332]. En clair, les Occidentaux cherchent à éviter de faire éclater une vérité qui les dérangerait.

---

330. Adam Entous, Julian E. Barnes & Adam Goldman, « Intelligence Suggests Pro-Ukrainian Group Sabotaged Pipelines, U.S. Officials Say », *The New York Times*, 7 mars 2023 (https://archive.ph/4Qmxx)

331. Holger Stark, « Nord-Stream-Ermittlungen: Spuren führen in die Ukraine », *Die Zeit*, 7 mars 2023 (https://archive.ph/QWVjd)

332. « UN Security Council rejects Russian demand for Nord Stream probe », *France 24*, 27 mars 2023 (https://www.france24.com/en/live-news/20230327-un-security-council-rejects-russian-demand-for-nord-stream-probe)

Rappelons que la destruction d'une centaine de mètres d'un gazoduc d'acier et protégé par une couche de béton nécessite plusieurs centaines de kilos d'explosifs sur les cinq lieux des explosions. Cela exige des heures de travail à une profondeur de 60 m, des équipements spéciaux et des cloches de décompression. Le bateau de plaisance de 15 m qui aurait servi pour l'opération ne semble pas équipé pour mener de telles opérations, ni avoir les capacités de transport pour l'équipement de travail et probablement plus d'une tonne d'explosifs...

Tout porte à croire qu'il s'agit d'une histoire destinée à détourner l'attention du reportage de Seymour Hersh, qui jusqu'à présent apporte la réponse la plus cohérente au mystère qui entoure la destruction des gazoducs.

Au début avril 2023, le *Washington Post* rapporte que les diplomates européens ont des doutes sur les narratifs alternatifs[333] :

> *Lors des réunions des responsables politiques de l'Europe et de l'OTAN, les fonctionnaires ont adopté un rythme, a déclaré un diplomate européen de haut rang : « Ne parlez pas de Nord Stream ». Les dirigeants ne voient pas l'intérêt de creuser trop profondément et de trouver une réponse embarrassante, a déclaré le diplomate, faisant écho aux sentiments de plusieurs de ses pairs dans d'autres pays qui ont dit qu'ils préféreraient ne pas avoir à gérer la possibilité que l'Ukraine ou des alliés soient impliqués.*

3.4.4.5. Épilogue

Quel qu'ait été le déroulement exact de l'opération, il est clair qu'elle n'est pas le fait de la Russie. Compte tenu des implications potentielles d'une telle action, il est absolument clair que — quel que soit le cas de figure — elle n'aurait pas pu avoir lieu sans l'approbation des États-Unis, car elle constitue une attaque par un pays de l'OTAN contre une infrastructure considérée comme critique par l'Europe.

Le sabotage a donc très probablement été mené par un pays de l'OTAN, contre les intérêts de l'Allemagne, un autre pays de l'OTAN. Il est donc

---

333. Shane Harris, Souad Mekhennet, Loveday Morris, Michael Birnbaum & Kate Brady, « Investigators skeptical of yacht's role in Nord Stream bombing », *The Washington Post*, 3 avril 2023 (https://archive.ph/Xz8wT#selection-693.0-783.14).

cocasse d'observer que le 11 janvier, l'OTAN et l'UE ont décidé de mettre sur pied une structure destinée à améliorer les mesures de protection contre les infrastructures critiques[334]. En d'autres termes, l'OTAN se protège d'elle-même !

L'hypothèse d'un attentat ukrainien mériterait d'être étayée par des faits pour être crédible, ce qui n'est pas le cas en l'état. Toutefois, elle n'est pas totalement irréaliste en théorie. Elle serait cohérente avec les efforts des dirigeants ukrainiens de tout faire pour que l'OTAN s'implique physiquement en Ukraine. Il se serait alors agi d'une opération sous fausse bannière, comme les Ukrainiens en ont mené sur le théâtre des opérations. C'est pourquoi nos « experts » ont immédiatement pointé du doigt la Russie.

Quant aux Nations Unies, le Conseil de Sécurité, interpelé par la Chine et la Russie afin d'enquêter sur cet incident, a repoussé la séance destinée à discuter la chose. L'ambassadeur américain argumente que *« les ressources destinées aux enquêtes de l'ONU doivent être conservées pour les cas où les États ne veulent ou ne peuvent pas enquêter[335] »*. Ce qui tend à renforcer la suspicion qu'un pays de l'OTAN a mené ce sabotage contre l'un de ses alliés.

Ce ne serait pas la première fois, puisqu'en 2021 déjà, avaient été dévoilées les activités d'espionnage du Danemark contre ses alliés européens pour le compte des États-Unis[336], montrant que ces derniers se méfient de leurs propres alliés. Tout cela semble indiquer que l'OTAN fonctionne de manière mafieuse, avec un « parrain » qui impose sa loi par des mesures d'intimidation.

Le contre-narratif proposé par le NYT et le journal allemand Die Zeit, rejetant la responsabilité sur un « groupe pro-ukrainien » semble cousu de fil blanc. Mais il est néanmoins intéressant, car il témoigne « en creux » d'un certain nombre de faits qui démontrent le manque d'intégrité de nos médias.

---

334. « L'OTAN et l'UE mettent en place une équipe spéciale pour la résilience et la protection des infrastructures critiques », *nato.int*, 11 janvier 2023 (mis à jour 12 janvier 2023); (https://www.nato.int/cps/en/natohq/news_210611.htm?selectedLocale=fr)
335. https://news.un.org/en/story/2023/02/1133752
336. « How Denmark became the NSA's listening post in Europe », *France24*, 1er juin 2021 (https://www.france24.com/en/technology/20210601-how-denmark-became-the-nsa-s-listening-post-in-europe)

Tout d'abord, il écarte définitivement la responsabilité de la Russie dans cet acte de guerre (et terroriste). Donc, les journalistes qui accusaient sans hésiter la Russie, comme Anthony Bellanger, sur *France 5*[337], n'ont pas la moindre parcelle d'intégrité.

Deuxièmement, il a clairement l'objectif de redonner une virginité à l'Alliance atlantique, que l'on prétend renforcée, mais dont les membres s'attaquent mutuellement à coup d'attentat à la bombe.

Troisièmement, qu'il y a des forces en Ukraine que le gouvernement ne maîtrise pas et qui pourrait créer une situation de guerre avec ou au sein de l'OTAN.

Quatrièmement, cela pourrait être un des signes que l'Occident commence lentement à « lâcher » Zelensky et l'Ukraine...

Dans tous les cas cette affaire est devenue une source d'embarras pour les Occidentaux. Elle a montré que l'opération a été conçue en termes tactiques, par des individus qui n'en ont pas vu les implications stratégiques. Dans ce sens, elle est très représentative de la manière dont les Occidentaux ont pris leurs décisions tout au long de la crise.

---

337. https://youtu.be/K-WzRgrzlLU?t=88

4. Considérations militaires

L'audition du colonel Michel Goya, le 2 novembre 2022, par une commission du Sénat français, est une caricature de notre incapacité à analyser la situation militaire en Ukraine[338]. Il écarte la moitié des faits, juge les opérations russes en fonction de sa propre expérience au sein de l'Armée française, en ignorant des aspects essentiels de la doctrine russe. De leur côté, les sénateurs semblent plus intéressés à avoir une confirmation de leurs réflexions qu'à véritablement comprendre les implications de la crise ukrainienne pour la Défense nationale.

4.1. Le retour de la guerre conventionnelle

À partir de 1991, la perspective d'une guerre conventionnelle en Europe s'est progressivement estompée. Les « dividendes de la paix » ont amené une réduction significative des budgets et du potentiel militaires des pays occidentaux. L'émergence de nouvelles technologies et d'une libéralisation des échanges commerciaux signifiait un réaménagement des priorités.

Depuis la Seconde Guerre mondiale, les armées se sont préparées à une guerre dite de 3e génération. Il s'agissait d'une guerre intégrant les différentes armes en un système, à l'image de la Blitzkrieg, développée par les Allemands. C'est le combat interarmes, pilier des écoles de guerre.

Après avoir brièvement eu l'apparence de guerres de 3e génération, nos guerres du Moyen-Orient, ont rapidement basculé vers des guerres de

---

338. https://youtu.be/aZe5diu87sk

4e génération, menées par des armées technologiquement développées contre des armées plus rustiques, voire des guérillas rudimentaires.

Typologie des guerres en fonction des technologies

Type de guerre	Description sommaire
1ère génération	Combat rapproché entre individus avec des armes simples (épée, bouclier, etc.)
2e génération	Utilisation d'armes modernes (fusil, mitrailleuse, artillerie, aviation), mais pas encore de manière intégrée. (1ère guerre mondiale)
3e génération	Intégration des armes en un système de combat (combat interarmes) (en anglais : « *combined arms* ») (2e guerre mondiale, Blitzkrieg)
4e génération	Combat non-linéaire par des acteurs non-étatiques (guérilla, terrorisme, etc.) (Irak, Afghanistan)
5e génération	Combat « non-cinétique » dans le champ des technologies de l'information et de la gestion des perceptions. (Armée ukrainienne 2022-)

Figure 25 — Typologie des guerres. La guerre en Ukraine est un mélange entre une guerre de 3e génération (du côté russe) et une guerre de 5e génération (du côté ukrainien et occidental).

Nos militaires pouvaient mener des actions tout en restant loin du champ de bataille. Déjà lors de la guerre du Golfe (1991), on parlait de « guerre Nintendo ». Cette manière de faire la guerre « à distance » contre des adversaires plus faibles, combinée avec la disparition de la menace militaire en Europe avait ainsi conduit à une réduction des potentiels militaires en Europe.

Le problème est que dans l'intervalle, nos armées ont été engagées dans des guerres contre des adversaires dépourvus d'équipements lourds, sans aviation, sans grandes contraintes logistiques, combattant au sein des populations de manière dispersée, etc. Nous avons donc aujourd'hui une génération de militaires intellectuellement inadaptée à un conflit sur le sol européen. Les Russes peuvent bénir le ciel que l'armée ukrainienne ait été formée par des officiers de l'OTAN !

Effectifs de l'armée de terre de quelques pays en 1992 et en 2022

	1992	2022	Variation en %
Allemagne	476 300	62 800	−86.815
France	453 100	130 000	−71.309
Grande-Bretagne	300 100	79 380	−73.549
États-Unis	731 700	485 000	−33.716
URSS/Russie	1 400 000	300 000	−78.571

Figure 26 — Réductions des effectifs des « grands » pays occidentaux et de la Russie. Contrairement à une opinion répandue, cette réduction n'était pas une erreur, mais simplement l'adaptation au paysage de l'après-guerre froide. [Source : The Military Balance 1992 et 2022]

Ainsi, en Ukraine, les Russes nous ont ramené à la guerre de 3ᵉ génération, celle pour laquelle on se préparait durant la guerre froide : l'affrontement entre deux armées dotées d'équipements et de technologies comparables et avec des doctrines d'engagement similaires. C'est le retour des opérations interarmes, où les différentes composantes des forces terrestres et aériennes fonctionnent en synergie. Leur similitude avec la Seconde Guerre mondiale, explique pourquoi les références tactiques/opératives sont nombreuses.

Le problème est que dès le début de l'opération russe, l'approche des deux belligérants n'est pas symétrique. Alors que les Russes mènent une guerre de 3ᵉ génération, les Ukrainiens pensaient s'engager dans une guerre de 5ᵉ génération. C'est-à-dire, une guerre « non-cinétique », où la victoire devait être obtenue grâce à des sanctions, des actions dans le cyberespace et des opérations d'influence.

Après une action de provocation par l'armée ukrainienne, qui devait inciter les Russes à déclencher leur opération, les Occidentaux pouvaient déclencher une avalanche de sanctions. Les Ukrainiens et les Américains pensaient alors que ces sanctions allaient suffire à provoquer l'effondrement économique du pays. Il devait en résulter une crise qui aurait contraint Vladimir Poutine à cesser son opération et aurait poussé la population russe à le renverser. L'Ukraine devait ainsi gagner la guerre très rapidement et pratiquement sans combattre. C'est d'ailleurs exactement de cette manière que les médias occidentaux nous ont présenté le conflit dès février 2022.

Mais cette idée se basait sur les paramètres de 2014 et non sur ceux de 2022. L'économie russe a très bien résisté aux attaques, le rouble ne s'est pas effondré, et le soutien au gouvernement s'est renforcé. Conséquence : les Ukrainiens ont dû combattre beaucoup plus longtemps qu'ils ne l'avaient prévu et d'une manière pour laquelle ils n'étaient pas préparés.

Les rapports officiels publiés en 2022 en France et en Suisse montrent que la lecture du conflit qu'ont nos gouvernements ne dépasse pas celle de nos plateaux de télévision. Souvent produits sur la base d'interprétations de pseudo-experts militaires, qui n'ont qu'une compréhension tactique de l'action militaire, mais sont incapables de penser en termes opératifs, voire stratégiques. C'est la raison essentielle des échecs répétés de nos armées dans la lutte contre le terrorisme. Nous avons tué beaucoup de monde, sans résoudre le problème : nous éliminons des terroristes, mais pas le terrorisme.

Les Occidentaux ont poussé l'Ukraine dans une guerre de 3e génération alors qu'elle s'attendait à une guerre de 5e génération. Ses forces s'étaient préparées à mener des actions tactiques vers la Crimée et le Donbass dès mars 2021, mais ont été incapables de mener des actions de niveau opératif et ont dû se résoudre à mener un combat de tranchées, comme en 1914.

À l'inverse, grâce à une grande maîtrise de l'« Art Opératif » (*Operativnoe Iskoustvo*), les Russes exploitent le mouvement pour réaliser des supériorités locales et prendre l'initiative. C'est pourquoi ils ont pu déclencher leur opération avec un rapport de forces inférieur. Ils utilisent l'artillerie de manière opérative, alors que les Ukrainiens l'utilisent de manière tactique. C'est pourquoi les consommations de munitions sont si différentes de chaque côté.

Contrairement à une imagerie populaire, l'art de la guerre exige une grande créativité. Le conflit ukrainien a mis en évidence celle des Ukrainiens au niveau tactique et celle des Russes au niveau opératif/ stratégique. L'insuffisance d'équipements et la soudaineté du conflit ont contraint les Ukrainiens à développer de nouvelles techniques, notamment avec des drones. Cela permet de faire de la propagande sur nos écrans de télévision, mais cela ne permet pas de gagner une guerre.

Notre image de la manière dont combattent les Russes (et autrefois les Soviétiques) a toujours été faussée par la différence d'échelle dans la réflexion. Par exemple, les Occidentaux voient la compagnie comme l'unité tactique de base du combat, alors que les Soviétiques (puis les Russes) voyaient le bataillon comme unité tactique de base. Cela entraînait des conséquences sur le degré d'initiative permis aux officiers subalternes. Mais les Russes ont tiré les leçons de l'Afghanistan et ont développé l'esprit d'initiative aux niveaux inférieurs. C'est ce que l'on observe aujourd'hui à Bakhmout, par exemple.

Dans la première phase de l'offensive, avec les relativement faibles effectifs des forces conjointes, les commandants ont été amenés à jouer davantage avec la mobilité opérative pour avoir l'avantage. C'est ce que montre l'action vers Kiev, qui n'était pas formatée pour s'emparer de Kiev, et avait pour seul but d'empêcher l'armée ukrainienne de renforcer son dispositif au Donbass.

La manière dont nos officiers généraux voient et commentent le conflit devrait nous inquiéter davantage. Certes les médias ne cherchent que des «éclairages» qui confortent la propagande qu'ils diffusent. Mais pour le militaire, il est important que le chef soit capable d'appréhender une situation avec rigueur et flexibilité d'esprit. Dans le rapport du Sénat français, Bruno Clermont, général de corps aérien, déclare[339] :

> *Le principal échec de l'armée russe tient à son mauvais emploi de sa puissante aviation. Les Russes se sont montrés incapables de conduire une campagne aérienne comme l'OTAN l'aurait fait, sous leadership américain.*

Si la situation n'était pas si grave en Ukraine, cette remarque prêterait à sourire par sa candeur. Non seulement notre général semble penser qu'il n'y a qu'une seule manière de faire la guerre, mais que celle-ci doit nécessairement être mesurée à l'aune de ce que font les Américains. Heureusement que les Russes ne réfléchissent pas comme lui, car dans *Newsweek*, un analyste de la *Defense Intelligence Agency* (DIA) — l'équivalent américain de la *Direction du Renseignement Militaire* (DRM) en France — constate[340] :

---

339. Cédric PERRIN & Jean-Marc TODESCHINI, «Ukraine : un an de guerre. Quels enseignements pour la France ?», Commission des Affaires étrangères, de la Défense et des Forces Armées du Sénat, Rapport d'information N° 334, 8 février 2023 p.33
340. William M. Arkin, «Putin's Bombers Could Devastate Ukraine but He's Holding Back. Here's Why», *Newsweek*, 22 mars 2022 (https://www.newsweek.com/putins-bombers-could-devastate-ukraine-hes-holding-back-heres-why-1690494)

L'adaptation rapide des uns et des autres à l'apparition de nouvelles technologies sur le champ de bataille montre que la technologie n'est un avantage que lors de courtes campagnes. C'est ce qui explique pourquoi l'Ukraine était prête à ouvrir des négociations en février-mars 2022.

Avec une prolongation du conflit, et l'adaptation des deux adversaires aux innovations de l'autre, la victoire appartient à celui qui a le plus de ressources. Lorsque ces ressources sont similaires technologiquement, ce sont les ressources humaines qui comptent.

Si les Russes occupaient la partie occidentale de l'Ukraine, ils feraient face à une résistance populaire importante, où la qualité des combattants n'aurait pas d'importance significative. En revanche, en restant dans la partie russophone du pays, ils ne rencontrent pas de résistance populaire, et tout le poids de la défense repose sur les forces armées. Or, au fur et à mesure du conflit, les énormes pertes ukrainiennes consenties par les Occidentaux et des vagues de mobilisation qui vont chercher des combattants toujours moins motivés ne font que renforcer la certitude d'une victoire russe.

Pour résumé, les aspects qualitatifs de la technologie sont déterminants pour une campagne courte, et la qualité des combattants est un facteur critique pour une campagne longue. La stratégie imposée par les Occidentaux à l'Ukraine l'a conduite à sa perte.

4.1.1. La cyberguerre

La cyberguerre perçue en Occident comme l'un des piliers de la « guerre hybride » et crainte majeure de nos états-majors, n'apparaît pas avoir joué un rôle décisif dans les opérations en Ukraine. Il n'en demeure pas moins que l'Ukraine et la Russie disposent d'un énorme potentiel, compte tenu de leurs niveaux d'éducation élevés. L'Ukraine se vante de disposer d'une « IT Army » qui compterait jusqu'à 400 000 hackers à l'intérieur et à l'extérieur du pays[341]. Le chiffre est invérifiable et certainement exagéré, mais il ne signifie pas grand-chose : la qualité, plus que la quantité, définit une « cyberforce ». Mais il alimente le mythe d'une résistance populaire[342] dont les effets sur le terrain ne sont pas à la hauteur des déclarations.

Ici également, les perceptions occidentales ont très vraisemblablement joué contre l'Ukraine en accordant trop d'importance à des aspects mineurs, qui ont ainsi masqué les aspects majeurs.

Cyberactivités au début de l'opération militaire spéciale russe

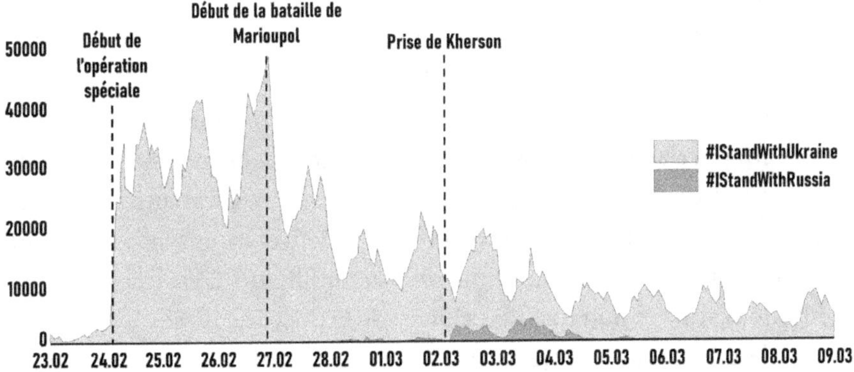

Figure 27 — L'examen des cyberactivités au début de l'opération russe en février 2022 par l'université d'Adelaïde (Australie)[343] tend à montrer que les Ukrainiens avaient préparé leur cyberoffensive. Cela tend à confirmer que l'Ukraine se préparait à mener une offensive contre le Donbass avant que la Russie ne lance son opération.

Une étude de l'université d'Adélaïde (Australie) sur les cyberactivités au début 2022 en Ukraine montre que les Ukrainiens étaient clairement

341. Sam Schechner, « Ukraine's 'IT Army' Has Hundreds of Thousands of Hackers, Kyiv Says », *The Wall Street Journal*, 4 mars 2022 (https://www.wsj.com/livecoverage/russia-ukraine-latest-news-2022-03-04/card/ukraine-s-it-army-has-hundreds-of-thousands-of-hackers-kyiv-says-RfpGa5zmLtavrot27OWX)

342. Max Smeets & Brita Achberger, « Cyber hacktivists are busy undermining Putin's invasion », *The Washington Post*, 13 mai 2022 (https://www.washingtonpost.com/politics/2022/05/13/cyber-attack-hack-russia-putin-ukraine-belarus/)

343. Bridget Smart, Joshua Watt, Sara Benedetti, Lewis Mitchell & Matthew Roughan, « #IStandWithPutin versus #IStandWithUkraine: The interaction of bots and humans in discussion of the Russia/Ukraine war », *The University of Adelaide*, 15 august 2022 (https://arxiv.org/abs/2208.07038)

préparés à une intensification des opérations militaires. Dès le 24 février, les cyberactivités des bots ukrainiens ont immédiatement été à un niveau très élevé, et ce n'est que quelques jours plus tard que les cyberactivités russes ont commencé[344]. Cela indique que les réseaux ukrainiens avaient déjà préparé leurs cyberattaques avant le 24 février en appui de leur opération planifiée dans le Donbass.

4.1.2. La disparition de la guerre hybride

La « guerre hybride », qui fait fantasmer les pseudo-experts militaires occidentaux depuis 2014, semble être ce qu'elle a toujours été : un « concept » fourre-tout, utilisé pour donner une cohérence artificielle à des événements que rien ne lie à priori, dont on ne connaît ni exemples, ni l'objectif, et dont le seul but était d'accréditer la thèse d'une guerre russe en Ukraine. C'était une manière d'officialiser le conspirationnisme occidental.

L'idée de « guerre hybride » découle de l'interprétation d'un article de 2013, écrit par Valery Guerassimov, chef de l'état-major général russe, intitulé « *La valeur de la science dans la prospective*[345] ». C'est une analyse de l'évolution des conflits au Moyen et Proche-Orient et les enseignements sur la manière de les intégrer dans une réflexion militaire. C'est une approche méthodologique et non une description de la doctrine russe.

Avec la crise ukrainienne de 2014, les Occidentaux tentent de mettre en cohérence une « invasion russe » sans troupes russes, une révolution démocratique par des militants d'extrême-droite nationaliste, la légitimité d'un gouvernement qui gouverne sans avoir été élu, etc. On construit alors une logique qui réunit la cyberguerre, le terrorisme, la guerre clandestine, la guerre conventionnelle et, naturellement, la guerre de l'information. L'article de Guerassimov devient alors la clé de lecture d'événements incohérents dans les faits. Mark Galeotti, spécialiste britannique de la Russie, commente cette article et en déduit la « *Doctrine Guerassimov* », qui serait le concept russe de la guerre hybride[346].

---

344. Bridget Smart, Joshua Watt, Sara Benedetti, Lewis Mitchell & Matthew Roughan, « #IStand-WithPutin versus #IStandWithUkraine: The interaction of bots and humans in discussion of the Russia/Ukraine war », *The University of Adelaide*, 15 août 2022 (mis à jour 20 août 2022) (https://arxiv.org/abs/2208.07038)

345. Герасимов Валерий, « Ценность науки в предвидении », *vpk-news.ru*, 26 février 2013 (https://vpk-news.ru/articles/14632)

346. Mark Galeotti, « The 'Gerasimov Doctrine' and Russian Non-Linear War », *inmoscowsshadows.wordpress.com*, 7 juin 2014

Dans le sillage de la propagande ukrainienne, on crée ainsi littéralement et artificiellement une «base doctrinale» russe, que des médias, comme *Le Temps* [347]ou *La Croix*[348], utilisent pour condamner la Russie. Le magazine *Le Point* va même plus loin en affirmant que la doctrine est «*validée par Vladimir Poutine*» lui-même[349]. Ce sont des menteurs: en réalité ce concept n'existe pas, et la Russie ne l'a ni théorisé, ni invoqué. Au point qu'en 2015, même l'OTAN se pose la question de *savoir si la guerre hybride existe vraiment*[350]...

Mais pousser nos décideurs à mésinterpréter la doctrine de l'adversaire est extrêmement dangereux. C'est pourquoi, en 2018, Galeotti s'excuse — courageusement et intelligemment — dans un article intitulé «*Je suis désolé d'avoir créé la Doctrine Guerassimov*» publié dans le magazine *Foreign Policy*[351] :

> *J'ai été le premier à écrire sur la tristement célèbre stratégie militaire de la Russie en matière de haute technologie. Un petit problème : elle n'existe pas.*

Pour les décideurs occidentaux, le concept de «guerre hybride» vient à point pour expliquer tout ce que nos gouvernements ne parviennent pas à maîtriser. Ainsi, la guerre hybride russe serait à l'origine de la crise des «gilets jaunes», selon un chercheur de *l'IFRI*[352], et de la crise du gaz naturel en Europe, selon *Le Figaro*[353]. Le conspirationnisme au sens littéral du terme.

Depuis février 2022, la «guerre hybride» semble aux abonnés absents... Tous les attributs de la «guerre hybride», telle que la voient nos experts, étaient déjà présents en 1942, avec des moyens différents,

347. Frédéric Koller, «Désinformation, l'offensive russe», *Le Temps*, 27 décembre 2016
348. Olivier Tallès, «Bruxelles s'alarme de la désinformation russe», *La Croix*, 4 mai 2017
349. Marc Nexon, «Gerasimov, le général russe qui mène la guerre de l'information», *Le Point*, 2 mars 2017
350. Dr. Damien Van Puyvelde, «La guerre hybride existe-t-elle vraiment ?», *NATO Review*, 7 mai 2015
351. Mark Galeotti, «I'm Sorry for Creating the 'Gerasimov Doctrine'», *Foreign Policy*, 5 mars 2018
352. Julien Nocetti (avec Florian Dèbes & Nicolas Madelaine), «L'informationnel est une arme de guerre clé du Kremlin», *Les Échos/IFRI*, 25 février 2022 (https://www.ifri.org/fr/espace-media/lifri-medias/linformationnel-une-arme-de-guerre-cle-kremlin)
353. Isabelle Lasserre, «Le gaz russe, une arme stratégique dans la guerre hybride de Vladimir Poutine», *Le Figaro*, 26 juillet 2022 (mis à jour le 27 juillet 2022) (https://www.lefigaro.fr/international/le-gaz-russe-une-arme-strategique-dans-la-guerre-hybride-de-vladimir-poutine-20220726)

et le conflit qui se déroule actuellement en Ukraine n'est pas très différent dans sa substance.

4.1.3. La question nucléaire — Le fond du problème

En 1945, l'URSS a gagné la course vers Berlin et le prestige de la victoire, mais elle est exsangue. Pour certains de ses alliés occidentaux, comme Winston Churchill en Grande-Bretagne ou certains généraux américains comme George Patton, ce serait l'occasion de poursuivre la guerre en direction de Moscou. On prête à Staline des intentions symétriques en direction de l'Atlantique... On entre dans la guerre froide.

En 1949, l'acquisition de l'arme nucléaire par l'URSS provoque la création de l'OTAN en avril, afin de placer l'Europe occidentale sous le parapluie nucléaire américain. C'est encore aujourd'hui le rôle premier de l'OTAN. Mais le rapport entre les deux superpuissances a changé : les États-Unis ont perdu leur privilège nucléaire et la Russie a acquis une capacité de dissuasion.

À ce stade, la guerre nucléaire est principalement envisagée au niveau stratégique. Le souci des deux superpuissances est d'éviter une confrontation directe qui pourrait atteindre le stade nucléaire et conduire à une *Mutual Assured Destruction* (MAD), la « destruction mutuelle assurée ».

L'OTAN n'est alors composée que des pays de la « vieille Europe », que plus de 1 000 km séparent de l'URSS. Cette distance donne à un éventuel conflit un espace pour se développer de manière conventionnelle, avant de recourir à l'arme nucléaire, l'arme de dernier ressort.

Mais en 1952, l'admission de la Turquie dans l'OTAN amène l'Alliance atlantique à la frontière de l'URSS et alarme les Soviétiques. Le 8 mai 1955, l'entrée de la République fédérale allemande (RFA) dans l'OTAN est déterminante. Une semaine plus tard, l'Organisation du Traité de Varsovie (OTV) ou « Pacte de Varsovie » est créée.

Contrairement à ce que racontent les pseudo-experts de nos plateaux de télévision, l'OTV n'a pas pour fonction de créer une « sphère d'influence ». Les pays de l'Est étaient déjà dirigés par des partis communistes souvent pires que leur homologue soviétique. La raison d'être de l'OTV était de constituer une « zone tampon » (« glacis » ou *Vorfeld* en allemand), dont la finalité était de recréer un espace pour un affrontement conventionnel et éviter qu'il ne devienne trop rapidement nucléaire.

Depuis la fin des années 1960, l'évolution de la technologie permet une miniaturisation des armes nucléaires. Dès lors, la gamme des systèmes d'armes disponibles permet de varier l'intensité d'un échange nucléaire.

Le problème est alors de garder la maîtrise d'un conflit afin d'éviter d'arriver à l'holocauste nucléaire (MAD). De part et d'autre du Rideau de fer, des doctrines sont élaborées afin de graduer l'emploi des armes nucléaires entre le niveau tactique et le niveau stratégique.

C'est ce que l'OTAN appelle la «réponse graduée» (flexible response). Elle a pour but d'indiquer clairement aux Soviétiques que les États-Unis ne passeront pas directement et automatiquement à un échange nucléaire stratégique. La stratégie nucléaire des États-Unis conserve un élément constant : tenir l'usage d'armes nucléaires éloigné de leur sol national.

La situation géostratégique des États-Unis et de la Russie est profondément dissymétrique. Les États-Unis peuvent atteindre le territoire russe avec des armes nucléaires tactiques/opératives, alors que la Russie ne peut atteindre le sol américain qu'avec des armes stratégiques.

En d'autres termes, en cas de conflit majeur, afin d'éviter un échange nucléaire stratégique qui toucherait leur territoire, les États-Unis chercheraient à maintenir un conflit nucléaire au niveau du théâtre européen. Pour ce faire, ils éviteraient soigneusement de toucher directement le sol national russe, pour ne pas déclencher un «duel stratégique» avec la Russie. C'est pourquoi, dès la fin des années 1970, les États-Unis déploient des armes nucléaires tactiques et de théâtre en Europe, ce qui la transforme en potentiel champ de bataille nucléaire.

Mais cette situation dissymétrique est devenue asymétrique : la Russie pourrait utiliser des armes nucléaires de faible intensité en Europe, et les États-Unis ne pourraient répondre qu'en frappant leurs alliés. C'est ce qui déclenche le mouvement pacifiste et anti-nucléaire en Allemagne et en Europe du Nord.

Les pays baltes, la Pologne ou même des pays comme la Suède, la Finlande, voire la Suisse, qui pensent que l'OTAN pourrait leur apporter une sécurité supplémentaire, se trompent lourdement, car les Américains ne sacrifieront jamais Washington, New York ou Los Angeles pour protéger Helsinki ou Stockholm. Dans tous les cas, ils ne se lanceraient pas dans un duel nucléaire stratégique avec la Russie sans passer par une phase nucléaire tactique et opérative qui détruirait en premier lieu les pays européens.

Durant la guerre froide, l'OTV constituait un espace pour une phase conventionnelle en cas de conflit en Europe. Avec sa disparition et la progression de l'OTAN vers l'Est, cet espace a disparu. C'est la raison pour laquelle la Russie a modifié sa doctrine d'engagement, qui lui permet ainsi de recourir plus rapidement aux armes nucléaires. Cette situation est issue de deux phénomènes qui se sont déroulés de manière parallèle au début des années 2000 : l'extension de l'OTAN et la dénonciation des traités de désarmement par les États-Unis dès 2002.

Ce qui est étonnant est que les Occidentaux semblent ne pas avoir perçu ce risque. On a vu la progression de l'OTAN comme un succès géographique, mais on n'en a pas tiré les conclusions stratégiques. Or, en se rapprochant de la frontière russe, l'OTAN s'ôte elle aussi une capacité de pré-alerte.

C'est pourquoi la Russie voit l'OTAN à ses portes — et en particulier en Ukraine — comme une menace existentielle. Cela n'a strictement aucun rapport avec la vocation défensive — ou non — de l'OTAN, car l'Alliance court exactement le même risque, comme l'illustre la crise ukrainienne de décembre 2021-février 2022. C'est ce que Vladimir Poutine essaye d'expliquer lors de sa conférence de presse du 7 février 2022, à l'issue de la visite d'Emmanuel Macron à Moscou. Ironiquement, c'est ce que la Suède et la Finlande n'ont pas compris : en cas de guerre, ces pays pourraient être nucléarisés en tout premier à titre préemptif...

4.1.4. *La menace nucléaire russe*

Dès le début de l'intervention russe, nos médias clament que la Russie menace l'Occident de ses armes nucléaires. C'est factuellement faux. Pour le comprendre, il faut distinguer le contexte de ces allégations.

On observe deux cas de figure, qui répondent chacun à des problématiques et des objectifs distincts : les allégations de journalistes (et autres « pseudo-experts ») malveillants occidentaux et les accusations venant d'Ukraine.

4.1.4.1. *Les allégations venant d'Occident*

Dans ce contexte, les Occidentaux cherchent à présenter les Russes comme des brutes, qui agissent de manière irrationnelle et qui sont prêts à tout pour satisfaire l'ambition de Vladimir Poutine. C'est de la désinformation qui vient essentiellement de milieux et médias conspirationnistes et qui voit le conflit par le seul prisme de leur russophobie.

Il s'agit de déformer les propos de Vladimir Poutine, retirer (ou nier) le contexte dans lequel les propos ont été tenus et les expliquer par sa santé mentale défaillante[354]. C'est puéril.

En réalité, ce sont les Occidentaux qui ont systématiquement agité la menace nucléaire. Le 24 février 2022 déjà, Jean-Yves Le Drian, ministre français des Affaires étrangères, suggère que l'OTAN pourrait utiliser l'arme nucléaire[355]. Il est suivi, le 27 février 2022, par Liz Truss, ministre britannique des Affaires étrangères, qui évoque la destruction du complexe militaro-industriel russe et la possibilité d'une confrontation directe entre l'OTAN et la Russie[356].

C'est pourquoi, le 27 février 2022, Vladimir Poutine annonce la mise de ses forces nucléaires dans un « *régime spécial d'alerte au combat* »[357]. Les médias conspirationnistes parlent alors de menace et cherchent à créer la panique. Ainsi, la RTS déclare que Poutine « *brandit clairement la menace nucléaire* »[358].

En réalité, Rose Gottemoeller, ancienne sous-secrétaire au Contrôle des armements dans l'administration Obama et vice-secrétaire générale de l'OTAN, ramène la déclaration de Poutine à ses justes proportions[359] :

---

354. Emission Infrarouge « Menace nucléaire : jusqu'où ira-t-il ? », RTS.ch, 2 mars 2022 (https://www.rts.ch/play/tv/infrarouge/video/menace-nucleaire-jusquou-ira-t-il?urn=urn:rts:video:12908299)
355. Anthony Audureau/AFP, « Ukraine : Le Drian rappelle à Poutine que "l'Alliance atlantique est aussi une alliance nucléaire" », BFM TV, 24 février 2022 (https://www.bfmtv.com/international/ukraine-le-drian-rappelle-a-poutine-que-l-alliance-atlantique-est-aussi-une-alliance-nucleaire_AD-202202240685.html).
356. Stephen Mcilkenny, « Liz Truss: Kremlin says decision to put nuclear bases on high alert due to comments made by Foreign Secretary | What did she say about Ukraine crisis? », *The Scotsman*, 28 février 2022 (https://www.scotsman.com/news/politics/kremlin-says-nuclear-bases-on-high-alert-due-to-comments-made-by-liz-truss-3589463)
357. Andrew Roth, Shaun Walker, Jennifer Rankin & Julian Borger, « Putin signals escalation as he puts Russia's nuclear force on high alert », *The Guardian*, 28 février 2022; Runai Tairov, « Путин приказал перевести силы сдерживания в особый режим боевого дежурства », Forbes.ru, 27 février 2022 (https://www.forbes.ru/society/457237-putin-prikazal-perevesti-sily-sderzivania-v-osobyj-rezim-boevogo-dezurstva)..
358. https://www.rts.ch/play/tv/redirect/detail/12908299?startTime=683
359. Stephanie Cooke, « Will Putin Use Nuclear Weapons in Ukraine? », *Energy Intelligence*, 17 mars 2022 (https://www.energyintel.com/0000017f-94cd-d81c-a9ff-9ecf7ccf0000)

L'ordre de Poutine n'amènera que « trois à six personnes supplémentaires » dans les postes de commandement nucléaire normalement dotés d'environ six personnes.

Menaces de l'emploi de l'arme nucléaire

24 février 2022
Jean-Yves Le Drian: « Je pense que Vladimir Poutine doit aussi comprendre que l'Alliance atlantique est une alliance nucléaire »

27 février 2022
Liz Truss: « Je demande instamment aux Russes de ne pas intensifier ce conflit, mais nous devons nous préparer à ce que la Russie cherche à utiliser des armes encore pires. »

27 février 2022
Vladimir Poutine annonce qu'il a mis ses forces nucléaires dans un « régime spécial d'alerte au combat ».

24 août 2022
Liz Truss « prête » à appuyer sur le bouton nucléaire si nécessaire, même si cela signifie un « anéantissement total ».

21 septembre 2022
Vladimir Poutine: « Et ceux qui tentent de faire du chantage aux armes nucléaires doivent savoir que le vent peut aussi tourner vers eux »

Figure 28 — Malgré ce qu'on dit des médias comme France 5 ou la RTS, ce sont toujours les Occidentaux qui ont brandi la menace nucléaire en premier, poussant Vladimir Poutine à réagir.

Le 24 août 2022, Liz Truss, alors ministre britannique des Affaires étrangères et candidate au poste de Premier ministre (qu'elle n'occupera que de manière éphémère), se déclare prête à utiliser l'arme nucléaire, même si cela doit conduire à une « *annihilation globale* »[360].

---

360. https://www.independent.co.uk/news/uk/politics/liz-truss-nuclear-button-ready-b2151614.html; https://youtu.be/IvH7cgbdazU

C'est à cette déclaration irresponsable — que les médias francophones ne relèveront pas — que répond Vladimir Poutine dans son allocution du 21 septembre 2022[361]. Il met alors en garde les Occidentaux contre l'emploi d'armes de destruction massive et précise que la Russie dispose d'autres armes très puissantes *« plus modernes que celles de l'OTAN »*. Il ne mentionne pas les armes nucléaires, mais parle manifestement des armes hypersoniques, qui permettraient des frappes préemptives, voire préventives, sans engager des forces nucléaires.

Ce sont les faits. Pourtant, le 20 novembre 2022, dans l'émission *Géopolitis* « Désinformation, arme de guerre », Jean-Philippe Schaller, journaliste de la RTS déclare que Vladimir Poutine utilise la désinformation *« accusant l'Occident de vouloir une guerre nucléaire »*. *« C'est pourtant Poutine qui a brandi le premier la menace nucléaire. Plus c'est gros mieux ça passe ! »*. À l'évidence, le journaliste nous ment (d'ailleurs à plusieurs reprises dans la même émission !)[362].

À l'appui de ses allégations, notre journaliste évoque l'affaire de la « bombe sale » ukrainienne. En octobre 2022, craignant que les Ukrainiens tentent une provocation avec une « bombe sale », la Russie rend publiques les rumeurs dont elle a connaissance. Naturellement, les pays occidentaux y voient de la désinformation, ce qu'ils n'avaient pas fait lorsque l'Ukraine avait émis des accusations semblables en mars[363] ! Mais la démarche russe est plus subtile.

Une « bombe sale » n'est rien d'autre qu'un explosif conventionnel (TNT, etc.) autour duquel on a fixé des matériaux radioactifs provenant de l'industrie ou de la recherche. En explosant, la bombe disperse des poussières radioactives, créant ainsi un danger pour la santé des personnes, mais avec des dommages matériels très faibles. C'est une arme artisanale qui vise des personnes dans un périmètre très limité. Ce n'est certainement pas de nature à déclencher une riposte nucléaire.

L'idée des Russes est simplement de « couper l'herbe sous les pieds » de ceux qui auraient l'idée d'en faire une. Contrairement à ce qu'affirme Jean-Philippe Schaller, on n'est donc pas dans une opération de

---

361. http://en.kremlin.ru/events/president/news/69390
362. https://youtu.be/bEv4-IJsl9k?t=85
363. Richard Stone, « Dirty bomb ingredients go missing from Chornobyl monitoring lab », *Science*, 25 mars 2022 (https://www.science.org/content/article/dirty-bomb-ingredients-go-missing-chornobyl-monitoring-lab)

4. Considérations militaires

désinformation, mais dans une action préventive, qui semble d'ailleurs avoir fonctionné...

En revanche, aucun de nos médias n'a relevé le déploiement de quatre bombardiers nucléaires stratégiques américains du type B-52H STRATOFORTRESS sur la base aérienne de Moron (Espagne) à la fin février 2023 «*pour envoyer un message à la Russie*»[364]. Ils n'ont pas plus rapporté la simulation d'attaque nucléaire («*missile strike drill*»), le 11 mars 2023, contre la ville de Saint-Pétersbourg, par l'un de ces appareils (nom d'appel : NOBLE61), depuis le golfe de Finlande[365]. Rapportée par le site d'opposition russe *Meduza*[366] le jour-même, l'information n'a — bien évidemment — été reprise par aucun média traditionnel. C'est pourtant probablement cet événement qui a poussé Vladimir Poutine, deux semaines plus tard, à accéder à la demande du président Loukachenko de déployer des armes nucléaires sur le territoire bélarusse[367].

En réalité, l'analyse des déclarations de Vladimir Poutine tend à montrer qu'il ne croit pas que l'Occident «veut» une guerre nucléaire, mais plutôt que les dirigeants occidentaux pourraient déclencher une guerre nucléaire parce que leurs décisions sont impulsives ou mal réfléchies.

L'objectif de la Russie est de détruire le potentiel militaire ukrainien. Mais les Occidentaux ont inventé des objectifs plus larges ; Vladimir Poutine chercherait à s'emparer des ressources de l'Ukraine, il voudrait reconstituer l'URSS, voire la Russie tsariste, etc. Mais dans ces conditions, on ne comprend pas vraiment pourquoi la Russie chercherait à nucléa-riser un territoire qu'elle chercherait à occuper !... Les Occidentaux sont piégés par leur propre rhétorique.

---

364. Tom Dunlop, «American B-52 bombers overfly Estonia in message to Russia», *UK Defence Journal*, 3 mars 2023 (https://ukdefencejournal.org.uk/american-b-52-bombers-overfly-estonia-in-message-to-russia/)
365. David Cenciotti, «Let's Have A Look At B-52's Mission Over The Baltics And Close To Russia Yesterday», *The Aviationist*, 12 mars 2023 (https://theaviationist.com/2023/03/12/lets-have-a-look-at-b-52s-mission-over-the-baltics-and-close-to-russia-yesterday/)
366. «An American B-52 bomber capable of carrying nuclear weapons conducted planned maneuvers over the Baltic Sea», *Meduza.io*, 12 mars 2023 (https://meduza.io/en/news/2023/03/12/an-american-b-52-bomber-capable-of-carrying-nuclear-weapons-conducted-planned-maneuvers-over-the-baltic-sea)
367. Jones Hayden, «Putin says Russia to deploy tactical nuclear weapons in Belarus», *Politico*, 25 mars 2023 (https://www.politico.eu/article/putin-says-russia-to-deploy-tactical-nuclear-weapons-in-belarus-reports/)

Figure 29 — Le 11 mars 2023, les États-Unis ont mené une simulation d'attaque nucléaire sur Saint-Pétersbourg depuis le golfe de Finlande[368].

---

368. https://twitter.com/sentdefender/status/1634633897030950914/photo/1

4.1.4.2. *Les allégations venant d'Ukraine*

Les allégations venant d'Ukraine ont une autre finalité.

Dès les premières heures de la SVO, les forces russes neutralisent l'aviation et le gros de la défense anti-aérienne ukrainiennes. Sans couverture aérienne, l'armée ukrainienne est impuissante. C'est pourquoi, très rapidement, Zelensky cherche à obtenir la mise en place par l'OTAN d'une zone d'interdiction de vol (« no-fly zone » ou NFZ) au-dessus du pays.

Mais les Occidentaux ne sont pas prêts à s'engager physiquement dans le conflit. Il s'agit donc pour Zelensky de trouver une raison qui soit suffisamment dramatique ou menaçante pour que l'Europe se sente physiquement concernée par le conflit et agisse.

C'est pourquoi les Ukrainiens évoquent le risque de Tchernobyl, où pourtant dès les premiers jours de son occupation, les militaires russes et ukrainiens se sont associés pour assurer ensemble la sécurité de la centrale[369] !

Au début mars 2022, profitant d'un incident bénin dans l'enceinte de la centrale nucléaire de Zaporijia (ZNPP), Zelensky évoque un danger pour l'Europe[370] et demande l'établissement d'une NFZ[371]. Mais l'OTAN refuse en raison du risque d'être entraînée dans une confrontation directe avec la Russie[372]. Nos médias d'État, comme *France 5*, cherchent à mettre de l'huile sur le feu en déclarant que Vladimir Poutine cherche à utiliser la ZNPP comme une arme nucléaire[373].

Zelensky cherche donc à rejouer le cas de la Libye. C'est alors qu'interviennent — très opportunément — les « bombardements » de la maternité (9 mars) et du théâtre (16 mars) de Marioupol, qui seront démentis par les Russes, mais accompagnés d'une nouvelle demande de Zelensky à l'OTAN, qui refuse de nouveau[374].

---

369. https://t.me/intelslava/20722

370. « Ukraine nuclear plant: Russia in control after shelling », *BBC News*, 4 mars 2022 (https://www.bbc.com/news/world-europe-60613438)

371. « Ukraine's Zelenskyy condemns NATO over no-fly zone decision », *dw.com*, 4 mars 2022 (https://www.dw.com/en/ukraine-zelenskyy-condemns-nato-over-no-fly-zone-decision-as-it-happened/a-61007081)

372. « Zelensky slams Nato over rejection of no-fly zone », *BBC News*, 5 mars 2022 (https://www.bbc.com/news/world-europe-60629175)

373. « Centrales nucléaires, gaz… Les autres armes de Poutine #cdanslair 08.03.2022 », *France 5 / YouTube*, 9 mars 2022 (https://youtu.be/8Ub97_37vkg)

374. Siobhan Hughes, « Zelensky Asks U.S. Again for No-Fly Zone », *The Wall Street Journal*, 16 mars 2022 (https://www.wsj.com/livecoverage/russia-ukraine-latest-news-2022-03-15/card/zelensky-asks-u-s-again-for-no-fly-zone-SA6RQHFsz3NUsT9uE4ru)

En juillet-août 2022, sachant que l'OTAN ne reviendra pas sur sa décision de ne pas établir une NFZ, Zelensky cherche à faire démilitariser la zone ou y envoyer une force internationale dans le secteur de la ZNPP. La ZNPP est alors la cible de tirs d'artillerie — bien évidemment — attribués à la Russie, qui y a pourtant des troupes stationnées! Le discours occidental est alors que la Russie cherche à créer une menace nucléaire sur l'Europe (dans quel but?). France 2 va même jusqu'à présenter une cheminée endommagée sur le toit de la ZNPP comme un missile[375]! En réalité les restes de projectiles trouvés sur place sont d'origine occidentale. Il s'agit notamment de missiles HIMARS et drones kamikaze américains[376] et BRIMSTONE[377] britanniques[378]. Leur tir est suivi par les Occidentaux, qui savent donc exactement qui mène ces attaques contre la centrale d'Energodar.

La stratégie ukrainienne est alors de placer la ZNPP au centre d'une bataille qui obligerait la communauté internationale à intervenir d'une manière ou d'une autre. C'est pourquoi, le 1er septembre 2022, le jour où une mission de l'Agence internationale pour l'énergie atomique (AIEA) vient l'inspecter, l'Ukraine lance une attaque de commandos contre la centrale, retardant le déploiement des experts. Elle tentera plusieurs attaques en septembre-octobre 2022, toutes infructueuses, qui mobilisent 600 hommes et des dizaines barges pour franchir le Dniepr. Ces attaques se solderont par des dizaines, voire des centaines, de morts et nos médias n'y verront que de la désinformation russe. Elles ne seront confirmées que six mois plus tard par le *Times* de Londres[379]. En réalité, les éléments concrets démontrant la responsabilité ukrainienne étaient connus, mais nos médias ont — une fois de plus — menti afin de préserver leur narratif.

375. Emilie Jehanno, « Guerre en Ukraine : Oui, France 2 a confondu une cheminée endommagée avec un missile dans un sujet », 20minutes.fr, 23 août 2022 (https://www.20minutes.fr/arts-stars/medias/3340383-20220823-guerre-ukraine-oui-france-2-confondu-cheminee-endommagee-missile-sujet)
376. https://www.telegraph.co.uk/world-news/2022/07/20/ukrainian-kamikaze-drones-strike-russian-controlled-zaporizhzhia/
377. https://mezha.media/en/2022/05/12/brimstone-in-ukraine/
378. https://t.me/milinfolive/88735
379. Maxim Tucker, « Ukraine's secret attempt to retake the Zaporizhzhia nuclear plant », *The Times*, 7 avril 2023 (https://www.thetimes.co.uk/article/ukrainian-zaporizhzhia-nuclear-power-plant-russia-putin-war-2023-fx82xz3xz)

4.1.4.3. *La doctrine russe*

Le 27 octobre 2022, sur *France 5*, dans une émission consacrée à la «bombe sale» que l'Ukraine mettrait au point selon les Russes, le criminologue (?) Alain Bauer nous explique que les Russes considèrent les armes nucléaires tactiques comme des armes conventionnelles[380]. C'est purement et simplement un mensonge.

En réalité, la doctrine russe ne parle pas d'armes nucléaires *tactiques*. Ils disposent bien sûr d'armes nucléaires d'intensités variables, utilisables selon les circonstances et les objectifs. Mais ils considèrent que l'engagement d'armes nucléaires — quelle que soit leur puissance — est de nature stratégique, car elles peuvent provoquer une escalade nucléaire.

Le concept d'arme nucléaire tactique a essentiellement été développé par les Américains, afin de distinguer entre les armes utilisables sur le continent européen et celles qui pourraient toucher les États-Unis. L'idée est qu'en utilisant des armes sur le territoire européen, les Russes (ou Soviétiques durant la guerre froide) n'auraient pas riposté contre le territoire américain. Ainsi, les États-Unis auraient pu utiliser «impunément» des armes nucléaires sur le territoire de leurs alliés.

La doctrine nucléaire russe court-circuite ce raisonnement en déclarant qu'on ne peut faire la distinction entre tactique et stratégique. Ainsi, l'usage d'armes nucléaires sur le sol européen (et a fortiori contre la Russie) pourrait déclencher une riposte intercontinentale.

C'est pourquoi la Russie n'envisage l'emploi de l'arme nucléaire qu'en cas de menace existentielle pour l'État russe, comme le précise le décret présidentiel du 2 juin 2020[381] :

> *La Fédération de Russie se réserve le droit d'utiliser des armes nucléaires en réponse à l'utilisation d'armes nucléaires et d'autres armes de destruction massive contre elle et (ou) ses alliés, ainsi qu'en cas d'agression contre la Fédération de Russie au moyen d'armes conventionnelles, lorsque l'existence même de l'État est menacée.*

---

380. Émission «C dans l'air», «"Bombe sale" : que prépare Poutine ? #cdanslair 27.10.2022», France 5/YouTube, 28 octobre 2022 (https://youtu.be/1Ub3buKx-yg?t=153)
381. Décret présidentiel n° 355 du 2 juin 2020 «Sur les fondements de la politique d'État de la Fédération de Russie dans le domaine de la dissuasion nucléaire» (http://www.consultant.ru/document/cons_doc_LAW_354057/752b5672d30c8f49fddf240797c7daca7e53d781/)

Comme l'a précisé Vladimir Poutine lors du sommet de l'Union économique eurasiatique à Bichkek (Kirghizstan) en décembre 2022[382], le principe de l'engagement nucléaire reste le «*Launch on Warning*» (LOW). Autrement dit, le déclenchement sur alerte des systèmes de veille nucléaire. Dans quelle mesure le LOW permettrait des frappes préemptives est un doute soigneusement entretenu par Moscou, ce qui est dans la logique d'une politique de dissuasion. Cela étant dit, cette nouvelle version de la doctrine nucléaire russe de 2020 abaisse quelque peu le niveau à partir duquel la Russie peut envisager l'emploi d'armes nucléaires.

C'est probablement ce qui a motivé la décision du président Joe Biden, à la fin mars 2022, d'abandonner le principe de « no-first use » de l'arme nucléaire[383]. Évidemment, aucun média occidental n'a rapporté ce changement majeur dans la politique nucléaire américaine. C'est une décision fondamentale, que pourtant personne ne relève. Ainsi, le rapport annuel sur la Sécurité de la Suisse[384] publié, en septembre 2022 par le *Service de Renseignement de la Confédération* (SRC), n'en dit pas un mot!

Jusqu'alors, les États-Unis considéraient l'emploi de l'arme nucléaire uniquement à des fins de dissuasion (politique du «*sole purpose*»). Mais la décision de Joe Biden «laisse ouverte l'option d'utiliser des armes nucléaires non seulement en représailles à une attaque nucléaire, mais aussi pour répondre à des menaces non nucléaires[385]».

En d'autres termes, les États-Unis et la Russie s'autorisent à employer l'arme nucléaire en premier, mais les Américains peuvent le faire à n'importe quel moment, alors les Russes ne le feront qu'en cas de menace existentielle. Pour simplifier (en théorie) la Russie utilisera l'arme nucléaire si — par exemple — Moscou et les institutions du pays sont directement menacées, alors que les États-Unis peuvent l'utiliser si une de ses bases militaires est attaquée.

382. «Putin says Russia could adopt US preemptive strike concept», *AP News*, 9 décembre 2022 (https://apnews.com/article/putin-moscow-strikes-united-states-government-russia-95f1436d23b94fcbc05f-1c2242472d5c)
383. Daryl G. Kimball, «Biden Policy Allows First Use of Nuclear Weapons», *Arms Control Today*, avril 2022 (https://www.armscontrol.org/act/2022-04/news/biden-policy-allows-first-use-nuclear-weapons).
384. https://www.newsd.admin.ch/newsd/message/attachments/72369.pdf
385. Daryl G. Kimball, «Biden Policy Allows First Use of Nuclear Weapons», Arms Control Association, 29 avril 2022 (https://www.armscontrol.org/act/2022-04/news/biden-policy-allows-first-use-nuclear-weapons)

Notons, à titre de comparaison, que la France n'indique pas clairement quels sont les critères pour l'engagement de ses armes nucléaires, considérant que cela fait partie de sa stratégie de dissuasion. En théorie, la France pourrait même utiliser ces armes contre une menace conventionnelle.

C'est la raison pour laquelle les Russes sont beaucoup moins enclins à utiliser l'arme nucléaire que les Occidentaux.

Schéma des mécanismes de décisions et de réponses nucléaires

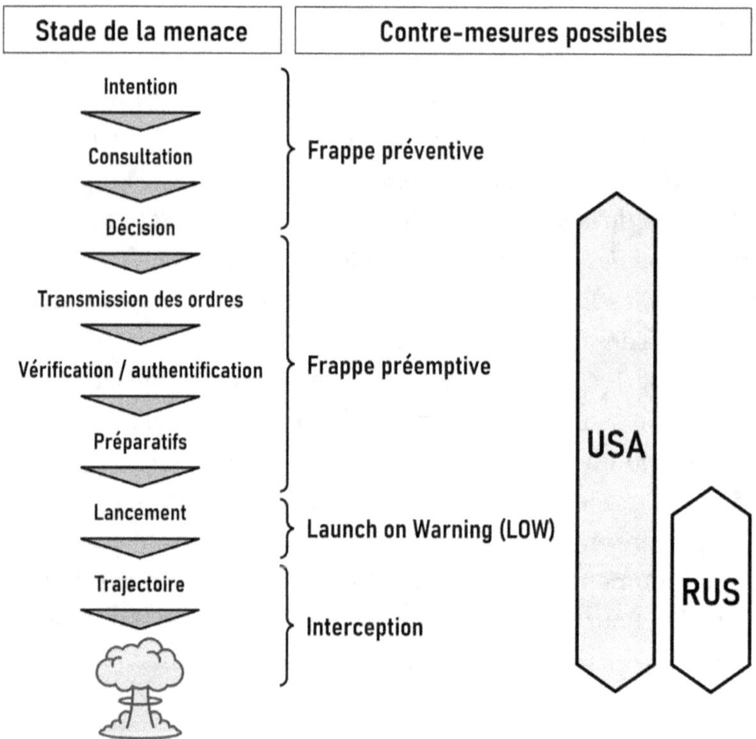

Figure 30 — La décision de Joe Biden d'abandonner la politique du « no first use » autoriserait les États-Unis à mener des frappes préventives (voire préventives), alors que la Russie se restreint au LOW, que certains voient comme partie de frappes préemptives.

4.1.4.4. *Le déploiement d'armes nucléaires au Bélarus*

Le 25 mars 2023, à l'occasion d'une visite d'Alexandre Loukachenko en Russie, Vladimir Poutine déclare sur la chaîne *Rossiya 24* que le président bélarusse lui aurait demandé de déployer des «*armes nucléaires tactiques*» sur son territoire[386]. On évoque alors comme raison, la décision de la Grande-Bretagne de fournir des obus antichars à uranium appauvri[387]. Mais — comme toujours — la réalité est plus complexe.

Tout d'abord, Vladimir Poutine ne fait que reprendre les termes de Loukachenko, car les Russes ne font pas de distinction doctrinale entre les armes nucléaires tactiques, opératives et stratégiques. D'ailleurs les armes évoquées ont des portées supérieures à 1 000 km, alors que — traditionnellement — on considère comme tactiques, des armes nucléaires qui ont une portée de 150-500 km.

Trois événements que nos médias n'ont pas relevés expliquent la demande bélarusse.

Depuis plusieurs années, la Pologne travaille à réaliser sa vieille idée d'Intermarium, émise par le maréchal Józef Piłsudski, dans les années 1920[388]. Il s'agirait d'une alliance de pays s'étendant de la mer Baltique à la mer Méditerranée jusqu'à la mer Noire. Partant de l'idée que ni l'OTAN ni l'UE n'offrent de solution efficace contre la Russie, la Pologne a entrepris de créer une alliance qui se donnerait les moyens de lutter contre leur grand voisin. Le 11 mai 2011 a été créé le « Groupement de Combat Visegrad », qui rassemble des forces de Pologne, Tchéquie, Slovaquie et de Hongrie, sous le commandement de la Pologne et qui est indépendant de la structure de l'OTAN[389]. Avec le conflit en Ukraine, la Pologne a entrepris de s'armer massivement. Elle ambitionne d'avoir l'armée la plus puissante d'Europe à l'horizon 2025[390] avec trois fois la taille de l'armée britannique[391].

---

386. «Белоруссия давно просит у России ядерное оружие », *Vesti.ru*, 25 mars 2023 (https://www.vesti.ru/article/3268612)

387. https://www.rts.ch/play/tv/redirect/detail/13894210

388. Agnes Tycner, «Intermarium in the 21st Century», *The Institute of Wold Politics*, 23 décembre 2020 (https://www.iwp.edu/articles/2020/12/23/intermarium-in-the-21st-century/)

389. Henrique Horta, «Poland's role in the Intermarium idea», *Blue Europe*, 11 janvier 2023 (https://www.blue-europe.eu/analysis-en/full-reports/polands-role-in-the-intermarium-idea/)

390. «Polish army to be strongest in Europe in two years - defence minister», *The First News*, 12 avril 2023, (https://www.thefirstnews.com/article/polish-army-to-be-strongest-in-europe-in-two-years---defence-minister-37781)

391. «Poland to have army three times size of Britain's in two years, defence minister confirms», *The Telegraph*, 12 avril 2023 (https://www.telegraph.co.uk/world-news/2023/04/12/ukraine-russia-war-latest-news-putin-crimea-hungary/)

Or, le Bélarus joue un rôle pivot dans le concept polonais[392]. C'est la raison pour laquelle la Pologne entretient politiquement, matériellement et ostensiblement l'opposition au Bélarusse avec la bénédiction des États-Unis. La signature, le 11 janvier 2023, d'une déclaration commune de la Pologne, de l'Ukraine et de la Lituanie, qui forment le Triangle de Lublin et qui soutiennent activement l'opposition au Bélarus et qui y mènent des actions terroristes, inquiète Loukachenko[393].

Intermarium et Triangle de Lublin

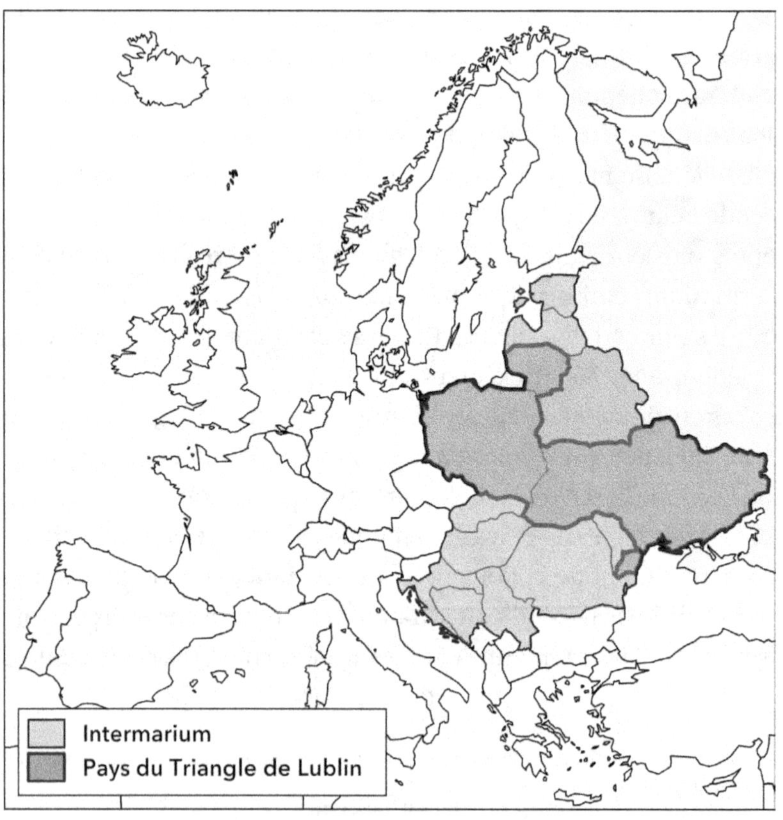

Figure 31 — La politique extérieure de la Pologne est orientée sur la réalisation d'un vieux rêve : la construction de l'Intermarium. La participation de l'Ukraine dans ce projet contribue à entretenir la méfiance du Bélarus et de la Russie.

392. Jacek Bartosiak, «Belarus as a Pivot of Poland's Grand Strategy», *The Jamestown Foundation*, 16 décembre 2020 (https://jamestown.org/program/belarus-as-a-pivot-of-polands-grand-strategy/)
393. «Presidents of Ukraine, Lithuania and Poland signed the Joint Declaration following the Second Summit of the Lublin Triangle in Lviv», *website du président de l'Ukraine*, 11 janvier 2023 (https://www.president.gov.ua/en/news/u-lvovi-prezidenti-ukrayini-litvi-ta-polshi-pidpisali-spilnu-80313)

De leur côté, voyant que la situation se dégrade en Ukraine et que le succès annoncé contre la Russie s'éloigne, les États-Unis changent leur fusil d'épaule et commencent à travailler sur le « changement de régime » au Bélarus. Le 22 mars 2023, Wendy Sherman, secrétaire d'État adjointe, reçoit Svyatlana Tsikhanouskaya, leader de l'opposition militante bélarusse afin de coordonner leurs actions. Les États-Unis cherchent alors à instrumentaliser l'opposition bélarusse au profit de l'Ukraine, comme le relève le média américain *The Atlantic Council*[394].

Voyant une menace militaire se dessiner, le président Loukachenko cherche l'appui de la Russie. C'est pourquoi il demande à Vladimir Poutine de déployer des armes nucléaires sur son territoire. Il ne s'agit pas seulement de renforcer le lien et de créer une communauté de destin avec la Russie, mais d'élever le prix pour les tentatives de subversion occidentales.

Pour la Russie, cette demande arrive peu de temps après la provocation américaine dans le golfe de Finlande par un bombardier B-52H que nous avons déjà évoqué. C'est pour cette raison que le président russe accède à la demande de son homologue bélarusse.

Il faut également être rigoureux avec les termes. L'expert suisse Alexandre Vautravers déclare sur la RTS qu'il s'agit d'un transfert d'armes, qui contreviendrait au traité de non-prolifération nucléaire (TNP)[395]. C'est faux. Comme le confirme, le même jour, le média d'opposition russe *Meduza*, Vladimir Poutine a précisé qu'il ne s'agit pas d'un transfert, mais seulement d'un déploiement[396]. La différence — essentielle — étant que ces armes restent sous l'autorité exclusive de la Russie. Autrement dit, la Russie ne fait pas autre chose que les États-Unis, qui ont des dépôts d'armes nucléaires en Allemagne, en Belgique, aux Pays-Bas et en Turquie.

---

394. Stephen Nix & Mark Dietzen, « The Belarusian opposition can help defeat Putin in Ukraine », *The Atlantic Council*, 7 février 2023 (https://www.atlanticcouncil.org/blogs/ukrainealert/the-belarusian-opposition-can-help-defeat-putin-in-ukraine/)
395. https://www.rts.ch/play/tv/redirect/detail/13894210
396. « Путин пообещал разместить тактическое ядерное оружие в Беларуси. ЕС пригрозил санкциями, Украина потребовала созвать заседание Совбеза ООН », medusa.io, 26 mars 2023 (https://meduza.io/feature/2023/03/26/putin-poobeschal-razmestit-takticheskoe-yadernoe-oruzhie-v-belarusi-v-germanii-zayavili-chto-rossiya-prodolzhaet-yadernoe-zapugivanie)

4.2. La conduite ukrainienne de la guerre

4.2.1. Une conduite des opérations dominée par la communication

Depuis 1991, les Occidentaux ont mené des guerres illégitimes contre des adversaires dont le potentiel était inférieur en technologie et en nombre. Le problème était donc essentiellement de convaincre les opinions occidentales que l'adversaire était « mauvais » tout en masquant nos propres crimes. C'est ce modèle qui a servi à la reconstruction des forces ukrainiennes dès 2014 en vue du conflit de 2022 par les instructeurs de l'OTAN.

L'objectif de l'Ukraine est la défaite de la Russie. Pas seulement pour récupérer sa souveraineté sur les territoires pris par la Russie, mais aussi et surtout parce que la clé de son entrée dans l'OTAN est une Russie impuissante.

Dès mars 2022, les services de renseignement ukrainiens affirment que la Russie n'a plus de missiles, car les composants de ces missiles sont fabriqués en… Ukraine[397]. Cela s'avérera totalement faux, mais ils seront pris au piège de leur propre mensonge, car les pays occidentaux ne jugent plus nécessaire de donner à l'Ukraine des missiles contre cette menace. Ils s'apercevront à la fin de l'année que c'était une erreur. Cela montre également que les Occidentaux n'ont pas de capacités de renseignement leur permettant de corriger les fausses informations diffusées par la propagande ukrainienne.

Il y a deux aspects à la réponse. Le premier est qu'il semble que nos médias et nos politiciens ont systématiquement attribué les faiblesses ukrainiennes à la Russie. C'est un « effet miroir » assez courant en matière de propagande, qui sert à cacher ses propres faiblesses derrière les faiblesses supposées de l'adversaire. La conduite de la guerre ukrainienne est strictement politique, alors que celle de la Russie est strictement militaire. On le constate dans la manière de conduire les opérations. C'est pour cela que l'on pouvait dès le début affirmer que l'Ukraine allait perdre. Je vous rappelle que la Russie a attaqué l'Ukraine avec une infériorité numérique d'environ 2-3 à 1 : l'Ukraine avait donc toutes ses chances. Mais paradoxalement, personne en Occident n'a vraiment pris

---

397. Tony Diver, « Vladimir Putin 'running out' of missiles – because parts are made in Ukraine », *The Telegraph*, 1ᵉʳ avril 2022 (https://www.telegraph.co.uk/world-news/2022/04/01/vladimir-putin-running-missiles-parts-made-ukraine/)

la guerre au sérieux. On a fait une guerre politique et économique dont l'objectif n'était pas de vaincre en Ukraine, mais de faire s'effondrer la Russie. C'est ce qu'avait dit Olekseï Arestovitch en mars 2019[398].

De son côté, Zelensky pensait que les sanctions et l'appui massif des Occidentaux allait suffire à abattre la Russie, un peu comme les Occidentaux avaient vaincu en Irak. Le problème est que les Occidentaux n'ont ni l'envie ni les capacités de s'impliquer aux côtés de l'Ukraine. Ils ont sous-estimé la Russie, son économie et le soutien de la population à Vladimir Poutine. Les armes fournies à l'Ukraine auraient peut-être fait la différence dans un conflit comme en Irak, mais pas contre la Russie. En 6 mois, l'Occident a fourni une aide supérieure au budget de la Défense russe... sans succès.

Les Ukrainiens avaient un peu moins de 500 lance-fusées multiples au début de l'offensive russe et ils les ont perdus. Jusqu'en mars 2023, ils ont reçu des États-Unis et de l'Europe 38 systèmes de lance-missiles M142 HIMARS et 10 systèmes de lance-missiles multiples M270 (MLRS), dont une grande partie a été détruite ou achetée par les Russes. Affirmer que cela aura un impact sur le déroulement du conflit est du « wishful thinking ».

D'autant plus que la production de missiles HIMARS souffre des mêmes problèmes que la production d'obus de 155 mm. En février 2023, les Américains doivent reconnaître qu'ils n'ont plus de missiles à fournir à l'Ukraine sans les prélever sur leurs propres stocks de munitions[399].

Par ailleurs, les Ukrainiens n'ont presque plus de blindés pour mener des offensives. Ils utilisent donc leurs moyens d'artillerie occidentaux, très mobiles, pour mener une sorte de « guérilla », qui consiste à intimider la population ukrainienne dans les zones russophones afin de les dissuader de participer aux référendums d'auto-détermination. C'est la même stratégie que la campagne d'attentats terroristes contre des responsables ukrainiens russophones dans l'oblast de Kherson.

C'est ce qui explique la dissémination de mines anti-personnel PFM-1 (les mines « papillon »), qui ressemblent à des jouets, dans les zones habitées de Donetsk ou les tirs sur la centrale nucléaire de Zaporojie. C'est

---

398. « Predicted Russian - Ukrainian war in 2019 - Alexey Arestovich », *YouTube*, 18 mars 2022 (https://youtu.be/1xNHmHpERH8)
399. Paul McLeary, Lara Seligman & Alexander Ward, « U.S. tells Ukraine it won't send long-range missiles because it has few to spare », *Politico*, 13 février 2023 (https://www.politico.com/news-/2023/02/13/u-s-wont-send-long-range-missiles-ukraine-00082652)

pourquoi Zelensky ne veut pas d'une commission d'enquête sur place[400]. Nos médias refusent de reconnaître cette stratégie et inventent des explications fantaisistes. Ainsi, selon un expert français, les Russes tireraient sur la centrale qu'ils contrôlent pour couper l'électricité qui va vers l'Ukraine[401]! Apparemment, les Russes n'ont pas trouvé l'interrupteur !!!

4.2.2. L'absence de résistance populaire

La détermination des militaires ukrainiens à accomplir leur mission de défense du pays est indiscutable. Mais dès lors que l'on parle de la résistance de la population à l'occupation russe, les déclarations emphatiques cachent une réalité plus prosaïque.

Le choix cornélien devant lequel se trouve Zelensky aujourd'hui, paraît très similaire à celui devant lequel s'est probablement trouvé le maréchal Pétain en 1940 : choisir entre la vie des Français au prix du déshonneur d'une défaite, ou poursuivre le combat au prix de l'anéantissement du pays. C'est peut-être ce qui explique pourquoi les Français sont si «jusqu'au-boutistes» concernant l'Ukraine. Mais la situation est moins semblable qu'il n'y paraît. La principale différence est qu'en 1940, les Français voyaient les Allemands comme des envahisseurs avec lesquels ils avaient peu en commun. Aujourd'hui les citoyens ukrainiens russophones (où se trouvent les forces russes) se sentent plus russes qu'ukrainiens, tout simplement parce qu'ils n'ont jamais été considérés comme des Ukrainiens.

Comme dans tous les pays d'Europe orientale, y compris la Russie, l'attachement de la population à son pays est très fort. Toutefois, en Ukraine, cette question prend une dimension plus complexe parce que l'attachement à la Russie y est aussi très fort. Pour deux raisons.

La première est historique et sociologique : les liens économiques, familiers et culturels avec la Russie sont une réalité quotidienne pour une importante partie de la population ukrainienne qui vit dans le sud et l'est du pays. C'est pourquoi, depuis le 24 février 2022, la Russie est le pays qui a reçu le plus de réfugiés ukrainiens.

---

400. https://www.ilfattoquotidiano.it/2022/06/07/energoatom-contro-il-direttore-dellaiea-grossi-mai-invitato-a-zaporizhzhya-vuole-legittimare-la-permanenza-degli-occupanti/6618145/
401. https://youtu.be/KZDbFcYAbVE?t=1578

Territoires repris par l'Ukraine en septembre-octobre 2022

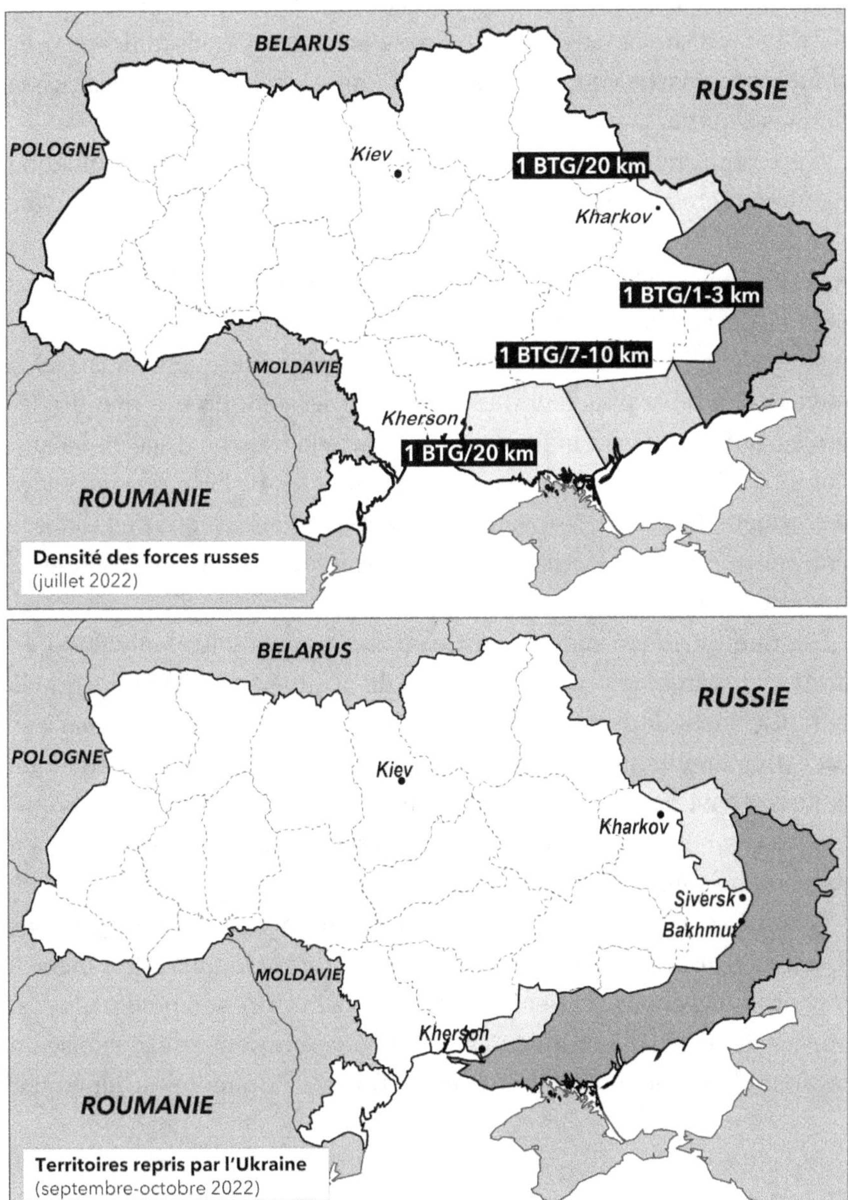

Figure 32 — Depuis le début de la SVO, les Ukrainiens n'ont pas repris de territoires qui n'avaient été laissés par les Russes au préalable. La priorité pour la Russie est dès le début de la SVO, de supprimer la menace militaire contre le Donbass, dont ni Kharkov, ni Kherson ne font partie. Les zones de faible densité (gris clair) étaient les zones où ils n'avaient pas d'intérêt à se battre. Ce sont les zones qu'ils ont abandonnées en septembre-octobre 2022.

4. Considérations militaires

La seconde est plus politique. Comme nous l'avons vu, depuis 2014, les nouvelles autorités d'Ukraine ont cherché à « purifier » l'ethnicité du pays. Les lois sur les langues et les droits des « populations indigènes » ne sont qu'une partie congrue d'une politique visant à pousser les russophones à quitter le pays.

C'est pourquoi, malgré la rhétorique occidentale[402], la population ukrainienne est loin d'être unanime derrière son gouvernement. Une enquête du *Kyiv International Institute of Sociology* (KIIS) sur la volonté de résistance des Ukrainiens face à une invasion russe menée entre le 3 et le 11 décembre 2021[403]. Il en ressort que seuls 50,2 % des Ukrainiens résisteraient d'une manière ou d'une autre, parmi lesquels seuls 33,3 % (soit 16,6 % de la population ukrainienne) seraient prêts à prendre les armes, qui se trouvent majoritairement dans la tranche d'âge 50-59 ans. Les moins intéressés à prendre les armes sont les 18-29 ans, la force vive des armées. La répartition selon les quatre grandes régions de l'Ukraine montre que les zones russophones sont beaucoup moins enclines à prendre les armes.

Comme on le constate, le mythe d'une population ukrainienne en armes fait partie de la désinformation de nos médias. Nul doute que la partie occidentale du pays, berceau de l'ultra-nationalisme suprémaciste, est extrêmement antirusse. C'est pourquoi il est très peu probable que la Russie envisage d'occuper la totalité du pays. En revanche, les populations russophones que Kiev n'a jamais traitées comme des citoyens à part entière sont globalement favorables à la Russie.

Quant à l'action des forces armées, contrairement à ce que disent nos « experts », l'Ukraine a un énorme problème de personnel. Elle a mené 8 mobilisations depuis février 2022 et arrive au bout de son potentiel et est obligée de recourir à l'enrôlement forcé de ses citoyens[404]. Cette crise du personnel n'est pas nouvelle et a poussé l'armée ukrainienne à demander

---

402. Amy Mackinnon & Jack Detsch, « Ukraine Ready to Fight to 'Last Drop' », *Foreign Policy*, 8 décembre 2021

403. « Will Ukrainians resist Russian intervention: results of a telephone survey conducted on December 3-11, 2021 », *kiis.com.ua*, décembre 2021

404. Siobhán O'Grady & Kostiantyn Khudov, « As spring offensive nears, Ukraine is drafting reinforcements », *The Washington Post*, 10 avril 2023 (mis à jour 11 avril 2023) (https://www.washingtonpost.com/world/2023/04/10/ukraine-draft-troops-reinforcements-training/)

une loi plus dure contre la désertion et le refus de servir[405]. Cette loi a été signée par Zelensky en janvier 2023[406].

Volonté de défense en Ukraine

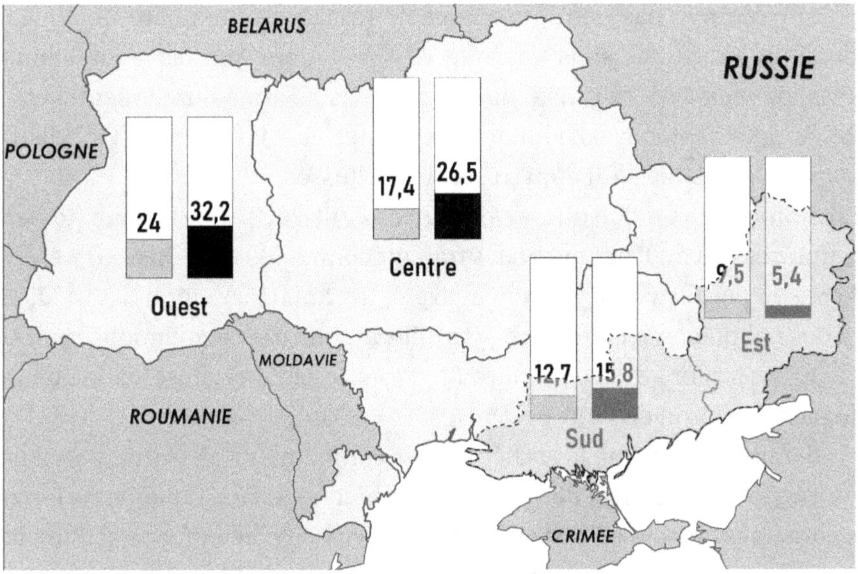

Figure 33 — Proportion de la population ukrainienne [%] prête à prendre les armes en cas d'intervention russe, sur la base d'un sondage du KIIS en décembre 2021 (gris) et en février 2022 (noir). En surimpression et pointillé, les territoires pris par la Russie. Comme on le constate, la volonté de prendre les armes diminue régulièrement du Nord-Ouest au Sud-Est du pays, précisément dans les zones où le soutien à la Russie est le plus fort. [Source : https://www.kiis.com.ua/?lang=eng&cat=reports&id=1099&page=1]

Un politicien suisse romand qui propage des idées néo-nazies, m'avait traité de «poutinolâtre» pour avoir évoqué les suicides de l'armée ukrainienne avant 2022. Aujourd'hui, il pourra lancer ses insultes aux parlementaires britanniques, car ils ont eux-mêmes constaté que le taux de suicide y est alarmant[407]. Nous avons donc des politiciens imbéciles, qui s'aveuglent de leurs mensonges, au lieu d'anticiper les problèmes!...

405. «Ukraine's Top General Supports Harsher Law for Deserters and Draft-dodgers», _Kyiv Post_, 20 décembre 2022 (https://www.kyivpost.com/post/5943)
406. «Zelensky Signs Controversial Law Toughening Punishment for Desertion in Army», _AFP/ Kiyv Post_, 25 janvier 2023 (https://www.kyivpost.com/post/11498)
407. «Ukrainian soldiers are committing suicide due to war stress, says Duncan-Smith», _Politics. co.uk_, 16 janvier 2023 (https://www.politics.co.uk/parliament/ukrainian-soldiers-are-committing-suicide-due-to-war-stress-says-duncan-smith/)

4. Considérations militaires

En 2021 (avant l'intervention russe) des citoyens s'étaient à nouveau inquiété du fait que les «pertes hors combat avaient été plus élevées que les pertes au combat entre 2014 et 2019 et ont fait une pétition pour demander une enquête au président Zelensky[408].

On n'observe pas de mouvement de résistance populaire ukrainien dans les territoires sous contrôle russe[409]. Alors que les populations russophones avaient résisté durant huit ans à l'armée ukrainienne et à ses supplétifs néonazis soutenus, entraînés et financés par l'Occident, rien de semblable n'est apparu contre les Russes.

Le problème est que durant les années 2014-2022, Kiev a combattu les autonomistes du Donbass en les traitant comme des envahisseurs. C'est la raison pour laquelle, ils ont engagé — avec la bénédiction des médias et des politiciens occidentaux — l'artillerie contre les populations civiles. Il s'agissait alors de leur rendre la vie impossible et ainsi les inciter à regagner le giron de Kiev.

Le problème est que la stratégie pour combattre une insurrection doit être un savant mélange de «carotte et de bâton». Il faut appliquer la force uniquement lorsqu'elle est strictement nécessaire, et tenter de séduire la population par des incitations. Dans cette phase, l'Ukraine a été victime de sa propre rhétorique. En affirmant que la Russie cherchait à l'envahir, l'Ukraine s'est mise dans la situation d'un pays en situation de défense. Or, on peut constater aujourd'hui qu'une «invasion» est très différente de la situation que l'on avait entre 2014 et 2022.

Outre le fait que Kiev n'a pas obtenu de résultats sur le terrain, le gouvernement s'est aliéné la population russophone du sud du pays. Dans le Donbass, les populations se sont tournées vers leurs frères de Russie pour leur générosité et des échanges commerciaux que Kiev leur refusait. Dans le reste du pays, la répression contre ceux qui s'insurgeaient pour récupérer leurs droits a été très violente. D'ailleurs, de très nombreux témoignages montrent qu'après la repise des territoire de Kharkov en septembre 2022 et de Kherson en octobre, des opérations de «représailles» ont conduit à de nombreux massacres.

---

408. https://petition.president.gov.ua/petition/120726
409. Siobhán O'Grady, Serhii Korolchuk & Anastacia Galouchka, «In Slovyansk, conflicted loyalties as Russian forces approach», *The Washington Post*, 18 juin 2022 (https://www.washingtonpost.com/world/2022/06/18/ukraine-slovyansk-divided-loyalties-russia/)

En avril 2023, la BBC nous apprend que « *le nombre d'Ukrainiens soup-çonnés, voire condamnés, pour avoir travaillé pour les services spéciaux russes se compte déjà par milliers*[410] ». Il semble donc que l'on soit bien loin de la rhétorique selon laquelle les Russes ne seraient pas les bien-venus en Ukraine.

Les Russes ont très bien compris cette mécanique et cherchent à conserver les « cœurs et les esprits » des populations. C'est pourquoi ils sont plutôt accueillis en libérateurs qu'en occupants. C'est également la raison pour laquelle il est peu probable qu'ils cherchent à s'emparer du nord-ouest du pays, qui est le berceau du nationalisme ukrainien et qui poserait sans doute beaucoup plus de problèmes.

Les journalistes et diplomates basés à Kiev jugent la situation en Ukraine à partir de ce qu'ils voient dans l'ouest du pays. Du fait qu'ils nient l'identité des minorités, ils peuvent extrapoler leurs observations et affirmer que l'ensemble du pays est derrière Zelensky. Mais c'est loin d'être le cas.

4.2.3. La conduite des opérations

4.2.3.1. La stratégie opérationnelle ukrainienne

Entre 2014 et 2022, Kiev a littéralement assiégé les populations russo-phones du Donbass. Les approvisionnements ont été coupés, y compris les services bancaires et le paiement des retraites, par exemple. En Crimée, Kiev a même coupé l'approvisionnement en eau potable de la péninsule. Il s'agissait d'affamer la population civile, comme l'explique Petro Porochenko, le président ukrainien d'alors[411]. C'est cette situation qui a rendu la population du Donbass dépendante de l'aide humanitaire et financière de la Russie.

Militairement, les forces ukrainiennes ont construit un réseau de forti-fications tout autour des zones tenues par les autonomistes. Surnommé « Ligne Zelensky », ce réseau est composé de trois lignes de défense puis-samment renforcées. Il n'a pas été conçu comme une ligne de défense (qui passerait devant les zones habitées), mais comme une ligne de siège,

---

410. Oleg Chernish, « Чи міг український "сільський чаклун" стати шпигуном для російських відьом. Історія одного злочину », BBC News Ukrainian Service, 16 avril 2023 (https://www.bbc.com/ukrainian/articles/clmdjyrl08do)
411. https://youtu.be/aHWHqj8g7Bk

qui passe au milieu des zones urbaines et utilise les populations civiles comme bouclier contre les éventuels tirs provenant du Donbass. Ces fortifications seront au cœur des batailles de Severodonetsk, Lysychansk, Soledar ou Bakhmout en 2022.

Nos médias n'ont jamais évoqué cette ligne, qui aurait montré que Kiev assiégeait sa propre population, et aujourd'hui ils en minimisent l'importance afin de prétendre que les Russes ne sont pas capables de s'emparer de simples tranchées.

Dès mai 2022, les forces de la coalition russe progressent lentement, mais régulièrement d'environ 100 m par jour. Les « contre-offensives » ukrainiennes échouent et ne parviennent pas à empêcher l'avance russe.

Ce n'est qu'à la fin 2022, alors que la situation des troupes ukrainiennes se dégrade et que cette bataille retient l'attention des médias. Volodymyr Zelensky en fait un enjeu symbolique et se rend ostensiblement à proximité de Bakhmout en décembre 2022, juste avant son voyage à Washington, lors duquel il offrira à Nancy Pelosi un drapeau ukrainien signé par des combattants de la ville.

Mais, au début 2023, la situation des troupes ukrainiennes à Bakhmout s'aggrave dangereusement. La défaite qui s'annonce est d'autant plus importante que Zelensky et nos médias en ont fait un symbole de la défense ukrainienne. Se développe alors un discours occidental qui fustige l'incapacité des troupes russes de s'emparer d'un objectif aussi insignifiant.

Ainsi, le 12 janvier 2023, dans l'émission « C dans l'air » de France 5, Guillaume Ancel, *« ancien officier de l'armée française »* (quoi que cela signifie), déclare que *"Bakhmout ne présente aucun intérêt militaire*[412]. Autrement dit, Zelensky et les Ukrainiens qui ont construit un vaste réseau de fortifications dans cette zone sont des idiots.

En fait, Ancel n'a rien analysé du tout. Comme la plupart des « experts », il répète le narratif standard dans nos médias, sans comprendre, et dit ce que l'on veut entendre[413]. Bakhmout est une petite ville située au centre de la « ligne Zelensky ». Son importance ne vient pas de son rôle politique, de son activité économique ou de sa taille (environ 70 000 habitants),

---

412. https://youtu.be/1oeN9sF9TEI?t=106
413. Brendan Cole, « Russia's Costly Bakhmut Offensive Has Limited Tactical Value: U.K. », Newsweek, 3 décembre 2022 (https://www.newsweek.com/russia-ukraine-mod-bakhmut-do-netsk-1764368)

mais de sa place dans le dispositif défensif ukrainien. Elle est au cœur d'un réseau de voies logistiques indispensables à la défense ukrainienne. Si notre «expert» s'était donné la peine de regarder une carte, il aurait constaté que jusqu'à Kramatorsk-Slaviansk le Donbass est une région densément construite et boisée. Une fois cet obstacle franchi, les Russes auraient la porte ouverte sur les plaines du Dniepr.

Ainsi, le 20 janvier, selon le magazine allemand *Der Spiegel*, un rapport présenté au Bundestag par le service de renseignement allemand (BND) s'alarme du niveau des pertes ukrainiennes[414] et déclare que la chute de Bakhmout provoquera l'effondrement de toute la défense ukrainienne[415]. Puis, en février, le magazine américain *Newsweek* estime que la chute de Bakhmout pourrait décider de la suite de la guerre[416], tandis que le 7 mars, dans le *Kyiv Independent*, Volodymyr Zelensky lui-même, déclare que *'la prise de Bakhmout [...] "ouvrirait la voie" à d'autres centres urbains critiques de la région de Donetsk'*[417].

Cela étant dit, Bakhmout a une autre importance. Malgré les suggestions des militaires américains[418], Zelensky refuse de retirer ses troupes de la ville. Il cherche à inciter les Occidentaux à s'impliquer davantage dans le conflit et considère qu'un retrait de Bakhmout serait un mauvais signal[419]. Pour lui la défense héroïque de Bakhmout est aussi un outil de communication pour contrer un soutien occidental faiblissant.

Comme le montrent des documents TOP SECRET «fuités» en avril 2023, les Américains ont tenté de dissuader les Ukrainiens de s'accrocher

---

414. «Spiegel: German intelligence alarmed by high losses of Ukrainian army in Bakhmut», *The Kyiv Independent*, 20 janvier 2023 (https://kyivindependent.com/news-feed/spiegel-german-intelligence-alarmed-by-high-losses-of-ukrainian-army-in-bakhmut)
415. «German intelligence alarmed by Ukrainian losses in Bakhmut», *Reuters/A News*, 20 janvier 2023 (https://www.anews.com.tr/world/2023/01/20/german-intelligence-alarmed-by-ukrainian-losses-in-bakhmut)
416. Isabel van Brugen, «Why Bakhmut Could Decide Who Wins Ukraine War», *Newsweek*, 19 février 2023 (https://www.newsweek.com/why-bakhmut-decide-ukraine-war-1782170)
417. Dinara Khalilova, «Zelensky says capture of Bakhmut would give Russia 'open road' to other cities of Donetsk Oblast», *The Kyiv Independent*, 7 mars 2023 (https://kyivindependent.com/news-feed/zelensky-says-capture-of-bakhmut-would-give-russia-open-road-to-other-cities-of-donetsk-oblast)
418. Roman Vanian, «United States believes Ukraine should withdraw its forces from Bakhmut in order to advance in another direction», *Ukrainian News*, 3 février 2023 (https://ukranews.com/en/news/912744-united-states-believes-ukraine-should-withdraw-its-forces-from-bakhmut-in-order-to-advance-in)
419. «Ukraine Will Hold Bakhmut, Zelenskiy Vows, Amid Warnings About New Offensive In The East», *RFE/RL's Ukrainian Service*, 3 février 2023 (https://www.rferl.org/a/russia-offensive-ukraine-east/32253748.html)

à Bakhmout et d'abandonner la ville afin de perdre moins d'hommes[420]. Il en est résulté des tensions au sommet de la conduite ukrainienne, entre les «politiques» et les «militaires», qui voudraient suivre les recommandations des Américains. Cette situation conflictuelle affecte la cohésion de la conduite stratégique ukrainienne. Par exemple, le 1er mars 2023, alors qu'Alexander Rodnyansky, conseiller de Zelensky déclare sur CNN que l'Ukraine n'allait pas sacrifier ses soldats à Bakhmout[421], le *New York Times* annonce le même jour que le président ukrainien envoie des renforts vers la ville[422].

Alors que nos médias parlent «d'enlisement», le *Washington Post* parle de «*progression soutenue*» des forces russes.

Au printemps 2023, la bataille de Bakhmout est dans sa phase terminale. Avec une doctrine opérative plus dynamique et plus de moyens mobiles, l'Ukraine aurait pu dégager ses forces de Bakhmout et les préserver, afin de mener une contre-offensive, comme l'ont fait les Russes à Kharkov en septembre. Le problème est que l'armée ukrainienne n'en a plus vraiment les moyens de reprendre la ville après l'avoir perdue (comme ont fait les Russes à Krasnyy Lyman), c'est pourquoi elle s'accroche à Bakhmout.

Les vidéos d'une attaque mécanisée ukrainienne sur Bakhmout avec des véhicules de combat d'infanterie YPR-765 fournis par les Pays-Bas montrent que les Ukrainiens ne maîtrisent pas le combat interarmes[423]. L'accent mis par nos médias sur l'ingéniosité des Ukrainiens à trouver des solutions techniques a masqué les profondes déficiences de leur conduite opérative.

L'exemple de Bakhmout illustre non seulement l'incompétence des soi-disant «experts» militaires, qui n'ont strictement aucune expérience de la conduite opérative et qui viennent raconter un narratif sans

---

420. Susannah George & Serhii Korolchuk, «Ukraine defended Bakhmut despite U.S. warnings in leaked documents», *The Washington Post*, 20 avril 2023 (https://www.washingtonpost.com/world/2023/04/20/bakhmut-ukraine-war-leaked-documents/)
421. Susie Blann, «Ukraine official: Forces may pull out of key city of Bakhmut», *AP/The Washington Post*, 1er mars 2023 (https://www.washingtonpost.com/world/ukraine-official-says-military-may-pull-back-from-bakhmut/2023/03/01/e2dd402c-b821-11ed-b0df-8ca14de679ad_story.html)
422. «Daily Briefing: War in Ukraine Kyiv Sends Reinforcements to Besieged Bakhmut». *The New York Times*, 1er mars 2023 (mis à jour 2 mars 2023) (https://www.nytimes.com/live/2023/03/01/world/russia-ukraine-news)
423. Stetson Payne, «Ukraine Situation Report: Armored Personnel Carriers Make A Charge In Bakhmut», *The War Zone*, 18 mars 2023 (https://www.thedrive.com/the-war-zone/ukraine-situation-report-armored-personnel-carriers-make-a-charge-in-bakhmut)

comprendre eux-mêmes ce qu'ils disent. Mais cela montre aussi leur profond mépris pour les Ukrainiens, et leur détermination à fausser notre perception du conflit à seule fin de satisfaire leur opinion.

Bakhmout et la « ligne Zelensky »

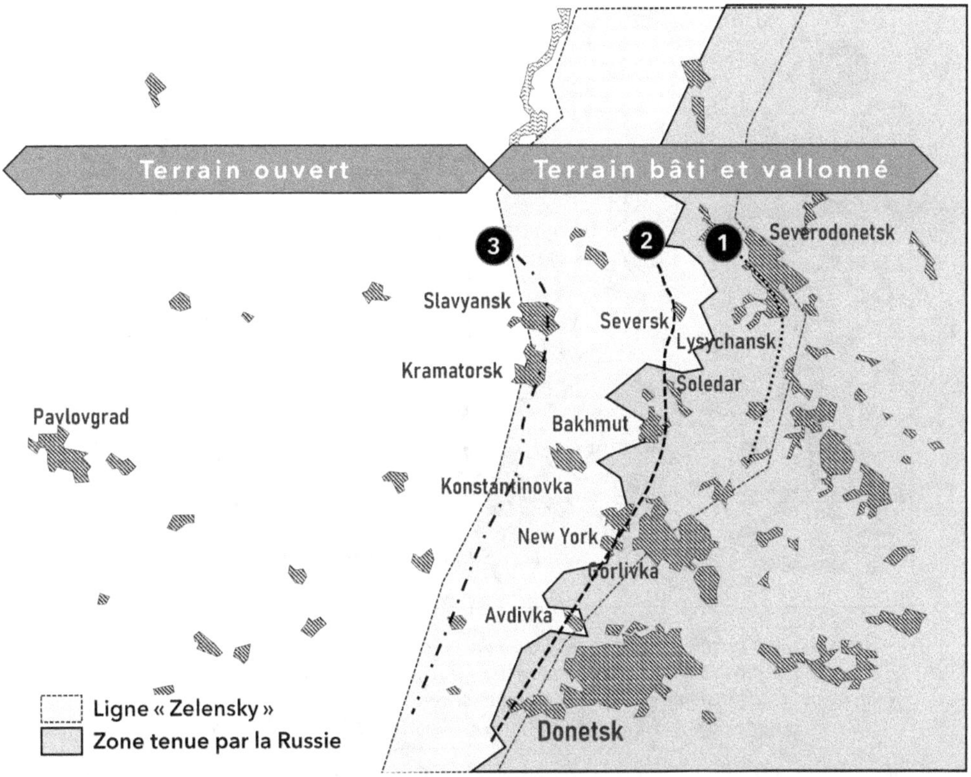

Figure 34 — Dans le Donbass, dans la région de Bakhmout, ce que l'on appelle parfois la «Ligne Zelensky» se compose de trois lignes de défense échelonnées dans la profondeur. Considérée par nos «experts» comme insignifiante, Bakhmout est au centre du dispositif mis en place par les Ukrainiens pour assiéger le Donbass dans le secteur de Donetsk. Les Ukrainiens se sont appuyé sur les zones bâties pour leurs lignes de défense. Après la troisième ligne de défense, le terrain est difficilement défendable jusqu'au Dniepr.

En Occident, le conflit n'est pas vu sous son angle humain, mais exclusivement comme une question politique. Il faut rappeler que l'objectif de Zelensky n'est pas la préservation de la vie de ses concitoyens, mais l'entrée du pays dans l'OTAN, et que cela ne sera possible que si la Russie est défaite. Les sanctions n'ayant pas suffi à provoquer l'effondrement économique et politique de la Russie, la défaite doit venir du champ de bataille, comme le dit Josep Borrell[424].

Lignes de défense ukrainienne dans le Donbass

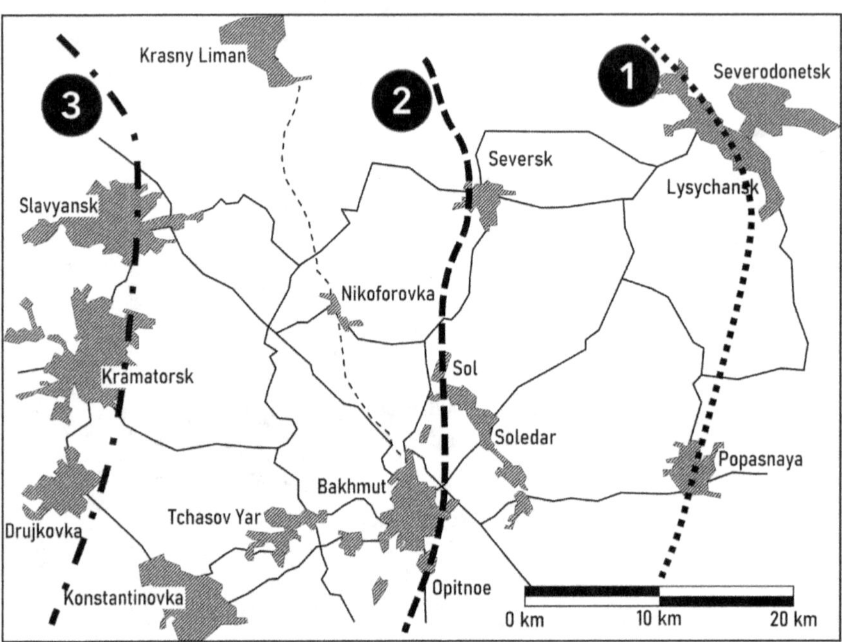

Figure 35 — La première ligne de défense a été percée au début mai 2022 à Popasnaya, qui a ouvert la porte à la chute de Severodonetsk-Lysychantsk. La deuxième est celle de Seversk — Bakhmout et la troisième est celle de Kramatorsk-Slaviansk. Bakhmout est donc la dernière ligne de défense avant Kramatorsk [D'après Big Serge Substack].

Concentrés sur la défense de chaque mètre carré, les Ukrainiens n'ont jamais eu l'initiative. En menant des attaques tout le long de la ligne de front, les Russes ont créé une pression qui a empêché l'Ukraine de concentrer ses forces à un seul endroit. Il en est résulté l'apparent travers de la conduite opérative ukrainienne, qui consiste à préférer s'accrocher au terrain, plutôt que de prendre le risque de ne pas pouvoir le reprendre. À l'inverse, tout au long de leur opération, les Russes ont misé sur leurs capacités de manœuvre et ont systématiquement privilégié la vie de

---

424. https://www.courrierinternational.com/article/vu-de-russie-l-ue-veut-balayer-la-diploma-tie-au-profit-de-la-guerre-estime-moscou.

leurs troupes à la prise de territoires. Les territoires qui ne pouvaient être défendus qu'avec des pertes importantes ont été abandonnés, quitte à les reprendre plus tard. C'est ce qui s'est passé à Kharkov (septembre 2022) et à Kherson (octobre 2022). Le calcul russe est que le terrain perdu peut se reprendre, tandis que les vies humaines ne peuvent pas être récupérées.

4.2.3.2. L'implication du renseignement occidental

Ayant très rapidement perdu la maîtrise du ciel, la conduite ukrainienne a immédiatement montré ses insuffisances en renseignement. Apparemment, les Ukrainiens s'attendaient à ce que les populations des zones occupées par les forces russes allaient fournir des informations. Mais cela ne semble pas avoir été le cas : entre ceux qui ont quitté la zone et ceux qui sont favorables au Russes, l'armée ukrainienne n'a pas les sources qu'elle espérait.

Les Occidentaux ont donc très rapidement dû s'engager. Sur le plan stratégique, les États-Unis fournissent la plus grande partie du renseignement électronique et satellitaire que reçoit l'Ukraine.

Clairement, les Ukrainiens reçoivent du renseignement satellitaire occidental. La Russie aurait des moyens techniques d'aveugler des satellites jusqu'à une distance de 1 500 km[425], et qui sont en phase de production[426]. Il s'agit notamment de son système KALINA, basé à proximité de la ville de Zelenchukskaya[427]. Toutefois, elle ne veut pas s'attaquer directement aux satellites américains. Pas encore. En revanche, elle a déclaré que les satellites commerciaux pourraient être des cibles légitimes (par exemple les satellites de la firme Maxar, ou Space X)[428]. Ella a fait la même déclaration[429] après l'annonce que l'OTAN s'engageait dans un programme de

---

425. Chay Quinn, « Russia successfully tests new laser weapon that can 'blind' satellites and destroy drones from three miles away », *Daily Mail*, 18 mai 2022 (https://www.dailymail.co.uk/news/article-10829603/Russia-successfully-tests-new-laser-weapon-blind-satellites-destroy-drones.html)
426. Iain Boyd, « Russia is reportedly building a satellite-blinding laser — an expert explains the tech », *Astronomy*, 1er août 2022 (https://astronomy.com/news/2022/08/russians-is-reportedly-building-a-satellite-blinding-laser--an-expert-explains-the-tech)
427. Bart Hendrickx, « Kalina: a Russian ground-based laser to dazzle imaging satellites », *The Space Review*, 5 juillet 2022 (https://www.thespacereview.com/article/4416/1)
428. « Russia Says U.S. Satellites Assisting Ukraine Are 'Legitimate' Targets », *The Moscow Times*, 27 octobre 2022 (https://www.themoscowtimes.com/2022/10/27/russia-says-us-satellites-assisting-ukraine-are-legitimate-targets-a79208)
429. « Russia issues space warning », *RT*, 12 avril 2023 (https://www.rt.com/russia/571585-quasi-civilian-satellites-nato/)

coopération entre les secteurs militaires et commercial pour l'acquisition de renseignement satellitaire à travers son initiative *Alliance Persistent Surveillance from Space* (APSS)[430].

Il s'agit essentiellement des emplacements d'objectifs, dont les coordonnées sont transmises via Starlink jusqu'au poste de commandements, puis disséminées à travers le réseau tactique ukrainien NETTLE.

Surveillance occidentale de l'espace aérien

Figure 36 — *Vols de reconnaissance occidentaux entre le 20 janvier et le 20 mars 2023, montrant une surveillance constante des espaces aériens ukrainien et russe. Malgré les livraisons d'armes et l'abondance de renseignement dont dispose l'Ukraine, elle n'obtient pas de résultats concrets sur le terrain. Cette carte a été établie par Orion Intel, qui en a également une version animée permettant de mieux voir les diverses plates-formes de renseignement engagées[431]. [Source : Orion Intel]*

Avec des appareils de surveillance, ils observent le théâtre des opérations depuis l'extérieur de l'espace aérien ukrainien. Participent à la

---

430. « NATO's approach to space », *nato.int*, 12 avril 2023 (https://www.nato.int/cps/en/natohq/topics_175419.htm)
431. https://twitter.com/Orion__int/status/1645456866393346048

surveillance de l'espace aérien et à la collecte d'information le long de la frontière russe, du Bélarus et de l'Ukraine[432] :

- l'OTAN, avec ses appareils de surveillance E-3A NATO AWACS pour l'espace aérien et RQ-4D PHOENIX ;
- la Suède, avec ses Gulfstream S102B KORPEN de reconnaissance électronique ;
- les États-Unis, avec des appareils de surveillance RQ4 GLOBALHAWK et MQ9 REAPER, des appareils de renseignement électronique RC135V/W RIVET JOINT et RC135U COMBAT SENT, l'appareil de reconnaissance U2S DRAGON LADY, les appareils de reconnaissance électronique ARTEMIS de l'US Army,
- La France avec des Mirage 2000 pour des missions ponctuelles[433].

Les activités de renseignement aérien se font d'une part le long des frontières ukrainienne, bélarusse et russe, depuis la Roumanie, la Pologne et les pays baltes ; et d'autre part en mer Noire, depuis l'intérieur d'une zone (*Intelligence Surveillance Reconnaissance — Operational Area* ou *ISR OPAREA*) qui s'arrête à 15 miles nautiques des côtes. Une ligne supplémentaire a été définie par le secrétaire à La Défense américain à 40 miles nautiques des côtes, destinée à écarter les risques de confrontation avec l'aviation russe.

Les Occidentaux recueillent des informations sur la situation dans la profondeur du théâtre des opérations et transmettent aux Ukrainiens des données pour le tir de l'artillerie (M-777 et HIMARS, notamment). En décembre 2022, le *Wall Street Journal* déclarait[434] :

> *Les États-Unis ont fourni aux forces du président ukrainien Volodymyr Zelensky des quantités de données sur la position et les mouvements des troupes et des matériels russes, ainsi que d'autres informations relatives au combat, dans le cadre d'un accord*

---

432. Thomas Newdick, « This Is The Armada Of Spy Planes Tracking Russia's Forces Surrounding Ukraine », *The War Zone*, 18 février 2022 (https://www.thedrive.com/the-war-zone/44337/these-are-the-planes-keeping-watch-on-russian-forces-around-ukraine).
433. Documents secrets américains
434. Warren P. Strobel, « U.S. Has Eased Intelligence-Sharing Rules to Help Ukraine Target Russians », *The Wall Street Journal*, 21 décembre 2022 (https://www.wsj.com/livecoverage/ukraine-zelensky-biden-congress-washington-trip-russia/card/u-s-has-eased-intelligence-sharing-rules-to-help-ukraine-target-russians-6pgEkPNCQRX8z4KBu4V4)

d'échange de renseignements très étendu, pratiquement sans précédent pour un allié américain non-membre de l'OTAN.

L'Ukraine n'étant — théoriquement — qu'un «partenaire» de l'OTAN et des États-Unis (comme la Suisse ou la Russie, avant sa suspension), elle n'aurait qu'un accès très limité à des informations opérationnelles classifiées. Les Américains ont donc dû assouplir significativement leurs règles de partage de renseignement pour elle[435].

Zone opérationnelle des appareils de surveillance occidentaux

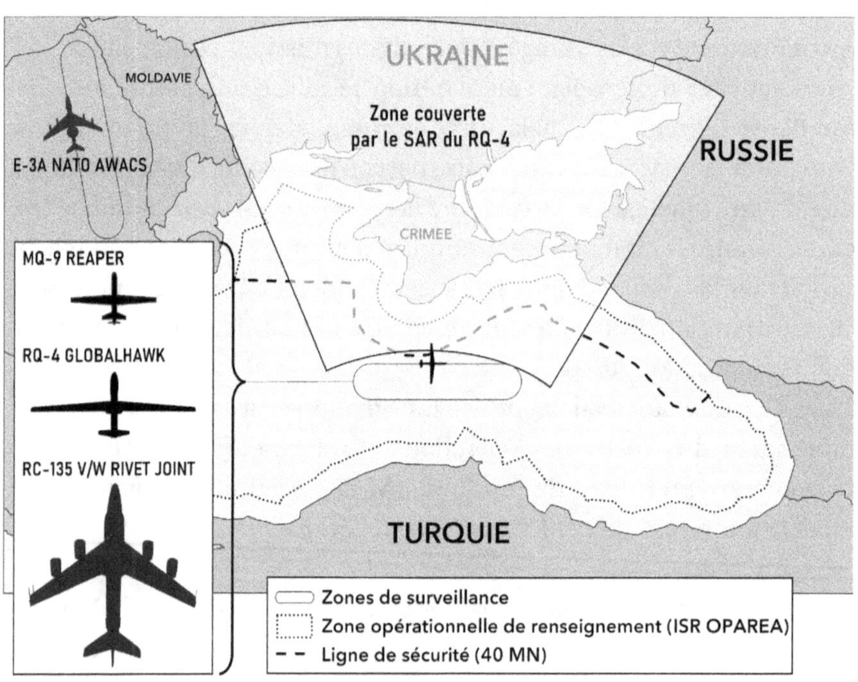

Figure 37 — Principaux systèmes de surveillance du théâtre des opérations depuis l'extérieur de l'espace aérien ukrainien d'après les documents secrets dévoilés en avril 2023.

Le RQ-4 est l'héritier des «avions-espions» des années 1960. D'une envergure de 40 m, il a un rayon d'action de 22 000 km et une endu-

---

435. Warren P. Strobel & Michael R. Gordon, «Biden Administration Altered Rules for Sharing Intelligence with Ukraine», *The Wall Street Journal*, 8 mars 2022 (https://www.wsj.com/articles/biden-administration-altered-rules-for-sharing-intelligence-with-ukraine-11646744400)

rance de 36 heures. Il est doté d'un radar à synthèse d'ouverture (SAR) AN/APY-8 LYNX II, qui lui permet de «voir» latéralement jusqu'à une distance maximale de 600 km lorsqu'il est à 20 000 m d'altitude. Le SAR est associé à un *Ground Moving Target Indicator* (GMTI) qui sert à détecter des objectifs mobiles et à transmettre leurs coordonnées en temps réel à une station terrestre. En tournoyant au milieu de la mer Noire entre la côte de la Crimée et celle de la Turquie, les RQ-4 peuvent ainsi couvrir littéralement tout le théâtre ukrainien.

Par exemple, le 29 octobre 2022, l'attaque ukrainienne contre le port de Sébastopol, menée par un essaim de 9 drones aériens et 7 navals, a été coordonnée grâce à un drone américain RQ-4B GLOBAL HAWK (nom de code FORTE10), croisant à haute altitude au large de la Crimée. Les drones ukrainiens n'ont apparemment causé que des dégâts mineurs, selon les autorités russes et ont tous ont été détruits.

D'autres appareils, comme le MQ-9 REAPER ont des fonctions similaires, mais à une échelle plus réduite. Il a une envergure de 20 m et a un plafond de 15 000 m, son SAR couvre une zone maximale profonde de 400 km environ.

MQ-9A REAPER

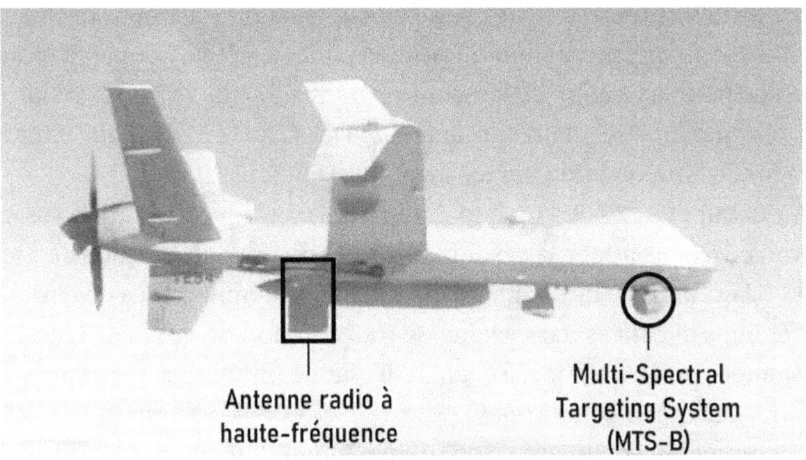

Figure 38 — Image prise par un des pilotes russes et publiée par le ministère russe de la Défense du MQ-9A REAPER intercepté le 14 mars 2023 au large de Sébastopol. Il était équipé d'une antenne à haute fréquence et de son système MTS-B, qui permettent la détection et la localisation de cibles. Volant alors avec son transpondeur éteint, il est vraisemblable qu'il était alors en mission de renseignement électronique pour appuyer une opération ukrainienne alors en cours.

C'est dans le cadre de cette surveillance que s'est déroulé l'incident du 14 mars 2023, au large de Sébastopol, entre deux Sukhoï-27 russes et un drone américain MQ-9A REAPER. Ce dernier était en mission de reconnaissance au profit des forces ukrainiennes, comme le confirme la *National Review* américaine[436] :

> *Ce drone MQ-9 abattu recueillait des renseignements sur l'emplacement et les mouvements des troupes russes, renseignements qui auraient été transmis aux Ukrainiens pour qu'ils puissent cibler ces forces. Nous pouvons ne pas apprécier que la Russie abatte nos drones de surveillance au-dessus des eaux internationales, mais nous ne devrions pas être surpris qu'elle le fasse. Il s'agit d'une conséquence logique, voire inévitable, d'une guerre par procuration avec la Russie.*

Le MQ-9 comporte une très grande antenne en forme de lame montée sur le ventre de l'appareil. Ce type d'antenne est généralement associé aux communications radio à haute fréquence, et peuvent faire partie d'un système de radiogoniométrie pour la localisation des objectifs. À l'avant inférieur se trouve un système de ciblage multispectral (MTS-B) AN/AAS-52, comprenant une série de capteurs optique pour le ciblage. Le MTS-B intègre un capteur infra-rouge, une caméra TV couleur, monochrome pour la lumière du jour, une caméra infra-rouge à ondes courtes, un désignateur laser et un illuminateur laser. C'est le MTS-B qui a pris les images de l'interception par les deux chasseurs russes.

Au début avril 2023, la récupération de l'épave par la marine russe a permis de déterminer la résolution des capteurs optroniques de l'AN/AAS-52 et l'analyse de ses performances par différents types de temps et différentes distances. Le système de transmission de données Link-16 a également pu être récupéré et analysé afin de mesurer sa résistance aux contre-mesures électroniques.

Cet appareil volait avec son transpondeur éteint, à l'intérieur de l'extension de l'espace aérien notifié par la Russie au début de sa SVO.

---

436. Jim Geraghty, « U.S. Drone Becomes a Casualty in the Proxy War with Russia », *National Review*, 15 mars 2023 (https://www.nationalreview.com/the-morning-jolt/u-s-drone-becomes-a-casualty-in-the-proxy-war-with-russia/)

Cela suggère qu'il était dans une opération de reconnaissance voire de désignation d'objectifs pour l'armée ukrainienne.

4.3. La contre-offensive de printemps (2023)

Depuis le printemps 2022, Volodymyr Zelensky promet une grande offensive en direction du sud du pays, pour reprendre les territoires occupés par la Russie. C'est en fait la continuité de l'offensive qu'il prévoyait de faite au début 2022 et pour laquelle il avait émis son décret en mars 2021.

L'intervention russe en février 2022 l'a empêché de réaliser son projet, c'était l'objectif de la SVO. Durant toute l'année 2022, on parle de « contre-offensives » ukrainiennes. Mais aucune ne parvient à faire reculer la coalition russe. En été, Volodymyr Zelensky promet une grande offensive avec 1 million d'hommes[437], mais elle est repoussée à l'automne, puis à l'hiver. C'est pour répondre à cette menace que la Russie effectue sa mobilisation partielle de 300 000 hommes : elle a attaqué avec un rapport de forces de 23 contre 1 en faveur de l'Ukraine et si cette dernière double ses effectifs, la Russie serait alors dans un désavantage de 56 contre 1.

En 2023, sous la pression des Occidentaux, l'offensive tant attendue est annoncée pour le printemps 2023. Elle devrait être menée par 12 brigades, dont 3 sont mises sur pied par l'Ukraine et 9 par les pays occidentaux. En avril, les documents américains « fuités » montrent qu'en mars, sur les neufs brigades « occidentales », 5 ont accompli 0 % de leur formation, une est à 10 %, une à 20 %, une à 40 % et une à 60 %. Quant à leur équipement, il n'est qu'à 46 % disponible. À l'évidence, l'Ukraine a peu de chances d'être prête à la fin avril, et explique le report de l'offensive à l'été 2023[438].

Initialement, le nombre de 60 000 hommes était évoqué pour les 12 brigades destinées à cette grande offensive. Or les documents « fuités » indiquent que l'on est au maximum à 30 000 hommes, soit à 50 % de la

---

437. « Ukraine attacks Russian-held Kherson, plans counterattack », *aljazeerah*, 12 July 2022 (https://www.aljazeera.com/news/2022/7/12/ukraine-strikes-russian-held-kherson-as-kyiv-plans-counterattack)
438. « Ukrainian counteroffensive could begin in summer, PM says », *The New Voice of Ukraine*, 11 avril 2023 (https://english.nv.ua/nation/ukrainian-counteroffensive-could-begin-in-summer-pm-says-war-news-50317188.html)

capacité initiale prévue. À ceci s'ajoute qu'il s'agit essentiellement de nouveaux militaires, sans expérience préalable du combat.

Il semble que l'Ukraine soit condamnée à mener cette offensive ou contre-offensive, mais à la fin avril 2023, rien ne permet de dire quelle aspect elle aura. Les documents américains classifiés « fuités » donnent une petite idée des forces en présence, mais ne permettent pas d'en déduire le déroulement d'une opération.

Certains points sont cependant intéressants. Ces documents évoquent trois « axes » : un Axe Nord (Bélarus, Belgorod), un Axe Zaporojie et un Axe Kherson, avec une estimation des forces déployées de part et d'autre le long de ces axes possibles d'opérations.

Forces en présence en Ukraine

	Ukraine	Russie
Axe Nord	4 250-8 500	5 850
Axe Zaporojie	4 000-8 000	23 250
Axe Kherson	1 250-2 500	15 650

Figure 39 — Forces en présence au 1ᵉʳ mars 2023 sur les axes possibles d'une offensive de printemps 2023. On constate que les Américains ont des chiffres très précis sur les Russes, alors que pour les Ukrainiens ils ont une marge d'erreur de 100 %. La raison est que les Américains n'ont pas de capacités autonomes pour établir ces chiffres et doivent donc s'appuyer sur ce que leur disent les Ukrainiens. [Source : Document « Assessed Operationsin the South », TOP SECRET, 1ᵉʳ mars 2023]

- L'Axe de Kherson apparaît comme le moins probable pour une action offensive à cause du franchissement du Dniepr qui est un problème de taille. Les forces déployées par les Ukrainiens semble plutôt plaider en faveur d'une « flanc-garde ».
- L'Axe de Zaporojie est celui auquel la plupart des commentateurs s'accordent, cohérent avec les multiples déclarations sur une reconquête de La Crimée, qui semble être un élément central pour le gouvernement ukrainien.
- L'Axe Nord, qui est un axe qui nous conduit sur le territoire russe. Incidemment, selon les documents américains, c'est le seul des trois axes où les forces en présence sont à parité, voire légèrement favorables

à l'Ukraine. Pourrait-il s'agir d'un indice que l'offensive ukrainienne privilégie une attaque sur le territoire russe, non pas pour la vaincre, mais pour la déstabiliser ? Cela n'est pas impossible, mais en l'absence de plus de détails, nous sommes dans le domaine de la spéculation.

Il est cependant important de ne pas se laisser tromper par les chiffres. Ils sont très vagues du côté ukrainien et peuvent évoluer relativement rapidement, mais surtout, avec une bonne conduite des opérations, un rapport de forces apparemment défavorable n'est pas incompatible avec un succès.

Mais l'obstination des Ukrainiens à tenir dans des positions statiques, notamment à Bakhmout et à Avdiivka, joue à l'avantage des Russes qui peuvent ainsi décimer les forces ukrainiennes au moyen de leur artillerie.

En avril 2023, les Américains et les Ukrainiens savent que l'offensive clamée par nos médias a beaucoup de chances d'échouer. Malgré les tentatives américaines à la fin 2022 d'inciter Zelensky à engager un processus de négociations, il persiste.

Volodymyr Zelensky est pris entre deux feux. D'un côté, il craint qu'un enlisement de la situation ne conduise à une fatigue du soutien occidental, qui commence à faiblir. De fait, ce soutien s'atténue, mais moins pour des raisons logistiques que des raisons politiques. Car d'un autre côté, les Occidentaux sont condamnés à obtenir un succès après avoir empêché l'Ukraine de négocier avec la Russie. Après avoir clamé de manière répétée urbi et orbi que l'Ukraine avait déjà gagné la guerre et que la Russie ne pouvait pas gagner, les Occidentaux se sont enfermés dans une voie sans issue.

L'Occident et l'Ukraine sont pris par le syndrome des couts irrécupérables : il devient politiquement impossible de reculer après les sacrifices déjà consentis, et. Car plus on avance dans le temps, plus une défaite entraînera des répercussions profondes en Ukraine et en Occident.

L'offensive de printemps de Zelensky est donc condamnée à obtenir un succès sur le terrain. Après avoir renoncé aux négociations qu'il avait lui-même sollicitées en février, en mars et en août 2022, il est condamné à poursuivre la guerre. Un retour vers une négociation est une condamnation politique, et peut-être même physique. Car aujourd'hui, aujourd'hui, les conditions d'une telle négociation seraient dictées par la Russie de manière beaucoup plus intransigeante qu'elles ne l'auraient été un an plus tôt.

Zelensky est donc contraint de poursuivre avec son offensive, malgré des perspectives de succès très faibles.

Chars disponibles pour l'offensive prévue du printemps 2023

	Nombre au 24.02.2022	Nombre au 28.02.2023
Leopard 2A4 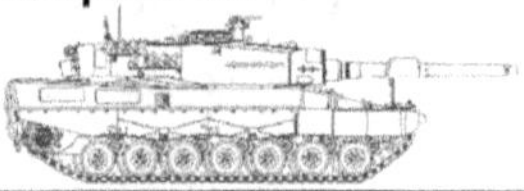	0	32
Challenger 2 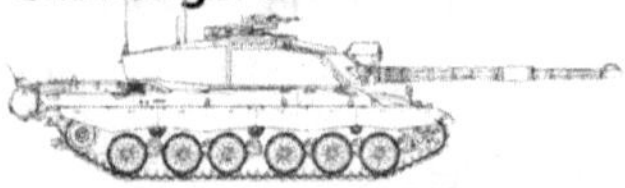	0	14
PT-91 	0	31
T-72 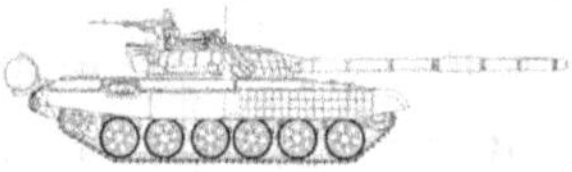	100	38
T-64 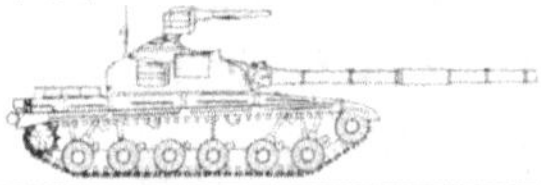	850	43
T-55MS 	0	28
AMX 10 RC 	0	14
Total	950	200

Figure 40 — Chars de combat disponibles pour les 9 brigades mises sur pied par les Occidentaux, selon les documents américains secrets, « fuités » en avril 2023. L'AMX-19 RC n'est pas un chars de combat, mais il figure comme tel dans les documents américains, probablement parce que les Ukrainien veulent l'utiliser dans ce rôle. Le chiffre de 200 ne représente pas la totalité des chars dont dispose l'Ukraine, mais ceux qui seraient engagés pour cette offensive majeure. Ils indiquent néanmoins le niveau d'appauvrissement des forces ukrainiennes.

Artillerie disponible pour l'offensive prévue du printemps 2023

	Calibre [mm]	Nombre au 28.02.2023
2S1 GVOZDIKA 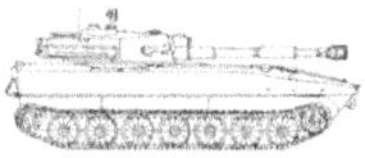	122	10
AS-90 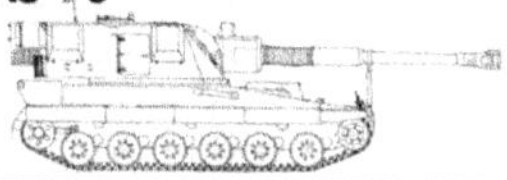	155	20
D-30 	122	46
M-109 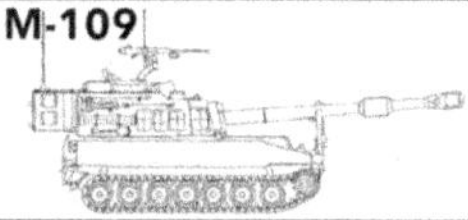	155	18
M-119 	105	36
FH-70 	155	22
Total		152

Figure 41 — Pièces d'artillerie disponibles pour les 9 brigades mises sur pied par les Occidentaux en vue de l'offensive de 2023. Le nombre de 152 pièces est à comparer avec les plus de 2 000 pièces d'artillerie que l'Ukraine avait en 2022.

4.4. Les documents secrets américains « fuités »

Au début avril 2023, le *Washington Post*[439] et le *New-York Times*[440], révèlent que des documents classifiés américains apparemment fuités

439. Dan Lamothe, Ellen Nakashima, Alex Horton, Dalton Bennett, Samuel Oakford & Evan Hill, « Justice Dept. will investigate leak of classified Pentagon documents », *The Washington Post*, 7 avril 2023 (https://www.washingtonpost.com/national-security/2023/04/07/pentagon-leak-ukraine-documents/)

440. « Leaked Pentagon Documents Reveal Secrets About Friends and Foes », *The New York Times*, 8 avril 2023 (mis à jour 9 avril 2023) (https://www.nytimes.com/explain/2023/russia-ukraine-war-documents-leak)

circulent sur les réseaux sociaux. L'auteur présumé des fuites est rapidement identifié comme Jack Texeira, un jeune membre de la Garde nationale américaine de 21 ans.

Apparemment, malgré son jeune âge et son grade relativement bas, il a une habilitation de sécurité «TS-SCI», l'une des plus élevées. Cela ne signifie pas qu'il ait automatiquement accès à tous les documents de ce niveau de classification, car cet accès est déterminé par le «need-to-know» (besoin de savoir), mais cela lui autorise d'évoluer dans des enceintes classifiées afin de faire des travaux de maintenance sur les ordinateurs[441].

Un examen attentif des documents montre plusieurs choses. Tout d'abord, la fuite n'est pas le résultat d'un piratage informatique. Ce sont des photos de documents de synthèses produits par le *Joint Chiefs of Staff* (JCS) pour des briefings de situation et des «brèves» produites par la CIA et l'*Office du Directeur du Renseignement National* (ODNI). Le JCS, la CIA et l'ODNI sont trois institutions distinctes et les documents ont des finalités différentes.

Cela signifie que celui qui a pris ces photos est suffisamment haut dans la hiérarchie du pays pour avoir accès aux trois et que si Jack Texeira les a diffusé, il n'est probablement pas l'auteur de la fuite, Mais avec plus de 850 000 personnes disposant d'une habilitation de sécurité de niveau TOP SECRET, dont certaines ayant une habilitation TOP SECRET-SCI, les candidats restent nombreux...

Ces documents sont donc très vraisemblablement authentiques. Ils circulent depuis le début 2023, il est donc explicable que certains d'entre eux ont été modifiés (assez grossièrement). Globalement, ils montrent la faiblesse de l'Ukraine et sa dépendance à l'aide militaire occidentale. Dans cette perspective, on ne peut exclure que la révélation de leur existence ait l'objectif de calmer les ardeurs des «faucons» américains, qui cherchent à tout prix à prolonger le conflit.

C'est pourquoi, des commentateurs suggèrent qu'il pourrait s'agir d'une fuite organisée dans le but de calmer les attentes des pays occidentaux sur la possibilité d'une victoire ukrainienne. Aux États-Unis, l'équipe présidentielle semble relativement isolée des militaires, qui

---

441. https://www.msn.com/en-us/news/us/why-the-accused-document-leaker-had-high-level-security-clearance/ar-AA19U6R1

ont un regard moins partisan sur les capacités ukrainiennes et l'issue possible du conflit. Cela pourrait expliquer cette fuite très opportune. Car apparemment certains de ces documents circulaient déjà au mois de janvier 2023, mais ce n'est qu'en avril qu'ils font la une des journaux. Dans quelle mesure cette divulgation est un effet du hasard est donc une question ouverte.

Quoiqu'il en soit, ces documents ne sont qu'une image de la situation et ne sont pas opérationnalisables. Ils ne donnent aucune indication sur la planification ukrainienne d'une éventuelle contre-offensive.

Abréviations de classification utilisées dans les documents « fuités »

Classification	Signification	Traitement
TS	TOP SECRET	Une diffusion non autorisée peut causer un dommage exceptionnel
S	SECRET	Une diffusion non autorisée peut causer un dommage sérieux
REL TO FIN, UKR, NATO	Releasable to Finland, Ukraine, NATO	Peut être communiqué à la Finlande, l'Ukraine et l'OTAN
NOFORN ou **NF**	No Foreign	Ne peut pas être communiqué à un pays étranger
HCS-P	HUMINT Controlled System-Product	Produit dérivé de source humaine
SCI-G ou **SI-G**	Sensitive Compartmented Information – Gamma (SCI-G)	Information sensible d'origine électromagnétique
TK	TALENT KEYHOLE	Information d'origine satellitaire (Utilisé seulement avec TS et S)
FGI	Foreign Government Information	Information provenant d'un gouvernement étranger
RSEN	Risk Sensitive	Risque associé avec sa diffusion (Utilisé seulement avec TS et S)
ORCON ou **OC**	Originator Controlled	Ne peut pas être diffusée au-delà de son destinataire initial
FVEY	Five Eyes	Australie, Canada, États-Unis, Grande-Bretagne, Nlle Zélande
FISA	Foreign Intelligence Surveillance Act	Information compatible avec le FISA
RELIDO	Releasable By Information Disclosure Official	Indication destinée à faciliter le partage avec des partenaires étrangers

Figure 42 — Les éléments de classification donnent une petite idée de l'origine des informations et renseignements qui composent ces documents.

4.4.1. *Les documents militaires*

Les documents avec cartes et chiffres sont des synthèses destinées à accompagner des rapports de situation (SITREP) du Renseignement du JCS (J-2). La majeure partie des chiffres concernant la logistique vient d'informations données par les gouvernements qui ont livrés des matériels à l'Ukraine.

Les information concernant les troupes ukrainiennes viennent en partie des Ukrainiens et en partie des systèmes de surveillance occidentaux, car l'état-major ukrainien ne leur communique pas tout. Les cartes montrant le déploiement des forces russes viennent essentiellement de la *National Geospatial-Intelligence Agency* (NSGA), qui fournit le renseignement satellitaire, à travers l'*US European Command* (EUCOM) basé à Stuttgart. Il ne s'agit que de l'exploitation d'imagerie satellitaire.

La plupart de ces documents ont une classification avec l'annotation FGI, ce qui signifie que les informations proviennent d'un pays étranger. Ici, vraisemblablement, l'Ukraine. D'ailleurs, une note avertit le lecteur avec pertinence des précautions pour interpréter les chiffres des effectifs et des pertes d'équipements[442] :

> *Les taux d'attrition et les inventaires russes (RUS) et ukrainiens (UKR) sont peu fiables en raison des lacunes en matière d'information, des mesures en matière de sécurité des opérations (OPSEC) et des opérations d'information (IO), et des biais potentiels dans le partage d'informations par l'UKR.*

Comme l'avait déjà relevé le *New York Times* en juin 2022, les Ukrainiens veulent bien recevoir l'aide occidentale, mais ils partagent peu leurs informations[443]. En fait, ils ne disent aux Américains que ce qu'ils veulent bien dire. En d'autres termes, l'information qui vient de l'Ukraine est loin d'être fiable.

Les chiffres sur les pertes russes qui apparaissent dans les documents classifiés sont très proches de ceux donnés par des sources ouvertes,

---

442. Russia/Ukraine – Assessed Combat Sustainability and Attrition, JCS, (SECRET)
443. Julian E. Barnes, «U.S. Lacks a Clear Picture of Ukraine's War Strategy, Officials Say», *The New York Times*, 8 juin 2022 (https://www.nytimes.com/2022/06/08/us/politics/ukraine-war-us-intelligence.html)

comme le site Oryx, qui sert de source pour nos médias. Ce qui suggère que les Américains n'ont pas de capacité autonome à compter ces pertes. Le site Oryx (www.oryxspioenkop.com) est généralement considéré comme peu fiable, en raison de sa méthodologie. Apparemment, il se borne à collecter des images sur les réseaux sociaux sans réellement en analyser la fiabilité. Bien que le site déclare que «ses chiffres sous-estiment considérablement la nature réelle des pertes russes», on observe de nombreux matériels détruits comptés en double, mais apparaissant sous des angles de vue différents. La similitude des armes utilisées par les deux armées permet la confusion, voire la désinformation. L'importance des pertes évoquées par Oryx ne semble pas refléter la situation des forces russes sur le terrain.

4.4.2. *Les documents de la CIA*

Les documents de la CIA ne sont en réalité que des «brèves» habituellement distribuées à certains destinataires choisis avec des informations de provenances diverses et sommairement voire pas évaluées. Il ne s'agit donc pas de renseignement évalué («finished intelligence») à proprement parlé, mais de «renseignement brut» («raw intelligence»). Autrement dit, ce sont des informations qui ont été reformulées sous forme de petites notes, mais qui n'ont pas encore été intégrées dans une analyse. C'est l'équivalent d'un «news feed» pour un citoyen normal.

Par exemple, deux de ces notes mentionnent l'attentat du 26 février 2023 contre un appareil A-50U MAINSTAY russe sur la base aérienne de Matchoulichtchy (Bélarus). Elles apparaissent dans deux listes de «brèves» séparées. Les deux portent la même référence (Z-G/OO/121322 23) et ont la même classification (TOP SECRET / SCI-G). Toutefois, elles présentent l'événement de deux manières différentes: l'une parle d'une action menée par un agent du SBU contre l'avis de sa hiérarchie[444]; l'autre déclare qu'elle a été menée par l'opposition bélarusse, car le président Zelensky ne voulait pas provoquer le président Loukachenko. Mais dans les deux cas, le drone utilisé pour l'attaque aurait été fourni par l'Ukraine. Il semble donc que l'attaque ne soit pas dû à l'initiative de l'opposition bélarusse.

---

444. Phil McCausland & Dan De Luce, «Ukraine agents pursued attacks inside Belarus and Russia, leaked U.S. docs say», *NBC News*, 11 avril 2023 (https://www.nbcnews.com/politics/national-security/ukraine-agents-attacks-inside-belarus-russia-leaked-us-documents-say-rcna78973)

L'examen du contenu de ces «brèves» montrent qu'une grande partie d'entre elles sont dérivées d'informations venant d'Ukraine (probablement les services de renseignement) et de diplomates. Elles n'apparaissent pas montrer une «pénétration» de l'appareil russe par les Américains. Ces notes sont très semblables à ce que l'on trouver sur des réseaux comme *Telegram*. Il est important de rappeler ici que la classification d'une information n'a rien à voir avec sa pertinence ou sa justesse, mais sert le plus souvent à masquer son origine.

Contrairement à ce que prétendent nos médias, ces documents révèlent une surprenante méconnaissance du théâtre ukrainien par les Américains et leur dépendance aux informations venant d'Ukraine. Manifestement, les Américains ont une solide connaissance de ce qui peut être observé par des satellites, mais une très mauvaise en ce qui concerne les aspects opérationnels, tant du côté ukrainien que du côté russe.

4.5. La conduite russe des opérations

Les objectifs de la Russie, annoncés par Vladimir Poutine le 24 février 2022, sont la démilitarisation et la dénazification de la menace sur les populations du Donbass.

Ces objectifs sont donc liés au potentiel (et non au territoire) ukrainien et n'ont pas de contraintes de temps. L'objectif de dénazification aurait été atteint à la fin mars avec l'encerclement de Marioupol et l'objectif de démilitarisation a été atteint à la fin du printemps 2022. C'est pourquoi, depuis cette période, Volodymyr Zelensky demande des armes et un appui logistique de l'Occident et a mené plusieurs mobilisations partielles pour regarnir les rangs de l'armée ukrainienne.

Cela signifie que, depuis l'été 2022, les forces russes éliminent le potentiel qui arrive sur le théâtre des opérations. Les Ukrainiens cherchant à reprendre le territoire dont les Russes se sont emparés, ces derniers n'ont pas vraiment besoin d'avancer, mais peuvent se contenter d'attendre l'adversaire pour le détruire. C'est exactement ce que dit le général Sourovikine, nouvellement nommé au poste de *Commandant du Groupe de forces interarmées dans la zone de l'opération militaire spéciale en Ukraine* en octobre 2022[445] :

> *Nous avons une stratégie différente. [...] Nous ne recherchons pas une grande vitesse de progression, nous ménageons chacun de nos soldats et « broyons » méthodiquement l'ennemi qui avance.*

Alors que nos « experts » cherchent à mesurer le succès militaire en kilomètres de progression sur le terrain, les Russes le mesurent en nombre d'adversaires détruits.

Le problème est que nos « experts » et généraux de plateaux de télévision ont un regard très occidental sur la conduite de la guerre. Pour eux, l'objectif est toujours d'ordre matériel (le pétrole, les terres, les industries, etc.). C'est un peu simple. Les Occidentaux ont de la peine à voir des objectifs militaires autrement qu'en termes quantitatifs. Pour le conflit ukrainien, nos « experts » commettent exactement la même erreur. Or, les Russes ont défini un objectif de nature qualitative : la disparition d'une menace. Il ne peut se réalise que de deux manières : la négociation ou l'anéantissement total de cette menace.

4.5.1. Les structures de conduite

Jusqu'à la fin septembre 2022, ce que nos médias appellent « les Russes » n'est qu'une coalition des forces de trois entités indépendantes : la Russie, la RPD et la RPL. Il n'y a alors pas de commandement unifié, mais uniquement une coordination assurée par l'état-major général russe. C'est ce qui explique certaines difficultés observées sur le terrain entre unités combattantes dans le Donbass.

Dès le début octobre 2022, avec la nouvelle structure de commandement. Toutes les forces « russophones » sont intégrées sous un seul commandement. Les ex-milices du Donbass reçoivent un meilleur équipement, sont épaulées par des militaires professionnels, et appuyées par les « musiciens » de Wagner.

---

445. «Суровикин: российская группировка на Украине методично "перемалывает" войска противника», TASS, 18 octobre 2022 (https://tass.ru/armiya-i-opk/16090805)

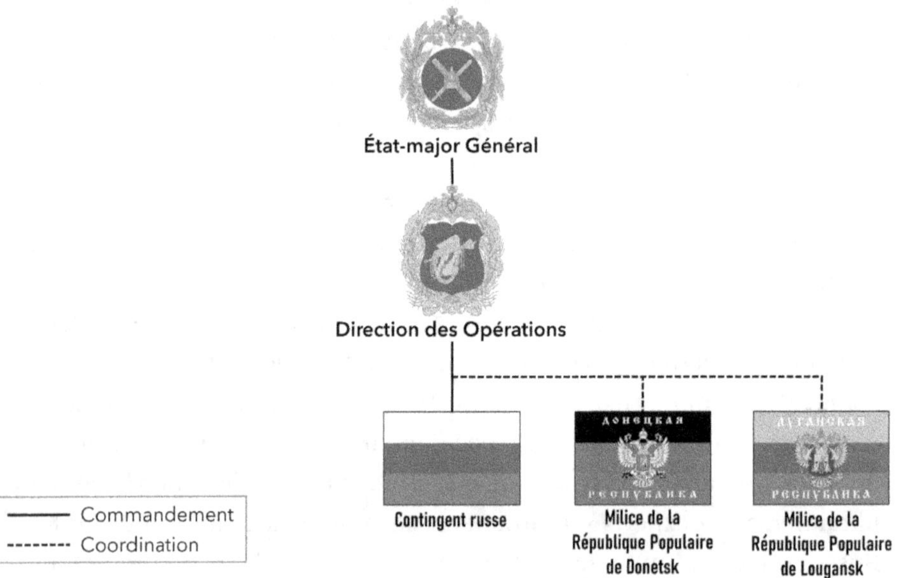

*Figure 43 — Jusqu'en octobre 2022, la structure de conduite de la SVO explique
ce que nos « experts » ont interprété comme des faiblesses de l'armée russe.
En réalité, l'essentiel des combats dans le Donbass était assuré par les milices
de deux Républiques du Donbass, composées de réservistes et dotées d'un équipement
souvent obsolète.*

En janvier 2023, alors que les Occidentaux envisagent d'élargir leur soutien logistique à l'Ukraine et de lui fournir plus d'armes modernes, la Russie ajuste sa structure de conduite, afin de doter la SVO de plus de moyens. C'est pourquoi le commandement de l'opération glisse vers le haut et est attribué à Gherassimov. Contrairement à ce qu'ont imaginé nos « experts » militaires, il s'agissait simplement de faciliter l'accès à d'autres ressources comme l'aviation, les missiles, voire la marine.

Alors que les Occidentaux « préparent » le champ de bataille par des frappes intensives et prolongées avant d'envoyer leurs troupes sur le terrain, les Russes préfèrent une approche moins destructrice, mais plus intensive en troupes.

Figure 44 — Après les référendums qui ont permis à quatre régions du sud de l'Ukraine de rejoindre la Fédération de Russie, toutes les forces de la coalition russophone peuvent être placées sous un seul commandement. Le général Sergueï Sourovikine est alors nommé commandant en chef des forces russes en Ukraine.

Selon un analyste de la *Defense Intelligence Agency* (DIA) «*la grande majorité des frappes aériennes ont lieu au-dessus du champ de bataille, les avions russes fournissant un "appui aérien rapproché" aux forces terrestres. Le reste — moins de 20 %, selon les experts américains — vise des aérodromes militaires, des casernes et des dépôts de soutien*». Ainsi, la phrase «*bombardements indiscriminés [qui] dévastent la ville et tuent tout le monde*» reprise en chœur par les médias occidentaux semble être contredite par l'expert du renseignement américain qui déclare[446]

Si nous nous contentons de nous convaincre que la Russie bombarde sans discernement, ou qu'elle ne parvient pas à infliger plus de

---

446. William M. Arkin, «Putin's Bombers Could Devastate Ukraine but He's Holding Back. Here's Why», Newsweek, 22 mars 2022 (https://www.newsweek.com/putins-bombers-could-devastate-ukraine-hes-holding-back-heres-why-1690494)

dommages parce que son personnel n'est pas à la hauteur ou parce qu'il est techniquement inepte, alors nous ne voyons pas le conflit tel qu'il est.

Structure de conduite de l'Opération Militaire Spéciale (11 janvier 2023 —)

Valerii Gherassimov
Chef de l'État-major Général

Oleg Salyoukov
Commandant
des Forces terrestres

Sergueï Sourovikine
Commandant des
Forces aérospatiales

Alekseï Kim
Vice-Chef de
l'État-major général

Figure 45 — Structure de conduite de la SVO à partir du 11 janvier 2023. Il s'agit d'élargir l'accès aux ressources militaires pour la SVO.

En fait, les opérations russes diffèrent fondamentalement du concept occidental. L'obsession des Occidentaux de n'avoir aucun mort dans leurs propres forces les conduit à mener des frappes aériennes très meurtrières, avant d'engager leurs troupes terrestres. C'est pourquoi, en Afghanistan ou dans le Sahel[447], les Occidentaux tuaient plus de civils[448],

---

447. Nathanaël Charbonnier, «Les armées régulières seraient tout aussi meurtrières (voire plus) que les terroristes au Sahel», radiofrance.fr, 3 mai 2021 (https://www.franceinter.fr/monde/les-armees-regulieres-seraient-tout-aussi-meurtrieres-voire-plus-que-les-terroristes-au-sahel)
448. «Sahel: les populations craignent plus les bavures des forces de protection que les attaques djihadistes», RTBF.be, 14 avril 2021 (https://www.rtbf.be/article/sahel-les-populations-craignent-plus-les-bavures-des-forces-de-protection-que-les-attaques-djihadistes-10740544)

que n'en tuaient les Taliban[449] ou l'État islamique[450]. C'est pourquoi les pays occidentaux engagés en Afghanistan, au Moyen-Orient et en Afrique du Nord, ne publient plus le bilan des pertes civiles causées par leurs frappes.

En Ukraine, la situation est très différente. Il suffit de regarder une carte des zones linguistiques pour constater que la coalition russe opère presque exclusivement dans la zone russophone, donc au milieu de populations qui lui sont globalement favorables. Ce qui explique également les déclarations d'un officier de l'US Air Force : « *Je sais que les médias ne cessent de répéter que Poutine cible les civils, mais rien ne prouve que la Russie le fasse intentionnellement* »[451].

À l'inverse, c'est pour la même raison — mais en creux — que l'Ukraine a déployé, ses combattants paramilitaires ultra-nationalistes dans les grandes villes comme Marioupol[452]. Sans liens émotionnels ou culturels avec les populations locales, ces milices peuvent se battre même au prix de lourdes pertes civiles. Leurs atrocités[453], sont délibérément occultées par nos médias, de peur de perdre le soutien à l'Ukraine, comme le relèvent des médias américains[454].

449. Amy Woodyatt & Arnaud Siad, « More civilians are being killed by Afghan and international forces than by the Taliban and other militants », CNN, 31 juillet 2019 (https://edition.cnn.com/2019/07/30/asia/afghanistan-nato-taliban-intl-scli/index.html)

450. *Midyear Update on the Protection of Civilians in Armed Conflict: 1 January to 30 June 2019*, United Nations Assistance Mission in Afghanistan (UNAMA), 30 juillet 2019, p. 12 ; Amy Woodyatt & Arnaud Siad, « More civilians are being killed by Afghan and international forces than by the Taliban and other militants », *CNN*, 31 juillet 2019

451. William M. Arkin, « Putin's Bombers Could Devastate Ukraine but He's Holding Back. Here's Why », Newsweek, 22 mars 2022 (https://www.newsweek.com/putins-bombers-could-devastate-ukraine-hes-holding-back-heres-why-1690494)

452. Roman Goncharenko, « The Azov Battalion: Extremists defending Mariupol », dw.com, 16 mars 2022 (https://p.dw.com/p/48aCt)

453. Tim Lister, Celine Alkhaldi, Katerina Krebs & Josh Pennington, « Ukraine promises "immediate investigation" after video surfaces of soldiers shooting Russian prisoners », *CNN*, 27 mars 2022 (https://edition.cnn.com/europe/live-news/ukraine-russia-putin-news-03-27-22/h_6e158d3f-c5bc5efe7fc3f10b69b7aeee)

454. « Zelenskyy Worried About Western Financial Support After Video Surfaces Showing Ukraine Military Torturing Russian POW's », The Conservative Treehouse, 27 mars 2022 (https://theconservativetreehouse.com/blog/2022/03/27/zelenskyy-worried-about-western-financial-support-after-video-surfaces-showing-ukraine-military-torturing-russian-pows/?utm_source=rss&utm_medium=rss&utm_campaign=zelenskyy-worried-about-western-financial-support-after-video-surfaces-showing-ukraine-military-torturing-russian-pows)

4.5.2. La maîtrise russe de l'Art Opératif

La doctrine militaire russe distingue trois niveaux de conduite : la « tactique » (*taktika*), l'« art opératif » (*operativnoe iskoustvo*) et la « stratégie » (*strategiya*). Alors que la tactique est considérée comme une activité ayant un caractère essentiellement technique et la stratégie comme étant une activité essentiellement intellectuelle avec un caractère politique, « l'art opératif » est l'art de concevoir des opérations.

L'art opératif n'est donc ni un type d'opération (comme certains experts l'ont déclaré), ni une manière de faire la guerre, mais le cadre général dans lequel sont conçues les opérations militaires. Les Russes y voient le cœur véritable de l'action militaire, c'est pourquoi leur doctrine militaire la décrit comme un « art », c'est-à-dire une activité où l'imagination et la créativité sont encouragées, comme le souligne le *Dictionnaire Encyclopédique Militaire* russe[455].

En Occident, l'« art opératif » ne fait pas l'objet de la même attention ces dernières années. Tout d'abord, les termes « opérationnel » et « opératif » sont souvent confondus, pour la bonne et simple raison que le mot « opératif » n'existe pas en anglais. L'OTAN utilise le terme « operational », qui recouvre deux notions distinctes dans la terminologie russe : le mot « opérationnel », qui exprime un état technique (par ex. : un équipement opérationnel), et le terme « opératif », qui désigne un niveau de conduite.

Depuis 1991, les Occidentaux n'ont mené que des guerres de type anti-insurrectionnel, qui se jouaient presque exclusivement au niveau tactique. Cela a eu un impact sur la conception des systèmes d'armes (nous y reviendrons), mais aussi et surtout sur la pensée militaire. On a assisté à la disparition progressive de la réflexion opérative, qui affecte aujourd'hui les armées de l'OTAN et qui manque à l'armée ukrainienne pour sa conduite des opérations.

À l'inverse, la Russie qui a toujours eu comme priorité la défense de son territoire a développé une maîtrise de l'Art opératif que l'on constate aujourd'hui et qui fait la différence avec l'Ukraine formée par les Occidentaux.

Le 24 février 2022, la Russie lance son « opération militaire spéciale » (Специальная военная операция) (*Spetsial'naya Voyennaya Operatsiya – SVO*) en Ukraine « au pied levé ». Elle communique peu sur

---

455. https://encyclopedia.mil.ru/encyclopedia/dictionary/details.htm?id=13724@morfDictionary

sa planification. Néanmoins, l'observation et l'étude de sa doctrine militaire permettent d'esquisser les grandes lignes de sa réflexion opérative.

Conformément à la doctrine militaire russe, la SVO s'articule en deux poussées :

- une poussée principale dirigée vers le sud du pays dans la région du Donbass et le long de la côte de la mer d'Azov. Elle est menée par une coalition (Z) composée des forces russes venant du District Militaire Sud par Kharkov et de Crimée, avec — au centre — les forces des Républiques de Donetsk et de Lougansk, ainsi qu'un apport de la garde nationale tchétchène pour les combats dans la zone urbaine de Marioupol ; et
- une poussée secondaire sur Kiev, menée par des forces russes venant du Bélarus (V) et de Russie (O).

Concept sommaire de l'opération russe (Phase 1)

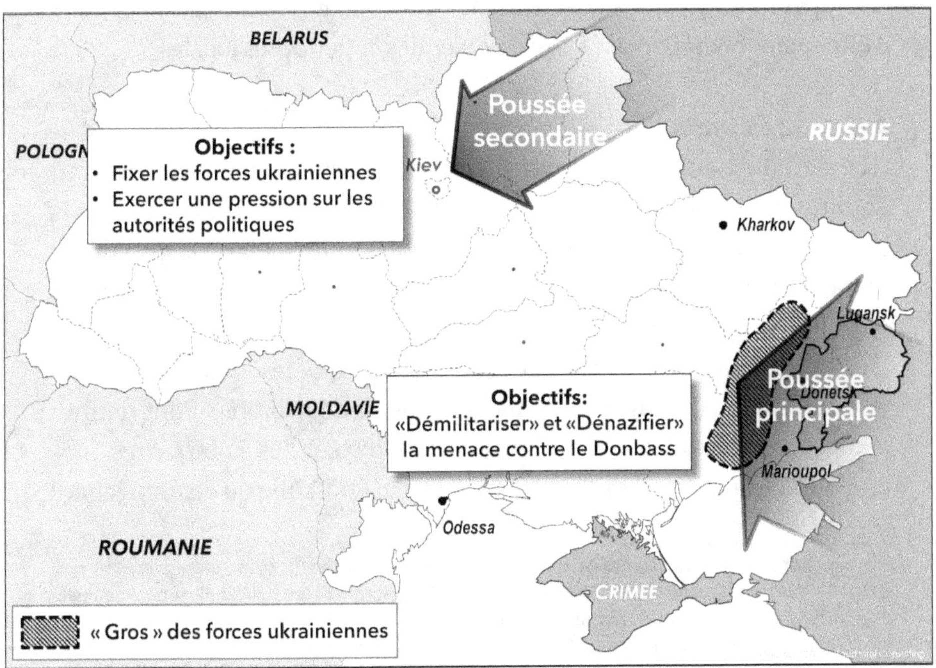

Figure 46 — La mécanique générale de l'opération spéciale de la Russie suit fidèlement sa doctrine opérative. Elle s'articule en une poussée principale et une poussée secondaire. Le rôle de la poussée secondaire est de créer des conditions favorables au déroulement de la poussée principale.

185

La Russie applique rigoureusement un des principes essentiels de la guerre : l'économie des forces. D'après le Pentagone, les Russes ont engagé environ 80 *Groupements Tactiques Bataillonnaires* (BTG), totalisant environ 65 000-100 000 hommes[456], auxquels s'ajoutent 30 000-40 000 hommes des milices du Donbass. Les forces ukrainiennes, elles comptent alors au total 200 000 à 250 000[457] hommes. En mai 2022, s'affrontent 100 000 à 190 000 hommes pour la coalition russe (Russie, RPD et RPL) et 700 000 pour l'Ukraine[458]. On constate donc que les Russes ont démarré leur opération avec un rapport de force de 3-4 : 1 en faveur de l'Ukraine.

Un tel rapport de forces semble contredire les règles de l'art militaire, car on admet généralement, qu'il faut une supériorité de 3 à 1 pour qu'une attaque ait du succès. En réalité, ce ratio est très théorique, car le succès d'une attaque dépend de facteurs plus complexes. Les grandes batailles de l'Histoire montrent que c'est souvent un attaquant inférieur en nombre qui a gagné[459]. Les Russes n'ont pas fait démentir ce paradoxe, en menant leur opération avec des groupements de combat très mobiles, capables d'être rapidement déplacés afin de créer des supériorités locales.

4.5.2.1. Les objectifs

Le déroulement des opérations suit les objectifs définis par Vladimir Poutine lors de son allocution télévisée du 24 février. L'intention de la Phase 1 est de créer des conditions favorables pour la Phase 2, qui constituera la « pièce de résistance » de ce que les Russes appellent « *Opération Militaire Spéciale* » (SVO).

La mécanique de l'opération découle du fait que les forces de la coalition russe attaquent avec un rapport de forces défavorable. Pour remplir leurs objectifs, elles doivent être capables de créer des supériorités limitées dans l'espace et dans le temps. Cela n'est possible qu'en empêchant

---

456. « Senior Defense Official Holds a Background Briefing, April 18, 2022 », *defense.gov*, 18 avril 2022 (https://www.defense.gov/News/Transcripts/Transcript/Article/3002867/senior-defense-official-holds-a-background-briefing-april-18-2022/)
457. Prasanta Kumar Dutta, Samuel Granados & Michael Ovaska, « On the edge of war », Reuters, 26 janvier 2022 (https://graphics.reuters.com/RUSSIA-UKRAINE/dwpkrkwkgvm/)
458. « 700,000 soldiers defending Ukraine now, Zelenskyy says, as battles rage in the Donbas », Euronews/AP/AFP, 21 mai 2022 (https://www.euronews.com/2022/05/21/live-sievierodonetsk-shelling-brutal-and-pointless-zelenskyy-says-as-russia-continues-offe)
459. T.N. Dupuy, *Numbers, prediction, and war: Using history to evaluate combat factors and predict the outcome of battles*, MacDonald & Jane's, 1er janvier 1979 (https://www.amazon.com/Numbers-prediction-war-history-evaluate/dp/0672521318) (pp. 12-16)

les forces ukrainiennes situées dans l'ouest du pays de renforcer le gros des forces regroupé dans le Donbass.

L'objectif final de la SVO se décompose en deux objectifs situés sur l'axe de la poussée principale. Il s'agit de neutraliser :

- les forces armées ukrainiennes regroupées dans le Donbass en vue de l'offensive contre les RPD et RPL (objectif de « démilitarisation »), et
- les milices paramilitaires ultra-nationalistes de Marioupol (objectif de « dénazification »).

Il faut donc pousser très rapidement dans la profondeur en direction de Kiev durant la Phase 1, afin de « fixer » les forces ukrainiennes dans le secteur de la capitale et les retenir par des actions de combat. C'est l'objectif de la poussée secondaire en direction de Kiev.

Les Russes avaient-ils prévu que cette poussée secondaire retiendrait davantage l'attention des Occidentaux que la poussée principale ? On ne sait pas. Il n'en demeure pas moins que la réaction des pays occidentaux et la médiatisation de la défense ukrainienne centrée sur Zelensky ont facilité la tâche des Russes.

N'écoutant que leurs préjugés, les pseudo-experts et politiciens occidentaux se sont mis en tête que l'objectif de la Russie était de s'emparer de l'Ukraine et de renverser son gouvernement. C'est ce qu'ont systématiquement cherché à faire les Occidentaux dans les guerres qu'ils ont menées. Formé et conseillé par des experts de l'OTAN, l'état-major ukrainien a donc, de manière assez prévisible, appliqué la même logique. Ils ont attribué à la Russie l'objectif de changer le régime à Kiev et ont ainsi vu la ville comme l'objectif premier des Russes.

Le discours de Vladimir Poutine est pourtant sans ambiguïté : il veut éradiquer la menace qui pèse sur les populations russophones du Donbass, point. La réflexion militaire russe s'inspire de Clausewitz, qui a défini le « centre de gravité » (*Schwerpunkt*) comme l'objectif prioritaire d'une stratégie. Le « centre de gravité » est l'élément duquel un belligérant tire sa force et sa capacité d'action. Pour les Russes, dans le contexte du Donbass, le centre de gravité ukrainien est l'ensemble de ses forces militaires et paramilitaires qui menace les populations russophones. C'est donc l'objectif prioritaire.

Sur un plan plus technique, pour créer une supériorité locale, il faut amener une force suffisante dans le secteur voulu, tout en empêchant l'adversaire de renforcer son dispositif. C'est l'objectif des « opérations de façonnage » (*shaping operations*, dans la terminologie américaine). Il s'agit d'attirer ou de fixer les forces adverses dans certains secteurs, afin de faciliter l'exécution des opérations décisives, c'est-à-dire à celles qui permettent la réalisation des objectifs.

Dans la première phase de la SVO, l'action dans le Donbass est une « opération décisive » (*decisive operation*) : elle doit permettre la réalisation des objectifs de « démilitarisation » et de « dénazification ». Les actions vers Kiev et vers Kherson-Zaporojie ne sont à ce stade que des « opérations de façonnage du champ de bataille » (shaping operations) : elles doivent retenir les forces ukrainiennes afin qu'elles ne puissent pas renforcer le gros des troupes dans le Donbass.

Dans son communiqué du 30 mars 2022, le ministère de la Défense russe explique d'ailleurs cette mécanique[460] :

> *La première phase de l'opération militaire spéciale menée par les forces armées russes dans le Donbass et en Ukraine avait pour but de forcer l'ennemi à concentrer ses forces, ses moyens, ses ressources et ses engins de combat pour défendre les grandes zones urbaines dans ces zones, y compris Kiev. Il s'agissait de les fixer, sans prendre d'assaut les villes, afin d'éviter les pertes civiles, et de leur infliger aux forces armées du régime de Kiev des pertes telles, qu'il ne soit pas en mesure de les utiliser dans la direction d'opération principale de nos forces dans le Donbass. Tous ces objectifs ont été atteints.*

Les Russes comprennent la guerre dans une perspective clausewitzienne : la guerre est la poursuite de la politique par d'autres moyens. C'est pourquoi ils passent de l'une à l'autre de manière fluide en adaptant leurs objectifs politiques à l'évolution de la situation militaire. Concrètement, il s'agit de transformer des succès opératifs en succès stratégiques. C'est ce qui se passe dès le début de la SVO, lorsque la partie ukrainienne se déclare prête à s'engager dans un processus de négociation.

Le 28 mars, avec l'encerclement du dernier carré de néo-nazis dans Azovstal, à Marioupol, l'objectif de « dénazification » est considéré

---

460. https://z.mil.ru/spec_mil_oper/news/more.htm?id=12415372@egNews

comme atteint et retiré de la liste des objectifs russes, comme le rapporte le *Financial Times*[461]. Cet encerclement a deux effets :

- Elle pousse Volodymyr Zelensky à faire une proposition écrite aux Russes dans le cadre des négociations d'Istanbul. Elle contient des éléments jugés positifs sur lesquels ils sont prêts à discuter.
- Elle permet aux Russes de renforcer leur dispositif dans le Donbass pour passer à la Phase 2 et concentrer leurs efforts sur l'objectif de « démilitarisation ». Ayant désormais la supériorité dans sa zone d'opération décisive, la Russie peut retirer ses troupes du secteur de Kiev afin de regrouper ses forces dans le Donbass.

Après avoir reçu la proposition de Zelensky, la Russie peut faire passer ce retrait comme un geste de bonne volonté. De son côté Kiev fait passer ce retrait pour une victoire — ce qui est, pour ainsi dire, de bonne guerre — mais qui a aussi un effet pervers, car les Occidentaux y voient le signe tangible d'une défaite annoncée. Cela les incite à pousser Zelensky à retirer sa proposition et à lui fournir encore plus d'armes, ce qui conduira à la mort de milliers de soldats ukrainiens, sans améliorer la situation militaire.

4.5.2.2. *Le rôle de l'aviation*

Le 21 février 2023, sur *France 5*, le général Patrick Dutatre déclare que les Russes ne savent pas utiliser l'aviation, en constatant que l'aviation est peu présente dans le ciel ukrainien en comparaison des actions occidentales au Moyen-Orient. Il illustre le défaut des militaires français — déjà vu en 1940 — qui n'imaginent pas que l'adversaire puisse avoir une approche différente des opérations. Il n'a strictement rien compris.

Au début de leur offensive, les Russes ont détruit l'essentiel de la défense aérienne ukrainienne en quelques minutes, les infrastructures de l'aviation militaire et la plus grande partie des appareils.

Le problème est qu'à la différence des Occidentaux, les Russes ne cherchent pas à envahir ou à occuper l'Ukraine, mais à détruire le potentiel militaire menaçant les populations du Donbass. Au Moyen-Orient, les Occidentaux voulaient pousser dans la profondeur des territoires

---

461. « Russia no longer requesting Ukraine be "denazified" as part of ceasefire talks », Financial Times, 28 mars 2022 (https://www.businessinsider.com/russia-nazi-demand-for-ukraine-dropped-in-ceasefire-talks-2022-3?r=US&IR=T)

adverses, il leur fallait donc un « parapluie ». Ce n'est pas le cas des Russes, qui peuvent accomplir leur mission sans exposer leurs moyens aériens.

Par ailleurs, comme on le voit à Bakhmout, les combats se déroulent souvent à très courte distance, n'offrant que peu d'avantages par rapport à l'artillerie. Durant les campagnes de frappes menées par la Russie dans la profondeur de l'Ukraine après l'attentat du pont de Kerch, les missiles ont permis d'atteindre les objectifs sans mettre en danger les pilotes russes.

4.6. Échec ou succès russe ?

Le succès (ou l'échec) est déterminé par l'atteinte (ou non) des objectifs fixés. Le discours occidental sur les échecs répétés de la Russie se fonde presque exclusivement sur des objectifs qui n'ont jamais été formulés par la Russie, mais par nous-mêmes ! Il est ainsi facile de prétendre qu'elle ne les a pas atteints.

Il en est ainsi de Kiev, que les Américains avaient désigné comme un objectif de la Russie, afin de renverser le gouvernement ukrainien et le remplacer. Pourquoi et par qui ? Personne ne le sait[462]. Le 2 mars 2022, sur la *RTS*, Alexandre Vautravers, expert militaire suisse affirme que « *si Kiev n'est pas tombée dans les 48 prochaines heures, on assistera à un "pourrissement" des hostilités* »[463]. Mais nos « experts » s'obstinent à y voir un échec. En mai 2022, toujours sur la RTS, Claude Wild, ambassadeur de Suisse à Kiev déclare que les Russes ont « *perdu la bataille de Kiev* »[464].

Or, les Russes n'ont jamais déclaré vouloir s'emparer de la ville et n'ont jamais déployé les forces nécessaires pour le faire. Ils n'ont déployé dans ce secteur que 20 000-22 000 hommes, alors que la ville était défendue par environ 60 000 hommes. Rappelons qu'en 1945, à Berlin — alors

---

462. « Guerre en Ukraine : Selon le Pentagone, les Russes prêts à prendre Kiev pour y « décapiter » le pouvoir », *20 Minutes.fr/AFP*, 25 février 2022 (https://www.20minutes.fr/monde/3242027-20220225-guerre-ukraine-selon-pentagone-russes-prets-prendre-kiev-decapiter-pouvoir)
463. « Alexandre Vautravers: "La Russie dispose d'une arme tout aussi cruelle que l'arme chimique" », *RTS.ch*, 2 mars 2022 (https://www.rts.ch/info/monde/12906989-alexandre-vautravers-la-russie-dispose-dune-arme-tout-aussi-cruelle-que-larme-chimique.html)
464. « "Personne n'aurait parié un franc sur une telle résistance", estime l'ambassadeur suisse en Ukraine », *RTS Info*, 24 mai 2022 (https://www.rts.ch/info/monde/13121067-personne-naurait-parie-un-franc-sur-une-telle-resistance-estime-lambassadeur-suisse-en-ukraine.html)

défendue par 45 000 hommes — les Soviétiques ont attaqué la ville avec 1,5 million d'hommes. Il n'y a donc jamais eu de « bataille de Kiev ».

La présence des Russes autour de Kiev avait deux objectifs : fixer les troupes ukrainiennes loin du Donbass et créer une pression pour une négociation. Ces deux objectifs ont été atteints et dès le 25 février Zelensky était disposé à négocier avec la Russie. C'est l'Union européenne en fournissant des armes et les éléments néonazis de l'entourage de Zelensky qui ont fait capoter les premières négociations à Gomel.

Les Occidentaux n'ont pas voulu comprendre ce qui s'est passé, mais ont jugé la situation en fonction de ce qu'ils auraient fait eux-mêmes en choisissant le scénario qui appuyait le mieux leur discours. Ils perçoivent la Russie comme l'ennemi qu'ils voudraient qu'il soit et non comme elle est. Délibérément ou non, nos diplomates et nos journalistes ont faussé la perception des gouvernements occidentaux et sont à l'origine de morts ukrainiennes inutiles.

De même, nos « experts » prédisaient que Vladimir Poutine voulait faire une déclaration spectaculaire et victorieuse pour le 9 mai 2022, jour d'anniversaire de la victoire de 1945[465], puis pour le 24 février 2023, jour anniversaire du début de la SVO... et rien ne s'est passé.

En réalité, Vladimir Poutine n'a jamais dit qu'il voulait prendre Kiev et a fortiori qu'il voulait la prendre en deux jours. Il n'a jamais dit qu'il voulait renverser le président Zelensky. Il n'a jamais dit qu'il voulait s'emparer de toute l'Ukraine[466]. Il n'a jamais dit qu'il visait une victoire le 9 mai. Il n'a jamais dit qu'il voulait annoncer cette victoire lors du défilé du 9 mai. Il n'a jamais dit qu'il voulait « déclarer la guerre » le 9 mai afin de pouvoir déclencher une mobilisation générale[467].

Nos « journalistes » n'analysent rien : ils inventent ! Ils ne font que projeter leurs fantasmes, et leurs préjugés, sans aucune analyse factuelle.

Les « experts militaires » qui défilent sur nos plateaux de télévision semblent avoir oublié ce qu'un sous-lieutenant devrait savoir : « Connais ton ennemi ! »... Et pas comme on voudrait qu'il soit, mais comme il est !

---

465. https://www.rts.ch/emissions/infrarouge/13079683-guerre-en-ukraine-la-russie-dans-lim-passe.html
466. https://www.rts.ch/play/tv/redirect/detail/13086647?startTime=790
467. https://www.rts.ch/info/monde/13066001-poutine-prendratil-le-risque-de-declarer-la-mobi-lisation-generale-le-9-mai.html

Un exemple caractéristique est l'audition du colonel Michel Goya par une commission du Sénat français sur les leçons de la guerre en Ukraine. Sans aucune connaissance de la doctrine militaire russe ou du fonctionnement de l'Alliance atlantique, il analyse la guerre en fonction de ce que ferait un militaire français ! Son approche consiste à penser que la guerre ne peut être menée que dans une logique française. Il commet la même erreur que ses prédécesseurs en 1914, en 1940 avec la menace terroriste en 2015-2016 et dans le Sahel. On peut même être surpris du manque de recul et du niveau de connaissance médiocre des sénateurs qui auditionnent notre « expert ».

Quel que soit le conflit, chaque partie tend à promouvoir une image favorable d'elle-même et à dénigrer son adversaire. L'Ukraine a ainsi une communication de guerre avec laquelle elle cherche à minimiser ses erreurs et maximiser celles des Russes. C'est de bonne guerre. Le problème est qu'en voulant soutenir l'Ukraine nous avons également adopté sa communication et nos médias nous ont forcé à voir le conflit de la même manière. Il y ici un effet pervers, en adoptant sa manière de voir nous l'avons aidé à conforter ses erreurs et elle n'a pas pu les corriger. C'est pourquoi on observe depuis 2014, systématiquement les mêmes défauts de la conduite ukrainienne.

Déjà en 2014-2015, on pouvait constater que les Ukrainiens appliquaient des schémas « à l'occidentale », totalement inadaptés aux circonstances, face à un adversaire plus imaginatif, plus flexible et aux structures de conduite plus légères. Le même phénomène se reproduit aujourd'hui. Finalement, la vision partielle du champ de bataille que nous donnent nos médias nous a rendu incapables d'aider la conduite ukrainienne à prendre les bonnes décisions. Elle nous a conduit à penser que l'objectif stratégique évident était Kiev, que la « démilitarisation » visait l'adhésion de l'Ukraine à l'OTAN, et que la « dénazification » visait à renverser Zelensky.

On ne gagne pas une guerre avec des préjugés : on la perd, et c'est ce qui est en train de se passer. La coalition russe n'a jamais été « aux abois » ni « stoppée » par une résistance populaire héroïque : elle n'a tout simplement pas fait ce que l'on l'attendait ! Nous n'avons pas voulu écouter ce que Vladimir Poutine nous a pourtant très clairement expliqué. C'est pourquoi nous (c'est-à-dire, nos médias et nos politiciens) sommes ainsi devenus —

volens nolens — les principaux artisans de la défaite ukrainienne qui se dessine. Paradoxalement, c'est probablement à cause de quelques experts auto-proclamés et stratèges occasionnels de nos plateaux de télévision que l'Ukraine se trouve aujourd'hui dans cette situation !

En janvier 2023, la RAND Corporation[468] publie un rapport qui constate que le conflit en Ukraine ne tourne à l'avantage ni de l'Ukraine, ni des États-Unis, et qu'une guerre qui se prolonge ne fera qu'accentuer cette tendance.

4.7. Le rôle des « volontaires »

Le conflit ukrainien révèle le rôle des volontaires au combat. Il est important ici de faire la distinction entre les volontaires qui s'engagent à titre individuel souvent sans expérience préalable, et les membres de compagnies militaires privées (CMP), qui sont souvent des combattants aguerris.

4.7.1. Les volontaires individuels

Les volontaires individuels ne sont pas un phénomène nouveau en Ukraine. Dès 2014, la presse ukrainienne avait révélé la présence de volontaires russes pour aider les autonomistes du Donbass. Nos médias y ont immédiatement vu la main de Vladimir Poutine, mais à la veille de la signature des accords de Minsk, le chef de l'état-major général ukrainien déclarait qu'il n'y avait pas de troupes régulières russes dans le Donbass[469]. De son côté, le chef du SBU ukrainien confirmait 9 mois plus tard que seul 56 combattants individuels russes avaient été observés dans le Donbass[470].

Ces volontaires russes étaient loin d'être les combattants endurcis que la Russie aurait envoyés si elle avait cherché à influencer les combats de cette manière dans le Donbass. Il s'agissait manifestement de jeunes

---

468. Samuel Charap & Miranda Priebe, « Avoiding a Long War », *RAND Corporation*, janvier 2023 (https://www.rand.org/pubs/perspectives/PEA2510-1.html)

469. https://www.dw.com/uk/геншТаб-україна-не-воює-з-російськими-регулярними-військами/ a-18225044

470. https://www.kyivpost.com/article/content/war-against-ukraine/sbu-registers-involvement-of-56-russian-in-military-actions-against-ukraine-since-military-conflict-in-eastern-ukraien-unfolded-399718.html

exaltés par l'aventure, mais qui n'avaient ni les compétences, ni la maturité nécessaire. Plus tard, des vétérans russes se sont joints aux milices du Donbass, avec une expérience du combat en Syrie et en ont tiré l'idée de créer une milice privée, qui deviendra « Wagner ».

En 2022, l'Ukraine fera le même constat avec les volontaires qui affluent de toute l'Europe. Le gouvernement ukrainien annonce en grande pompe la création d'une *Légion Internationale pour la Défense de l'Ukraine* (LIDU)[471]. Elle rassemble rapidement des milliers de combattants du monde entier, mais dont la qualité est globalement mauvaise.

Le 8 mars 2022, la RTBF vante l'action d'un volontaire belge qui part pour l'Ukraine, et nous montre, sur le mur de sa chambre, une affiche du *Corps Franc Wallonie* (les volontaires belges du 3e Reich) et du *National-Anarchist Movement* (NAM), une organisation radicale d'extrême-droite. Sans doute un de ces « démocrate » glorifiés par le politicien suisse Claude Ruey sur son compte Facebook! Finalement, l'idéal démocrate de notre volontaire belge n'est pas imperméable, car il reviendra onze jours plus tard, sans même avoir été sur le terrain, ébranlé par la frappe russe sur la base de Yavoriv[472]...

En août 2022 déjà, le *Kiyv Independent* relève que la Légion Internationale est mal commandée, par des volontaires qui ont des comportements mafieux et lancent leurs volontaires dans des actions suicides. Des militaires se sont plaint des crimes commis par les volontaires étrangers venus pour « casser du Russe »[473].

Trop jeunes, sans expérience militaire et mal équipés[474], ces volontaires sont employés comme de la « chair à canon », comme le rapporte un jeune

---

471.　https://www.president.gov.ua/news/zvernennya-do-gromadyan-inozemnih-derzhav-ya-ki-pragnut-dopom-73213?ref=kyivindependent.com

472. Arnaud Farr, « La moitié des volontaires partis en Ukraine est rentrée en Belgique: "On ne voulait pas servir de chair à canon inutilement" », la DH, 25 mars 2022 (https://www.dhnet.be/actu/belgique/2022/03/25/la-moitie-des-volontaires-partis-en-ukraine-est-rentree-en-belgique-on-ne-voulait-pas-servir-de-chair-a-canon-inutilement-OG7FSX7WHJAAFHLKLJIBSLDFZE/)

473. Anna Myroniuk & Alexander Khrebet, « Suicide missions, abuse, physical threats: International Legion fighters speak out against leadership's misconduct », *The Kiyv Independent*, 17 août 2022　(https://kyivindependent.com/suicide-missions-abuse-physical-threats-international-legion-fighters-speak-out-against-leaderships-misconduct/)

474. Susie Blann & Elaine Ganley, « Foreign fighters are flocking to Ukraine, where they're searching for weapons and risk being 'cannon fodder' », *Associated Press/Business Insider*, 18 mars 2022　(https://www.businessinsider.com/foreign-fighters-in-ukraine-searching-for-weapons-and-feeling-exposed-2022-3?r=US&IR=T)

volontaire britannique au *Times de Londres*[475]. Ses propos seront confirmés par de nombreux volontaires américains et canadiens, qui ont décrit l'état désastreux de la conduite et de l'engagement de ces unités, souvent commandées par des opportunistes sans réelle expérience adéquate.

4.7.2. *Les compagnies militaires privées (CMP)*

L'engagement de compagnies militaires privées (CMP) en zones de guerre n'est pas nouveau. En Irak, les États-Unis ont employé jusqu'à 100 000 « mercenaires » d'une centaine de CMP. En Afghanistan, l'ambassade américaine de Kaboul était gardée par des « mercenaires » et non des militaires américains.

Même en Ukraine, l'engagement de CMP est ancien. En 2014, pour aider le « mouvement démocratique » de Maidan, le magazine allemand *Der Spiegel* avait déjà évoqué la présence de mercenaires de la firme *Academi* (anciennement *Blackwater*, de sinistre mémoire en Irak et en Afghanistan)[476]. Le *Bundesnachrichtendienst* (BND) en avait apparemment informé le gouvernement allemand et — alors à l'OTAN — j'en avait informé un ambassadeur suisse à l'OSCE, mais l'information est restée lettre morte...

La bataille de Bakhmout révèle une formation qui n'était pas inconnue, mais dont on ne connaissait pas vraiment la valeur combative : les « Wagner ».

Nos médias présentent les « musiciens » de Wagner comme des incapables et mal entraînés. Mais ce n'est pas l'avis du *Wall Street Journal*, et d'un volontaire britannique au sein des forces ukrainiennes.

Compagnie de sécurité au départ, l'organisation Wagner est devenue en Ukraine l'équivalent de la Légion Étrangère en France. Ses militaires sont généralement d'anciens membres des forces spéciales, souvent avec une expérience opérationnelle antérieure avec les forces armées russes ou des armées étrangères. On peut y observer le même esprit que l'on

---

475. Debbie White, « Britons fight and die like cannon-fodder in Ukraine, says teenage volunteer », *The Times*, 1ᵉʳ juin 2022 (https://www.thetimes.co.uk/article/dozens-of-british-fighters-thought-to-have-died-amid-ukrainian-foreign-legion-mayhem-8skt76nkw)
476. « Ukrainische Armee bekommt offenbar Unterstützung von US-Söldnern », Der Spiegel, 11 mai 2014 (https://www.spiegel.de/politik/ausland/ukraine-krise-400-us-soeldner-von-academi-kaempfen-gegen-separatisten-a-968745.html)

trouve parmi les unités d'élite que j'ai côtoyées : une sorte de fierté à exposer sa vie dans les combats.

Symboles des unités Wagner

Figure 47 — À gauche : emblème du quartier-général des formation Wagner ; Milieu : emblème des Wagner qui figure sur leur drapeau ; Droite : insigne distinctif d'épaule.

Sans doute les « musiciens » de Wagner ont-ils eu des pertes importantes dans les combats du Donbass. Mais ils sont efficaces et n'ont pas d'équivalent en face...

4.8. Le mythe du rôle de l'armement occidental en Ukraine

En février 2022, l'Ukraine s'apprêtait à lancer une opération contre le Donbass, dans le but d'en reprendre le contrôle afin de reprendre la Crimée par la suite, en application du décret du 24 mars 2021 de Volodymyr Zelensky. Comme l'avait expliqué Olekseï Arestovitch en mars 2019, l'Ukraine ne pouvait entrer dans l'OTAN tant que le conflit du Donbass était ouvert, et qu'il lui fallait obtenir une défaite de la Russie pour avoir que son adhésion puisse être prise en considération. Mais cette défaite ne pouvait être obtenue qu'avec une mobilisation totale de l'Occident avec des sanctions et des livraisons massives d'armes.

Le problème est que l'Occident, qui avait armé, instruit et entraîné l'armée ukrainienne depuis 2014, pensait qu'avec l'application de sanctions massives, la victoire serait obtenue rapidement et sans conditions.

L'objectif de défaire la Russie restera donc tout au long du conflit le principal objectif de Zelensky et des Américains. C'est ce qui explique la déclaration d'Olekseï Reznikov, ministre de la Défense ukrainien, le 31 décembre 2022, sur son compte Twitter[477] :

> *Lors du sommet de l'OTAN qui s'est tenu à Madrid en juin 2022, il a été clairement indiqué qu'au cours de la prochaine décennie, la principale menace pour l'alliance serait la Fédération de Russie. Aujourd'hui, l'Ukraine fait face à cette menace. Nous accomplissons aujourd'hui la mission de l'OTAN. Ils ne versent pas leur sang. Nous versons le nôtre. C'est pourquoi ils doivent nous fournir des armes...*

Il ne fait ici que préciser ce qu'Arestovitch avait déclaré en mars 2019. C'est pourquoi Reznikov déclare également que l'Ukraine fait désormais partie de l'OTAN : ce conflit et le sacrifice de l'Ukraine pour détruire l'ennemi héréditaire de l'Alliance, est la clé de son adhésion à l'OTAN.

4.8.1. L'investissement occidental

Entre le début de l'opération russe en Ukraine et le 23 novembre 2022, les États-Unis ont fourni environ 21,8 milliards de dollars d'aide à la sécurité pour «*aider l'Ukraine à préserver son intégrité territoriale, à sécuriser ses frontières, et améliorer l'interopérabilité avec l'OTAN*[478]». Sur ce montant, l'administration Biden s'est engagée à verser plus de 19 milliards de dollars d'aide à la sécurité depuis le début de la guerre de 2022.

Le 23 février 2023, soit un an après le début de la SVO, le décompte de l'aide militaire américaine à l'Ukraine fait par *Statista* montre qu'en un an elle a dépassé en valeur l'aide militaire en Afghanistan entre 2001 et 2021[479] !

Au début novembre 2022, l'Allemagne voudrait transférer à l'Ukraine des systèmes anti-aériens mobiles GEPARD, montés sur châssis LEOPARD 1, à l'Ukraine. Le problème que ce système est obsolète pour le service dans la Bundeswehr et qu'elle n'a plus de munitions. Ces munitions sont fabriquées en Suisse. Or, la législation suisse interdit l'exportation de matériel de guerre à un pays engagé dans un conflit ouvert. Il n'en faut

---

477. https://twitter.com/i/status/1611458894055833600
478. «U.S. Security Assistance to Ukraine», *Congressional Research Service*, 26 janvier 2023 (https://crsreports.congress.gov/product/pdf/IF/IF12040)
479. Martin Armstrong, «Ukraine: U.S. Military Aid Exceeds Costs of Afghanistan», Statista, 23 février 2023 (https://www.statista.com/chart/29375/us-military-aid-to-ukraine-compared-to-past-wars/)

pas plus à Oleksander Scherba, ex-ambassadeur d'Ukraine en Autriche, pour qualifier la Suisse de « *trou du cul qui regarde son voisin se faire tuer sans apporter son aide alors qu'il le pourrait* »[480]. On peut parfaitement comprendre sa réaction : il constate que la Suisse a accepté sans réagir que les Ukrainiens du Donbass se fassent tuer durant huit ans, et que tout à coup elle commence à revendiquer le droit international !...

Le problème des livraisons d'armes est la politique adoptée par la plupart des pays exportateurs d'armes d'avoir une clause d'utilisateur final, qui impose au pays destinataire des armes à ne pas les transférer ou les utiliser à des fins contraires à leur objectif initial. Ces règles sont en vigueur au sein de l'OSCE, de l'UE et des pays membres de l'*Arrangement de Wassenaar sur le contrôle des exportations d'armes conventionnelles et de biens et technologies à double usage* (WA). Ainsi, lorsque sur la RTS, une « experte » déclare qu'il s'agit d'un problème lié à la neutralité de la Suisse, c'est inexact. En réalité, il s'agit d'une règle adoptée assez largement en Occident afin d'empêcher que des armes puissent être réexportées ou utilisées à des fins contraires aux objectifs de politique de sécurité du pays exportateur. Par exemple, les États-Unis s'étaient opposés à l'envoi par le Canada de 105 véhicules de transport de troupes blindés Grizzly aux forces de la mission de paix de l'Union Africaine au Darfour, car leur moteur était de fabrication américaine. Mais la paix au Darfour ne faisait manifestement pas partie des objectifs des États-Unis à ce stade !

4.8.2. Une guerre industrielle

La particularité de ce conflit est que depuis l'été 2022, il met en compétition directe les capacités industrielles russes et occidentales. Après la destruction de l'essentiel des capacités militaires ukrainiennes en mai 2022, les Occidentaux ont cherché à remplacer le matériel détruit.

Dans un premier temps, ils ont rassemblé les vieux matériels d'Europe de l'Est datant de la guerre froide et placés sous cocon. Mais ces matériels sont devenus rares. Souvent mal entretenus ils étaient difficilement utilisables, mais ont néanmoins été fournis aux Ukrainiens, faute de mieux.

Dans un deuxième temps, les Occidentaux ont alors fourni des matériels occidentaux obsolètes provenant de leurs propres réserves.

---

480. https://www.20min.ch/fr/story/pour-lui-la-suisse-est-un-trou-du-cul-qui-regarde-son-voi-sin-se-faire-tuer-400605828868

C'est le cas des chasseurs MiG-29 fournis par la Pologne et la Slovaquie, qui sont apparemment difficilement en état de fonctionner et que les Ukrainiens ne peuvent utiliser que pour «cannibaliser» leur propres appareils endommagés[481].

Dans un troisième temps, les Occidentaux ont dû prélever sur les matériels de leurs propres forces. C'est le cas des canons CAESAR français, de l'artillerie estonienne, ou des chars de combat CHALLENGER 2 britanniques. Ce qui montre que le danger d'une attaque de la Russie contre l'Europe n'est qu'une rhétorique guerrière destinée à créer la panique dans nos populations.

Dans un quatrième temps, les Occidentaux ont cherché à produire les matériels nécessaires à l'Ukraine et à la fournir à flux tendu. Mais là encore c'est un échec. En mars 2023, l'Union européenne décide d'un budget de 2 milliards d'euros pour financer des munitions. Un milliard doit rembourser les pays qui ont prélevé sur leurs propres stocks afin de soutenir l'Ukraine, et un milliard doit permettre de mobiliser les ressources industrielles européennes pour produire 1 million d'obus de 155 mm pour l'Ukraine en 12 mois[482].

Cela semble beaucoup, mais c'est l'équivalent de ce que la Russie tire en 20-40 jours! C'est pourquoi l'Ukraine a demandé 350 000 obus par mois à l'UE[483].

Cette phase met en évidence l'incapacité des Occidentaux à soutenir un effort logistique prolongé dans une guerre de haute intensité.

Les matériels occidentaux ne parviennent pas à concurrencer la capacité russe à les détruire. Le 24 janvier 2023, l'Estonie a annoncé qu'elle allait donner l'ensemble de ses obusiers de 155 mm, soit 24 FH-70, et de D-30 de 122 mm d'origine soviétique avec leur munitions[484]. Une semaine plus tard, le 31 janvier, la France offre 12 obusiers automoteurs

481. «Ukraine's top guns need new jets to win the war», *The Economist*, 23 avril 2023 (https://www.economist.com/europe/2023/04/23/ukraines-top-guns-need-new-jets-to-win-the-war)
482. «Ukraine updates: EU agrees €2 billion ammo plan for Kyiv», *Deutsche Welle*, 20 mars 2023 (https://www.dw.com/en/ukraine-updates-eu-agrees-2-billion-ammo-plan-for-kyiv/a-65045955)
483. «EU agrees 2-billion-euro ammunition plan for Ukraine», *France 24*, 20 mars 2023 (https://www.france24.com/en/live-news/20230320-eu-hammers-out-2-bn-euro-ammunition-plan-for-ukraine)
484. Joe Saballa, «Estonia Sending All Its 155-mm Howitzers to Ukraine», *The Defense Post*, 24 janvier 2023 (https://www.thedefensepost.com/2023/01/24/estonia-sending-howitzers-ukraine/)

CAESAR qui s'ajoutent aux 18 qu'elle a déjà fournis à l'Ukraine[485], tandis que le Danemark cède à l'Ukraine l'ensemble de ses 19 pièces CAESAR commandées à la France. Mais, selon le site *Moonofalabama*, qui a comparé avec les annonces officielles de l'état-major, l'armée russe aurait détruit durant la même semaine, 40 obusiers tractés, 32 obusiers auto-moteurs et 8 lance-fusées multiples[486]. Difficiles à confirmer, ces chiffres tendent à montrer que les livraisons d'armes occidentales suffisent à peine pour compenser les pertes ukrainiennes.

En fait les pays occidentaux ont très largement sous-estimé les capacités de la Russie. Leur soutien à l'Ukraine est devenu un exercice de communication plus qu'une aide effective. Comme on le constate, ils sont prêts à dégarnir leurs propres arsenaux pour répondre à la demande ukrainienne. Ainsi, selon le *Financial Times*, un député britannique aurait affirmé que l'armée anglaise ne pourrait pas tenir plus de 5 jours en cas de guerre[487].

Le problème est que les Occidentaux n'ont pas la capacité de mener une guerre contre la Russie. Même le soutien à l'Ukraine pousse les pays de l'OTAN dans une précarité sécuritaire. Ce qui démontre en creux que les pays occidentaux ne considèrent pas sérieusement la Russie comme une menace pour l'Europe.

4.8.3. Les Wunderwaffen

À la fin de la Seconde Guerre mondiale, alors que l'armée allemande recule sur tous les fronts, Hitler et son état-major personnel continuent à croire en un renversement de la situation grâce à l'emploi de nouvelles armes. L'Allemagne est alors en pointe pour le développement de nouvelles technologies et de nouvelles armes, dont on pense qu'elles pourraient « changer la donne ». Avions à réaction, missiles, nouveaux engins blindés, c'est ce que l'on appellera plus tard les « Wunderwaffen » (« Armes miracle »). Mais l'industrie allemande, sous les bombes, n'est plus en mesure d'assurer une production régulière, tandis que les ressources humaines s'amenuisent. Les Wunderwaffen n'empêcheront

485. « La France va fournir douze canons Caesar supplémentaires à l'Ukraine », *France 24*, 31 janvier 2023 (https://www.france24.com/fr/europe/20230131-en-direct-macron-reçoit-le-ministre-de-la-défense-ukrainien-kiev-réclame-des-avions-de-combat)
486. https://www.moonofalabama.org/2023/01/nato-continues-its-disarmament.html#more
487. George Parker & John-Paul Rathbone, « UK armed forces would last just 'five days' in a war, senior MP warns », *Financial Times*, 10 février 2023 (https://www.ft.com/content/4eb1af29-2491-458c-9f69-e065cba58bbb)

pas la défaite du 3ᵉ Reich. 80 ans plus tard, l'Ukraine fait la même expérience que ses maîtres à penser.

Dès mars 2022, alors que les forces de la coalition russophone progressent en Ukraine, le discours occidental affirme que la Russie perd la guerre. Les nouvelles armes déployées par les forces russes, notamment les missiles hypersoniques, sont alors baptisées «Wunderwaffen» par la presse de propagande extrémiste occidentale, afin de les présenter comme l'ultime recours de la Russie face à une défaite inéluctable[488].

Les succès russes et la destruction du potentiel ukrainien dans les premières heures de l'opération spéciale ont incité les Occidentaux à fournir des armes à l'Ukraine dès le début. Ainsi, le 28 février, trois jours après que Zelensky a appelé la Russie à négocier et qu'un processus est engagé à la frontière du Bélarus, l'Union européenne incite le président ukrainien à faire marche arrière[489] et dégage une aide militaire de 450 millions d'euros[490].

L'aide militaire multi- et bilatérale fournie à l'Ukraine depuis le début de la crise est considérable : les États-Unis ont fourni plus de 44 milliards de dollars et l'Union européenne 12 milliards d'euros, tandis que l'aide bilatérale totalise environ 13 milliards d'euros. Ainsi, en un an de conflit, les Occidentaux ont fourni à l'Ukraine l'équivalent de plus de 11 fois son budget militaire de 2020.

Dans une perspective très occidentale, l'Ukraine compte davantage sur le nombre d'armes alors que les Russes donnent plus d'importance à la manière de les employer. C'est ce qui explique entre autres les demandes pressantes de l'Ukraine pour avoir des armes modernes occidentales, alors que les Russes semblent mieux exploiter les atouts de leurs différents systèmes d'armes, y compris ceux qui paraissent obsolètes, comme nous le verrons.

Le bilan des fournitures d'armes occidentales est pour le moins mitigé. Tout d'abord, les armes livrées n'ont — dans la grande majorité — jamais été engagées au combat auparavant. C'est le cas du véhicule anti-aérien allemand GEPARD et même des chars LEOPARD 2. Par ailleurs,

---

488. Volker Pabst, «Moskau zeigt auf seine «Wunderwaffen»», *Neue Zürcher Zeitung*, 20 mars 2022 (https://www.nzz.ch/international/russlands-wunderwaffe-erster-kampfeinsatz-von-hyperschall-rakete-ld.1675519)
489. https://eur-lex.europa.eu/legal-content/FR/TXT/PDF/?uri=CELEX:32022D0338
490. https://www.europarl.europa.eu/RegData/etudes/ATAG/2022/729292/EPRS_ATA(2022)729292_EN.pdf

les instructeurs de l'OTAN n'ont pas l'expérience et les connaissances nécessaires pour former les Ukrainiens à engager ces armes dans des combats de haute intensité.

Armements terrestres majeurs de l'Ukraine (2022)

	(1) Situation au 24.02.2022 (BBC)	(2) Matériel russe capturé au 07.01.2023 (Oryx)	(3) Fourni par l'Occident au 06.01.2023	(1)+(2)+(3) Total au 06.01.2023	Besoins exprimés par Zaloujny le 15.12.2022 (Economist)
Chars de combat	 987	533	590	2 110	300
Véhicules blindés d'infanterie	 831	928	447	2 206	600-700
Pièces d'artillerie	 1818	194	>467	2 479	500
Lance-fusées multiples	-	52	46	98	

Figure 48 — Matériels majeurs de l'armée ukrainienne

4.8.4. La formation

Un problème essentiel, mais totalement esquivé par nos médias est la formation des personnels ukrainiens. La destruction du potentiel militaire humain des forces ukrainiennes a eu pour conséquence la disparition progressive des militaires aguerris.

En 2023, on peut estimer que les pays occidentaux formeront environ 30 à 40 000 nouveaux militaires ukrainiens. Le problème est que pratiquement aucun instructeur occidental n'a l'expérience des conflits à haute intensité. Apparemment, les militaires ukrainiens faits prisonniers par les Russes ont confié que la formation dispensée par les pays de l'OTAN était superficielle et ne permettait pas d'avoir l'avantage sur le champ de bataille.

4.8.5. Les drones

L'usage de drones sur le champ de bataille n'est pas nouveau. Dès le début de l'opération russe, l'Ukraine a engagé des drones BAYRAKTAR d'origine turque. Bien que très performants, ces drones n'ont pas échappé à la redoutable défense anti-aérienne russe.

Drones sur le théâtre ukrainien

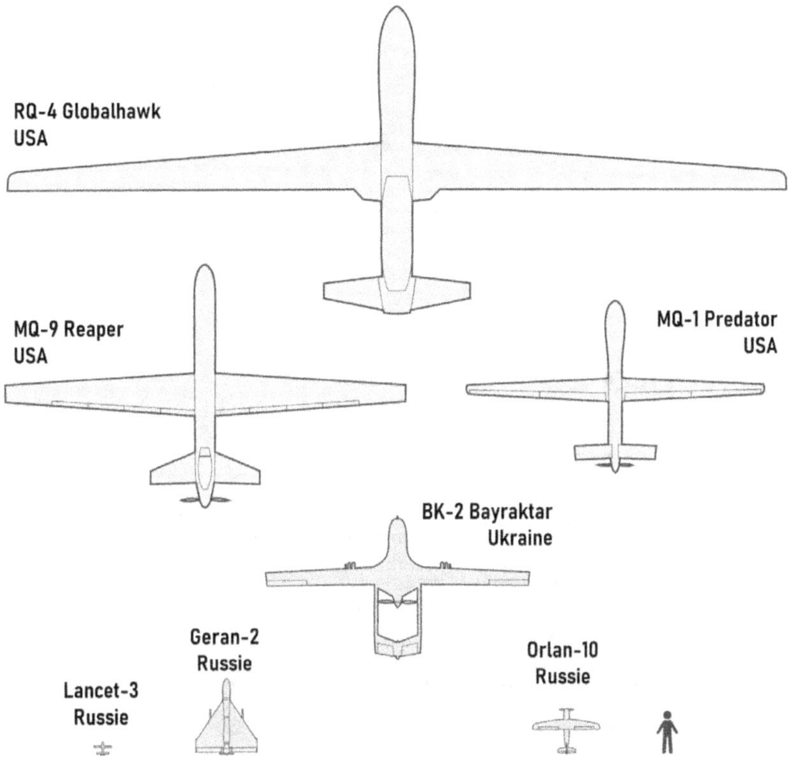

Figure 49 — Principaux système de drones engagés sur le théâtre ukrainien.

4.8.5.1. Les drones de combat

L'usage de drones au combat n'est pas nouveau. Le premier prototype de « torpille aérienne » date de 1918 (Kettering Bug), et les drones d'observations ou pour lancer des grenades ont été largement vus au Moyen-Orient. Mais c'est probablement la première fois que les drones sont utilisés systématiquement et dans le cadre de tactiques établies à tous les niveaux de conduite.

4. Considérations militaires

Une évolution particulièrement importante est l'emploi systématique de «petits» drones, peu couteux, qui peuvent être engagés en masse afin de saturer les défenses adverses, et qui fonctionnent comme de mini-missiles de croisière. C'est ce que l'on appelle les «drones-suicides». Les Russes utilisent notamment le GERAN-2 d'origine iranienne et le LANCET-3 de fabrication russe.

Drone GERAN-2

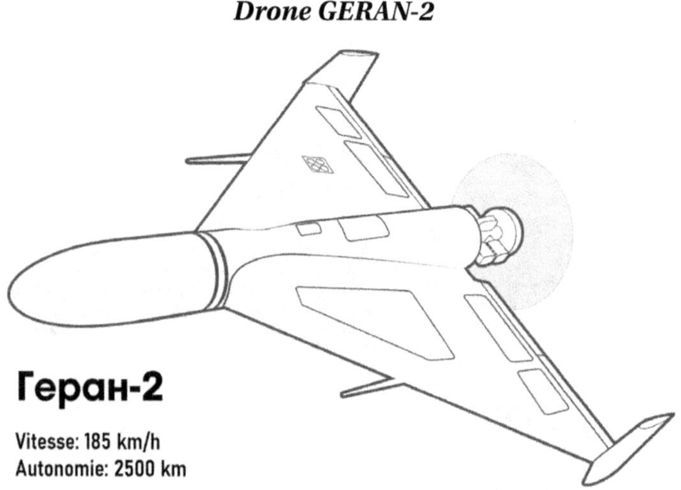

Figure 50 — Le drone GERAN-2 (Géranium) est la version russe du SHAHEED-136 produit par l'Iran. Son système de guidage a été modifié afin d'être invulnérable aux contre-mesures électroniques.

Pour plusieurs raisons, le GERAN-2 a été largement évoqué dans nos médias. Premièrement, il serait originaire d'Iran, où il est produit sous le nom de SHAHEED-136, ce qui n'a pas manqué de frapper les esprits en 2022, alors que le pays est en proie à des manifestations. Deuxièmement, il est l'occasion de dire que la Russie est à court de drones et qu'elle doit aller en quémander auprès de ses alliés de l'«Axe du Mal». Troisièmement, cela permet à l'Occident d'accuser l'Iran de soutenir la Russie et de lui appliquer de nouvelles sanctions[491].

---

491. «La Suisse sanctionne la livraison de drones iraniens à la Russie», *Gouvernement suisse*, 2 novembre 2022 (https://www.admin.ch/gov/fr/accueil/documentation/communiques.msg-id-91102.html); Daphne Psaledakis & Arshad Mohammed, «New U.S. sanctions target supply of Iranian drones to Russia», *Reuters*, 6 janvier 2023 (https://www.reuters.com/business/aerospace-defense/us-targets-supply-iranian-drones-russia-new-sanctions-2023-01-06/)

Il semble que la Russie ait acheté plusieurs centaines de SHAHEED-136 afin de les modifier pour un emploi en Ukraine. Les informations sur ces modifications restent contradictoires, mais il semble que le GERAN-2 ait été équipé d'un système de guidage satellitaire durci, afin de résister aux contre-mesures électroniques. C'est une sorte de « mini-missile » de croisière, dont la charge explosive a été améliorée. Sa coque en fibre de verre en fait un engin difficile à détecter par les radars. Son autonomie maximale annoncée de 2 500 km surprend un peu et sa portée pratique est vraisemblablement plutôt de 1 000 km.

Réalisé en grande partie avec des éléments disponibles sur le marché commercial, le GERAN-2 est extrêmement économique et sa destruction exige des moyens très couteux, ce qui en fait une arme d"attrition par excellence. On estime son cout de production à environ 20 000 dollars, alors que les Ukrainiens doivent les combattre avec des missiles S-300 d'origine soviétique dont le cout unitaire est estimé à 130 000 dollars ou des missiles NASAMS américain à 500 000 dollars pièce. Un pilote ukrainien a même sacrifié un MiG-29 pour abattre un GERAN-2[492]!

Drone-suicide russe LANCET-3

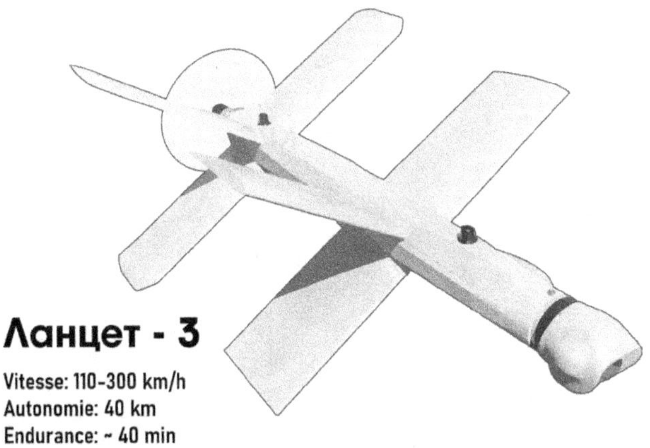

Figure 51 — Un des drones les plus efficaces de la campagne d'Ukraine. Produit par Kalachnikov, le Lancet est un drone-suicide bon marché qui peut fournir des informations, avant de s'abattre sur sa cible et la détruire avec ses 5-6 kg d'explosifs.

---

492. Girish Linganna, « Historic! A kamikaze drone downs a fighter aircraft, Ukrainian MiG-29 crashes trying to shoot an Iranian Shahed-136 drone », *Frontier India*, 13 octobre 2022 (https://frontierindia.com/historic-a-kamikaze-drone-downs-a-fighter-aircraft-ukrainian-mig-29-crashes-trying-to-shoot-an-iranian-shahed-136-drone/)

Apparemment, selon l'état-major ukrainien, les drones LANCET 1 et 3 russes auraient détruit ou endommagé quelque 200 pièces d'artillerie, principalement des M777. Silencieux., petits et difficilement détectables, ils sont surtout efficaces de nuit.

En Ukraine, l'armée russe travaille avec le «Complexe Reconnaissance-Feu» (*Razvedivatel'no-Ognevoï Kompleks - ROK*) qui intègre les systèmes de combat au niveau tactique et le «Complexe Reconnaissance-Frappe» (*Razvedivatel'no-Udarnyy Kompleks - RUK*), au niveau opératif. Leur principe est d'intégrer les moyens de reconnaissance avec les éléments de frappe (artillerie, missiles, aviation, troupes aéroportées, forces spéciales, etc.). Il nécessite, des systèmes de transmission de données, qui permettent de comprimer la boucle OODA (*Observe, Orient, Decide and Act*), bien connue des militaires, de manière à réagir très rapidement à l'évolution de la situation dans le terrain. Le concept avait déjà commencé à être développé en Afghanistan. Il est aujourd'hui — technologie aidant — parvenu à maturité.

Dans le contexte du RUK, des drones de reconnaissance, de petite dimension, relativement peu détectables, comme le KUB permettent d'avoir la vision du champ de bataille et transmettre en temps réel les coordonnées de systèmes très mobiles comme les systèmes CAESAR ou HIMARS ukrainiens.

Drone KUB

Figure 52 — Le Drone Zala CUB est un drone utilisé pour le complexe reconnaissance-frappe (RUK).

4.8.6. Les armes « intelligentes »

Rapidement, les fournitures d'armes à l'Ukraine épuisent le potentiel occidental. On finit par lui envoyer des armes en développement, comme la bombe volante GBU-39 GLSDB, qui peut être tirée par des lance-roquettes multiples M270 MLRS ou M142 HIMARS[493].

Le 28 mars 2023, la première bombe GBU-39 lancée sur le territoire russe a été interceptée par la défense anti-aérienne. Il s'agit d'une bombe planante fixée sur un propulseur permettant son tir à partir de lance-missiles multiples HIMARS ou MLRS. Les radars des systèmes anti-aériens russes S-300 et S-400 peuvent détecter un missile HIMARS à une distance de 80 km et une GLSDB à 30-40 km, compte tenu de sa plus petite taille. En revanche, la vitesse de la GLSDB est trois fois inférieure à celle d'un missile HIMARS, ce qui rend son interception plus facile.

GBU-39 Ground-Launched Small Diameter Bomb (GLSDB)

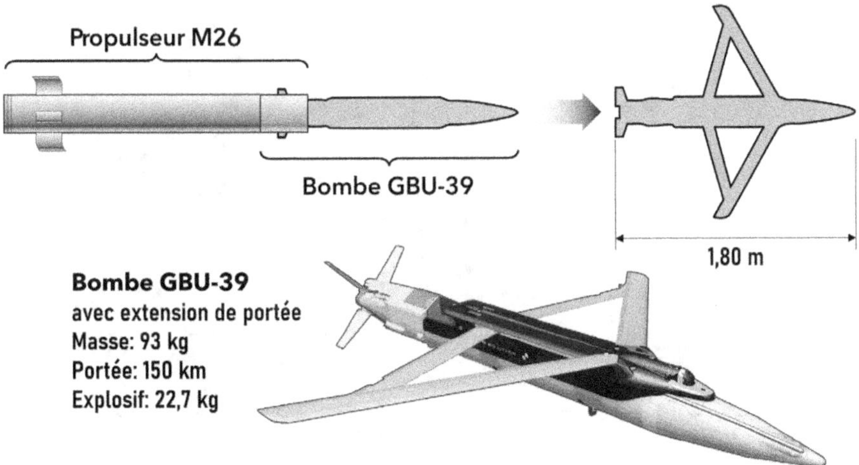

Figure 53 — La GLSDB des firmes Boeing et Saab est encore en cours de développement. Elle a cependant déjà été déployée sur le théâtre ukrainien en mars 2023, selon les autorités russes. Le propulseur M26 pousse la bombe sur 32 km ; puis elle se détache et plane pour atteindre une distance totale de 150 km.

493. David Axe, « Ukraine's New Rocket-Boosted Glide-Bombs Can Turn Around and Hit Targets on The Backs of Hills, 90 Miles Away », Forbes, 3 février 2023 (https://www.forbes.com/sites/davidaxe/2023/02/03/ukraines-new-rocket-boosted-glide-bombs-can-turn-around-and-hit-targets-on-the-backs-of-hills-90-miles-away/)

Depuis décembre 2022, les États-Unis fournissent à l'Ukraine des bombes guidées à longue portée JDAM-ER. Il s'agit essentiellement de kits adaptables à des bombes aériennes, qui deviennent ainsi auto-guidées. Mais il est important de rappeler qu'elles restent des bombes à gravitation sans système de propulsion. Ce sont littéralement des bombes planantes, qui doivent être larguées d'une altitude de 10-12 km pour atteindre la distance de 80 km.

La JDAM-ER utilise le signal GPS pour se diriger vers son objectif. Mais les documents secrets « fuités » en avril 2023 indiquent qu'elles fonctionnent mal et sont sensibles au brouillage russe[494]. Par ailleurs, ces bombes planent à une vitesse relativement modeste et sont vulnérables aux systèmes anti-aériens russes PANTSIR-SM, qui peuvent atteindre des cibles de très petite taille comme des drones ou des missiles HIMARS.

Bombe planante
Joint Direct Attack Munition — Extended Range *(JDAM-ER)*

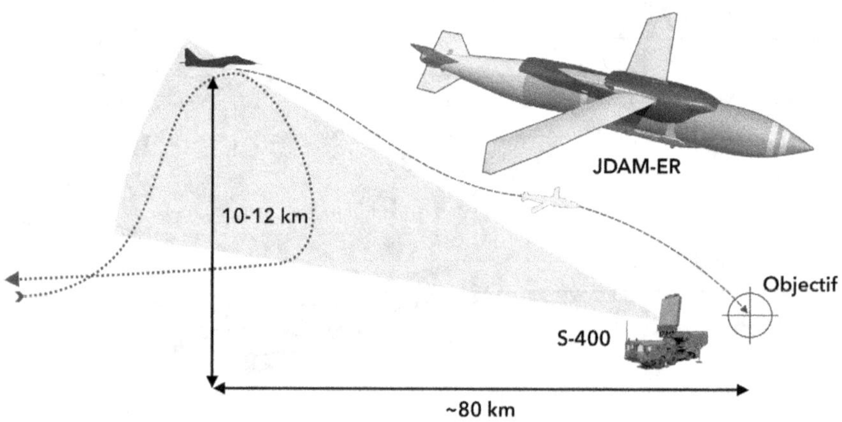

Figure 54 — La bombe planante intelligente JDAM-ER doit être larguée à très haute altitude afin d'atteindre une distance maximale de 80 km. Mais cela signifie que les appareils MiG-29, Su-27 et Su-24 ukrainiens doivent s'exposer au tir des missiles S-300V4 ou S-400 russes. Afin de minimiser leur risque, il faut monter très rapidement à l'altitude de largage, avant de s'esquiver aussi vite que possible. Mais alors, ils sont vulnérables aux systèmes TOR-M2 et BUK-M3 qui se verrouillent plus rapidement sur leur cible.

---

494. Ellie Cook, « Russian Glider Bombs Spark New Air Defence Woes for Ukraine », *Newsweek*, 13 avril 2023 (https://www.newsweek.com/russia-glider-bombs-ukraine-air-defense-jdams-1794155)

Les Russes ont également développé un certain nombre de systèmes équivalents à ceux qui ont été livrés à l'Ukraine. C'est le cas du GROM, qui est l'équivalent du JDAM-ER.

Bombe planante russe GROM

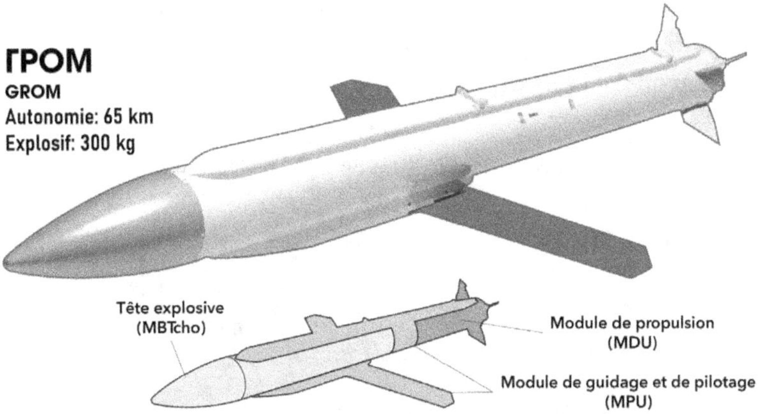

Figure 55 — La bombe GROM est l'équivalent russe de la bombe JDAM-ER américaine. Il s'agit d'une bombe à gravitation dotée d'ailes rétractables et d'un mécanisme de guidage.

Les Russes ont constaté que pour combattre des objectifs fortement protégés ou enterrés, les bombes d'aviations sont plus performantes (et probablement moins couteuses) que les missiles. Ils ont pour cela développé toute une ligne de bombes planantes «intelligentes», qui peuvent se diriger de manière autonome sur leur objectif.

Mais il faut pour cela que leurs avions puissent évoluer librement dans le ciel ukrainien. Il fallait donc épuiser les capacités anti-aériennes de l'Ukraine, afin de permettre les missions de bombardement sur la ligne de front. C'est en partie la raison de la campagne de frappes contre les infrastructures électriques du pays dès octobre 2022. Grâce à nos «experts» qui ont trouvé toutes les explications possibles sauf la bonne, la stratégie russe a fonctionné. En avril 2023, Yuriy Ignat, porte-parole de l'aviation ukrainienne, constate que les Russes ont lancé une vaste campagne de bombardements «*avec un effet perceptible*», et que les capacités anti-aériennes ukrainiennes sont insuffisantes pour y répondre[495].

---

495. Ellie Cook, «Russian Glider Bombs Spark New Air Defence Woes for Ukraine», *Newsweek*, 13 avril 2023 (https://www.newsweek.com/russia-glider-bombs-ukraine-air-defense-jdams-1794155)

C'est ce qui explique l'apparente diminution des tirs d'artillerie russes dans le Donbass depuis mars 2023. L'aviation russe est beaucoup plus libre de ses mouvements pour engager ses bombes FAB-500[496] et surtout ses bombes planantes UPAB-1500B. Présentées pour la première fois en 2019, l'UPAB-1500B peut être engagée d'une distance de 40 km, hors de portée des systèmes anti-aériens tactiques. Conçues après les combats de Marioupol pour combattre des objectifs protégés, ces bombes ont été utilisés à Avdiivka et Bakhmout.

Bombe auto-guidée UPAB-1500B

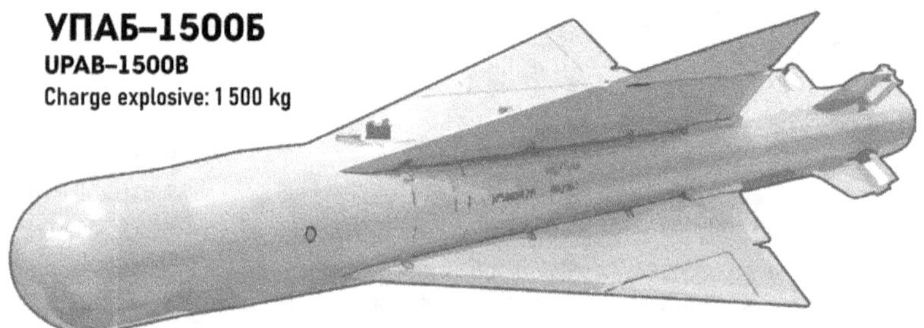

Figure 56 — Conçue pour combattre l'infanterie fortement protégée, la bombe UPAB-1500B peut être larguée hors de la portée de la défense anti-aérienne ukrainienne et se diriger de manière autonome et précise sur son objectif.

4.8.7. *Les armes hypersoniques*

Les missiles hypersoniques ont fait leur entrée en force dans le conflit ukrainien. Leur importance sur le théâtre ukrainien est moins grande que le changement de donne qu'ils annoncent dans l'équilibre des forces entre la Russie et l'Occident. Dès les premiers jours de l'intervention les missiles KINJAL ont frappé des sites logistiques ukrainiens. Il est probable qu'à ce stade, les Russes les aient utilisés à la fois pour les tester en condition de combat et envoyer un signal à l'Occident. Sachant que les Occidentaux tendent à agir plus en raison de leurs narratifs que d'analyses de risque, ils ont certainement voulu.

---

496. Andrew Stanton, «Ukraine Issues Warning About New Modified Russian FAB-500 Aerial Bombs», *Newsweek*, 8 avril 2023 (https://www.newsweek.com/ukraine-issues-warning-about-new-modified-russian-fab-500-aerial-bombs-1793298)

Le missile hypersonique KINJAL Kh-47M2

Figure 57 — Le missile hypersonique KINJAL.

Alors que nos médias racontent à longueur de journée que la Russie n'a aucune capacité de développement technologique, on constate qu'elle a réussi à mettre au point toute une gamme de missiles hypersoniques (avec des vitesses de 10 000 à 30 000 km/h). Ainsi, la Russie a commencé à déployer les missiles hypersoniques ZIRCON sur ses navires[497]. Pouvant difficilement être interceptés, ces missiles constituent une menace considérable pour les porte-avions américains, autrement dit pour la capacité de projection de force américaine.

Or, de leur côté, les États-Unis ont été incapables de développer de tels systèmes. En mars 2023, la firme Lockheed-Martin qui travaillait sur un missile hypersonique dans le cadre du projet *Air-Launched Rapid Response Weapon* (ARRW) abandonne le projet après plusieurs essais infructueux[498]. En d'autres termes, la Russie a un avantage technologique

---

497. Brad Lendon & Anna Chernova, « Putin deploys Russian warship with Zircon hypersonic missile, TASS says », *CNN*, 5 janvier 2023 (https://edition.cnn.com/2023/01/05/europe/russia-warship-hypersonic-missile-deployed-intl-hnk-ml/index.html)
498. Stephen Losey, « US Air Force drops Lockheed hypersonic missile after failed tests », *Defense News*, 30 mars 2023 (https://www.defensenews.com/air/2023/03/30/us-air-force-drops-lockheed-hypersonic-missile-after-failed-tests/)

sur les pays occidentaux et rien n'indique que les sanctions aient affecté la production de ces armes.

Le missile hypersonique ZIRKON

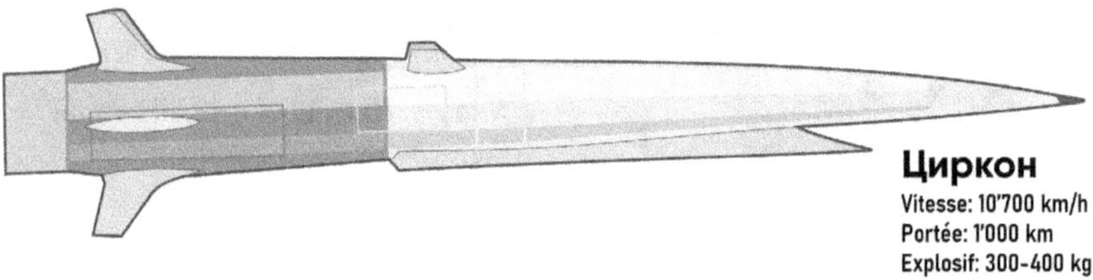

Figure 58 — Le missile hypersonique ZIRKON ne semble pas avoir été utilisé lors du conflit en Ukraine, mais il illustre l'avance technologique de la Russie par rapport aux Occidentaux.

4.8.8. Les chars de combat

4.8.8.1. Un nombre insuffisant

Bien que nos médias ne parlent que de défaites et de pertes russes, force est de constater qu'au printemps 2023, le potentiel de chars ukrainiens s'est réduit comme une peau de chagrin. Ainsi, en février 2022, l'Ukraine avait quelque 800 chars T-64 et une centaine de chars T-72. En 2022, les pays d'Europe orientale lui ont fourni environ 400 chars T-72 provenant de leurs stocks.

Pourtant, les documents classifiés américains « fuités » au début 2023 montrent que l'Ukraine ne dispose que de 43 T-64 et 38 T-72 pour sa grande offensive décisive du printemps 2023. L'Ukraine dispose probablement d'autres chars T-64 et T-72, mais apparemment pas suffisamment pour maintenir une homogénéité logistique en vue d'une opération majeure.

Si l'on additionne le nombre de chars dont disposait l'Ukraine au 24 février 2022, ceux qu'elle a capturés selon le site Oryx (créé spécialement par les Occidentaux au début de l'opération russe sous le titre « Attaque contre l'Europe »)[499], et ceux livrés officiellement en 2022,

---

499. « Attack On Europe: Documenting Russian Equipment Losses During The 2022 Russian Invasion Of Ukraine », *Oryx*, 24 février 2022 (https://www.oryxspioenkop.com/2022/02/attack-on-europe-documenting-equipment.html)

l'Ukraine aurait eu plus de 2 000 chars de combat. Dans ces conditions, on voit mal comment les quelques chars LEOPARD 2 livrés au printemps 2023 pourraient changer la donne...

En février 2022, avec environ 80 BTG au début de son opération selon le Pentagone[500], la Russie n'avait qu'environ 800-1 000 chars de combat. De plus, si l'on en croit nos médias et les Ukrainiens, ces chars auraient été obsolètes et de moindre qualité.

Pourtant, les forces russes avancent et dès le printemps 2022, les Ukrainiens demandent des armes lourdes à l'Occident. En 2022, les pays de l'OTAN leur fournissent plus de 530 chars d'origine soviétique, restés dans les inventaires des pays d'Europe orientale. Bien qu'obsolètes, ces matériels avaient l'avantage d'être très similaires aux matériels que les Ukrainiens avaient perdus, permettant ainsi un déploiement rapide.

Nombre de chars de combat de l'armée ukrainienne

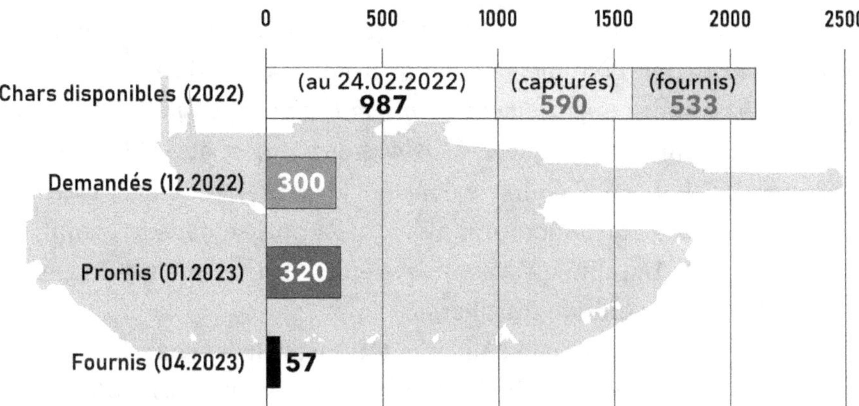

Figure 59 — Comparaison du nombre de chars de combat dans l'armée ukrainienne et les besoins exprimés pour 2023. Le nombre total de chars disponibles en 2022 est basé sur les déclarations du gouvernement ukrainien. En minimisant leurs pertes, les Ukrainiens ont diffusé une image déformée du conflit, qui rend les besoins exprimés à la fin 2022 mal compris dans l'opinion publique.

---

500. « Senior Defense Official Holds a Background Briefing, April 18, 2022 », defense.gov, 18 avril 2022 (https://www.defense.gov/News/Transcripts/Transcript/Article/3002867/senior-defense-official-holds-a-background-briefing-april-18-2022/)

4.8.8.2. Les livraisons occidentales

À la mi-décembre 2022, le général Valeriy Zaloujny, chef des forces ukrainiennes, avait déclaré, dans une interview très remarquée pour *The Economist*, qu'il avait besoin de 300 chars de combat, 500-600 blindés d'infanterie et 500 nouvelles pièces d'artillerie[501]. De son côté, Mikhailo Podolyak, ministre ukrainien de la Défense, avait placé des chars américains M1 ABRAMS sur sa « liste de Noël », postée sur Twitter[502].

C'est avec cette « liste de courses » que Zelensky est allé à Washington, avec l'objectif d'obtenir « *des armes plus puissantes afin de renforcer la capacité de l'Ukraine à lancer des offensives majeures contre des forces russes bien implantées* » en 2023. De son côté, l'administration Biden souhaitait « *discuter de la façon dont [Zelensky] envisage la diplomatie. Où il en est, et ce dont il a besoin pour s'assurer que Kiev est dans la position la plus forte possible afin que nous puissions accélérer la tenue d'une négociation* ».

À ce stade, les États-Unis, au contraire des Européens, cherchent à promouvoir un processus de négociations. Ils refusent donc de fournir des chars ABRAMS. Pour justifier leur décision, les Américains déclarent que ces chars sont « *trop difficiles à entretenir et trop complexes à mettre en œuvre* », comme l'explique le *Washington Post*, et que l'Ukraine « *a déjà assez de chars* »[503]. Comme le constate le grand quotidien, Zelensky ne parvient pas à convaincre son allié qui l'a poussé dans le conflit. Il ne reviendra en Ukraine qu'avec un système de défense anti-aérienne PATRIOT et de la munition d'artillerie.

Zelensky se tourne alors vers l'Allemagne pour avoir des chars LEOPARD 2. Car, alors que les Américains rechignent à livrer leurs M1 ABRAMS à l'Ukraine, la *Frankfurter Allgemeine Zeitung* (FAZ) révèle qu'ils poussent l'Allemagne à fournir des chars LEOPARD 2[504]. Mais, le chancelier Olaf Scholz n'est prêt à en livrer que si les États-Unis acceptent de fournir des

---

501. https://www.economist.com/zaluzhny-transcript
502. https://twitter.com/Podolyak_M/status/1601146941186117632
503. Karen DeYoung & Missy Ryan, « Amid a show of unity, Zelensky and Biden differ on some war needs », The Washington Post, 21 décembre 2022 (https://www.washingtonpost.com/national-security/2022/12/21/zelensky-biden-weapons-ukraine-patriots/)
504. https://www.faz.net/aktuell/politik/inland/ukraine-usa-ueberlaesst-deutschland-die-entscheidung-ueber-leopard-2-18516545.html; « US encourages German government to deliver Leopard 2 tanks to Ukraine », *Army Recognition*, 9 décembre 2022 (https://www.armyrecognition.com/defense_news_december_2022_global_security_army_industry/us_encourages_german_government_to_deliver_leopard_2_tanks_to_ukraine.html)

ABRAMS. Dans un premier temps, un politicien américain suggère que les États-Unis livrent un seul char M1 afin de provoquer la décision allemande[505] ! ... Illustration de la manière dont les Américains perçoivent leurs alliés.

La suite a été dévoilée par le *Washington Post* et n'a pratiquement pas été relayée par la presse européenne[506]. Et pour cause !

Anthony Blinken imagine alors un scénario digne de ce qu'il est. Les États-Unis déclarent alors qu'ils fourniront 31 chars de combat M1, afin d'obtenir le consentement de l'Allemagne. Comme attendu, Scholz autorise alors la Pologne à réexporter des chars LEOPARD et promet d'en fournir à l'Ukraine.

Mais à peine l'Allemagne a-t-elle donné son accord, que les États-Unis reviennent à la charge et déclarent que leurs M1 contiennent des technologies qui ne doivent pas tomber aux mains des Russes et que les chars ne pourront être livrés immédiatement. En fait, ce seront de nouveaux chars construits spécialement pour l'Ukraine[507], avec une protection inférieure (car le blindage en uranium appauvri de la version américaine est classifié), qui ne pourront être livrés que dans une année[508] !

En d'autres termes, les États-Unis ont « roulé Scholz dans la farine » !... Cela montre l'état des relations entre les membres de l'OTAN. On sait déjà que c'est un pays-membre de l'OTAN qui a détruit les gazoducs Nord Stream, c'est l'Allemagne qui paie le prix de la guerre menée par les Américains contre la Russie... Les Américains ont raison : si on a trouvé une « bonne poire » autant l'exploiter, surtout si le peuple allemand accepte sans discuter ! Chaque pays est responsable de son destin. C'est valable pour les Ukrainiens, comme pour les Allemands.

---

505. Tal Axelrod, « McCaul calls on US to send 'just one' Abrams tank to Ukraine to spur European support », *abc news*, 22 janvier 2023 (https://abcnews.go.com/Politics/mccaul-calls-us-send-abrams-tank-ukraine-spur/story?id=96584865)
506. Karen DeYoung, Dan Lamothe & Loveday Morris, « Short on time, Biden sought new Ukraine tank plan to break stalemate », *The Washington Post*, 28 janvier 2023 (https://www.washingtonpost.com/national-security/2023/01/28/inside-story-biden-ukraine-tanks/)
507. « Ukraine will receive Abrams no earlier than the end of 2023 », *Militarnyy*, 29 janvier 2023 (https://mil.in.ua/en/news/ukraine-will-receive-abrams-no-earlier-than-the-end-of-2023/), Lara Seligman, Paul McLeary and Lee Hudson, « U.S. to send Ukraine more advanced Abrams tanks — but no secret armor », *Politico*, 26 janvier 2023 (https://www.politico.com/news/2023/01/26/us-sends-ukraine-advanced-abrams-tanks-00079648)
508. David Axe, « The Tungsten M-1—How Ukraine's Tanks Will Differ from America's », *Forbes*, 27 janvier 2023 (https://www.forbes.com/sites/davidaxe/2023/01/27/the-tungsten-m-1-how-ukraines-tanks-will-differ-from-americas/)

Charité bien ordonnée commence par soi-même ! Les Occidentaux ne veulent pas donner leurs matériels les plus récents et dotés des technologies les plus performantes, car ils craignent que les Russes mettent la main sur eux.

On voit donc réapparaître à proximité de la ligne de front des véhicules largement obsolètes pour ce conflit, comme le transport de troupe M113 américain, le VAB français ou le M2/3 BRADLEY américain, dont la conception a été si chaotique que l'on en a fait une comédie (« *The Pentagon Wars* »[509]).

Ainsi, les Britanniques craignent que le blindage Chobham de leurs chars CHALLENGER 2 puisse intéresser les Russes. Après de longues discussions, le gouvernement a accepté d'en livrer 14 exemplaires, à condition que les Ukrainiens fassent tout leur possible pour empêcher les Russes d'en capturer. Ils imposent donc des contraintes aux Ukrainiens. Les CHALLENGER ne peuvent notamment être utilisés dans un secteur où le front menace d'être percé par les Russes[510]. Comme le décrit un responsable britannique[511] :

> *La première étape est de former et de travailler avec les responsables de la planification des missions afin de s'assurer que les CHALLENGERS ne sont pas utilisés dans des scénarios où ils pensent que l'effondrement est une possibilité réaliste.*
>
> *La deuxième étape consiste à s'assurer, au niveau tactique, que les Ukrainiens sont entraînés à récupérer un char sous le feu de l'ennemi. Ils ne manquent certainement pas de courage.*
>
> *D'autres options extrêmes sont à l'étude, notamment la mise à disposition de contractants militaires privés pour récupérer les chars accidentés.*

---

509. https://en.wikipedia.org/wiki/The_Pentagon_Wars
510. Inder Singh Bisht, « UK Planning to Avoid Challenger Tank from Falling into Russian Hands », *The Defense Post*, 30 janvier 2023 (https://www.thedefensepost.com/2023/01/30/uk-challenger-tank-russian/)
511. Jerome Starkey, « SHOCK & ROLL Army hammering out emergency plan to keep Putin's hands off top secret British armour if tanks are damaged in Ukraine », *The Sun*, 27 janvier 2023 (https://www.thesun.co.uk/news/21191872/army-emergency-secret-british-armour-tanks-war-ukraine/)

L'Ukraine recevra donc des véhicules de dépannage blindés M88 spécialement conçus pour récupérer des chars blindés en condition de combat[512].

Quant aux chars LEOPARD 2A4 à peine reçu, les Ukrainiens ont entrepris de les renforcer avec des blindages réactifs additionnels...

Selon des sources ukrainiennes, il semble que Zelensky soit en pourparlers avec les pays occidentaux afin de pouvoir utilise ces chars dans le rôle pour lequel ils ont été conçus.

Ainsi, non seulement ces matériels exigent une logistique à laquelle n'est pas préparée l'Ukraine, mais chaque équipement nécessite sa propre chaîne logistique, avec l'exigence supplémentaire d'empêcher que ces armes tombent en possession des Russes !

En décembre 2022-janvier 2023, la frénésie des Occidentaux à obtenir des chars de combat pour l'Ukraine aurait poussé les États-Unis à forcer le Maroc à céder à l'Ukraine 20 chars T-72B, alors en cours de revalorisation en Tchéquie[513]. Vraie ou mauvaise excuse de Rabat ? Difficile à dire. Toujours est-il que le Maroc, fidèle allié de Washington, a choisi de ne pas se prononcer pour condamner la Russie à l'Assemblée Générale des Nations Unies, le 3 mars 2023[514].

4.8.8.3. *L'expression de la faiblesse politique occidentale*

Des quelque 320 chars promis au début 2023, seule une cinquantaine sont péniblement rassemblés en février. En janvier 2023, le chancelier Olaf Scholz annonce la création de deux bataillons de chars : un bataillon de chars LEOPARD 2A4 et un bataillon de LEOPARD 2A6. Chaque bataillon compte 31 chars, mais un mois plus tard, seuls 27 LEOPARD 2A4 (14 de Pologne, 8 de Norvège et 5 d'Espagne) et 17 LEOPARD 2A6 (14 d'Allemagne et 3 du Portugal) sont finalement fournis par les donateurs. Finalement, au début avril, seuls 57 chars sont livrés à l'Ukraine avec la promesse que d'autres chars arriveront vers l'été 2023.

---

512. Christopher Woody & Jake Epstein, «Ukraine is getting a new heavy-duty armored vehicle to haul its damaged tanks off the battlefield, US officials say», Business Insider, 25 janvier 2023 (https://www.businessinsider.com/ukraine-getting-m88-armored-recovery-vehicles-along-with-abrams-tanks-2023-1?r=US&IR=T)
513. Ekene Lionel, «Morocco's T-72 tanks were sent to Ukraine without permission», *Military Africa*, 30 janvier 2023 (https://www.military.africa/2023/01/moroccos-t-72-tanks-were-sent-to-ukraine-without-permission/)
514. Basma El Atti, «Morocco's non-vote on UN condemnation of Putin's war raises controversy», *Arab News*, 4 mars 2023 (https://www.newarab.com/news/morocco-chooses-neutrality-un-condemns-putins-war)

Pourtant, en Europe, tout le monde parle de l'offensive ukrainienne de printemps...

La livraison d'armes occidentales à l'Ukraine a eu un effet mobilisateur en Russie. Nos médias ont expliqué que l'arrivée de chars allemands allait réveiller de vieux souvenirs en Russie. En fait, ce ne sont pas seulement les chars, mais également leurs insignes. Lors du 80ᵉ anniversaire de la victoire de Stalingrad, Vladimir Poutine a déclaré :

> *C'est incroyable, mais c'est un fait : nous sommes à nouveau menacés par des chars LEOPARD allemands portant des croix.*

Car en effet, les Russes savent que les chars ukrainiens arborent les mêmes symboles que les chars allemands lors de la campagne de Pologne, en 1939. Nos médias n'en ont rien mentionné, pourtant, c'est là le problème. Les Ukrainiens ont dû s'en apercevoir, car ils ont publié une brochure afin de justifier l'usage de la croix blanche sur leurs chars[515].

Signes distinctifs sur les chars ukrainiens

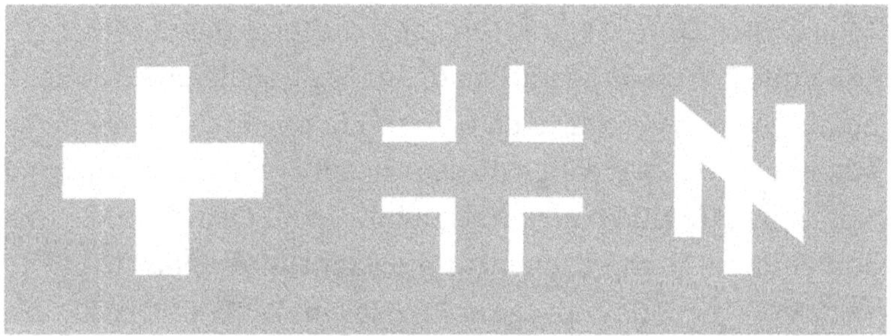

Figure 60 — On retrouve sur les chars ukrainiens les mêmes signes distinctifs
que ceux utilisés par la Wehrmacht durant la Seconde Guerre mondiale.
À gauche, la croix blanche utilisée en 1939 pour la campagne contre la Pologne.
Au milieu la croix utilisée entre 1939 et 1945. À droite, le Wolfsangel, symbole
de l'« Idée de Nation », similaire à l'emblème de la 2ᵉ SS Panzerdivision
« Das Reich ». (Signes observés sur un T-72, apparemment dans la région
de Kharkov)[516]

---

515. https://www.weareukraine.info/the-backstory-about-the-sense-of-the-white-cross-used-by-the-ukrainian-troops-to-mark-their-vehicles-during-the-latest-counteroffensive-in-the-kharkiv-region/
516. https://i.redd.it/v0s0db1s7tt91.jpg

4.8.8.4. *Un matériel mal adapté*

Les armes russes — et celles qui dotaient l'Ukraine jusqu'au printemps 2022 — ont été conçues pour la défense des vastes territoires de l'est de l'URSS. Elles peuvent être produites en grandes quantités, sont simples à entretenir et à mettre en œuvre pour des armées de conscrits dont le temps de formation est limité.

Les matériels occidentaux sont de très bonne qualité, mais sont destinés à être employés par des forces de projection, par des personnels professionnels. Ce sont des systèmes plus «fins», dont l'intégration nécessite la présence de personnels très spécialisés. Ils sont plus délicats. Ce ne sont pas des systèmes destinés à la défense, mais à l'attaque.

Les matériels occidentaux arrivent donc avec des contraintes logistiques importantes. Certains systèmes sont obsolètes en Occident et leur munition est difficile à obtenir (c'est le cas du char anti-aérien allemand GEPARD) ou dont certaines pièces de rechange ne sont tout simplement plus fabriquées comme pour le char LEOPARD 2A4.

La logistique de combat peut s'effectuer relativement facilement en échangeant des modules, comme le bloc moteur, par exemple. Mais des réparations plus complexes ne peuvent être effectuées que par du personnel spécialisé des pays de l'OTAN. Cela implique la mise en place des centres de réparation hors du territoire ukrainien. Outre le fait que cela fait entrer les pays « réparateurs » dans la chaîne logistique opérationnelle de l'Ukraine (et donc comme cobelligérants), cela pose des problèmes douaniers. Ainsi, la Slovaquie estime que l'Ukraine doit payer des droits d'importation, puisque le pays n'est pas membre de l'UE.

Les chars fournis par les Occidentaux sont généralement issus de réserves qui avaient été mises sous cocon au début des années 1990, et qui ont subi une dégradation. Ces équipements doivent donc faire l'objet de révisions complètes avant d'être envoyées en Ukraine.

C'est pourquoi, la livraison de LEOPARD 2A4 est retardée et des chars LEOPARD 1 des années 1960-1990 seront livrés dans l'immédiat. D'autres pays, comme le Danemark ou les Pays-Bas ne veulent pas dégarnir leurs propres arsenaux et envoient à l'Ukraine des chars LEOPARD 1A5. Le problème du LEOPARD 1 est qu'il a un canon de 105 mm, dont la munition n'est pratiquement plus utilisée en Europe.

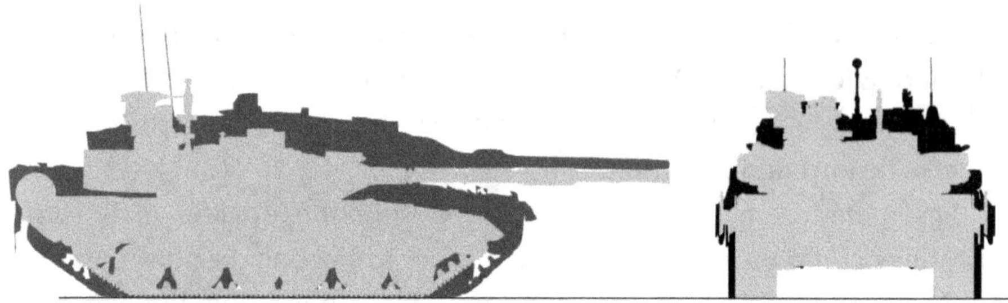

Figure 61 — Comparaison des silhouette d'un char T-90 russe (en gris) et d'un char LEOPARD 2 allemand (en noir). Les chars occidentaux sont généralement conçus pour combattre en Europe centrale, avec un relief légèrement vallonné. Ils sont donc plus hauts afin de permettre un débattement du canon plus ample pour pouvoir tirer en défilement. Les chars russes sont conçus pour opérer sur le territoire russe, beaucoup plus plat, et sont donc généralement plus bas. En Ukraine, cela signifie que les chars occidentaux constituent des cibles plus faciles à acquérir et donc plus vulnérables que leurs homologues russes.

L'examen des chars promis par les Occidentaux permet de tirer certaines conclusions. Tout d'abord, on peut observer que les engins fournis ne sont pas de la dernière génération. Par exemple, il y a une différence significative entre les LEOPARD 2A6 (dont 14 exemplaires ont été promis par l'Allemagne) et les LEOPARD 2A4 (qui constituent la majorité des LEOPARD envoyés). La version A6 est équipée d'un système lui permettant d'être intégrée à un réseau de gestion du champ de bataille (BMS), alors que la version A4 n'en dispose pas. Par ailleurs, leur munition n'est apparemment pas efficace contre les T-90 russes[517].

Les Russes ne sont pas dépourvus d'humour. Le directeur du musée militaire du Don à Rostov a adressé une lettre ouverte à l'ambassadeur d'Allemagne à Moscou, pour lui demander un LEOPARD 2 pour la collection du musée[518], en expliquant que cela serait moins couteux que la remise en état d'un char récupéré sur le champ de bataille en Ukraine[519].

---

517. Thorsten Jungholt, «Bundeswehr-Kampfpanzern fehlt wirksame Munition», *Die Welt am Sonntag,* 26 avril 2015 (https://www.welt.de/politik/deutschland/article140083741/Bundeswehr-Kampfpanzern-fehlt-wirksame-Munition.html)
518. https://youtu.be/lMPVV2EnQns
519. https://www.anti-spiegel.ru/2023/offener-brief-an-deutsche-botschaft-russisches-museum-mit-schwarzem-humor/?doing_wp_cron=1678022230.9727001190185546875000

	Canon	Pression au sol [kg/cm^2]	Masse en ordre de combat [t]	Carburant Autonomie [km]
Leopard 2A4 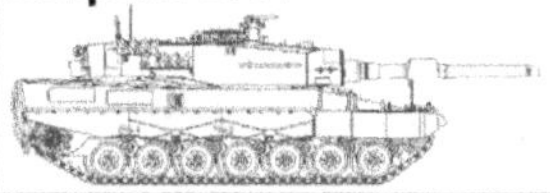	120 mm âme lisse	0,83	55	Polycarburant 550
M1A1 Abrams 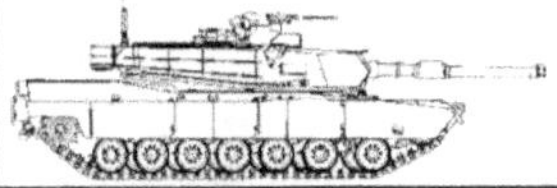	120 mm âme rayée	0,94	57-65	Polycarburant 480
Challenger 2 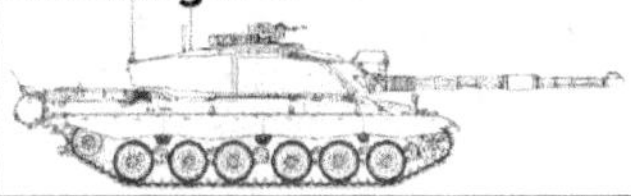	120 mm âme lisse	0,97	65-75	Diesel 450
Leclerc 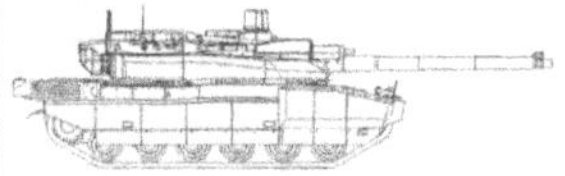	120 mm âme lisse	0,90	55	Diesel 550/650
AMX 10 RC 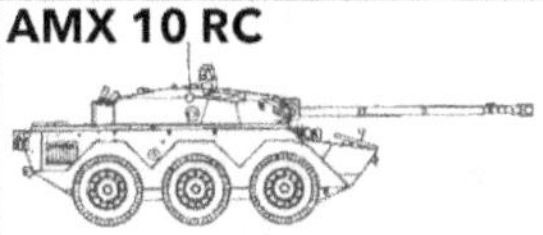	105 mm âme rayée		16,5	Diesel 500-1000

Figure 62 — Les chars de combat évoqués au début 2023 pour être donnés à l'Ukraine montrent une grande diversité. Un problème important est que chaque engin nécessite une logistique particulière. Compte tenu des petits nombres d'engins fournis par les occidentaux, il est à se demander si les complications logistiques ne deviennent pas un handicap plus grand que l'avantage qu'offrent ces armes. On peut imaginer que certaines unités seront à « usage unique » compte tenu de ces difficultés.

4.8.8.5. *La munition à uranium appauvri*

Le 20 mars 2023, Annabelle Goldie, ministre de la Défense britannique, a annoncé que la Grande-Bretagne fournirait des obus à l'uranium appauvri à l'Ukraine. L'uranium appauvri, est un sous-produit du processus pour obtenir du combustible nucléaire. Il s'agit d'un matériau extrêmement dense, que les Américains utilisent depuis les années 1990 pour faire des obus-flèches. Il s'agit de projectiles tubulaires très long (60-80 cm) et très fins (3-4 cm de diamètre) conçus pour percer des blindages de chars. Ils sont tirés par des chars de combat avec des vitesses très élevées (environ 1 700 m/s) qui arrivent sur l'objectif avec une énergie considérable.

Obus-flèche antichar

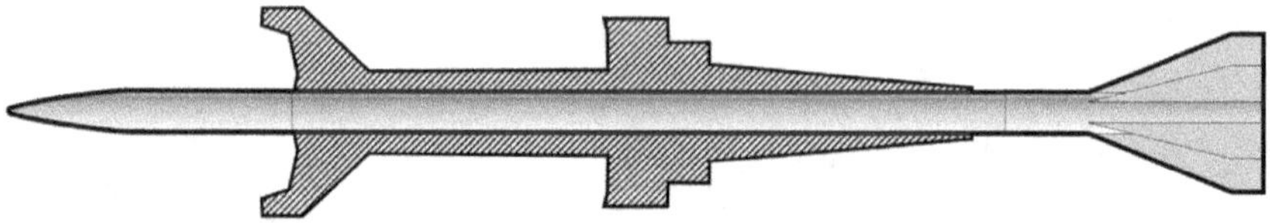

Figure 63 — Les obus flèches ADFDS (Armour Piercing Fin Stabilized Discarding Sabot) sont des projectiles qui agissent par énergie cinétique. Ils sont le plus souvent réalisés en tungstène, mais les États-Unis utilisent également de l'uranium appauvri à cause de sa grande densité et son cout plus faible. La flèche est guidée dans le canon par un «sabot» (partie hachurée) qui se détache à sa sortie. Seule la flèche continue vers l'objectif avec une trajectoire très tendue.

À l'impact, la flèche perce le blindage de l'objectif et éclate en fine particules qui sont radioactives et extrêmement toxiques. L'effet à long terme de ce type de projectile est de contaminer durablement une zone et de mettre en danger ses occupants. C'est un effet comparable à celui d'une «bombe sale».

En octobre 2022, l'avertissement de la Russie que l'Ukraine était en train de préparer une «bombe sale», a été accueilli comme de la désinformation par nos médias, qui jugent impensable que l'Ukraine ne contamine «son propre sol»[520]. Pourtant, ni les écologistes européens ni les Ukrainiens n'ont réagi à l'idée de contaminer durablement avec de l'uranium appauvri une zone qu'ils cherchent à reconquérir! On aurait pu imaginer que le sentiment national ait provoqué un rejet de l'offre de la Grande-Bretagne. Or, il n'en a rien été...

La raison est assez simple. L'important pour les Ukrainiens, depuis 2014, est de ne plus avoir de minorités linguistiques sur leur territoire. C'est ce qui explique le soutien des populations du Donbass et du sud de l'Ukraine à la Russie et l'absence de résistance populaire ukrainienne dans ces régions.

---

520. «La «bombe sale», un engin qui dissémine poussières radioactives et peur», *RTS.ch*, 24 octobre 2022 (https://www.rts.ch/info/monde/13489684-la-bombe-sale-un-engin-qui-dissemine-poussieres-radioactives-et-peur.html)

4.8.8.6. Le potentiel russe

Désinformation sur les pertes russes

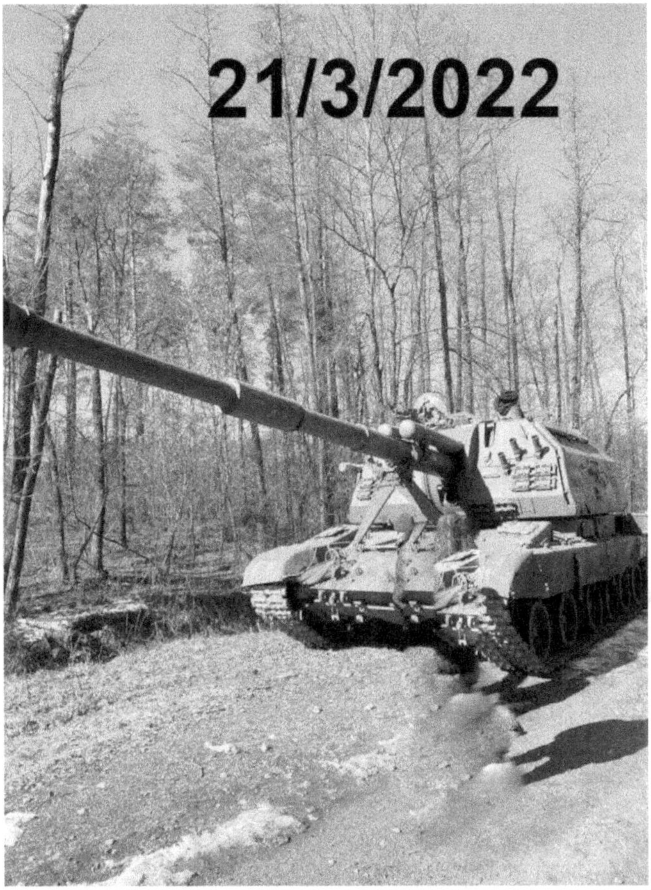

Figure 64 — Photo du site Oryx, qui comptabilise les pertes de matériels russes et ukrainiens. L'image a clairement été (mal) retouchée (voir l'ombre de l'homme qui a disparu). Le site Oryx, comme beaucoup de ses homologues soufre d'un manque d'impartialité et de rigueur intellectuelle. [Source : Oryx]

À la fin mars 2023, circulent sur les réseaux sociaux des vidéos de chars T-54/55 acheminées par chemin de fer en Russie. Il n'en faut pas plus pour alimenter la propagande occidentale qui y voit les insuffisances de l'armée russe et le succès des Ukrainiens. Les « experts » de *France 5* exultent. Sur la chaîne française LCI, le « journaliste » Jean

Quatremer en conclut que la Russie n'est plus en mesure de produire de chars[521].

Dans la *NZZ*, Marcus Keupp, expert militaire de l'Ecole Polytechnique de Zurich, prédit la fin du conflit en octobre 2023 par la défaite de la Russie[522]. Sur la base des chiffres donnés par nos médias, il calcule le taux d'attrition de ses blindés et conclut qu'en octobre, elle n'en aura tout simplement plus! C'est avec des experts comme ça qu'on perd les guerres!

Tout d'abord, nos médias n'ont évidemment pas relevé que l'Ukraine a commencé à remettre des T-55 sur le champ de bataille dès le mois d'août 2022[523]. Il s'agit d'une version modernisée du char soviétique produite en Slovénie sous la désignation de M-55S. La raison pour laquelle les Ukrainiens en ont besoin est tout simplement qu'ils n'ont plus de chars de combat et le M-55S est une solution de fortune pour remplir ce rôle.

La démarche des Russes a une autre raison : ils ne sont pas en manque de chars, leur capacité de production est entière et l'emploi de chars T-54 ou T-55 rénovés n'a rien à voir avec les pertes subies. Il s'agit d'une question purement technique liée à la nature des combats en Ukraine.

Traditionnellement, les chars de combat sont conçus pour combattre d'autres chars de combat. Leur conduite de tir et leurs projectiles sont conçus à cette fin. Les munitions antichars de type «flèche» (APFSDS), sont stabilisées par des ailettes et peuvent atteindre des vitesses maximales en étant tirées par des canons à âme lisse. Ces projectiles ont ainsi une trajectoire très tendue, qui leur donne une forte probabilité d'atteinte. En revanche, les canons à âme lisse sont moins bons pour tirer des projectiles explosifs (HE) contre des objectifs «mous» à grande distance.

En fait, les Russes ont constaté qu'il n'y pas réellement de duels de chars, car les Ukrainiens n'ont plus de chars. En revanche, ils ont constaté

---

521. https://youtu.be/7bh1ZX0H0E4?t=460

522. Thomas Zaugg & Benedict Neff, «Deswegen sage ich: Russland wird den Krieg im Oktober verloren haben», *NZZ*, 27 mars 2023 (https://www.nzz.ch/feuilleton/marcus-keupp-deswe-gen-sage-ich-russland-wird-den-krieg-im-oktober-verloren-haben-ld.1731488?reduced=-true&mktcval=Twitter&mktcid=smsh); «Guerre en Ukraine: "L'armée de Poutine sera vaincue au plus tard en octobre"», *La Libre*, 4 avril 2023 (https://www.lalibre.be/international/europe/guerre-ukraine-russie/2023/04/04/guerre-en-ukraine-larmee-de-poutine-sera-vaincue-au-plus-tard-en-octobre-B252W43RBBGDPB5YSCBUNFDY7Y/)

523. Oleg Danylov, «The M-55S tank: a deep modernization of the Soviet T-55 for the Armed Forces», *Mezha*, 20 septembre 2022 (https://mezha.media/en/2022/09/20/the-m-55s-tank-a-deep-modernization-of-the-soviet-t-55-for-the-armed-forces/)

---

que la majorité des combats sont des combats d'infanterie. Il fallait donc trouver une sorte d'artillerie mobile remplissant la même fonction que le « canon d'assaut » (*samokhodnaya ustanovka*, de la Seconde Guerre mondiale). Grâce à leur munition explosive anti-personnel (HE), les T-54/55 sont très bien adaptés à ce rôle et peuvent toucher avec précision des positions d'infanterie à 4 000 m.

Ainsi, le char T-54/55 n'est pas utilisé pour combattre des chars en tir direct, mais des objectifs « mous » en tir indirect au profit des unités d'infanterie. Il apporte ainsi une puissance de feu considérable à l'infanterie sur la périphérie des zones urbaines, pour tirer sur des positions protégées dans des immeubles, par exemple.

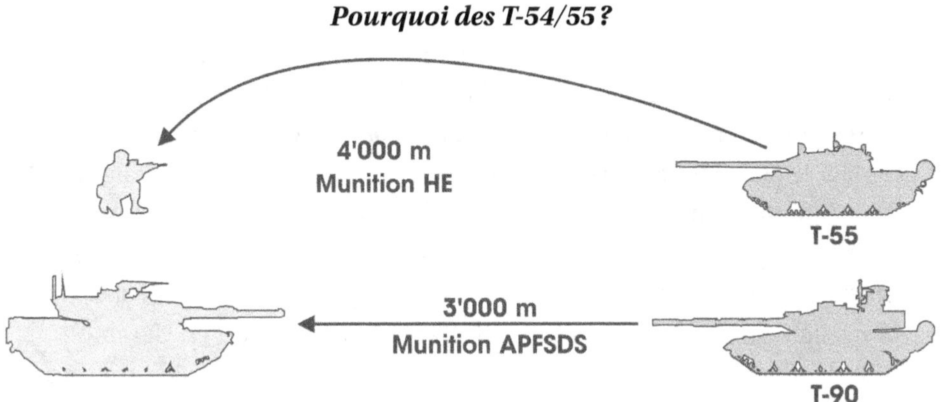

Figure 65 — *Bien qu'obsolètes pour le duel de chars, les T-54/55 peuvent très bien assurer le rôle de « canons d'assaut » pour fournir un appui de feu à l'infanterie. Les chars plus modernes (T-72 et T-90) peuvent ainsi être réservés au combat contre les chars de combat ukrainiens.*

4.8.9. L'artillerie

4.8.9.1. Une consommation gargantuesque

Dès juin 2022, l'Ukraine a l'essentiel de son potentiel militaire détruit par la Russie, et dépend dès lors de l'approvisionnement occidental. Son artillerie de 152 mm d'origine soviétique est soit détruite, soit à court de munitions, et elle doit se reposer sur l'artillerie de 155 mm fournie par les pays de l'OTAN. Mais à la fin 2022, l'Ukraine commence à manquer de munition et les Occidentaux peinent à lui en fournir.

En Afghanistan, les États-Unis tiraient environ 300 coups par jour[524]. Assez logiquement leur capacité de production est adaptée à cette consommation. À la fin 2022, Christine Wormuth, secrétaire à l'US Army, déclarait qu'elle s'élevait à 500 obus par jour, soit environ 14 000 obus de 155 mm par mois[525].

Selon le *New York Times*, les forces ukrainiennes tirent 2 000-4 000 obus par jour[526]. Le *Kyiv Post* évoque même les chiffres de 6 000-7 000 obus par jour[527]. Si l'on en croit les documents classifiés « fuités » en avril 2023, les Ukrainiens tireraient en moyenne 3 500 obus de 155 mm par jour[528]. En d'autres termes, les Ukrainiens tirent en 2 à 7 jours l'équivalent de la production mensuelle américaine! Les Ukrainiens reconnaissent que leur consommation d'obus d'artillerie dépasse la capacité de production des États-Unis[529]!

Selon le département d'État américain, au 20 mars 2023, les États-Unis avaient fourni à l'Ukraine 1,5 million d'obus d'artillerie de 155 mm, 400 000 de 105 mm, 45 000 de 152 mm et 20 000 de 122 mm[530].

Mais les Occidentaux sont au bout de leurs capacités et ils s'agitent pour répondre aux insatiables besoins de l'Ukraine, dont les forces sont en très mauvaise posture. C'est pourquoi ils ont prévu d'augmenter leur production à 20 000 obus par mois en 2023, et sont allés récupérer 300 000 obus dans un dépôt secret situé en Israël pour les envoyer en Ukraine[531]. Afin de remplir leurs propres stocks, ils ont prévu d'acheter des obus de

---

524. Steven Erlanger & Lara Jakes, « U.S. and NATO Scramble to Arm Ukraine and Refill Their Own Arsenals », *The New York Times*, 26 novembre 2022 (mis à jour 29 novembre 2022) (https://www.nytimes.com/2022/11/26/world/europe/nato-weapons-shortage-ukraine.html)
525. « Ukraine's artillery shell expenditure outstrips US production », *The New Voice of Ukraine*, 24 décembre 2022 (https://english.nv.ua/nation/ukraine-s-artillery-shell-expenditure-outstrips-us-production-war-news-50293094.html)
526. John Ismay & Thomas Gibbons-Neff, « Artillery Is Breaking in Ukraine. It's Becoming a Problem for the Pentagon », *The New York Times*, 25 novembre 2022 (https://www.nytimes.com/2022/11/25/us/ukraine-artillery-breakdown.html)
527. https://www.kyivpost.com/post/51
528. Russia/Ukraine Joint Staff J3/4/5 Daily Update (D+369) (28 février 2023) (SECRET/NO FORN)
529. Oleksandr Syrskyi, « Ukraine's artillery shell expenditure outstrips US production », *The New Voice of Ukraine*, 23 décembre 2022 (https://english.nv.ua/nation/ukraine-s-artillery-shell-expenditure-outstrips-us-production-war-news-50293094.html)
530. « U.S. Security Cooperation with Ukraine », Fact Sheet, *US State Department, Bureau of Political-Military Affairs*, 20 mars 2023 (https://www.state.gov/u-s-security-cooperation-with-ukraine/); https://crsreports.congress.gov/product/pdf/IF/IF12040
531. Eric Schmitt, Adam Entous, Ronen Bergman, John Ismay & Thomas Gibbons-Neff, « Pentagon Sends U.S. Arms Stored in Israel to Ukraine », *The New York Times*, 17 janvier 2023 (https://www.nytimes.com/2023/01/17/us/politics/ukraine-israel-weapons.html)

155 mm à la Corée du Sud, qui refuse que ces munitions soient utilisées en Ukraine[532]. La publication de documents classifiés «fuités» en avril 2023, montrent que les États-Unis ont commandé 330 000 obus et qu'il faut deux mois et demi pour qu'ils soient totalement livrés. Il n'est cependant pas clair si ces obus sont allés aux États-Unis afin de «libérer» des obus pour l'Ukraine ou s'ils ont été transférés directement en Ukraine.

La Grande-Bretagne, la Suède, le Canada et l'Allemagne ont augmenté leur production d'obus de 155 mm, afin de pouvoir alimenter l'Ukraine. Les Américains cherchent à faire redémarrer la production de munition de 152 mm dans les pays de l'ex-Traité de Varsovie, en Bulgarie, en Roumanie, en République tchèque et en Slovaquie[533].

En mars 2023, la France décide de porter à 2 000 coups le nombre de projectiles de 155 mm qu'elle fournira chaque mois à l'Ukraine[534] ; ce qui représente environ une demi-journée de tir! Les documents classifiés «fuités» montrent également que les États-Unis ont réduit significativement leurs livraisons de munition, probablement moins pour des raisons politiques qu'en raison de leur capacité de production.

En Norvège, face à une demande en munition d'artillerie multipliée par 15, l'entreprise Nammo ne parvient pas à augmenter sa production d'obus à cause de… TikTok! Selon une interview du directeur de Nammo rapportée par le *Financial Times* et *Business Insider*, le centre de données de TikTok absorberait l'énergie électrique qui serait nécessaire à une augmentation de la production[535]! TikTok appartenant à une compagnie chinoise, le directeur de Nammo suggère qu'il y aurait une conspiration de la Chine d'utiliser l'électricité afin d'empêcher la production de munitions pour l'Ukraine! Heureusement que le ridicule ne tue pas!

---

532. Josh Smith & Mike Stone, «U.S. in talks to buy South Korean ammunition for Ukraine, official says», *Reuters*, 11 novembre 2022 (https://www.reuters.com/world/asia-pacific/skorea-says-us-will-be-end-user-ammunition-after-report-weapons-ukraine-2022-11-11/)

533. «NATO looking at production of Soviet-era weapons used by Ukraine, says Blinken», The New Voice of Ukraine, 30 novembre 2022 (https://english.nv.ua/amp/nato-looking-at-production-of-soviet-era-weapons-used-by-ukraine-says-blinken-50287799.html)

534. «Guerre en Ukraine : la France va doubler, à 2000 par mois, les livraisons d'obus de 155 mm», BFM Business/AFP, 28 mars 2023 (https://www.bfmtv.com/economie/entreprises/defense/guerre-en-ukraine-la-france-va-doubler-a-2000-par-mois-les-livraisons-d-obus-de-155-mm_AD-202303280248.html)

535. Lindsay Dodgson, «Weapons firm says it can't meet soaring demand for artillery shells because a TikTok data center is eating all the electricity», *Business Insider*, 27 mars 2023 (https://africa.businessinsider.com/military-and-defense/weapons-firm-says-it-cant-meet-soaring-demand-for-artillery-shells-because-a-tiktok/y15srh8)

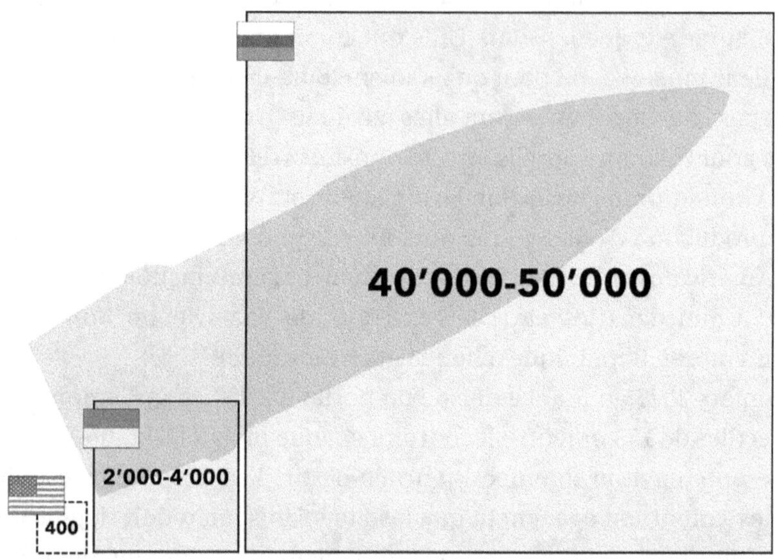

Figure 66 — Représentation de la consommation journalière d'obus d'artillerie de l'Ukraine et de la Russie. Il s'agit de valeurs moyennes. À gauche, en pointillé, la production journalière des États-Unis en projectiles d'artillerie. [Source : The New York Times]

Quant aux Russes, ils tirent environ 40 000-50 000 obus d'artillerie par jour selon l'OTAN[536] !

En novembre 2022, le chef du service de renseignement estonien affirme que la Russic a déjà utilisé deux tiers de ses réserves de munition d'artillerie. D'où viennent ces chiffres ? Personne ne le sait[537]. Mais c'est probablement de la désinformation : non seulement l'Estonie a une politique de dénigrement de la Russie, mais ses services de renseignement sont particulièrement mauvais.

Les Occidentaux tendent à projeter sur la Russie les faiblesses ukrainiennes, car strictement rien ne montre que les Russes manquent de munition. Une étude de la Jamestown Foundation montre qu'en 2021,

---

536. Steven Erlanger & Lara Jakes, « U.S. and NATO Scramble to Arm Ukraine and Refill Their Own Arsenals », *The New York Times*, 26 novembre 2022 (mis à jour 29 novembre 2022) (https://www.nytimes.com/2022/11/26/world/europe/nato-weapons-shortage-ukraine.html)
537. « Russia has exhausted two-thirds of its ammunition reserves, Estonian intelligence says »*, *The New Voice of Ukraine*, 25 novembre 2022 (https://english.nv.ua/amp/russia-has-exhausted-two-thirds-of-its-ammunition-reserves-news-50286762.html

leur production annuelle d'obus d'artillerie était quatre fois supérieure à celle des Américains[538] !

Production annuelle russe de munitions d'artillerie de 152 mm

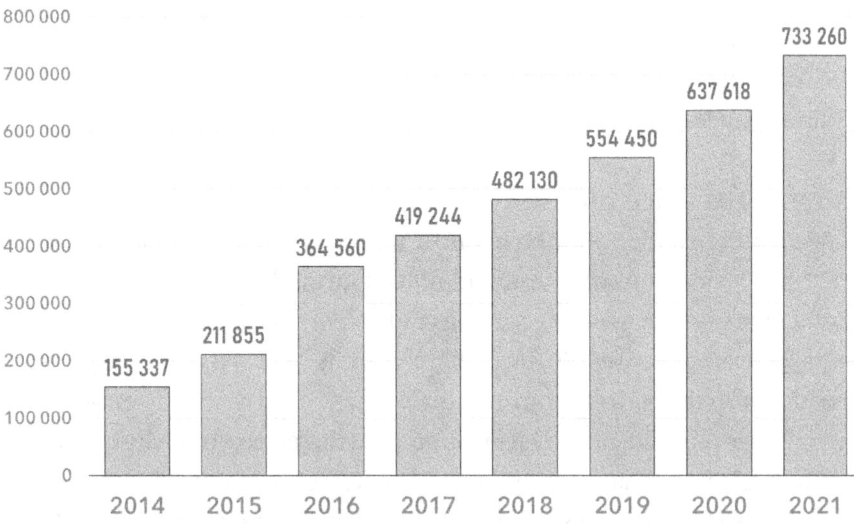

Figure 67 — *Estimation de la production de munition de 152 mm par la Russie entre 2014 et 2021, selon la Jamestown Foundation, une institution américaine très opposée à la Russie. Ces chiffres, qui cherchent à démontrer que la Russie n'a pas les moyens de produire ses munitions, parviennent toutefois à montrer que la capacité russe était plus de quatre fois supérieure à celle des États-Unis.*

En réalité, ce sont les Occidentaux qui peinent à trouver les munitions qui pourraient permettre à l'Ukraine de maintenir son rythme. Le 20 mars 2023, l'UE décide de financer 1 million d'obus sur 12 mois[539], à cet effet, elle a réussi à mobiliser 2 milliards d'euros, dont un servira à dédommager les pays qui ont ponctionné sur leurs stocks pour venir en aide à l'Ukraine. Reste un milliard, pour financer la production d'obus. Le problème est que cette capacité de production n'existe pas vraiment dans l'UE, et il faudra se tourner vers une source extérieure : la Turquie[540].

---

538. Hlib Parfonov, « Russia Struggles to Maintain Munition Stocks (Part Two) », *The Jamestown Foundation, Eurasia Daily Monitor*, Volume 19, n° 186 (https://jamestown.org/program/russia-struggles-to-maintain-munition-stocks-part-two/)

539. « Боррель уточнив деталі "історичного рішення" ЄС про закупівлю боєприпасів Україні », Європейська правда, 20 mars 2023 (https://www.eurointegration.com.ua/news/2023/03/20/7158323/)

540. « EU cannot agree on how to spend €1 billion on ammunition for Ukraine », *Ukraïnska Pravda*, 5 avril 2023 (https://www.pravda.com.ua/eng/news/2023/04/5/7396641/)

Comme on pouvait s'y attendre, cela déclenche la colère de la France, la Grèce et Chypre, qui mettent les pieds contre le mur. La France souhaite que cette somme reste dans l'UE, tandis que la Grèce et Chypre refusent de financer l'industrie de la défense turque[541].

Cette crise a montré que non seulement l'Europe a perdu son leadership global en matière politique et industrielle, mais qu'elle est profondément divisée sur un grand nombre de sujets. En fait, la seule chose qui unit l'Europe est la russophobie.

4.8.9.2. Les lance-missiles multiples

Avec la destruction du potentiel d'artillerie ukrainien dès le printemps 2022, les Occidentaux ont été contraints de fournir des lance-missiles multiples. Leurs performances ne sont pas radicalement différentes de celles de leurs équivalents russes. En revanche, comme le M142 HIMARS, ils peuvent tirer des munitions à trajectoire non-balistique, ce qui rend la défense contre ces missiles plus difficile. Présentées comme des armes-miracle, elles n'ont pas radicalement changé la situation. Les Russes ont rapidement appris à décentraliser leurs dépôts de munitions et ont adapté les logiciels de leurs systèmes anti-aériens pour répondre efficacement contre ces missiles.

Les lance-missiles américains peuvent lancer plusieurs missiles de type *Guided Multiple Launch Rocket Systems* (GMLRS) de « petit » calibre ou un missile de type *Army Tactical Missile System* (ATACMS) de plus gros calibre. L'ATACMS a une portée de 300 km et une charge explosive de 200 kg et pourrait permettre à l'Ukraine d'atteindre des objectifs sur le territoire russe, avec une grande capacité destructrice. Mais les Américains sont réticents à fournir des missiles ATACMS à l'Ukraine, car ils craignent que cela conduise à une escalade dramatique du conflit[542]. En fait, selon le *Wall Street Journal*[543] et *The Hill*[544], les lanceurs livrés

---

541. « Cyprus worried EU's Ukraine ammunition grant could end up in Turkish arms industry », *In-Cyprus*, 7 avril 2023 (https://in-cyprus.philenews.com/news/local/cyprus-worried-eus-ukraine-ammunition-grant-could-end-up-in-turkish-arms-industry/)

542. John Ismay, « The Missile Ukraine Wants Is One the U.S. Says It Doesn't Need », *The New York Times*, 6 octobre 2023 (https://www.nytimes.com/2022/10/06/us/ukraine-war-missile.html)

543. Michael R. Gordon & Gordon Lubold, « U.S. Altered Himars Rocket Launchers to Keep Ukraine From Firing Missiles Into Russia », The Wall Street Journal, 5 décembre 2022 (https://www.wsj.com/articles/u-s-altered-himars-rocket-launchers-to-keep-ukraine-from-firing-missiles-into-russia-11670214338)

544. Brad Dress, « US secretly modified HIMARS for Ukraine to prevent Kyiv from shooting long-range missiles into Russia », *The Hill*, 5 décembre 2022 (https://thehill.com/policy/defense/3762042-us-secretly-modified-himars-for-ukraine-to-prevent-kyiv-from-shooting-long-range-missiles-into-russia/)

à l'Ukraine auraient même été modifiés secrètement, afin qu'ils ne puissent pas tirer des missiles à longue portée, capables d'atteindre le territoire russe.

Selon les documents américains classifiés «fuités» en avril 2023, les Ukrainiens avaient reçus 9 584 missiles GMLRS. Ils en tirent donc en moyenne 36 missiles, soit 6 salves par jour[545]. On est loin de changer la donne. Cela étant dit, il est probable que les Ukrainiens en tiraient beaucoup au début, mais qu'avec le temps, ils ont été contraints de réduire leur consommation afin que les Américains puissent suivre. Car les documents indiquant qu'à la fin février ils en avaient tiré 17, soit environ 3 salves par jour. L'Ukraine ayant reçu 38 systèmes des États-Unis[546], on peut en conclure qu'une majorité de M-142 ou qu'une grande partie de la munition a été détruite par la Russie, ce qui confirmerait les déclaration de son état-major.

Les M-142 et M-270 sont probablement plus sophistiqués que les systèmes équivalents russes au niveau de leur conception. Comme le reste des armements occidentaux produits ce dernier quart de siècle, ils ont été conçus pour des opérations en projection. Ils sont modulaires et peuvent être adaptés à différents exigences opérationnelles, mais ils sont très couteux et complexes à produire. Aujourd'hui, la firme Lockheed-Martin produit 10 000 missiles GMLRS par an. Avec des investissements supplémentaires, elle parviendra à atteindre 14 000 unités en 2024, mais elle ne parviendra pas à doubler sa production avant 2026[547]. En fait, les États-Unis n'ont tout simplement pas les capacités matérielles et le personnel nécessaire pour accroître leur production et répondre à la fois aux besoins de l'Ukraine et à ceux de leurs autres clients.

Les systèmes russes équivalents sont plus nombreux, mais plus simples et donc moins couteux à produire. C'est pourquoi la Russie peut facilement augmenter sa production et jouer sur une plus grande densité des systèmes déployés sur le terrain.

---

545. Russia/Ukraine Joint Staff J3/4/5 Daily Update (D+369) (28 février 2023) (SECRET/NO FORN)
546. «U.S. Security Cooperation with Ukraine – Fact Sheet», *Bureau of Political-Military Affairs, State Department*, 19 avril 2023 (https://www.state.gov/u-s-security-cooperation-with-ukraine/)
547. Sam Skove, «Why It's Hard to Double GMLRS Production», *Defense One*, 30 mars 2023 (https://www.defenseone.com/business/2023/03/why-its-hard-double-gmlrs-production/384646/)

**Les HIMARS et les MLRS**

Figure 68 — Les lance-missiles multiples américains fournis à l'Ukraine

4.8.9.3. Les systèmes de contre-batterie

Les Russes ont développé des capacités de tir de contre-batterie particulièrement efficaces et sont capables de détruire les matériels occidentaux presque au fur et à mesure de leur arrivée sur le théâtre des opérations.

Les Russes ont besoin de 2 minutes entre la détection d'un tir ukrainien et la transmission de ses coordonnées pour déclencher un tir de contre batterie[548]. Du côté ukrainien, le déplacement d'un obusier M777 américain de 155 mm exige 2-3 minutes pour un équipage entraîné et en conditions optimales[549]. En théorie, cela signifie non seulement qu'une pièce d'artillerie ukrainienne ne peut tirer qu'un seul coup dans chaque position de tir, mais qu'elle peut chaque fois être détruite avant même de pouvoir se déplacer.

---

548. https://eng.mil.ru/en/special_operation/news/more.htm?id=12449739@egNews
549. http://www.military-today.com/artillery/m777.htm

Cette capacité à déclencher instantanément des feux de contre-batterie a considérablement limité les capacités de l'artillerie ukrainienne. Avec l'avance progressive des troupes russes, l'artillerie ukrainienne n'est presque plus en mesure d'atteindre la ville de Donetsk. Ce que les Occidentaux ont été incapables de stopper par la négociation, les Russes l'ont obtenu par la force.

4.8.9.4. Artillerie classique contre artillerie de précision

Afin d'aider l'Ukraine à réduire sa consommation d'obus d'artillerie, les Occidentaux ont opté pour la fourniture d'armes de précision, afin de réduire le volume de munitions utilisées. Outre les obusiers/canons de 155 mm, ils ont commencé dès juillet 2022 à lui fournir des munitions de 155 mm de précision[550].

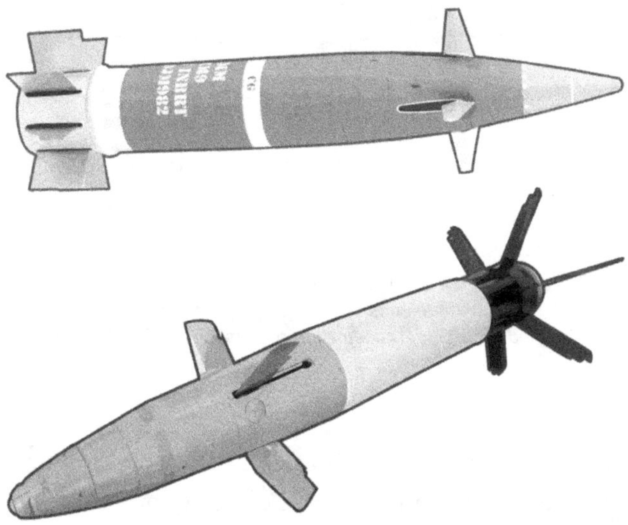

Figure 69 — Munitions guidées de 155 mm et de 152 mm utilisées respectivement par l'Ukraine et la Russie. Ces munitions sont extrêmement couteuses par rapport à leur efficacité.

---

550. «Ukraine to receive new precision-guided 155-mm artillery rounds from USA», Ukrainian Military Center, 9 juillet 2022 (https://mil.in.ua/en/news/ukraine-to-receive-new-precision-guided-155-mm-artillery-rounds-from-usa/)

Ces systèmes permettent à l'obus de rester sur la trajectoire prévue et réduisent ainsi sa dispersion (Circular Error Probable – CEP). La probabilité d'atteinte est ainsi améliorée et le nombre d'obus nécessaires à la destruction d'un objectif est réduit.

De nombreux systèmes existent et ont été fournis à l'Ukraine, comme les obus autoguidés de 155 mm EXCALIBUR, qui permettent d'atteindre des objectifs de manière très précise.

Avec un cout unitaire de 68 000 USD, ces obus de précision sont 85 plus chers qu'un obus de 155 mm à 800 USD. C'est pourquoi les Américains ont testé des solutions alternatives en Ukraine, comme le M1156 Projectile Guidance Kit (PGK).

Le M1156 Projectile Guidance Kit (PGK)

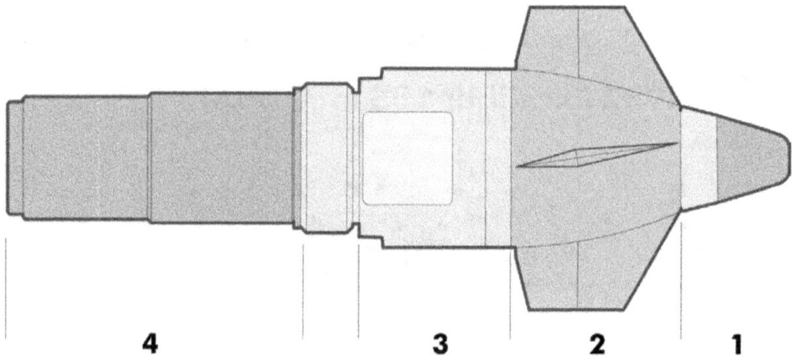

Figure 70 — Kit d'amélioration de la précision des obus d'artillerie de 155 mm M1156 PGK. Il se compose de : (1) Module de télémétrie et senseurs de proximité ; (2) Module de guidage ; (3) Module GPS ; (4) Fusée et mécanisme de déclenchement.

Le M1156 PGK est un kit d'amélioration de la précision des projectiles d'artillerie constitué d'une fusée munie d'ailettes orientables, qui se fixe à la place des fusées d'obus « normales ». Après avoir atteint son apogée, les ailettes permettent de maintenir l'obus sur sa trajectoire et compensent les effets du vent, de la température, etc. Le M1156 PGK est très simple et relativement bon marché (env. 20 000 dollars pièce).

Une munition précise est un avantage, mais a également des contraintes. Cela implique une désignation très précise des objectifs et la capacité de guider le projectile jusqu'au but. Le pilotage est généralement assuré par un module GPS, tandis que la désignation des buts est assurée par des systèmes de reconnaissance américains, comme le MQ-9 REAPER ou RQ-4 GLOBAL HAWK.

Or, après la destruction de l'essentiel de son potentiel au printemps 2022, l'armée ukrainienne est devenue un assemblage hétéroclite de matériels de provenances diverses, avec des capacités et des chaînes logistiques différentes. Le problème des Ukrainiens n'est pas vraiment le manque d'armes, mais la capacité à les intégrer dans une structure de conduite optimale et efficace.

De plus, les Russes ont des capacités de guerre électronique sans égal et sont capables de brouiller ou de perturber ces systèmes. Cela étant dit, la Russie dispose également de systèmes équivalents, comme le 2K25 KRASNOPOL, guidé par laser, au moyen d'un drone. Cela étant dit, la Russie semble préférer l'emploi de bombes aériennes, plus puissantes.

4.8.9.5. *Un matériel inadapté*

Le problème de l'Ukraine est moins le nombre d'armes, que la manière dont elles sont utilisées. Car les armes que l'Occident lui a fournies ne sont pas conçues pour ce type de guerre. Depuis les années 1990, les «grandes» armées occidentales se sont équipées pour mener des guerres de type colonial contre des adversaires faiblement dotés en matériels lourds. L'Ukraine se trouve alors prise entre deux conceptions différentes de l'artillerie : la conception traditionnelle russe, basée sur des tirs massifs, et une conception occidentale, plus tactique, basée sur des tirs d'artillerie de précision («sniping artillery»). L'idée est de réduire le nombre de coups nécessaires à détruire un objectif.

C'est le cas des systèmes comme le *Camion Équipé d'un Système d'Artillerie* (CAESAR) français ou l'obusier M777 américain. Leurs qualités principales sont la précision et la portée. Mais ce sont des qualités exigeantes. Leur précision dépend largement de systèmes de reconnaissance et de désignation des buts performants et intégrés, mais également de la manière dont le matériel est entretenu.

Tous deux capables de tirer la munition OTAN de 155 mm, ils sont excellents, plus précis que les obusiers russes, mais plus fragiles. Destinés à «faire mouche» à chaque coup, leurs canons n'ont pas été conçus pour tirer de grands volumes de feu et supportent mal l'usure. Le *New York Times* cite l'exemple d'un obusier M777 en Syrie ayant tiré 23 000 coups en 5 mois (soit 150 obus par jour) et qui a dû être complètement remis en état pour être opérationnel.

Quelques semaines après leur arrivée en Ukraine, les CAESAR se montrent incapables de tenir les hautes cadences de tir imposées par les Russes. À la fin 2022 déjà, la France envisage de déployer un atelier à proximité de la frontière ukrainienne pour les réparations comme le rapporte le site militaire ukrainien *Militarniy*[551]. Quant aux obusiers M777 américains, 30 % doivent être régulièrement retirés pour être réparés[552].

Nos médias les ont présentés comme des « armes-miracles », mais en réalité, ces armes n'ont pas l'effet escompté, car elles ne peuvent pas être engagées de la manière dont elles ont été conçues[553]. Malgré l'énorme assistance des pays occidentaux, ces armes ne peuvent pas être intégrées dans des systèmes de gestion du champ de bataille et sont donc utilisées de manière inefficiente.

4.8.10. *La guerre électronique*

Un domaine systématiquement ignoré de nos « experts » et souvent confondu avec la cyber-guerre est la *guerre électronique* (GE), que les Anglo-saxons appellent « *Electronic Warfare* » (EW). Désigné « Combat Radio-électronique » (радиоэлектронная борьба) (REB) en Russie, c'est un domaine où elle excelle et a probablement une plus grande avance que les Occidentaux. C'est également un domaine où les succès sont silencieux.

Au début de son intervention, en février 2022, la Russie a pu neutraliser l'ensemble des moyens de transmissions militaires ukrainiens.

L'Ukraine a pu rétablir ses transmissions grâce au don d'environ 20 000 terminaux Starlink, financés par les gouvernements américain, britannique et polonais. Mis en œuvre par la firme SpaceX d'Elon Musk, le

---

551. https://mil.in.ua/en/news/the-ministry-of-defense-wants-to-create-a-service-center-for-caesar-self-propelled-howitzers/

552. Stew Magnuson, « Ukraine to U.S. Defense Industry: We Need Long-Range, Precision Weapons », *National Defense Magazine*, 5 juin 2022 (https://www.nationaldefensemagazine.org/articles/2022/6/15/ukraine-to-us-defense-industry-we-need-long-range-precision-weapons)

553. Alex Hollings & Sandboxx News, « Ukraine's troops have been highly effective with the M777 howitzer, but US troops can turn it into a 'giant sniper rifle' », *Business Insider*, 18 septembre 2022 (https://www.businessinsider.com/us-targeting-system-makes-m777-howitzer-highly-accurate-2022-9)

système *Starlink* permet la transmission de données grâce à un réseaux de satellites. Il est ainsi particulièrement utile dans un pays aussi vaste que l'Ukraine, pour la conduite du combat, y compris le pilotage de drones ou la désignation de buts. L'exploitation de ce réseau en Ukraine coûte environ 400 millions USD par an.

Starlink est ainsi rapidement devenu un des objectifs prioritaires de la guerre électronique russe. Dans un premier temps, SpaceX a réussi à prévenir le brouillage de ses satellites[554], mais les Russes n'ont pas dit leur dernier mot[555]. Au début octobre 2022, des pannes massives de *Starlink* ont des conséquences «catastrophiques» sur les transmissions des formations de combat. Selon le général Valeriy Zaloujny, chef des forces ukrainiennes, les Russes détruiraient 500 terminaux par mois[556].

La destruction de terminaux Starlink, contraint les postes de commandement à échanger les données de tir à la voix par le réseau téléphonique satellitaire *Iridium*. Cela ralenti les temps de réaction de l'artillerie qui est alors plus vulnérable aux tirs de contre-batterie.

Les Russes ont également développé des moyens pour brouiller le signal GPS et ainsi perturber l'emploi de drones et de projectiles guidés. Selon le magazine américain *Forbes*, la Russie est en mesure d'abattre 90 % des drones ukrainiens avec ses systèmes électromagnétiques[557]. Dans *The Economist*, un responsable ukrainien déclare[558] :

> *Les Russes sont très, très bons dans ce qu'ils font [...] Ils font de la magie noire en matière de guerre électromagnétique. Ils peuvent brouiller les fréquences, tromper le système GPS, envoyer un drone à la mauvaise altitude de sorte qu'il tombe simplement du ciel.*

554. Michael Kan, «Pentagon Impressed by Starlink's Fast Signal-Jamming Workaround in Ukraine», *PC Magazine*, 21 avril 2022 (https://www.pcmag.com/news/pentagon-impressed-by-starlinks-fast-signal-jamming-workaround-in-ukraine)

555. Elizabeth Howell, «Elon Musk says Russia is ramping up cyberattacks on SpaceX's Starlink systems in Ukraine», *Space*, 14 octobre 2022 (https://www.space.com/starlink-russian-cyberattacks-ramp-up-efforts-elon-musk)

556. Xander Landen, «Starlink Outages Put 'Dent' in Ukrainian Counteroffensive Against Putin», *Newsweek*, 8 octobre 2022 (https://www.newsweek.com/starlink-outages-put-dent-ukrainian-counteroffensive-against-putin-1750116)

557. David Axe, «Russia's Electronic-Warfare Troops Knocked Out 90 Percent of Ukraine's Drones», *Forbes*, 24 décembre 2022 (https://www.forbes.com/sites/davidaxe/2022/12/24/russia-electronic-warfare-troops-knocked-out-90-percent-of-ukraines-drones/?sh=2b8c98a9575c)

558. «Ukraine is betting on drones to strike deep into Russia», *The Economist*, 20 mars 2023 (https://www.economist.com/europe/2023/03/20/ukraine-is-betting-on-drones-to-strike-deep-into-russia)

Figure 71 — Les Russes ont développé toute une gamme de systèmes électroniques permettant de neutraliser les drones avant qu'ils ne deviennent une menace. Le STRIJ est l'un de ces systèmes qui permettent de protéger des unités tactiques.

Système de protection électromagnétique RANETS-E

Figure 72 — Le RANETS-E est un Système de Protection Mobile à Micro-ondes (SPMM). Il génère une onde centimétrique d'une durée d'environ 20 nanosecondes et d'une puissance allant jusqu'à 500 MW. Il peut griller toute l'électronique d'un aéronef à une distance de 15 kilomètres et provoquer des pannes dans son fonctionnement à des distances de 15 à 40 km.

238

La Russie dispose également de tout un arsenal de systèmes qui permettent de brouiller voire de détruire les systèmes électroniques adverses et ainsi rendre leurs transmissions ou leurs appareils inopérants. C'est le cas du système RANETS-E.

4.8.11. *Les armes anti-aériennes*

Au début de la SVO, la défense anti-aérienne ukrainienne s'appuyait principalement sur ses systèmes S300 fournis par la Russie. L'aviation ukrainienne est rapidement clouée au sol par les premières frappes russes, mais les capacités anti-aériennes ukrainiennes sont alors peu touchées. L'objectif de la Russie n'était pas de s'emparer de l'Ukraine, elle n'avait donc pas besoin d'avoir la maîtrise du ciel sur l'ensemble du territoire. Ses missiles lui permettent d'agir dans la profondeur sans devoir risquer ses avions et leurs pilotes.

Dès la fin de l'été 2022, voyant que les Occidentaux les amènent dans un guerre d'usure en livrant des armes à l'Ukraine, les Russes décident d'achever la destruction des forces ukrainiennes. Il s'agit notamment d'éviter que l'Ukraine reconstitue ses forces en vue de la grande offensive qu'elle promet depuis le printemps 2022. Mais ils constatent que pour la destruction de positions d'infanterie enterrées, l'aviation est la solution la plus efficace.

Afin de réduire la menace anti-aérienne les Russes décident de pousser les Ukrainiens à épuiser leur stock de missiles à longue portée. C'est pourquoi ils mènent des frappes par des missiles contre les infrastructures électriques, ce qu'ils n'avaient pas fait jusqu'alors. Cela oblige les Ukrainiens à utiliser leurs missiles S-300 et BUK, et même plusieurs pour un seul objectif. C'est pourquoi, certains de ces missiles se retrouvent sans but et finissent par atterrir en Pologne.

La tactique russe est d'envoyer une première vague de drones bon marché ou des missiles obsolètes en guise de leurres, qui poussent les Ukrainiens à activer leurs radars. Simultanément, avec un appareil d'alerte lointaine A-50U MAINSTAY qui surveille l'espace aérien depuis le Bélarus, les Russes analysent les schémas de réponse ukrainiens. Ils peuvent alors envoyer une seconde vague de missiles de croisière qui peuvent détruire les positions de la défense anti-aérienne ukrainienne.

Nos médias ont claironné à qui voulait l'entendre que les Russes n'avaient plus de missiles et étaient contraints d'utiliser des missiles obsolètes. De plus, les résultats annoncés par la propagande laissaient supposer que les défenses aériennes ukrainiennes étaient performantes ! Cela explique pourquoi les Occidentaux ont négligé de fournir des armes anti-aériennes et concentré leurs efforts sur l'artillerie. Ainsi, ironiquement, en cherchant à minimiser les succès russes, nos médias et experts militaires ont ainsi amplifié l'efficacité de la stratégie russe et ont directement contribué à l'affaiblissement des ressources ukrainiennes.

L'appareil A-50U MAINSTAY, stationné sur l'aérodrome militaire de Matchoulichtchy, près de Minsk est donc une pièce essentielle de ce dispositif. C'est pour cela que l'Ukraine a tenté de le détruire.

Le 26 février 2023, *Le Figaro*[559] et la *RTS* suisse annoncent «*un avion russe détruit sur un aérodrome en Biélorussie*»[560], par l'opposition biélorusse[561]. Le lendemain, *Le Point* déclare que le succès est «*confirmé*» et précise que c'est l'«*opération de sabotage la plus réussie*[562]». Pourtant, malgré leur ton décidé, nos médias n'en savent strictement rien. Le renseignement militaire britannique (DI) n'annonce aucune action les 26 et 27 février, mais mentionne l'incident le 28 en précisant que ni l'incident, ni les auteurs, ni les dommages ne sont confirmés[563]. Le DI avait raison d'être prudent, car le 28 février, des images satellitaires de l'appareil russe, publiées par *Maxar Technologies*, montrent qu'il est intact[564]… Une fois de plus, nos médias ont affabulé…

559. « Un avion russe détruit sur un aérodrome en Biélorussie, selon l'opposition », *Le Figaro / AFP*, 26 février 2023 (https://www.lefigaro.fr/international/un-avion-russe-detruit-sur-un-aero-drome-au-belarus-selon-l-opposition-20230226)
560. https://www.rts.ch/info/monde/13820148-attaque-mortelle-dune-dizaine-de-drones-ira-niens-sur-khmelnytsky-dans-louest-de-lukraine.html
561. « Un avion russe à 330 millions d'euros détruit sur un aérodrome au Bélarus : "L'opération de sabotage la plus réussie", se réjouit l'opposition », 7 sur 7/ BELGA, 27 février 2023 (https://www. 7sur7.be/monde/un-avion-russe-a-330-millions-deuros-detruit-sur-un-aerodrome-au-belarus-loperation-de-sabotage-la-plus-reussie-se-rejouit-lopposition~a1f4bb60/)
562. I.M. / AFP, « L'opposition biélorusse annonce avoir détruit un avion russe », *Le Point*, 27 février 2023 (https://www.lepoint.fr/monde/l-opposition-bielorusse-annonce-avoir-detruit-un-avion-russe-27-02-2023-2510106_24.php)
563. https://twitter.com/DefenceHQ/status/1630453726304518144
564. Tyler Rogoway, « Russian A-50 Radar Jet Intact After Claimed Drone Attack In Belarus », *The War Zone*, 28 février 2023 (https://www.thedrive.com/the-war-zone/first-image-of-russian-a-50-radar-jet-after-claimed-attack-in-belarus)

Figure 73 — Avion d'alerte lointaine A-50 MAINSTAY. C'est l'équivalent russe des AWACS utilisés par les pays de l'OTAN en Roumanie et en Pologne. Il peut détecter et traiter simultanément quelque 150 cibles jusqu'à une distance de 650 km dans les airs et jusqu'à 300 km au sol.

En saturant les défenses aériennes par une combinaison de missiles, de drones et de leurres, les Russes imposent aux Ukrainiens d'utiliser des missiles de plusieurs centaines de milliers de dollars pour atteindre des drones qui en valent quelques milliers. Les documents secrets américains «fuités» en avril 2023 indiquent que les systèmes anti-aériens SA-10/S-300 et SA-11/BUK et leurs munitions ont été épuisés entre la fin mars et la fin mai 2023.

Selon le magazine américain *Forbes*, l'Ukraine avait 300 systèmes SA-10/S-300 en février 2022. Un an plus tard, selon les documents classifiés américains «fuités», il ne lui restait plus que 25 systèmes. Selon

Volodymyr Omelyan, ex-ministre ukrainien des Infrastructures entre 2016 et 2019, il faudrait 200 systèmes anti-aériens pour assurer efficacement la protection des 50 principales villes du pays[565].

État de la défense aérienne ukrainienne

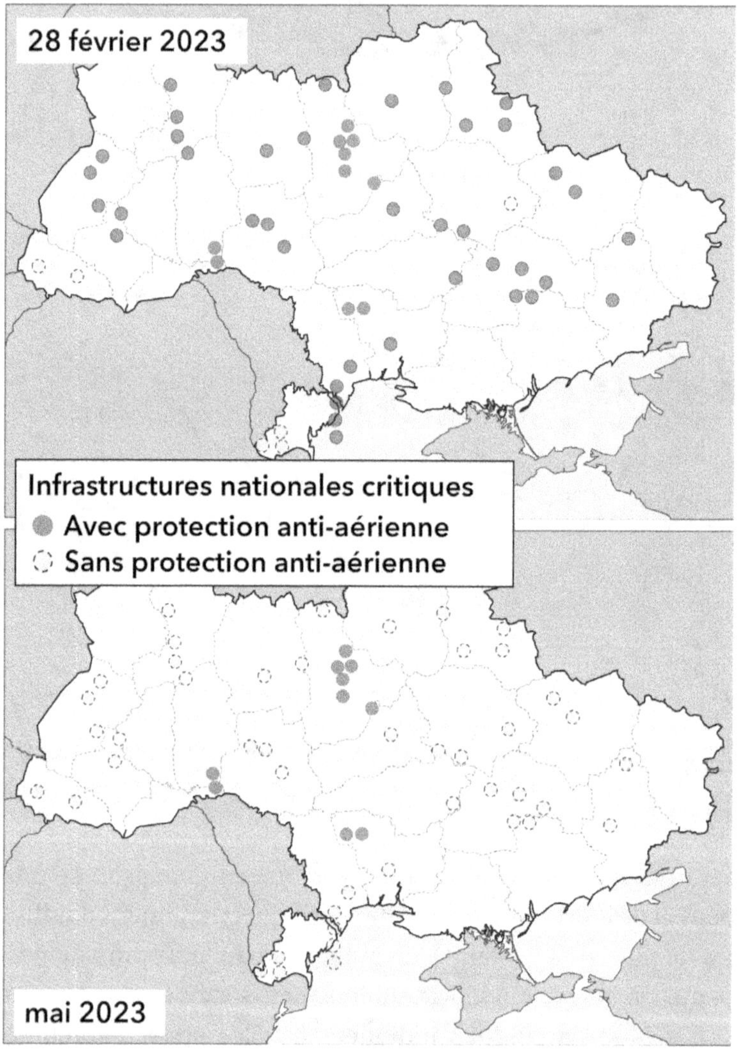

Figure 74 — Informations tirées des documents classifiés « fuités » au début avril 2023. Elles montrent qu'en mai, pratiquement tous les systèmes anti-aériens manqueront de munition et que l'Ukraine sera sans défense. C'est la conséquence des déclarations de la propagande ukrainienne et de nos médias, selon lesquelles la Russie n'avait plus de missiles ni d'avions.

---

565. Brendan Cole, « NATO's Patchwork Air Defenses Failed Ukraine. What Now? », *Newsweek*, 14 octobre 2022 (https://www.newsweek.com/ukraine-russia-air-defense-zelensky-1751511)

La stratégie russe a bien fonctionné puisqu'à la fin 2022 — début 2023, les Occidentaux doivent envoyer d'urgence des systèmes anti-aériens à l'Ukraine. Les États-Unis promettent une unité de MIM-104 PATRIOT. En mars 2023, la France décide d'envoyer deux systèmes CROTALE d'une portée de 11 km et se joint à l'Italie pour envoyer un système MAMBA SAMP/T en été. Malgré la qualité de ces systèmes, ces efforts sont très insuffisants pour permettre à l'Ukraine de rétablir l'équilibre.

Systèmes anti-aériens fournis par l'Occident au début 2023

Système	Nombre	Pays	Portée Altitude [km]
S-300	?	Russie	200 40
MIN-104 PATRIOT	3	USA Allemagne	60 24
NASAMS	8	USA	50 20
IRIS-T	3	Allemagne	40 20
ASTER 30 SAMP/T	1	France Italie	120 40

Figure 75 — Nombre de systèmes. À l'heure où nous écrivons ces lignes, les caractéristiques des systèmes fournis à l'Ukraine ne sont pas claires. Toutefois, il n'apparaît pas que ces systèmes parviennent à égaler les performances des systèmes S-300. Avec une défense aérienne à bout de souffle, les systèmes occidentaux n'apportent pas un avantage décisif.

On observe que ces systèmes sont insuffisants pour assurer une couverture uniforme des plus de 600 000 km^2 du territoire ukrainien. En d'autres termes, le commandement ukrainien doit choisir entre la protection de zones stratégiques (comme Kiev) ou de ses opérations au sol.

En plus de cela, dans une Interview accordée à *Associated Press* à la fin mars 2023, Volodymyr Zelensky a déclaré que les systèmes reçus «d'un pays européen» n'ont pas fonctionné et ont dû être réparés à plusieurs

4. Considérations militaires

reprises[566]. Ici comme ailleurs, les Occidentaux envoient à l'Ukraine des matériels obsolètes et souvent défectueux.

4.9. La diversion

Pour que les armes soient efficaces, il faut qu'elles arrivent sur le front ! En termes techniques, la diversion est le fait de détourner des armes de leur destination originale. C'est un phénomène bien connu lorsqu'un marché est saturé d'armes. C'était le cas en Irak et en Afghanistan.

Ce que des journalistes (menteurs ou corrompus ?) désignaient comme « *désinformation russe* » en juillet 2022[567], semble être vérifié par un film documentaire de *CBS News*, intitulé « Arming Ukraine », qui constate que seulement 30-40 % des armes envoyées atteignent leurs destinataires[568]. Après les protestations de Kiev, ce documentaire a été rapidement censuré[569]...

Il semble aujourd'hui confirmé que des Ukrainiens ont vendu des lance-missiles multiples américains HIMARS et des canons automoteurs français CAESAR aux Russes. Cela a permis à ces derniers d'analyser les systèmes tombés en leurs mains et de mettre au point des contre-mesures : des logiciels pour les missiles anti-aériens et des contre-mesures électroniques. Résultat : les HIMARS si vantés en Occident sont devenus des menaces banales.

C'est pourquoi les Américains ont refusé de fournir à l'Ukraine quatre drones MQ1C GRAY EAGLE à cause du risque de fuite de technologie[570].

---

566. Julie Pace, Hanna Arhirova & James Jordan, « Takeaways from AP's interview with Ukraine's Zelenskyy », *AP*, 30 mars 2023 (https://apnews.com/article/ukraine-zelenskyy-russia-putin-war-78f55fbf4fb7e57711c2fadaf914fd45)

567. Gilles Sengès, « La Russie instille le doute sur la destination des armes occidentales livrées à l'Ukraine », *L'Opinion*, 15 juillet 2022 (https://www.lopinion.fr/international/la-russie-instille-le-doute-sur-la-destination-des-armes-occidentales-livrees-a-lukraine)

568. Adam Yamaguchi & Alex Pena, « Why military aid in Ukraine may not always get to the front lines », CBS News, 7 août 2022 (https://www.cbsnews.com/news/ukraine-military-aid-weapons-front-lines/)

569. Sinéad Baker, "CBS partially retracts documentary that outraged Ukraine by claiming that US weapon shipments were going missing", Business Insider, 8 août 2022 (https://www.businessinsider.com/cbs-partially-retracts-ukraine-docuemtnary-alleging-missing-us-weapons-2022-8)

570. Inder Singh Bisht, « Pentagon Postpones Armed MQ-1C Drone Sale to Ukraine », *The Defense Post*, 21 juin 2022 (https://www.thedefensepost.com/2022/06/21/pentagon-postpones-mq1c-drone-ukraine/)

C'est également ce qui a été invoqué pour ne pas fournir des chars de combat M1 ABRAMS, dont le blindage est fait d'un alliage particulier classifié[571].

Croyant à leur propre propagande, nos journalistes ont totalement ignoré le phénomène de diversion. Alors que le rapport de la *RAND Corporation* mettait en garde contre ce problème en 2019 déjà[572], aucun mécanisme de vérification n'a été mis en place par les Occidentaux[573].

En avril 2023, le journaliste d'investigation Seymour Hersh publie un article sur la corruption des élites américaines et ukrainiennes[574]. Il y montre que Zelensky et son entourage se sont honteusement enrichis avec les fonds qui lui ont été versés, à un montant estimé par un analyste de la CIA à 400 millions de dollars, en trafiquant du diesel en provenance de... Russie! Les armes fournies à l'Ukraine ont trouvé le chemin d'autres pays, à travers des compagnies-écrans en Pologne, en Tchéquie et en Israël qui revendent ces armes en laissant des « commissions » substantielles à Zelensky et son équipe.

On a parfois le sentiment que la guerre est devenue une opportunité pour certains en Ukraine. En juillet 2022, par la loi 2425-IX[575] les membres de la Verkhovna Rada[576], le Parlement d'Ukraine, s'accordent une augmentation salariale de 70 %, qui doit être financée par le budget de l'Ukraine. Le phénomène n'est ni nouveau ni unique, et les Ukrainiens ne sont pas pires que d'autres à cet égard. Le problème est que cette corruption se fait avec notre soutien financier.

En janvier 2023, lors de sa rencontre avec Zelensky, William Burns, directeur de la CIA, lui a exprimé son mécontentement et lui a communiqué une liste de 35 généraux la corruption était un peu trop voyante aux yeux du gouvernement américain. Quelques jours plus tard, Zelensky en limogera dix...

---

571. Joseph Trevithick, « M1 Abrams Tanks In U.S. Inventory Have Armor Too Secret To Send To Ukraine », *The War Zone*, 25 janvier 2023 (https://www.thedrive.com/the-war-zone/m1-abrams-tanks-in-u-s-inventory-have-armor-too-secret-to-send-to-ukraine)
572. James Dobbins, Raphael S. Cohen, Nathan Chandler, Bryan Frederick, Edward Geist, Paul DeLuca, Forrest E. Morgan, Howard J. Shatz, Brent Williams, « Extending Russia : Competing from Advantageous Ground », RAND Corporation, 2019, p. 101
573. « A Case for More Oversight of Military Aid to Ukraine », *Arms Control Association*, Volume 14, Issue 6, 9 août 2022 (https://www.armscontrol.org/issue-briefs/2022-08/case-more-oversight-military-aid-ukraine)
574. Seymour Hersh, « Trading with the Enemy », *Seymour Hersh Substack*, 12 avril 2023 (https://seymourhersh.substack.com/p/trading-with-the-enemy)
575. https://zakon.rada.gov.ua/laws/show/2425-IX#Text
576. https://itd.rada.gov.ua/billInfo/Bills/Card/40038

Ces limogeages interviennent au moment où des tensions se créent dans la conduite ukrainienne à cause de la situation de Bakhmout. En février 2023, Zelensky limoge Ruslan Dzyuba, commandant adjoint de la Garde nationale[577], puis le général-major Eduard Moskalyov, commandant des forces ukrainiennes dans le Donbass (Forces du Commandement Opératif « Est »)[578]. Simultanément, Zelensky recompose le Conseil de Sécurité et de Défense en y ajoutant Ihor Klymenko, le nouveau ministre de l'Intérieur, et Vasyl Malyuk, le nouveau chef du service de sécurité ukrainien.

Les limogeages qui traduisent le dilemme créé par la situation dans le Donbass

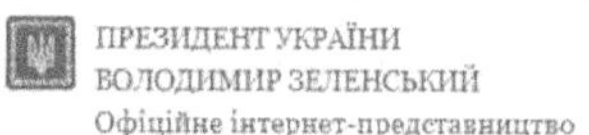

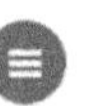

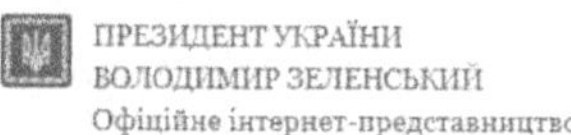

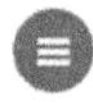

ПРЕЗИДЕНТ УКРАЇНИ
ВОЛОДИМИР ЗЕЛЕНСЬКИЙ
Офіційне інтернет-представництво

Головна › Документи › Укази

УКАЗ ПРЕЗИДЕНТА УКРАЇНИ №74/2023

Про звільнення Р.Дзюби з посади заступника командувача Національної гвардії України

Звільнити ДЗЮБУ Руслана Володимировича з посади заступника командувача Національної гвардії України.

Президент України В.ЗЕЛЕНСЬКИЙ

11 лютого 2023 року

ПРЕЗИДЕНТ УКРАЇНИ
ВОЛОДИМИР ЗЕЛЕНСЬКИЙ
Офіційне інтернет-представництво

Головна › Документи › Укази

УКАЗ ПРЕЗИДЕНТА УКРАЇНИ №113/2023

Про звільнення Е.Москальова з посади Командувача об'єднаних сил

Звільнити МОСКАЛЬОВА Едуарда Михайловича з посади Командувача об'єднаних сил.

Президент України В.ЗЕЛЕНСЬКИЙ

26 лютого 2023 року

Figure 76 — Les limogeages de l'adjoint du commandant de la Garde nationale et du commandant des forces ukrainiennes du Donbass illustrent les tensions qui existent au début 2023 au sein de la conduite ukrainienne. La stratégie de grignotage des capacités ukrainiennes annoncée par la Russie à la suite des livraisons massives d'armes par l'Occident est en train de fonctionner.

577. Katerina Tichenko, « Зеленський звільнив заступника командувача Нацгвардії », *Ukraïnska Pravda*, 11 février 2023 (https://www.pravda.com.ua/news/2023/02/11/7388966/)
578. Kateryna Tyshchenko, « Zelensky fired commander of joint forces », *Ukraïnska Pravda*, 26 février 2023 (https://www.pravda.com.ua/eng/news/2023/02/26/7391121/)

5. La guerre de l'information

5.1. Des médias occidentaux défaillants

Comme dans tout conflit, chaque belligérant tente de convaincre du bien-fondé de son action. Le problème que depuis 2014, notre lecture du conflit ukrainien est *exclusivement* basée sur la propagande ukrainienne. C'est ce qui conduit, début 2023, à des discours contradictoires sur une Russie qui «perd» et une Ukraine qui ne parvient pas à «gagner». Tout ce que nous observons aujourd'hui était prévisible dès juin 2022. Mais la haine de la Russie et des Russes a étouffé la raison et le bon sens.

Une grande leçon du conflit ukrainien est que nos médias — qui se vantent d'un professionnalisme journalistique — ne vérifient *jamais* leurs informations. L'ensemble des médias traditionnels belges, français et suisses travaillent *exclusivement* avec les informations diffusées par la propagande ukrainienne, sans rien vérifier.

En comparant après-coup les informations données par nos médias et la réalité on constate un effort délibéré de donner une perception de la réalité qui n'est pas alignée sur des faits, mais sur la politique des pays occidentaux (Figure 78). On peut faire plusieurs constatations.

Tout d'abord, les principaux médias francophones examinés ici (*RTBF* en Belgique, *France 5* et *LCI* en France et *RTS* en Suisse) n'ont pratiquement comme seule source que la propagande ukrainienne. Même les médias ukrainiens non-officiels, voire les médias d'opposition russes sont exclus lorsqu'ils donnent une image plus nuancée du conflit.

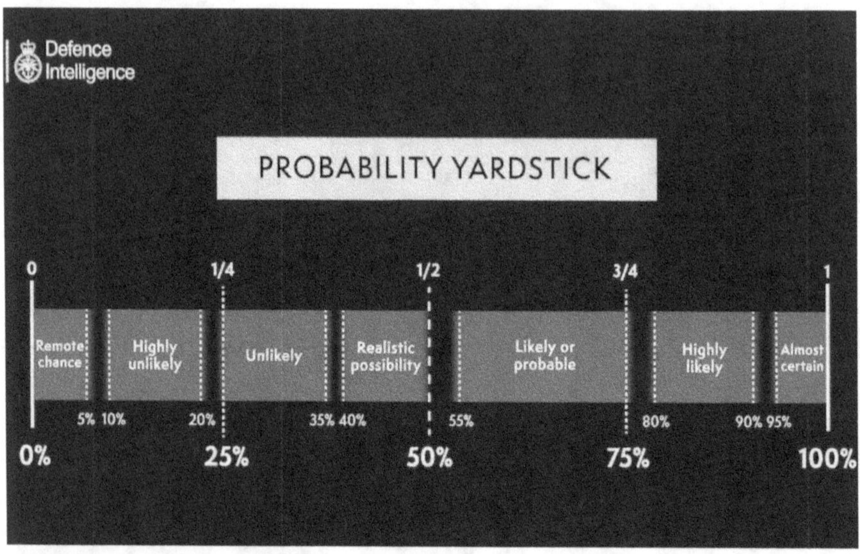

Figure 77 — Nos journalistes n'ont pas encore compris que les mots avaient un sens.
Dans le monde du renseignement, des termes comme «probable» ou «improbable»
ont une signification quantifiable. Ici, l'échelle de la terminologie utilisée par le renseignement
militaire britannique. Des médias comme BFM TV, la RTBF, France 5 ou la RTS n'ont aucune
rigueur dans leur manière de présenter l'information et du degré de réalisation
des informations qu'ils nous donnent. [Source : Defence Intelligence]

Ensuite, lorsque l'on revient quelques semaines voire quelques mois plus tard sur les informations données par nos médias, on constate que leur très grande majorité (>90 %) était tout simplement fausse. Cela pourrait s'expliquer par le «brouillard de la guerre», mais les exemples que nous avons donné dans cet ouvrage montrent que ce n'est pas le cas. En réalité, l'information correcte était disponible au moment de la diffusion par nos médias.

D'ailleurs, il faut nuancer le terme «fausse». Car l'information n'est pas composée d'éléments qui sont tous faux. En fait, on constate que l'information servie par nos médias est le plus souvent «recomposée», un peu comme un jambon cuit de mauvaise qualité. En d'autres termes, des médias comme BFM TV, LCI ou la RTS nous fournissent une information dont on a gardé que les éléments qui soutiennent un discours donné. C'est par exemple le cas avec les armes nucléaires: on omet systématiquement de rappeler les menaces occidentales, afin de faire croire que Vladimir Poutine a lancé ses menaces sans raison.

Comparaison des médias utilisés dans cet ouvrage

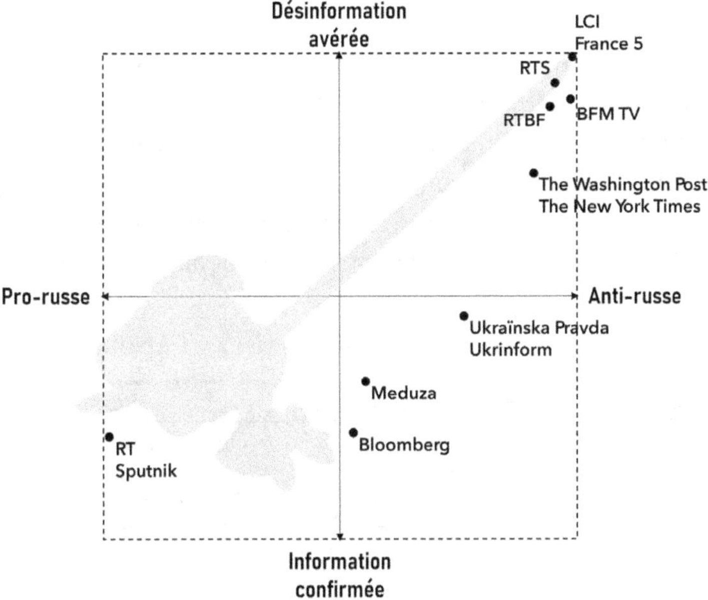

Figure 78 — En comparant les informations données par les principaux médias utilisés dans cet ouvrage et en confrontant leurs informations à la réalité quelques jours plus tard, en tenant compte de l'information disponible au moment de la publication on constate qu'ils nous ont systématiquement désinformé. Comme nous le démontrons dans cet ouvrage, des médias comme LCI, la RTS, France 5 et BFM TV travaillent sans respecter la Charte de Munich sur le journalisme.

Ainsi, en écartant systématiquement les éléments d'information qui interfèrent avec la rhétorique officielle, nos médias ne retiennent que les informations qui soutiennent une démarche politique : c'est une pratique qui répond à la définition technique du conspirationnisme.

Les «*fact checkers*» s'appuient sur certains éléments pour accréditer l'information donnée par les médias, mais ignorent systématiquement les éléments délaissés par nos médias : on tourne donc en rond.

L'incapacité de nos dirigeants à comprendre le conflit, sa dynamique réelle et donc à élaborer des stratégies de sortie de crise résulte de l'image qu'en ont donné nos médias :

- En générant de manière systématique une succession d'incitations à la haine, polarisant les esprits et en étouffant toutes les voix qui tentaient de ramener à la raison et de dépassionner la lecture des faits.
- En dénaturant les objectifs énoncés par la Russie — et qui se sont avérés cohérents — nos médias ont délibérément écarté nos gouvernements et l'Ukraine des bonnes solutions.
- En laissant entrevoir une défaite de la Russie basée sur *aucun* élément factuel, qui justifiait de ne pas s'engager dans un processus de négociation.

Au printemps 2023, le narratif occidental se heurte de plus en plus à la réalité du terrain. On constate que les Occidentaux se sont piégés eux-mêmes. Ayant jugé la Russie en fonction de préjugés et non de faits, ils ont agi contre un adversaire qu'ils avaient très largement sous-estimé.

Comparaison de la communication de crise en Ukraine et en Russie

	Ukraine/Occident	Russie
Axes principaux	• Glorification des actions ukrainiennes. • Maximisation des pertes et échecs de la Russie.	• Dénonciation de la « russophobie ». • Absurdité des accusations occidentales.
Canaux	Communication largement basée sur les réseaux sociaux.	Essentiellement basée sur les réseaux institutionnels.
Style	Très contemporain et offensif. Approche émotionnelle.	Sobre et défensif. Approche rationnelle et technique.
Forme	Moderne et utilisant des codes jeunes, visant plus à influencer qu'à informer.	Conventionnelle, plus scolaire, mais plus factuelle et plus fiable qu'en Ukraine.
Architecture	Zelensky est la clé de voûte de la stratégie d'information et toute la communication politique et militaire passe par lui.	L'information opérationnelle est donnée par des militaires, tandis que les informations de nature politique et stratégique sont du ressort de l'équipe de communication présidentielle (Maria Zakharova).
Approche	Volodymyr Zelensky combat dans l'espace informationnel.	Vladimir Poutine combat dans l'espace matériel et réel.

Figure 79 — Deux approches de la communication. Si la communication ukrainienne « accroche » plus, c'est probablement l'approche russe, qui à long terme, portera ses fruits.

Comme nous l'avons démontré par maints exemples dans cet ouvrage, il ressort de nos observations, que la politique de ces médias est de polariser la perception du conflit. En d'autres termes : maximiser la haine des Russes.

Par exemple, le 15 avril 2023, devant le bâtiment abritant l'Assemblée parlementaire des pays de la Communauté des États Indépendants (CEI) étaient déployés les drapeaux des pays-membres de l'organisation, parmi lesquels, celui de l'Ukraine. Officiellement elle fait encore partie de l'organisation et les autorités russes ont voulu que son drapeau soit présent. Il a été retiré par des habitants de Saint-Pétersbourg, suscitant la réprobation des autorités[579]. Cet exemple illustre le caractère plus mature et dépassionné de l'approche officielle russe du conflit. C'est peut-être pour cette raison qu'aucun média occidental n'a relevé cet incident qui a été abondamment commenté en Russie.

5.2. Le rôle du renseignement

5.2.1. *Le renseignement stratégique*

On constate, une fois de plus, l'affligeante compréhension du rôle du renseignement dans les médias français. Sans doute plus habitués à la presse de boulevard qu'à la réflexion, nos journalistes continuent à comprendre le renseignement, comme dans un film de James Bond[580] !

Le renseignement se décline en trois niveaux : stratégique, opératif et tactique. Le renseignement stratégique a pour rôle d'éclairer la décision stratégique politique et/ou militaire. Mais il ne peut remplir sa mission qu'à certaines conditions :

- La première est que le décideur prenne sa décision après avoir consulté et écouté ses services de renseignement. Or, aujourd'hui, nos dirigeants vivent et décident au rythme de Twitter, et la rapidité de la décision prime sa pertinence. Cela est d'autant plus vrai avec des personnalités faibles, mais convaincues de leur supériorité, comme

---

579. « В России не поддержали сорвавших украинский флаг возле штаб-квартиры МПА СНГ », Lenta.ru, 16 avril 2023 (https://lenta.ru/news/2023/04/16/nosupport/)
580. https://youtu.be/c44ZdBhcuno

Anthony Blinken aux États-Unis, Emmanuel Macron (et une grande partie de ses ministres!) en France, Annalena Baerbock en Allemagne, Sanna Marin en Finlande ou Kaja Kallas en Estonie.

- La deuxième est la mesure dans laquelle le renseignement a l'indépendance nécessaire (et le courage) pour formuler des analyses qui vont à l'encontre des attentes du décideur.
- La troisième est la capacité des services de renseignement à analyser la situation. Cela implique d'avoir la capacité analytique pour traiter l'ensemble des éléments d'information.

Selon la nature du conflit, il se base à 90-97 % sur des sources ouvertes, à condition de prendre soin d'avoir un éventail suffisamment large de sources afin de garantir l'impartialité de l'analyse. Et c'est-là le problème.

Nos ministères et nos administrations alimentent la décision des gouvernements essentiellement sur la base de ce que disent les médias. Or, ces médias n'ont in fine qu'une et une seule source: la propagande (et non les médias) venant d'Ukraine. C'est pourquoi notre image du conflit a peu de rapport avec la réalité, et nos journalistes sont si surpris lorsqu'ils sont mis devant les faits.

La publication, en avril 2023, de documents classifiés (jusqu'à TOP SECRET) apporte un éclairage inattendu sur le conflit et sur la perception qu'en ont les États-Unis. Très controversés, car ils apportent une image plus nuancée de la situation opérationnelle de l'Ukraine que ne le prétendent nos médias.

Sana entrer dans les détails, ce que révèlent ces documents est que les Américains dépendent exclusivement des Ukrainiens et des médias pour l'analyse stratégique. Ils ont une image relativement précise de ce qui est déployé sur le terrain, grâce à leurs drones stratégiques RQ-4 GLOBALHAWK et MQ-9 REAPER. En revanche, leur évaluation des pertes semble reposer presque exclusivement sur les informations ukrainiennes et les sources ouvertes (comme le site ORYX). Larry Johnson, ex-agent de la CIA, faisait exactement la même constatation en janvier 2023[581].

---

581. Larry Johnson, « Blinded by the Lies — The U.S. Military is Relying on Ukrainian Intelligence », *Sonar 21*, 4 janvier 2023 (https://sonar21.com/blinded-by-the-lies-the-u-s-military-is-relying-on-ukrainian-intelligence/)

Ce déficit d'information est confirmé par un article de Seymour Hersh le 12 avril 2023, où il explique qu'en janvier 2023, persuadé de la victoire ukrainienne, le général Mark Milley, chef du Joint Chiefs of Staff, a fait élaborer un projet de reddition pour la Russie après sa défaite sur le terrain[582]. Une initiative d'autant plus surprenante qu'en janvier, la situation des forces ukrainiennes était extrêmement précaire dans le Donbass. Cela confirme qu'au-delà du «*bean counting*» (littéralement: compter les haricots), les Américains ont une très mauvaise compréhension du conflit.

Le même phénomène est observable en France et en Allemagne, où les services de renseignement paraissent être «à la traîne». Toutefois, je pense que dans ces deux pays, les services de renseignement ont une image plus précise du conflit que leurs dirigeants. Le problème vient essentiellement de ces derniers.

La Suisse ne fait pas exception. L'ambassadeur de Suisse en Ukraine décrivait sur nos médias une situation directement issue de la propagande ukrainienne, sans réel rapport avec la réalité[583]. Le problème se retrouve avec le *Rapport annuel sur la Sécurité de la Suisse*[584] publié en septembre 2022 par le *Service de Renseignement de la Confédération* (SRC). Il ne contient littéralement aucune analyse et seule est rapportée la situation telle qu'elle vient des services ukrainiens.

En mai 2022, Sauli Niinisto, le président finlandais, est surpris que Vladimir Poutine ne soit pas en colère au téléphone après l'annonce de son pays de poser sa candidature à l'OTAN[585]. Ce qui signifie que son service de renseignement n'a pas été en mesure de le «briefer» sur la personnalité de son interlocuteur ou lui a donné des informations fausses.

La plus grave erreur que l'on peut faire dans une guerre est de sous-estimer son adversaire et de surévaluer ses propres capacités. Nos médias nous ont poussé à la faire, tandis qu'au niveau de nos États, le renseignement stratégique dont le rôle est d'aider les politiques à prendre des décisions rationnelles, a été incapable de le faire.

---

582. Seymour Hersh, «Trading With The Enemy», *Seymour Hersh Substack*, 12 avril 2023 (https://seymourhersh.substack.com/p/trading-with-the-enemy)
583. https://www.rts.ch/play/tv/redirect/detail/13567586?startTime=383
584. https://www.newsd.admin.ch/newsd/message/attachments/72369.pdf
585. Peter Aitken, «Finland President surprised at Putin's 'calm' response to NATO membership news», *Fox News*, 15 mai 2022 (https://www.foxnews.com/world/finland-president-putin-calm-nato-membership)

Comme le constate Sir Jeremy Fleming, directeur du *Government Communication Headquarters* (GCHQ), le service de renseignement électronique du Royaume-Uni[586], une tendance se dessine depuis une vingtaine d'années en Occident, d'employer les services de renseignement comme des organes d'information envers le public. En fait, les services de renseignement sont devenus des organes de communication, destinés à conforter le discours politique.

5.3. La désinformation russe

La principale faiblesse de l'Occident dans la complexité du monde actuel est qu'il ne semble percevoir les situations qu'à travers ses propres préjugés. Depuis la guerre froide, tout ce qui vient de la Russie (et de l'URSS auparavant) est perçu en Occident comme de la propagande ou de la désinformation (ce qui, dans l'esprit des journalistes est exactement la même chose).

En plein conflit ukrainien, pour nous convaincre de la désinformation russe, le journaliste suisse Jean-Philippe Schaller n'a pas trouvé de meilleur exemple que l'opération INFEKTION du KGB, datant de... 1985[587]!

Comme l'ont reconnu les Soviétiques en août 1987[588], INFEKTION était une opération de désinformation attribuant aux États-Unis la création du virus du SIDA[589]. Selon Yevgeny Primakov, alors directeur du Service Central de Renseignement (TsSR)[590], il s'agissait de détourner l'attention de la tentative d'attentat contre le pape Jean-Paul II, afin de ne pas «perdre» les populations catholiques des pays en voie de développement, où l'URSS luttait contre l'«impérialisme occidental».

---

586. Evie Coffey, «GCHQ head says Ukraine conflict marked 'sea-change' in release of intelligence», *Gloucestershire Live*, 29 décembre 2022 (https://www.gloucestershirelive.co.uk/news/uk-world-news/gchq-head-says-ukraine-conflict-7976536)
587. https://youtu.be/bEv4-IJsl9k?t=1337
588. Thomas Boghardt, "Operation INFEKTION - Soviet Bloc Intelligence and Its AIDS", *Studies in Intelligence* Vol. 53, No. 4, CIA, décembre 2009
589. https://cia.gov/resources/csi/studies-in-intelligence/volume-53-no-4/soviet-bloc-intelligence-and-its-aids-disinformation-campaign/
590. L'ancienne 1e Direction principale du KGB, qui deviendra le *Service de Renseignement Extérieur* (SVR).

Il est symptomatique que Jean-Philippe Schaller en soit réduit à aller chercher des opérations du KGB des années 1980 pour démontrer la désinformation russe d'aujourd'hui. Le choix de notre journaliste montre que même durant la guerre froide les exemples de désinformation soviétique (ou russe) sont rares. Le système communiste privilégiait la propagande (littéralement : « ce qui mérite d'être diffusé ») qui met l'accent sur des points positifs (comme dans un message publicitaire), mais n'est (généralement) pas faux. On observe la même philosophie aujourd'hui.

Pour nos journalistes, la notion de « désinformation » est à géométrie variable. Le trolling sur les réseaux sociaux venant de Russie, est automatiquement attribué au gouvernement russe et qualifié de désinformation. En revanche, les exemples de désinformation occidentale sont ostensiblement invraisemblables (« Poutine prendrait des bains de sang »). Ce qui est qualifié de « désinformation » pour la Russie, devient du « *story telling* » pour l'Ukraine[591] !

Les informations diffusées par les médias russes, comme RT ou Spoutnik se concentrent — assez logiquement — sur les éléments qui jouent en défaveur de l'Ukraine. Mais, on peut constater que les informations données sont très souvent justes, à la différence de l'information officielle ukrainienne qui est très souvent fausse. En termes techniques, la Russie tend à privilégier la propagande, alors que l'Ukraine utilise la désinformation.

5.4. La guerre ukrainienne et occidentale de l'information

5.4.1. *Les structures d'information*

La communication ukrainienne sur le conflit est extrêmement complexe. Elle est élaborée avec l'appui du *Centre d'Excellence de l'OTAN pour la Communication stratégique* (*COE StratCom*) basé à Riga (Lettonie), créé en janvier 2014 dans le sillage de l'Euromaïdan[592]. Le 1er juillet 2014, un protocole d'accord entre l'Allemagne, l'Espagne, l'Italie, la Lituanie, la Lettonie, la Pologne et le Royaume-Uni a fait du

---

591. https://youtu.be/bEv4-IJsl9k?t=285
592. www.stratcomcoe.org/

centre une organisation internationale. Il a été accrédité comme Centre d'Excellence de l'OTAN au 1er septembre 2014 par le Conseil de l'Atlantique Nord, avec l'objectif avoué d'appuyer l'Ukraine[593]. Aujourd'hui, c'est l'un des centres qui coordonne la désinformation et la propagande sur le conflit ukrainien.

Créée au lendemain de la crise ukrainienne de 2014, l'*Integrity Initiative* (II) britannique n'a été révélée au public qu'à la fin 2018 par un piratage des *Anonymous*[594]. On a alors naturellement accusé les services de renseignement russes de mener une campagne de désinformation contre l'OTAN. Cela n'est pas impossible, mais rien ne le démontre à ce stade, car les documents dévoilés — y compris les listes de noms des agents et correspondants de l'II à l'étranger — apparaissent authentiques. En novembre 2018, le gouvernement britannique a d'ailleurs confirmé qu'il finançait cette initiative[595].

L'II a été créée sous l'égide du ministère des Affaires étrangères britannique (FCO), qui est également responsable du *Secret Intelligence Service* (MI-6) et du *Government Communications Headquarters* (GCHQ) en charge de la cyberguerre, qui sont associés à cette initiative. Elle est financée par le ministère de la Défense et l'armée britanniques, le ministère de la Défense lituanien et l'OTAN, et vise à « *combattre la désinformation russe en Europe* ». L'II utilise la *BBC* et l'agence *Reuters* pour promouvoir un discours « officiel ». Elle inclut des réseaux de marketing informatique et des officines de renseignement privés comme Bellingcat, et s'appuie sur des « clusters » nationaux, composés de correspondants dans chaque pays participant.

Les « clusters » nationaux sont l'aspect le plus dérangeant de l'II. Ses membres, appartiennent à des institutions officielles ou réputées indépendantes. Ainsi, en France, les responsables britanniques ont pris les premiers contacts avec des fonctionnaires de l'administration au début 2016. Après une réunion à Paris en mai, ils notent :

---

593. « Latvia shares NATO STRATCOM experience with Ukraine », LSM.lv, 27 octobre 2015 (https://eng.lsm.lv/article/society/society/latvia-shares-nato-stratcom-experience-with-ukraine.a152152/)
594. telegra.ph/OP-HMG-Trojan-Horse-Part-4-Undermining-Russia-I-02-04
595. *Foreign and Commonwealth Office: Integrity Initiative, Question for Foreign and Commonwealth Office*, UIN 196177, 27 novembre 2018.

256

> *Les Français sont très nationalistes, anti-américains. Il y a aussi
> de l'admiration pour la force brute («le complexe Napoléon»).
> En conséquence, il y existe une nette tendance à admirer Poutine,
> associée à un sentiment historique de proximité avec la Russie qui
> les fait sympathiser avec la Russie.*[596]

Il en résultera la création, «*indépendamment du gouvernement*», du cluster «*Integrity France*». Dans quelle mesure les listes de noms révélées en 2018 sont-elles complètes et encore correctes ? Cela est incertain, mais elles questionnent sur l'intégrité des institutions qui informent ou renseignent nos politiciens. On y trouve des journalistes, des fonctionnaires du ministère des Affaires étrangères, du *Secrétariat général de la Défense et de la Sécurité nationale* (SGDSN), Rudy Reichstadt et plusieurs collaborateurs de *Conspiracy Watch*[597], Françoise Thom (qui dénonce les médias payés par l'étranger (!) et adversaire d'un dialogue diplomatique avec la Russie[598]) ou Galia Ackerman, qui intervient régulièrement sur *France 5* à propos de la Russie. Dans le cluster belge (2019), il y a des fonctionnaires de l'OTAN et de l'Union européenne, ainsi que des chercheurs de l'*Université libre de Bruxelles*; dans le cluster suisse (2019), on trouve des personnes payées par le ministère de la Défense suisse. Dans le cluster britannique, sans surprise, on trouve *Bellingcat* et Vladimir Achourkov, proche collaborateur de Navalny.

Quant à *Bellingcat* — auquel se réfèrent régulièrement des conspirationnistes d'extrême-droite, *Conspiracy Watch* et de nombreux médias occidentaux —, un document interne de l'*Integrity Initiative* britannique de juin 2018 sur la lutte contre la désinformation russe le juge de la manière suivante :

---

596. CND Paris & Brussels 2-4 May 2016 (https://www.pdf-archive.com/2018/12/13/cnd-paris--bxl-may-2016-v2/).

597. Benoît Bréville, «Chasseur de "conspis"», *Le Monde diplomatique*, avril-mai 2018 ; Brice Perrier, «Conspiracy Watch de Rudy Reichstadt : les contradictions de l'anti-complotiste professionnel», *Marianne*, 23 novembre 2019 ; Laurent Dauré, «Quand les "complotologues" de Franceinfo font l'impasse sur la principale théorie du complot de l'ère Trump», *Acrimed*, 10 mars 2021.

598. Isabelle Mandraud, «Françoise Thom, la procureure de Poutine», *Le Monde*, 21 octobre 2019.

Bellingcat a été quelque peu discrédité, à la fois en répandant lui-même de la désinformation et en étant prêt à produire des rapports pour quiconque est prêt à payer.[599]

Techniquement, les individus employés par un gouvernement, mais travaillant parallèlement en sous-main au profit d'un autre, dans le cadre d'une activité d'influence, correspondent à la définition «*d'agents d'influence*»[600]. C'est une situation où des employés d'administrations nationales peuvent avoir des conflits d'intérêt avec les décisions politiques de leur employeur. Cela contribue à ce que certains appellent «l'État profond», qui peut générer des dynamiques différentes de celles voulues par les autorités élues. Cela peut conduire à des situations comparables à celle de la France envers l'Allemagne, lorsque Clément Beaune, secrétaire d'État chargé des Affaires européennes, se prononce publiquement pour l'abandon du projet *Nord Stream 2*[601] à cause de l'affaire Navalny, obligeant Yves Le Drian, puis Emmanuel Macron, à préciser que la France considère les deux affaires comme distinctes[602].

L'II est essentiellement une structure d'influence, qui a peu de points communs avec le «fact-checking». Tel qu'il est décrit dans son «*guide*», son rôle est essentiellement de décrédibiliser les réponses de la Russie aux attaques dont elle fait l'objet, qui n'ont jamais été démontrées, restent inexpliquées ou seulement partiellement décrites (affaire Skripal, catastrophe du MH-17 en Ukraine, «annexion» de la Crimée, cyberattaques...)[603]. En juin 2018, lors d'une réunion organisée par le FCO pour mobiliser des soutiens aux opérations d'influence, l'objectif de l'opération est clairement énoncé: «*Le programme a pour but d'affaiblir l'influence de la Russie sur ses voisins*»[604], sans mentionner une seule fois l'État de droit ou les droits de l'Homme.

---

599. *Upskilling to Upscale: Unleashing the Capacity of Civil Society to Counter Disinformation*, Final Report, juin 2018, p. 72.
600. fr.wikipedia.org/wiki/Agent_d'influence
601. «Affaire Navalny: la France favorable à l'abandon du projet de gazoduc Nord Stream 2, selon le secrétaire d'État chargé des Affaires européennes», *franceinfo.fr*, 1er février 2021.
602. «La France n'interviendra pas auprès de l'Allemagne sur Nord Stream 2, dit Le Drian», *Reuters*, 3 février 2021.
603. Document «The Integrity Initiative Guide to Countering Russian Disinformation» (https://www.pdf-archive.com/2018/11/02/untitled-pdf-document-1/)
604. *Supplier Event, Support for Independent Media in Eastern Partnership Countries, Support for Independent Media in the Baltic States*, Foreign & Commonwealth Office, Londres, 26 juin 2018.

Ce type de structure est une menace à l'État de droit, car le problème n'est pas tant de répondre à l'information venant de Russie, que l'esprit et l'éthique que nous y mettons. Ainsi, l'II est un outil dont l'usage peut assez rapidement dériver, par exemple lorsqu'il s'agit de mener une campagne contre le parti travailliste en Grande-Bretagne[605]. Si des officines comme *Conspiracy Watch* en France font l'objet de polémiques, c'est moins en raison de leur lutte contre le complotisme, que d'un manque de rigueur intellectuelle et d'éthique dans la manière de le faire.

Le problème est qu'à force de voir de la désinformation dans tout ce qui pourrait paraître favorable ou positif pour la Russie, des médias comme la RTS, LCI ou BFM TV et des officines comme Conspiracy Watch, qui travaillent hors des principes de la Charte de Munich, finissent par faire eux-mêmes de la désinformation. Comme le dit un document de l'*Integrity Initiative* britannique de juin 2018[606] :

> *Un autre obstacle à la lutte contre la désinformation est le fait que certains récits soutenus par le Kremlin sont factuellement vrais [...]. Répondre à des vérités qui dérangent, par opposition à la propagande pure, est naturellement plus problématique.*

Ce qui explique que la stratégie de ces médias est de mener des attaques personnelles contre les voix discordantes, afin de conforter leur propre discours.

5.4.2. *Des philosophies différentes*

L'analyse de la communication sur le conflit en Ukraine et en Russie montre des philosophies différentes de l'information.

Quant à la forme, la communication ukrainienne est très « jeune ». Elle s'appuie sur la diffusion de « messages » et non sur le reflet de la réalité : peu importe si ce que l'on dit se vérifie sur le terrain, l'important est qu'on le croie. Les films de propagande semblent être tout droit sortis

---

605. Chris York, « How A Murky Row Over Russia, Jeremy Corbyn And A "Psyops Campaign" Went Mainstream », *huffingtonpost.co.uk*, 2 février 2019 ; Mark McLaughlin, « Hacker-hit research group the Integrity Initiative is sorry for Jeremy Corbyn tweets », *The Times*, 6 avril 2019.

606. *Upskilling to Upscale: Unleashing the Capacity of Civil Society to Counter Disinformation*, Final Report, juin 2018, p. 55 (paragraphe 5.3).(https://www.pdf-archive.com/2019/03/22/untitled-pdf-document-1/)

de jeux électroniques. Tout est communication, à l'image de Volodymyr Zelensky, qui agit par sa présence même et non par son contenu. Un effort est porté sur le ton de voix qui marquent la volonté de se battre et la détermination. Un énorme travail est fait sur les réseaux sociaux pour disséminer la propagande officielle ukrainienne, qui alimente nos médias, à l'exclusion de toute autre source.

Le bataillon LGBT ukrainien

Figure 80 — Insigne d'épaule du bataillon LGBT.
Il regroupe une licorne (à droite) le feu (partie gauche inférieure)
et le trident (partie gauche supérieure). La mise sur pied d'un bataillon LGBT
illustre la philosophie de communication de l'Ukraine, qui s'adosse à des codes
populaires dans la classe politique occidentale. Ce bataillon a été observé
à Kremennaya, dans le Donbass[607].

Les codes de communication (smileys, mais en cœur, etc.) et vestimentaires (tenue de combat et T-shirt) sont également jeunes et dirigés vers une audience peu critique, de niveau culturel médiocre, habituée à recevoir une information « toute cuite » et qui est incapable d'analyse. Pour le sommet de l'Union européenne à Kiev, au début février 2023, des directives à l'intention des participants demandaient d'éviter la couleur kaki (couleur de la tenue du président Zelensky[608]) ainsi que les couleurs vives (afin de maintenir l'attention sur Zelensky)[609].

---

607. https://lgbtmilitary.org.ua/eng
608. James Crisp, « Don't dress like Volodymyr Zelensky when in Kyiv, EU officials warned », *The Telegraph*, 2 février 2023 (https://www.telegraph.co.uk/world-news/2023/02/02/dont-dress-like-volodymyr-zelensky-when-kyiv-eu-officials-warned/)
609. Florian Eder, « The EU's Ukraine trip dress code: Wear a suit, not green like Zelenskyy », *Politico*, 1er février 2023 (https://www.politico.eu/article/eu-ukraine-summit-trip-dress-code-brussels-military-volodymyr-zelenskyy-russian-invasion-solidarity-kyiv/)

À l'inverse, la communication russe a une forme plus austère, plus factuelle et plus traditionnelle ; certains diront « vieillotte ». Elle s'appuie assez largement sur les traditions et les valeurs des populations d'Europe orientale, comme la famille, l'église et le respect des anciens. Les codes vestimentaires restent traditionnels (complet, cravate). La différence d'approche était manifeste lors des discussions entamées par l'Ukraine à la fin février 2022, lorsque les deux délégations se faisaient face au Bélarus : d'un côté les Ukrainiens en tenue de combat, et de l'autre, les Russes en complet-cravate[610].

Quant à la substance, la communication ukrainienne utilise des thèmes plus jeunes, souvent tirés du monde des jeux électroniques, et est également plus juvénile dans son contenu. À L'inverse, la communication russe, moins prolifique, plus retenue et moins attrayante, mais plus mature et plus fiable.

En prenant un peu de recul, les différences dans l'approche nous ramènent à des conceptions différentes de la société. Fortement appuyée par l'appareil de communication occidental, l'Ukraine semble épouser une société plus légère, sans réelles valeurs, où l'immédiat s'oppose au long terme, où l'individu s'oppose au collectif.

La Russie joue moins sur les émotions et davantage sur les faits. Si l'on examine les informations diffusées par les organes de communication officiels ukrainiens et celles des organes russes, on constate que les Russes ont systématiquement communiqué des informations correctes. D'une manière générale, les Ukrainiens sont prêts à falsifier la vérité pour maintenir leur image, alors que les Russes auraient plutôt tendance à cacher ce qui ne les sert pas. Alors que les informations de l'Ukraine sont très souvent fausses, celles des Russes auraient plutôt tendance à être incomplètes.

En termes techniques, l'Ukraine tend à pratiquer la désinformation, alors que la Russie est plutôt sur la propagande. La désinformation est le fait de diffuser des fausses informations, alors que la propagande est le fait de ne diffuser que « ce qui mérite d'être propagé ».

---

610. « Russia, Ukraine set to resume negotiations via video link Monday », *The Times of Israel*, 14 mars 2022 (https://www.timesofisrael.com/russia-ukraine-set-to-resume-negotiations-via-video-link-monday/)

La communication occidentale tend plutôt à faire accepter l'image de la guerre

Figure 81 — Tweet de l'OTAN : « L'Ukraine est le théâtre de l'une des plus grandes épopées de ce siècle — Nous sommes Harry Potter et William Wallace, les Na'vi et Han Solo. Nous nous échappons de Shawshank et faisons exploser l'étoile de la mort. Nous nous battons avec les Harkonnens et nous défions Thanos. »
[Source : https://twitter.com/NATO/status/1628687961477750790/photo/1]

5.4.3. *Principes de la communication ukrainienne et occidentale*

5.4.3.1. *Isoler l'adversaire*

Cette méthode est très largement utilisée par les pays occidentaux et Israël pour tenter de retirer toute crédibilité à l'adversaire. Les exemples les plus fameux sont les Palestiniens, l'Iran, la Chine ou le Venezuela. C'est évidemment l'objectif des sanctions, mais la guerre de l'information en prolonge les effets.

Comme pour les sanctions, l'objectif est de toucher la population, afin d'instrumentaliser sa colère ou son humiliation pour provoquer un changement de ses dirigeants. C'est pourquoi, dès le début de l'intervention russe, le langage adopté par nos médias et nos dirigeants a clairement incité à la haine.

Cela explique l'exclusion des Russes de compétitions comme l'Eurovision, ou même les chats d'expositions félines. D'ailleurs, en Belgique on s'inquiète du racisme[611] dont sont victimes[612] les personnes d'origine russe[613]. Un phénomène qui ne semble inquiéter ni la France ni la Suisse... deux pays où le racisme est en train de s'installer comme une culture !

L'isolement de l'adversaire n'est pas seulement un outil de politique étrangère, mais également une manière de lutter contre la liberté d'expression. En stigmatisant les opinions divergentes, on les écarte afin de laisser place au narratif officiel. C'est l'objectif de la liste publiée en juillet 2022, par le *Centre de lutte contre la désinformation* (CPD) du Conseil national de sécurité et de défense d'Ukraine. Elle énumère des intervenants internationaux qui « *promeuvent des narratifs en accord avec la propagande russe* », où figurent des membres du Congrès américain, des politiciens, des journalistes, d'ex-agents des services de renseignement occidentaux. Elle citait alors mon nom[614], mais dans la dernière version

---

611. Ludovic Jimenez, « "Rentre chez toi rejoindre ton peuple de barbares" : les Russes de Belgique victimes de harcèlement et de racisme », DHnet.be, 10 mars 2022 (https://www.dhnet.be/actu/belgique/2022/03/10/rentre-chez-toi-rejoindre-ton-peuple-de-barbares-les-russes-de-belgique-victimes-de-harcelement-et-de-racisme-USQWGLLUZZB6VIT5C4KIZE7F6U/)

612. Romain Van Dyck, « « Il se fait embêter à l'école parce qu'il est Russe » témoigne un élève », RTL.be, 5 mars 2022 (https://5minutes.rtl.lu/actu/luxembourg/a/1870898.html)

613. « Harcèlement et racisme : les Russes de Belgique victimes collatérales de l'invasion russe », *Metro/AFP*, 10 mars 2022 (https://fr.metrotime.be/belgique/harcelement-et-racisme-les-russes-de-belgique-victimes-collaterales-de-linvasion-russe)

614. https://cpd.gov.ua/reports/спікери-які-просувають-співзвучні-ро/

de la liste publiée en décembre 2022 mon nom a été retiré, ainsi que celui de Tulsi Gabbard[615].

Cette pratique reste très utilisée par les médias d'État européens. Ironie du sort, la seule autorisation d'un narratif aligné sur la propagande de Kiev a fait complètement ignorer les difficultés de l'armée ukrainienne. Ainsi, paradoxalement, en voulant protéger l'Ukraine, des médias comme la RTS (Suisse), France 5, LCI, BFM TV (France) ou la RTBF (Belgique) ont très largement contribué à entretenir ses défaillances. En voulant instaurer une forme de censure, ces médias sont devenus très largement responsables (avec d'autres) de l'évolution de la situation.

5.4.3.2. Rabaisser et humilier l'adversaire

Systématiquement rabaisser la Russie ou la présenter comme faible et inefficace. Cela va d'affirmations — jamais étayées — sur le manque de munition, l'inefficacité de la logistique, l'incompétence des commandants militaires, à la mauvaise qualité des matériels et armements, en passant par le manque de volonté de combattre des Russes.

La méthode préférée de l'Ukraine et des Occidentaux pour désinformer la population occidentale est l'effet « miroir », également appelé « projection ». Il s'agit de projeter sur l'adversaire ses propres défauts, problèmes ou erreurs et de s'approprier ses succès.

À la fin mars 2022, les troupes russes qui avancent en Ukraine découvrent de très nombreux cas de crimes de guerre : vengeance contre les populations civiles, assassinat de « collaborateurs », assassinat de partisans à une négociation, etc. Les images commencent à circuler sur les réseaux sociaux. Zelensky craint que ces révélations ne remettent en question le soutien occidental[616]. Mais ces crimes ukrainiens sont bien réels.

L'évocation d'un massacre à Boutcha vient donc à point nommé, le 2 avril 2022. Que s'y est-il passé exactement ? Personne ne le sait[617]. Mais certains civils ont été exécutés, d'autres apparaissent avoir été des

---

615. https://cpd.gov.ua/reports/spikery-yaki-prosuvayut-spivzvuchni-rosijskij-propagandi-naratyvy-2/
616. « Zelenskyy Worried About Western Financial Support After Video Surfaces Showing Ukraine Military Torturing Russian POW's », *www.theconservativetreehouse.com*, 27 mars 2022 (https://theconservativetreehouse.com/blog/2022/03/27/zelenskyy-worried-about-western-financial-support-after-video-surfaces-showing-ukraine-military-torturing-russian-pows/)
617. « Pentagon can't independently confirm atrocities in Ukraine's Bucha, official says », *Reuters*, 4 avril 2022 (https://www.reuters.com/world/pentagon-cant-independently-confirm-atrocities-ukraines-bucha-official-says-2022-04-04/)

264

victimes collatérales des combats. Quant aux responsabilités, l'Ukraine accuse l'armée russe, tandis que la Russie affirme qu'il s'agit d'une falsification. Le député socialiste ukrainien Ilya Kiva[618] révèle sur sa chaîne Telegram que la tragédie de Boutcha a été planifiée par les services spéciaux du MI6 britanniques et mise en œuvre par le SBU[619].

Le propos n'est pas ici de déterminer les responsabilités — ce qui devrait être la tâche d'une commission internationale neutre et impartiale — mais de constater que l'on est systématiquement dans un duel de narratifs. L'enjeu de l'Ukraine est de maintenir le niveau d'intérêt — et donc de soutien — de l'Occident. C'est pourquoi, elle a une stratégie de communication plus agressive, qui n'est pas fondée sur la véracité, mais sur son contenu émotionnel.

Nos médias d'État sont devenus des outils de propagande, qui affirment sans jamais rien démontrer. En Suisse, la RTS a même dénoncé des crimes de guerre russes en Ukraine, que les Ukrainiens eux-mêmes ont considéré comme des falsifications. Il en est ainsi des viols commis par les troupes russes. Il est très vraisemblable que des viols aient été commis par des militaires des deux côtés. Mais au début avril 2022, soudain, on constate une recrudescence de ces accusations. Elles viennent de la commissaire ukrainienne aux droits de l'homme Lyudmila Denisova[620]. La RTS rapporte ces viols en soulignant que ces crimes ont été soigneusement vérifiés[621] et qu'ils «*font partie de l'arsenal de guerre russe*», tout en reconnaissant que les «*plaintes sont rares*»[622]. Mais la RTS n'a pas exactement une réputation d'honnêteté et d'intégrité. Le problème est que tout est faux[623] : Denisova a été limogée parce que ces accusations n'étaient pas étayées par des preuves et que ses allégations nuisaient à l'image de l'Ukraine, selon le média ukrainien *Ukrinform*[624].

---

618. https://en.wikipedia.org/wiki/Illia_Kyva
619. https://t.me/intelslava/24353
620. https://www.francetvinfo.fr/monde/europe/manifestations-en-ukraine/guerre-en-ukraine-apres-le-massacre-de-boutcha-les-temoignages-glacants-des-victimes-de-viols-commis-par-l-occupant-russe_5145007.htm
621. https://www.rts.ch/audio-podcast/2022/audio/multiplication-des-accusations-de-viols-en-ukraine-interview-de-lea-rose-stoian-25813937.html
622. https://www.rts.ch/info/monde/13005321-les-viols-de-civils-font-partie-de-larsenal-de-guerre-russe-en-ukraine.html
623. https://hromadske.ua/posts/deputati-zibrali-pidpisi-za-vidstavku-ombudsmenki-denisovoyi-vona-nazivaye-mozhlive-zvilnennya-nezakonnim
624. https://www.ukrinform.fr/rubric-ato/3496821-la-commissaire-aux-droits-de-lhomme-ukrainienne-demise-de-ses-fonctions.html

Articles

"russia Is Not Military Threat to the World Anymore"

January 5, 2023

Attacks on russian territory are likely to continue. This was said by Major General Kyrylo Budanov, chief of the Defence Intelligence of Ukraine, in an interview with TV station ABC News, without specifying whether Ukraine would be behind the strikes.

According to the head of Ukraine's military intelligence, attacks inside of russia will continue and will move further and further into the territory. Regarding the responsibility of Ukraine in these strikes, he will be able to comment after the end of the war.

Kyrylo Budanov also expressed hope that Ukraine would

Figure 82 — Ici sur le site du renseignement militaire ukrainien (GUR), le mot « Russie », (qui s'écrit toujours avec une majuscule en anglais) est délibérément et systématiquement écrit avec une minuscule. Ce type de communication un peu primitif et très occidental ne s'observe pas dans la communication russe. [https://gur.gov.ua/en/content/rosiia-bilshe-ne-stanovyt-viiskovoi-zahrozy-svitu.html]

5.4.3.3. *Minimiser le fanatisme et l'extrémisme en Ukraine*

Dans son allocution du 24 février 2022, Vladimir Poutine a énoncé les deux objectifs principaux de la SVO : « démilitarisation » et « dénazification ». En fait, il a utilisé deux des « quatre D » de la déclaration de Potsdam de 1945, concernant l'Allemagne vaincue : *démilitarisation, dénazification, décentralisation* et *démocratisation*. On notera que la *décentralisation* et la *démocratisation*, étaient au cœur de la philosophie des accords de Minsk, qui auraient permis de résoudre la crise du Donbass. Mais les Occidentaux ont de facto refusé d'appliquer ces accords.

Avec l'objectif de « dénazification », le « nazisme » fait un retour en force dans la communication et la propagande des uns et des autres. Il en est résulté une cacophonie, dans laquelle le « nazisme » est associé tantôt à l'Ukraine, tantôt à la Russie. L'opacité créée par l'incapacité de nos médias et pseudo-experts a rendu impossible toute lecture intelligente du problème.

Car y voir clair n'est pas simple. Nous avons de la peine à saisir le fait que Zelensky est juif, et que ses hommes de main sont des néonazis. Pour simplifier et ne pas entrer dans de vastes controverses historiques, « nazi » se réfère à une idéologie politique, tandis que « néo-nazi » désigna davantage un comportement.

Pour les Ukrainiens ces deux notions tendent à se confondre : les SS de la Panzerdivision « Das Reich » ont libéré Kharkov en 1943, tandis que ceux de la 14e Grenadierdivision « 1. Galizien » ont défendu l'éphémère indépendance de l'Ukraine. Comme dans les pays baltes, les troupes du IIIe Reich y ont conservé un prestige que l'on ne connaît pas en Europe occidentale. En revanche, pour les Russes les nazis sont à l'origine de quelque 25 millions de morts.

En Ukraine, la problématique est moins « nazie » que « néo-nazie », une différence que nos journalistes évitent de faire. En février 2022, l'objectif de « dénazification » visait à éradiquer la menace des milices ultra-nationalistes et néonazies contre les populations du Donbass. Elles ont été créées dès 2014 afin de suppléer au manque de combativité et de brutalité de l'armée ukrainienne et l'objectif des accords de Minsk était précisément de faire cesser leurs exactions. Mais les Occidentaux n'avaient aucune intention de le faire[625].

---

625. « Civilian casualties in the conflict-affected regions of eastern Ukraine », *Organization for Security and Co-operation in Europe*, 9 novembre 2020 (https://www.osce.org/special-monitoring-mission-to-ukraine/469734)

À la fin mars, avec l'encerclement de Marioupol — berceau des milices néonazies —, le colonel-général Sergei Rudskoy, chef de la Direction Principale des Opérations de l'état-major général russe (GOU), annonce que les objectifs de la 1ère phase de la SVO ont été atteints[626]. Le *Financial Times*[627] et *Business Insider*[628] déclarent que le commandement russe considère l'objectif de «dénazification» est atteint et ne fera plus l'objet de négociations.

Aujourd'hui, le sort de la communauté tatare est fréquemment utilisé pour stigmatiser le rôle de la Russie. En 2016, le Grand Prix de l'Eurovision est accordé à l'ukrainienne Jamala qui chante la déportation des Tatars, par les Soviétiques en 1944. Selon *Franceinfo*, «*une minorité de Tatars aurait apparemment collaboré avec les nazis*»[629]. Le mot «*apparemment*» tend à suggérer qu'il pourrait s'agir d'une fausse information : on relativise et minimise le rôle de la collaboration avec les nazis, pour mieux fustiger la Russie, comme dans le journal *La Croix*[630].

En fait, les plusieurs dizaines de milliers de Tatars enrôlés volontairement formaient sept grandes unités de la Waffen SS[631]. En 1944, après les avoir encerclés en Crimée, Staline a voulu les éloigner du front en les déportant vers l'Est. Ils ne seront autorisés à revenir en Crimée qu'au début des années 1980.

626.. «Ukraine: EU doubles military aid to €1 billion — as it happened», dw.com, 23 mars 2022 (https://www.dw.com/en-ukraine-eu-doubles-military-aid-to-1-billion-as-it-happened/a-61226171; https://p.dw.com/p/48tit).

627.. «Russia no longer requesting Ukraine be "denazified" as part of ceasefire talks», *Financial Times*, 28 mars 2022 (https://www.ft.com/content/7f14efe8-2f4c-47a2-aa6b-9a755a39b626).

628. Matthew Loh, «Russia is prepared to drop its demand for Ukraine to be 'denazified' from its list of ceasefire conditions», *Business Insider*, 29 mars 2022 (https://www.businessinsider.com/russia-nazi-demand-for-ukraine-dropped-in-ceasefire-talks-2022-3?r=US&IR=T)

629. Jacques Deveaux, «Qui sont les Tatars chantés par Jamala, la chanteuse vainqueur de l'Eurovision ?», *Franceinfo*, 15 mai 2016 (https://www.francetvinfo.fr/monde/russie/qui-sont-les-tatars-chantes-par-jamala-la-chanteuse-vainqueur-de-leurovision_3063393.html)

630. Olivier Tallès, «Les Tatars de Crimée sous la pression de Moscou», *La Croix*, 13 septembre 2017 (https://www.la-croix.com/Monde/Europe/Tatars-Crimee-pression-Moscou-2017-09-13-1200876387)

631. Les volontaires Tatars formaient 7 milices et unités rattachées à la Waffen-SS : SS-Waffengruppe Idel-Ural, Waffen-Gebirgs-Brigade der SS (Tatar Nr. 1), 30. Waffen-Grenadier-Division der SS (russische Nr. 2), Wolgatatarische Legion, Tataren-Gebirgsjäger-Regiment der SS, Waffen-Gruppe Krim, Schutzmannschaft Battalion. En tout, on peut estimer que 40 000-60 000 Tatars ont combattu avec les forces allemandes.

30. Waffen-Grenadier-
Division der SS
(russische Nr. 2)

Waffen-Gebirgs-Brigade
der SS
(Tatar Nr. 1)

SS-Waffengruppe
Idel-Ural
Wolgatatarische Legion

Figure 83 — Il est de bon ton, aujourd'hui, de minimiser le rôle des Tatares au service du 3ᵉ Reich. Les « afficionados » de ce dernier tentent de minimiser leur rôle, afin de légitimer l'opposition à la Russie.

5.4.3.4. Reductio ad-Hitlerum

Depuis la fin de la Seconde Guerre mondiale, Hitler est utilisé comme « unité de mesure » du mal pour les ennemis de l'Occident : Slobodan Milosevic[632], Saddam Hussein[633], Ali Khamenei[634]. Vladimir Poutine ne fait pas exception à la règle. Les médias s'emballent, mais restent incapables à fournir des faits[635] qui pourraient soutenir leurs accusations avec une pauvreté intellectuelle inquiétante. En réalité, on a dépassé la politique pour être dans la propagande du plus bas niveau[636].

---

632. Ken Livingstone, « Comment: Why we are not wrong to compare Milosevic to Hitler », The Independent, 21 avril 1999 (https://www.independent.co.uk/arts-entertainment/comment-why-we-are-not-wrong-to-compare-milosevic-to-hitler-1088574.html)

633. Tom Raum, « Bush Says Saddam Even Worse Than Hitler », *AP News*, 1ᵉʳ novembre 1990 (https://apnews.com/article/c456d72625fba6c742d17f1699b18a16)

634. Arash Azizi, « Khamenei's Open Dream: Finishing Where Hitler Left Off », *Iranwire*, 21 mai 2020 (https://iranwire.com/en/special-features/67072/); Jas Chana, « Was Hitler's anti-Semitism different than Khamenei's? », The Times of Israel, 18 septembre 2015 (https://www.timesofisrael.com/was-hitlers-anti-semitism-different-than-khameneis/)

635. Laurence Piret, « Poutine et Hitler, des profils similaires ? La comparaison qui fait débat ! », *Sudinfo.be*, 10 juin 2022 (https://www.sudinfo.be/id467294/article/2022-06-10/poutine-et-hitler-des-profils-similaires-la-comparaison-qui-fait-debat)

636. « Poutine en Hitler dans son bunker : "La Russie est en train de perdre" », *Courrier International*, 20 septembre 2022 (https://www.courrierinternational.com/une/vu-de-tchequie-poutine-en-hitler-dans-son-bunker-la-russie-est-en-train-de-perdre)

Car la comparaison est dangereuse : Milosevic a été innocenté en 2016 par le Tribunal Pénal sur la Yougoslavie[637]. Saddam Hussein a été condamné pour avoir été responsable de la mort de 148 personnes « seulement ». Certes, c'est un crime, mais 148 reste bien modeste par rapport au « score » de George W. Bush, Barack Obama, Tony Blair, Nicolas Sarkozy, François Hollande, Emmanuel Macron et bien d'autres dirigeants occidentaux. On peut donc en tirer deux conclusions possibles : soit la comparaison est exagérée, soit Hitler n'était donc finalement pas si terrible que ça !

Comme on le voit les invectives faciles, lancées à la cantonade peuvent avoir des effets pervers et contre-productifs. On observe en France le même travers qu'aux États-Unis : la conviction que seule notre manière de penser est juste. Dès lors les faits, et leur perception par d'autres, sont insignifiantes et on arrange la réalité comme nous la percevons. Car en Ukraine, Vladimir Poutine n'est pas Hitler. Comme le disait un militant de l'Euromaïdan : « *Poutine n'est pas même un Russe. C'est un juif !*[638] »

Dans le magazine français *Le Point,* le journaliste François-Guillaume Lorrain esquisse un parallèle entre l'opération spéciale l'intervention allemande dans les Sudètes en 1938[639]. La comparaison serait intéressante, à condition d'être honnête... ce qu'elle n'est pas.

La crise des Sudètes avait été déclenchée par la colère de la minorité allemande, dont la langue avait été interdite par le gouvernement tchèque, contrairement aux dispositions des traités de Versailles et de Saint-Germain. C'est après la violente répression subie par la minorité germanophone que l'Allemagne est intervenue. Ironiquement, lorsque Bernard-Henri Lévy s'adresse à la population de Kiev, le 2 mars 2014, il explique qu'« *Hitler (...) arguait du fait que les Sudètes parlaient allemand*

---

637. Patrick Besson, « Le triomphe modeste », Le Point, 17 septembre 2016 (https://www.lepoint.fr/editos-du-point/patrick-besson/besson-le-triomphe-modeste-17-09-2016-2069084_71.php)
638. Shaun Walker, "Azov fighters are Ukraine's greatest weapon and may be its greatest threat", *The Guardian*, 10 septembre 2014 (https://www.theguardian.com/world/2014/sep/10/azov-far-right-fighters-ukraine-neo-nazis)
639. François-Guillaume Lorrain, « Poutine-Hitler, même combat ? », *Le Point,* 23 février 2022 (https://www.lepoint.fr/debats/poutine-hitler-meme-combat-23-02-2022-2465943_2.php)

pour envahir la Tchécoslovaquie[640] », alors qu'en réalité, c'est précisément la suppression de ce droit qui a été à l'origine de la crise.

C'est grâce à des journalistes comme ça que l'Histoire bégaie, car les mêmes causes ont souvent les mêmes effets. Ainsi, le 24 février 2014, Mme Astrid Thors, haute-commissaire de l'OSCE pour les minorités nationales, avait mis en garde le nouveau gouvernement ukrainien issu de Maïdan, contre des «*décisions rapides qui pourraient conduire à une escalade de la situation*» dans un contexte où «*les langues sont un problème qui divise*»[641]. Elle avait raison, et on le savait! Si notre journaliste du *Point* avait sonné l'alarme à ce moment, nous n'en serions pas là aujourd'hui... Mais il ne l'a pas fait!

Alors que la question linguistique est à l'origine du conflit ukrainien, elle est totalement absente des analyses en France. Car cette question est inconcevable pour un cerveau français : la France a maintenu son unité en réprimant durement l'usage des langues régionales vues comme l'expression de nationalismes opposés au pouvoir de Paris.

En fait, les comparaisons puériles «Hitler-Poutine» masquent notre incapacité à tirer des leçons de l'Histoire. Et la France devrait le savoir. Munich en 1938 est la conséquence d'un mauvais traité de Versailles, issu de l'esprit vengeur de la France. Cent ans plus tard, les mêmes causes ont les mêmes effets avec l'Ukraine. Or, la France aurait pu éviter ce «bégaiement» de l'Histoire en faisant respecter les accords de Minsk qu'elle avait signé. Mais nous savons aujourd'hui que François Hollande n'a jamais eu l'intention de faire appliquer ces Accords par l'Ukraine. Il a ainsi entériné la politique de discrimination du gouvernement ukrainien, qui a conduit à l'intervention russe.

5.4.4. *Les pertes*

Dès le début de l'intervention russe, le narratif occidental tourne autour de la défaite russe, de la résistance inattendue de l'Ukraine et de l'incapacité de Vladimir Poutine à évaluer les risques de manière rationnelle. Il faut donc montrer que les Russes perdent plus d'hommes que

---

640. «2 mars 2014, BHL, Kiev, deuxième adresse au Maidan», *YouTube*, 5 mars 2014 (https://youtu.be/w3jpkzdBTlY)
641. http://www.osce.org/hcnm/115643

les Ukrainiens dans cette opération. Pour ce faire, nos médias utilisent la plus vieille arme du monde : le mensonge.

Cette guerre des chiffres n'est possible que parce que les chiffres réels sont inconnus : le gouvernement ukrainien ne les communique pas, et les autorités russes ne le font qu'avec parcimonie. À partir de là, les estimations deviennent des faits et les faits des éléments de langage.

Ainsi, certains « officiels » (on ne sait pas vraiment ce que cela signifie) parlent d'un rapport de 1 Ukrainien pour 5 Russes tués. Olekseï Danilov, secrétaire du Conseil de sécurité et de défense ukrainien estime ce rapport de 1 à 7[642].

5.4.4.1. *Les pertes russes : confusion des termes et guerre de l'influence*

De l'examen des chiffres sur les pertes russes, on observe que l'Ukraine applique systématiquement la technique de la « projection » ou du « miroir » pour communiquer. Ainsi, les nombres annoncés par l'Ukraine sur les pertes des uns et des autres doivent être inversés pour donner une image plus proche de la réalité.

Depuis février 2022, les médias occidentaux cherchent à démontrer que la Russie est en train de perdre la guerre et une confusion permanente entre les termes est utilisée à des fins de propagande.

Le vocabulaire est ainsi lui-même devenu une manière de désinformer et de manipuler l'information. Le terme « pertes » (en anglais : *casualties*), qui est un terme générique incluant les morts, les blessés et les disparus, est lui-même utilisé souvent de manière erronée comme synonyme de « morts » (en anglais : *fatalities*).

Un exemple de mensonge et de manipulation de l'information est donnée par la *Radio-Télévision Suisse* (RTS). Le 22 août 2022, le média suisse affirme :

> *La Russie, tout particulièrement, n'a concédé que très peu de pertes humaines depuis le début de son invasion (1300 morts, dernier bilan établi en mars), tandis que les États-Unis estiment les pertes russes*

---

642. Roman Olearchyk, Ben Hall & John Paul Rathbone, « Bakhmut: Ukrainian losses may limit capacity for counter-attack », *The Irish Times/The Financial Times*, 9 mars 2023 (https://www.irishtimes.com/world/europe/2023/03/09/bakhmut-analysis-ukrainian-losses-may-limit-capacity-for-counter-attack/)

Afin de tenter de montrer la «manipulation» russe, la RTS triche sur deux aspects: le temps, les sources et la nature des chiffres.

Tout d'abord, le chiffre de 1 300 vient du bilan publié en mars par le ministère de la Défense russe, qui est en réalité de 1 351[643], donc supérieur à ce qu'affirme la RTS, tandis que l'estimation de 80 000 a été publiée en août 2022, soit cinq mois plus tard[644].

Ensuite, les sources sont évidemment différentes. Le chiffre de 80 000 est donné par le Pentagone, sur la base d'informations ukrainiennes, comme l'affirme le site américain *military.com*[645]. Notons qu'alors que les médias anglo-saxons parlent d'une fourchette estimée de 70 000-80 000, la RTS prend automatiquement le chiffre le plus élevé.

Quant à la nature des chiffres, le bilan de 1 351 publié par la Russie représente des «morts», alors que 80 000 représente des «pertes», qui permettent toutes les suppositions. La RTS compare ici des poires et des pommes. On est donc ici dans un travail de qui se situe techniquement entre la propagande et la désinformation. Dans tous les cas, indigne d'un service public… car la RTS aurait également pu consulter le site Mediazona.

Dès le début de l'offensive russe, le média d'opposition russe Mediazona — proche d'Alekseï Navalny — s'est associé à la BBC pour publier les chiffres des morts russes en Ukraine en se basant sur les avis mortuaires publiés en Russie. Le média étant farouchement anti-Poutine, on peut imaginer que ses chiffres soient surévalués et, qu'ils soient plutôt en défaveur des Russes. Néanmoins, pour le 9 août, Mediazona et la BBC évoquent 5 185 morts (décompte au 29 juillet)[646].

---

643. «Some 1,351 Russian troops killed since start of special operation in Ukraine — top brass», *Tass*, 25 mars 2022 (https://tass.com/politics/1427515)
644. Caroline Anders, «Russia has lost up to 80,000 troops in Ukraine. Or 75,000. Or is it 60,000?», The Washington Post, 9 août 2022 (https://www.washingtonpost.com/politics/2022/08/09/russia-has-lost-up-80000-troops-ukraine-or-75000-or-is-it-60000/)
645. Travis Tritten, «Russia Has Suffered Up to 80,000 Military Casualties in Ukraine, Pentagon Says», military.com, 8 août 2022 (https://www.military.com/daily-news/2022/08/08/russia-has-suffered-80000-military-casualties-ukraine-pentagon-says.html)
646. https://zona.media/casualties

Le 23 septembre 2022, les « Checknews » du journal français Libération titrent : « *Guerre en Ukraine : y a-t-il eu 6 000 morts russes comme l'affirme Moscou, ou 55 000 comme le revendique Kyiv ?* ». Bien évidemment, nos « fact checkers » substituent une élucubration par une autre pour arriver (on ne sait pas comment, mais probablement en faisant simplement une moyenne arithmétique entre les deux nombres) à 20 000-30 000 morts[647]. Or, si l'on consulte le média Mediazona, on trouve à cette date 6 129 morts russes (décompte au 9 septembre).

Cet exemple tendrait à démontrer deux choses : a) que nos médias ne s'appuient que sur la propagande ukrainienne, et b) que les chiffres produits par les autorités militaires russes sont probablement proches de la vérité.

À la fin novembre 2022, l'état-major ukrainien affirme que les pertes russes totalisent plus de 86 000 hommes[648] (un chiffre que *Yahoo News* augmente à 88 800 hommes !) et Zelensky prédit qu'elles atteindront 100 000 morts à la fin 2022[649]. Son affirmation est manifestement prémonitoire, puisque trois semaines plus tard, il affirme que les Russes ont presque 100 000 morts[650]. Le 22 décembre, la barre des 100 000 morts russes est célébrée à Kiev par la projection du nombre « 100K » sur un bâtiment de la ville[651]. Pourtant, à cette même date, le média d'opposition russe Mediazona évoque 10 229 tués[652].

L'examen des chiffres des pertes donne une bonne indication de la manière de procéder de la propagande ukrainienne. En partant de l'idée que Mediazona et la BBC sont vraisemblablement peu favorables au gouvernement russe, on peut supposer que leurs chiffres auraient plutôt tendance à surévaluer les pertes russes.

---

647. https://www.liberation.fr/checknews/guerre-en-ukraine-y-a-t-il-eu-6000-morts-russes-comme-laffirme-moscou-ou-55000-comme-le-revendique-kiev-20220923_AL4JKOEZ4BFQDJWMEKPJSF-ZYEI/

648. « Russian troop losses in Ukraine exceed 86,000, says Ukraine's General Staff », *The New Voice of Ukraine*, 25 novembre 2022 (https://english.nv.ua/nation/russian-troop-losses-in-ukraine-exceed-86-000-says-ukraine-s-general-staff-50286593.html)

649. https://news.yahoo.com/von-der-leyen-statement-death-163600213.html

650. Jimmy Nsubuga, « Almost 100,000 Russian soldiers killed in war, Ukraine says », Yahoo News, 21 décembre 2022 (https://news.yahoo.com/almost-100000-russian-soldiers-killed-in-war-ukraine-says-180208808.html)

651. Meghan Roos, « Ukraine Marks Russian Troop Death Milestone With '100K' Light Projection », Newsweek, 22 décembre 2022 (https://www.newsweek.com/ukraine-marks-russian-100000-troop-death-milestone-100k-light-projection-kyiv-library-building-1769193)

652. https://web.archive.org/web/20221222025542/https:/zona.media/casualties

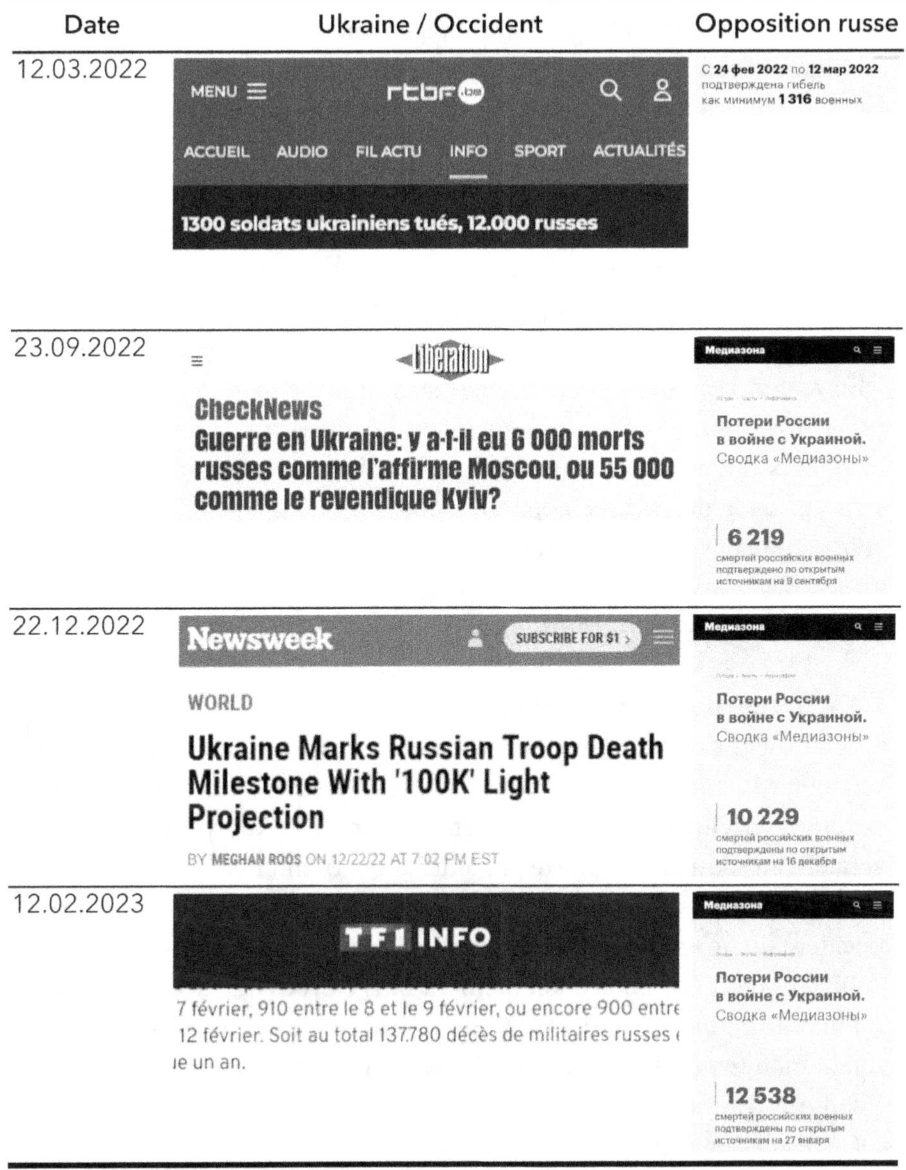

Figure 84 — Comparaison des morts russes annoncés par la propagande ukrainienne et répétée sans aucune critique par nos médias avec les chiffres donnés par le média d'opposition russe Mediazona associé avec la BBC. L'apparent « fact-check » du journal Libération n'est, comme on l'a aussi constaté sur de très nombreux sujets, qu'une analyse en trompe-l'œil. Il s'agit globalement d'un travail peu sérieux, qui sert avant tout à conforter ou légitimer des préjugés voire de fausses informations. (NB : les extraits sont ceux qui ont été publiés à la date indiquée)

Naturellement, on peut remettre en question les méthodes de Mediazona. Toutefois, au moins, Mediazona a une méthode, alors que des médias comme *RTS* ou *Libération* n'en ont aucune, à part répercuter servilement et sans la vérifier la propagande ukrainienne.

Les médias que nous finançons par nos impôts tentent donc de nous manipuler. C'est vrai avec les médias d'État, comme la RTBF en Belgique, la RTS en Suisse et France 2, France 5 et France 24 en France, mais également à travers les médias dits «privés», comme LCI ou BFM TV en France, qui sont largement reconnus pour donner des informations de mauvaise qualité et dont les journalistes n'ont pas le niveau éthique que l'on pourrait attendre.

En creux, ces falsifications nous disent autre chose: la propagande russe (c'est-à-dire, celle du gouvernement russe, pas celle des petits blogueurs et autres twitteurs!) dont nos médias nos rabattent les oreilles sans jamais la démontrer, apparaît comme un mythe destiné à paver la voie pour le narratif occidental.

5.4.4.2. *Les pertes ukrainiennes*

5.4.4.2.1. Les pertes militaires

Le nombre de militaires ukrainiens morts est inconnu, car l'Ukraine ne donne aucun chiffre. Elle craint — avec raison — que si les opinions publiques occidentales connaissaient le nombre de morts, elles s'opposeraient au soutien à la guerre par leurs gouvernements.

Les observations sur le terrain et les témoignages de volontaires occidentaux revenus, tendent à confirmer que les forces ukrainiennes subissent des pertes considérablement plus élevées que les Russes. Nos médias ne donnent jamais d'estimations sur les pertes ukrainiennes, car il faut maintenir l'illusion d'une victoire contre la Russie, qui justifie les livraisons d'armes.

Cette politique de discrétion sur le nombre de morts a des conséquences inattendues. Ainsi, à Izyum à la fin mars 2022, lorsque les Russes ont offert aux Ukrainiens la possibilité de ramasser leurs morts, ceux-ci ont refusé de les récupérer. Certains ont prétendu que ce refus était pour éviter de payer des rentes de veuves, mais c'est plus sûrement pour ne pas avoir à rapporter le nombre de morts. On se rappelle que Mediazona évalue le nombre de morts russes grâce aux avis mortuaires. Ces morts sur le champ de bataille, ont donc été enterrés par des soldats russes parce que leurs frères ukrainiens refusaient de le faire[653]. Cela n'a pas empêché la chaîne d'État suisse *RTS* d'attribuer — sans aucune vérification — ces mêmes corps que l'on a vu ensevelir en mars au même endroit, à des « massacres » russes, à la fin septembre 2022[654] !

Cette politique de communication amène quelques contradictions, car on présente d'un côté des pertes ukrainiennes négligeables et des pertes russes énormes, mais d'un autre côté ce sont les Russes qui cherchent à détruire le pays et faire le plus de morts possible.

La stratégie ukrainienne de défendre chaque mètre carré de territoire en tenant jusqu'au bout ne conduit qu'à la destruction de ses propres forces. C'est ce qu'ont fait Français et Allemands en 1914-1918. Mais cette fois-ci les Russes sont mobiles. En reprenant une comparaison historique, on a donc un peu la situation d'une défense de 1914 et d'un attaquant de 1940. Résultat : dès l'été 2022, le potentiel militaire ukrainien est détruit.

Les Occidentaux prennent alors peur et commencent à alimenter l'Ukraine en armes, avec l'espoir de retourner la situation. Les Russes comprennent alors que les Occidentaux ne laisseront pas les Ukrainiens négocier et qu'ils chercheront à prolonger le conflit jusqu'à épuisement de la Russie. Ils changent alors leur approche : si l'on ne parvient pas à stopper l'afflux d'armes, il faut détruire ceux qui les utilisent.

Commence alors une autre forme de guerre. L'objectif reste le potentiel militaire, mais au lieu de détruire les armes ont détruit leurs servants. Ainsi au début juin 2022, le président Zelensky évoque des pertes journalières de 60 à 100 hommes[655]. Le 9 juin, Mykhailo Podoliak, conseiller de Zelensky, déclare sur la BBC que les forces ukrainiennes perdent 100 à 200 hommes par jour[656]. À la mi-juin, David Arakhamia, chef négociateur et proche conseiller de Zelensky, parle de 200 à 500 morts par jour et il évoque un total de pertes (morts, blessés, capturés, déserteurs)

---

653. https://youtu.be/I6ngm-QUn4M
654. « Dans les ruines d'Izioum, ville ukrainienne traumatisée », *rts.ch*, 29 septembre 2022 (https:// www.rts.ch/info/monde/13419199-dans-les-ruines-dizioum-ville-ukrainienne-traumatisee.html)
655. Mazurenko Alona, « Подоляк: Щодня гине 100-200 українських захисників », Ukraïnska Pravda, 9 juin 2022 (https://www.pravda.com.ua/news/2022/06/9/7351600/)
656. « У війні гине 100 - 200 українських військових щодня - Офіс президента », BBC News, 9 juin 2022 (https://www.bbc.com/ukrainian/news-61752749)

de 1 000 hommes par jour[657]. Selon *Business Insider*, l'Ukraine aurait alors perdu l'équivalent de toute l'infanterie britannique soit plus de 18 000 hommes[658].

On ne sait pas exactement si ces chiffres sont exacts. D'un côté, les experts proches des services de renseignement pensent que ces chiffres sont très en dessous de la réalité. D'un autre côté, les chiffres ukrainiens sont supérieurs aux estimations données par l'armée russe. Certains prétendent alors que les forces ukrainiennes auraient subi 60 000 morts et 50 000 disparus. Nous sommes alors en juin 2022 et l'ex-général américain Stephen Twitty estime les pertes de l'armée ukrainienne à 200 000 hommes[659].

Un groupe qui ferait le même travail que la BBC et Mediazona, mais pour les pertes ukrainiennes à partir des annonces mortuaires et des enterrements, évalue les pertes ukrainiennes à 402 000. Ce que l'on appelle pompeusement «OSINT» (open source intelligence) s'est largement développé avec le conflit ukrainien. Mais la méthodologie et le professionnalisme de ces «analystes» amateurs laisse souvent à désirer, c'est pourquoi ces chiffres doivent être considérés avec précaution. C'est toutefois l'indication que les chiffres donnés par nos médias sont très vraisemblablement très en dessous de la réalité. Ainsi, le *Washington Post* cite le témoignage d'un commandant de la 46e brigade parachutiste ukrainienne à Bakhmout qui affirme qu'il est le seul survivant et que les membres de ses unités sont de nouveaux conscrits sans expérience[660]. Il sera limogé trois jours plus tard[661].

---

657. Dave Lawler, «Ukraine suffering up to 1,000 casualties per day in Donbas, official says», Axios, 15 juin 2022 (https://www.axios.com/2022/06/15/ukraine-1000-casualties-day-donbas-arakhamia)

658. Katie Anthony, «Ukraine has lost more troops during the Russian invasion than there are infantry in the British army, defense expert says», Business Insider, 28 juin 2022 (https://www.businessinsider.com/ukraine-has-lost-more-troops-than-there-are-in-the-british-army-expert-2022-6)

659. «US-General verwundert: "200.000 ukrainische Soldaten verschwunden"», Exxpress.at, 8 juin 2022 (https://exxpress.at/us-general-verwundert-200-000-ukrainische-soldaten-verschwunden/)

660. Isabelle Khurshudyan, Paul Sonne & Karen DeYoung, «Ukraine short of skilled troops and munitions as losses, pessimism grow», *The Washington Post*, 13 mars 2023 (https://www.washingtonpost.com/world/2023/03/13/ukraine-casualties-pessimism-ammunition-shortage/)

661. Olga Kyrylenko & Olena Roshchina, «Battalion commander of 46th Brigade demoted after Washington Post interview and resigns», Ukraïnska Pravda, 26 mars 2023 (https://www.pravda.com.ua/eng/news/2023/03/16/7393733/)

C'est très probablement exagéré, mais cela montre que malgré les pertes attribuées à la Russie, les milieux militaires anglo-saxons commencent à s'interroger.

En octobre 2022, le général Sourovikine déclare que l'armée russe ne cherche pas à faire de grandes opérations, mais à broyer l'adversaire sans s'exposer soi-même. Les Occidentaux et nos médias y voient la faiblesse de l'armée russe et la preuve qu'il faut continuer dans la même direction. En novembre 2022, l'ambassadeur de Suisse à Kiev déclare que c'est la Russie qui demande à négocier, car elle serait en position de faiblesse[662]. C'est faux !

Le 30 novembre 2022, Ursula von der Leyen, présidente de la Commission européenne, déclare que *« plus de 20 000 civils et plus de 100 000 militaires ukrainiens ont été tués à ce jour[663] »*. Elle déclenche immédiatement la colère de Kiev, qui exigent de retirer ce chiffre. Ce qui est fait sur le champ[664]. Mais cela indique plusieurs choses. En premier lieu, la sensibilité du nombre de morts pour la stabilité intérieure en Ukraine. En deuxième lieu, Mme von der Leyen n'a certainement pas inventé ce chiffre, qui circule probablement de manière confidentielle dans les chancelleries occidentales. Troisièmement, compte tenu du fait que Mme von der Leyen aurait plutôt tendance à minimiser les pertes ukrainiennes, le chiffre de 100 000 morts est probablement en-deçà de la réalité.

Il semblerait d'ailleurs que cette hypothèse soit vérifiée par des chiffres provenant du Mossad israélien et publiés par le média turc *Hürseda Haber*[665]. Dans quelle mesure ces chiffres sont-ils exacts, leur origine authentique et le média fiable ? Cela est difficile à déterminer. En tout état de cause, le Mossad semble évaluer le nombre de morts ukrainien à 157 000, ce qui semble réaliste.

Comme nous l'avons vu, la propagande ukrainienne semble attribuer à la Russie le nombre de ses propres pertes et s'attribuer le nombre des pertes russes. On constate que le rapport du nombre de morts entre l'Ukraine et la Russie est d'environ 10-11 à 1. En admettant que le site

---

662. https://www.rts.ch/play/tv/redirect/detail/13567586?startTime=383
663. https://twitter.com/AZgeopolitics/status/1597913370023579648
664. « Von der Leyen statement about death of 100,000 Ukrainian soldiers cut from speech », *The New Voice of Ukraine*, 30 novembre 2022 (https://english.nv.ua/nation/von-der-leyen-statement-about-death-of-100-000-ukrainian-soldiers-cut-from-speech-50287771.html)
665. « İddia: MOSSAD'a göre Ukrayna ve Rusya kayıpları », *Hürseda Haber*, 25 janvier 2023 (https://perma.cc/FD7T-LQU8)

d'opposition russe *Mediazona* soit fiable, compte tenu des 14 000 morts annoncés pour la Russie en février 2023, il ne serait pas incongru d'évaluer le nombre des morts ukrainiens à plus de 150 000 hommes.

Une autre manière d'aborder la question serait de mettre en relation la consommation de munitions d'artillerie pour avoir une indication du rapport des pertes de part et d'autre de la ligne de front. En prenant les chiffres donnés par les responsables militaires ukrainiens et occidentaux, les Ukrainiens tirent environ 2 000-4 000 obus d'artillerie par jour et les Russes environ 40 000-50 000, on peut évaluer un rapport des pertes de 1 à 10-25. Autrement dit, pour février 2023, on aurait entre 140 000 et 350 000 morts du côté ukrainien. Difficile à confirmer, mais cela est sans doute plus probable que les chiffres farfelus que nous lancent nos médias sans les justifier.

Une autre manière d'aborder la question est de se baser sur les effectifs des forces armées. En mai 2022, le président Volodymyr Zelensky déclarait que l'armée ukrainienne comptait alors 700 000 hommes[666]. Un chiffre confirmé deux mois plus tard par Olekseï Reznikov, ministre ukrainien de la Défense[667] :

> *Nous avons environ 700 000 militaires et si on y ajoute la garde nationale, la police et les gardes-frontières, nous sommes près d'un million.*

Mais en septembre 2022, le journal allemand *Frankfurter Allgemeine Zeitung* qualifiait l'armée ukrainienne de « *deuxième armée la plus forte d'Europe* », avec 250 000 hommes[668].

Au début 2023, la bataille autour de Bakhmout prend une allure tragique. Dans un premier temps, les Occidentaux y voient l'héroïque résistance de l'armée ukrainienne et une accumulation de morts du côté russe. Puis, nos médias affirment qu'il y a des pertes égales de part et d'autre et on ravive l'image de Verdun en 1916. Mais lentement, la vérité

---

666. « 700,000 soldiers defending Ukraine now, Zelenskyy says, as battles rage in the Donbas », Euronews/AP/AFP, 21 mai 2022 (https://www.euronews.com/2022/05/21/live-sievierodonetsk-shelling-brutal-and-pointless-zelenskyy-says-as-russia-continues-offe)
667. Emily McGarvey, « Ukraine aims to amass 'million-strong army' to fight Russia, says defence minister », *BBC News*, 11 July 2022 (https://www.bbc.com/news/world-europe-62118953)
668. Lukas Fuhr, « Die zweitstärkste Armee Europas », Frankfurter Allgemeine Zeitung, 16 septembre 2022 (https://www.faz.net/aktuell/politik/ausland/armee-der-ukraine-ist-die-zweitstaerkste-in-europa-18318445.html)

s'impose : c'est bien l'armée ukrainienne qui souffre. Dans le magazine *Newsweek*, un ex-volontaire américain dans les rangs ukrainiens affirme que l'espérance de vie à Bakhmout pour les Ukrainiens est d'environ 4 heures[669]. Nous ne savons pas comment ce chiffre a été calculé, ni s'il correspond à une réalité ; toutefois, il donne une idée de la perception qu'en ont les militaires ukrainiens.

Au début mars 2023, nos médias déclarent que les Russes détruisent les ponts à Bakhmout. Comme toujours, nos journalistes confondent leurs préjugés avec les faits[670]. En réalité, ce sont les milices ukrainiennes fanatisées qui détruisent les ponts qui permettraient de quitter la ville alors presque encerclée, afin de forcer les combattants à se battre[671]. Car, contrairement à ce que racontent nos médias, les militaires ukrainiens ne sont pas prêts à se faire massacrer pour des villes, dont on sait déjà qu'elles seront abandonnées.

5.4.4.2.2. Les pertes civiles

Évidemment, les Russes ne peuvent être que brutaux. Le 22 mars 2022, sur le plateau de la *RTS*, Gennady Gatilov, ambassadeur de Russie, évoque les efforts des troupes russes pour mener cette opération « délicatement », en cherchant à minimiser les dommages collatéraux[672]. Le journaliste suisse Philippe Revaz ironise et prétend que les militaires russes massacrent des femmes et des enfants.

Pourtant, le même jour, dans le magazine américain *Newsweek*, un analyste de la *Defense Intelligence Agency* (DIA), le renseignement militaire américain, déclare[673] :

---

669. Anna Skinner, « Bakhmut Life Expectancy Near Four Hours on Frontlines, Fighter Warns », *Newsweek*, 20 février 2023 (https://www.newsweek.com/bakhmut-life-expectancy-near-four-hours-frontlines-ukraine-russia-1782496)

670. Mehdi Bouzouina, « Bakhmout se poursuit, deux ponts ont été détruits par les Russes », Le Parisien, 5 mars 2023 (https://www.leparisien.fr/international/guerre-en-ukraine-la-bataille-de-bakhmout-se-poursuit-deux-ponts-ont-ete-detruits-par-les-russes-suivez-notre-direct-05-03-2023-35L4I4NJGRFY7JIPS54SZDAIRM.php)

671. Isobel Koshiw, « Ukrainians blow up bridge in Bakhmut amid reports Russia closing in », The Guardian, 14 février 2023 (https://www.theguardian.com/world/2023/feb/14/ukrainians-blow-up-bridge-in-bakhmut-amid-reports-russia-closing-in)

672. https://www.rts.ch/play/tv/redirect/detail/12960214

673. William M. Arkin, « Putin's Bombers Could Devastate Ukraine But He's Holding Back. Here's Why », Newsweek, 22 mars 2022 (https://www.newsweek.com/putins-bombers-could-devastate-ukraine-hes-holding-back-heres-why-1690494)

Je sais qu'il est difficile d'avaler que le massacre et la destruction pourraient être bien pires qu'ils ne le sont. (…) Mais c'est ce que montrent les faits. Cela me laisse penser, en tout cas, que Poutine n'attaque pas intentionnellement les civils, qu'il est peut-être conscient qu'il doit limiter les dégâts afin de laisser une porte de sortie aux négociations.

Donc, le journaliste suisse ment. Il n'a tout simplement aucune éthique professionnelle : il ne fait pas du journalisme, mais de la propagande.

L'objectif des Russes n'était pas de détruire ni d'occuper le pays, mais de détruire son potentiel de menace contre le Donbass. C'est pourquoi, ils n'ont pas accompagné leur progression par des bombardements massifs pouvant affecter la population, comme l'ont fait les Occidentaux en Irak ou en Afghanistan.

D'ailleurs, en janvier 2023, Olekseï Arestovitch, alors ex-conseiller personnel de Volodymyr Zelensky, interviewé sur le média ukrainien *Mriya,* utilise presque les mêmes mots que l'ambassadeur Gatilov pour décrire l'intervention russe[674] :

Ils [les Russes] ne voulaient tuer personne (…) Ils ont essayé de mener une guerre intelligente… Une opération spéciale aussi élégante, aussi belle, aussi rapide que l'éclair, où des personnes polies, sans causer aucun dommage au chaton ou à l'enfant, ont liquidé les quelques résistants. Et pas même éliminé, mais proposé de se rendre, de faire défection, de comprendre, etc. Ils ne voulaient tuer personne. Il suffisait de signer une renonciation.

On constate donc que le journaliste suisse contredit donc les constatations des Ukrainiens eux-mêmes. C'est un manipulateur et cela confirme que la chaîne suisse ne suit pas les principes de la Charte de Munich, ce qui a pour effet de propager un message de haine. On observera, que ni la *RTS,* ni son journaliste n'ont réagi aux tortures et éliminations de civils

---

674. https://en.mriya.news/58331-they-didnt-want-to-kill-anyone-arestovich-spoke-about-the-beginning-of-the-nwo

russophones entre 2014 et 2022[675]... Mais s'ils l'avaient fait, probablement que la Russie ne se serait pas sentie obligée d'intervenir en 2022! Car évidemment, pour eux les Russes sont des «sous-hommes» qui ne méritent ni notre intérêt ni notre compassion!...

5.4.4.3. *L'enjeu des pertes dans la propagande occidentale*

La communication sur les pertes montre deux axes:

- L'idée que l'Ukraine est victorieuse et que le soutien occidental est efficace;
- L'Ukraine est beaucoup moins affectée par le conflit que ne l'est la Russie.

L'unité occidentale n'est obtenue qu'en accentuant les conséquences négatives de la guerre pour la Russie et en masquant celles qui affectent l'Ukraine. C'est pourquoi la mention des 100 000 morts évoqués par Ursula von der Leyen a immédiatement été retirée des communications officielles.

En cachant le nombre de morts que l'Ukraine subit en raison de sa gestion désastreuse des combats, on donne l'impression qu'elle est victorieuse. Les pays occidentaux justifient ainsi la poursuite de leurs livraisons d'armes et leur refus d'une solution négociée. Car si les opinions publiques connaissaient les chiffres des pertes ukrainiennes, elles s'opposeraient à la prolongation du conflit en envoyant des armes.

En fait, si l'on prend du recul, on constate que les pertes subies par l'Ukraine ont systématiquement été minimisées, voire ignorées, afin de ne pas porter préjudice au discours occidental. C'est le cas des victimes civiles du Donbass depuis 2014, qui sont le motif de l'intervention russe, et qui sont considérées comme «quantités négligeables» pour nos médias et les gouvernements qui soutiennent les crimes de guerre. C'est aussi la raison pour laquelle les Occidentaux datent le début de la guerre au 24 février 2022 et non au 23 février 2014. Car les victimes de cette période contribuent à la légitimité de l'intervention russe et ce

---

675. «"You Don't Exist" - Arbitrary Detentions, Enforced Disappearances, and Torture in Eastern Ukraine», *Human Rights Watch*, 21 juillet 2016 (https://www.hrw.org/report/2016/07/21/you-dont-exist/arbitrary-detentions-enforced-disappearances-and-torture-eastern#)

d'autant plus que les Occidentaux ont avoué n'avoir jamais eu l'intention d'appliquer les accords de Minsk.

Un politicien néo-nazi suisse romand m'avait traité de «poutino-lâtre» pour avoir évoqué les suicides de l'armée ukrainienne avant 2022. Aujourd'hui, il pourra lancer ses insultes aux parlementaires britanniques, car en janvier 2023, ils ont eux-mêmes constaté que le taux de suicide y est alarmant[676]. Notre politicien aurait été plus inspiré d'inciter notre diplomatie à faire respecter les accords de Minsk, ce qu'il n'a pas fait...

Nous avons donc des politiciens imbéciles, qui s'aveuglent de leurs mensonges, au lieu d'anticiper les problèmes!...

Les recrutements forcés semblent concerner en premier les minorités, et notamment la minorité magyare[677]. C'est ce qui a provoqué la colère de la Hongrie[678]. Aujourd'hui 97 % des Hongrois sont opposés aux sanctions européennes contre la Russie[679].

5.4.4.4. *Le mythe des «vagues d'infanterie»*

Sur nos médias, alors que les chiffres sur les pertes ukrainiennes s'accumulent, on cherche à montrer que les Russes perdent un nombre équivalent d'hommes. On sort alors le vieux mythe des attaques russes par «vagues humaines» qui attaquent poitrine au vent pour se faire massacrer. Comme il faut s'y attendre avec les pseudo-experts militaires des plateaux de télévision, c'est faux.

C'est un mythe qui est apparu à la fin de la Seconde Guerre mondiale, lorsque l'Armée Rouge a adapté ses opérations pour percer les puissantes défenses allemandes. En 1984, le manuel de l'Armée américaine

---

676. «Ukrainian soldiers are committing suicide due to war stress, says Duncan-Smith», *Politics.co.uk*, 16 janvier 2023 (https://www.politics.co.uk/parliament/ukrainian-soldiers-are-committing-suicide-due-to-war-stress-says-duncan-smith/)
677. Füssy Angéla, «Mint a barmokat, úgy fogdossák össze a férfiakat Kárpátalján - Nézze meg helyszíni videóriportunkat!», *PestiSracok*, 23 janvier 2023 (https://pestisracok.hu/mint-a-barmokat-ugy-fogdossak-ossze-a-ferfiakat-karpataljan-nezze-meg-helyszini-videoriportunkat/)
678. Chris King, «Shocking claims of ethnic Hungarians being forcibly drafted into Ukrainian military in Transcarpathia», *Euro Weekly News*, 24 janvier 2023 (https://euroweeklynews.com/2023/01/24/shocking-claims-of-ethnic-hungarians-being-forcibly-drafted-into-ukrainian-military-in-transcarpathia/)
679. Robert Semonsen, «97% of Hungarians Reject Brussels' Sanctions Against Russia», *The European Conservative*, 17 janvier 2023 (https://europeanconservative.com/articles/news/97-of-hungarians-reject-brussels-sanctions-against-russia/)

sur la tactique soviétique décrivait les opérations de percée soviétiques comme suit[680] :

> *Par exemple, dans un cas, un Corps d'Armée d'infanterie de la Garde s'est vu attribuer un fuseau de progression de 22 kilomètres de large, mais a concentré 80 à 90 pour cent de ses forces sur une largeur de moins d'un tiers de la largeur totale de son fuseau. Ainsi, sur une largeur de 7 kilomètres, le Corps d'Armée a massé 27 bataillons, 1 087 pièces d'artillerie et mortiers remorqués, et 156 chars et armes d'artillerie automotrices, ce qui lui a donné une supériorité de 4 contre 1 pour l'infanterie, 10 contre 1 pour l'artillerie et 17 contre 1 pour les chars.*

Cette concentration des forces sur une très faible largeur de front semble contraire au bon sens. N'importe quel caporal d'infanterie sait que pour éviter les pertes, les soldats doivent être le plus possible dispersés. C'est la leçon qu'ont durement apprise les fantassins de la Première Guerre mondiale (mais pas leurs officiers). Cent ans plus tard, les officiers ont compris, mais ne sont pas capables d'adapter leur réflexion, comme on le constate sur les plateaux de la chaîne de télévision française LCI. Car ce qui est vrai au niveau tactique ne l'est pas nécessairement au niveau opératif.

Par exemple, en admettant qu'une arme antichar tire un projectile toutes les dix secondes, si on lui présente un char toutes les dix secondes, chaque char sera touché. En revanche, si on lui présente dix chars ensemble, le premier char sera touché, mais pas les neuf autres. C'est le principe de la saturation de la défense adverse.

On notera ici au passage que le fait de donner des armes au compte-goutte à l'Ukraine facilite la destruction de ces armes par la Russie au fur et à mesure de leur arrivée sur le théâtre. En d'autres termes, quelle que soit la qualité des armes fournies, leur quantité n'atteindra jamais la masse critique qui permettrait à l'Ukraine de faire la différence. Ce qui démontre que les Occidentaux ne cherchent pas à aider l'Ukraine, mais à prolonger la guerre afin d'épuiser la Russie.

---

680. « Field Manual 100-2-1, The Soviet Army : Operations and Tactics », *Department of the Army* Washington, DC, 16 juillet 1984 (https://irp.fas.org/doddir/army/fm100-2-1.pdf)

Quant aux « vagues » de militaires russes, c'est une légende, créée
épar la propagande ukrainienne. En avril 2023, Christopher Perryman,
un vétéran britannique, combattant pour l'Ukraine, explique dans *The
Spectator*, qu'il n'a pratiquement jamais vu un combattant russe. En
fait, les Russes agissent par l'artillerie, puis viennent nettoyer le terrain
après, mais ne s'exposent presque pas au feu d'infanterie. Perryman
constate en parlant des Russes que « *Leurs équipes d'artillerie sont vraiment excellentes. On ne peut pas comparer l'Irak à ça, c'est beaucoup
plus intense.*[681] »

En Ukraine, ni les Ukrainiens, ni les Russes ne combattent avec des
« *vagues d'infanterie* ». C'est de la pure propagande, comme on peut la
voir sur la chaîne française LCI, qui s'appuie sur quelques images qui
n'ont rien à voir avec des « *vagues humaines* », des chiffres invérifiés et
avec des « experts » qui n'y connaissent strictement rien[682].

5.5. Les réfugiés

La désinformation occidentale fait feu de tout bois et nos médias
montrent un incroyable manque d'intégrité. Le quotidien suisse *Le
Temps* publie une carte qui présente la distribution des réfugiés ukrainiens[683]. En janvier 2023, la carte donne le chiffre de 9 076 773 réfugiés
en Pologne et de 2 852 395 réfugiés en Russie. Le journal suisse ment et
triche. Afin de ne pas montrer que la majorité des réfugiés ukrainiens a
choisi d'aller en Russie, il donne des chiffres de natures différentes. Ainsi,
pour la Pologne, il donne le nombre de franchissements de la frontière et
pour la Russie, le nombre de réfugiés. En réalité, à cette date, le nombre
de réfugiés en Pologne est alors de 1 353 338, soit moins que la moitié des
réfugiés qui ont choisi la Russie[684] !

681. Colin Freeman, « 'Iraq does not compare to this': the British soldier on Ukraine's front line »,
The Spectator, 15 avril 2023 (https://www.spectator.co.uk/article/iraq-does-not-compare-to-this-
the-british-soldier-on-ukraines-front-line/)
682. https://youtu.be/pe2khpEykc4
683. https://labs.letemps.ch/chat/custom/guerre-russie-ukraine-2704/
684. https://data.unhcr.org/en/situations/ukraine

Répartition des réfugiés ukrainiens (situation au 20 janvier 2023)

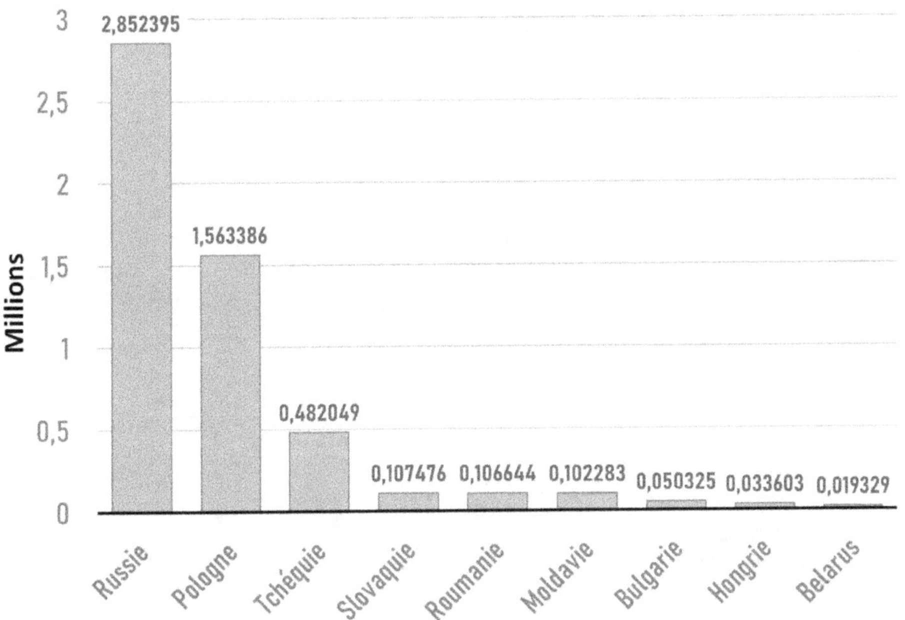

Figure 85 — Répartition des réfugiés ukrainiens dans les pays voisins de l'Ukraine depuis le 24 février 2022. [Source : Haut-commissariat des Nations Unies pour les Réfugiés (UN HCR)]

Comme nous l'avons dit, les néonazis considèrent les Ukrainiens russophones comme des sous-hommes. Il en est également ainsi des médias qui s'inspirent d'idéologies nauséabondes. Depuis 2014, les Occidentaux ont suivi l'Ukraine et considéré la population du Donbass comme des sous-hommes qui n'étaient pas dignes d'intérêt. C'est pourquoi personne n'a condamné les exactions dont ils font l'objet. C'est aussi pourquoi, lorsqu'on parle des réfugiés on ne parle que des réfugiés depuis le 24 février.

De plus, entre 2014 et février 2022, 1 044 862 Ukrainiens sont allés se réfugier en Russie, ce qui donne un total de pas moins de 3,8 millions de réfugiés ukrainiens en Russie au début 2023[685]. Évidemment, nos médias ne le mentionnent pas parce que cela montrerait que ces millions d'Ukrainiens n'ont choisi ni de rester dans le pays, ni d'aller en Europe !

---

685. https://data.unhcr.org/en/dataviz/107?sv=0&geo=0

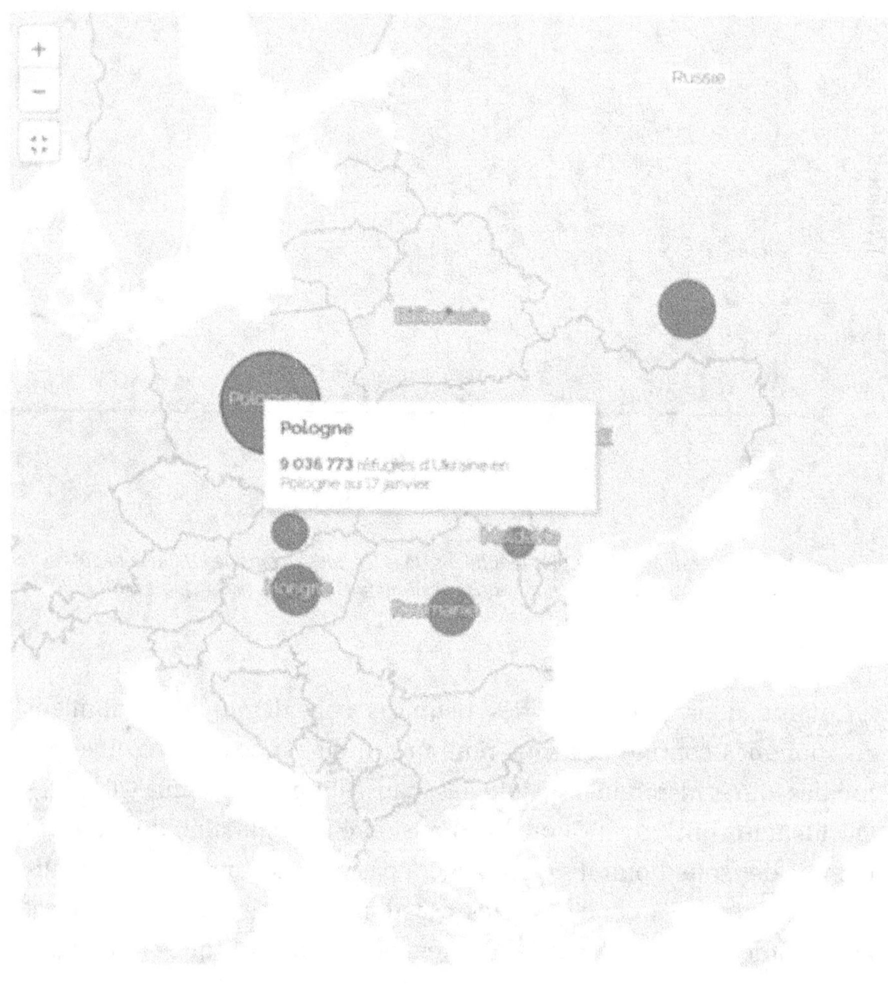

Figure 86 — Carte publiée par le quotidien suisse Le Temps[686]. En réalité, selon les chiffres de l'UNHCR, il y a au total 7 977 980 réfugiés ukrainiens en Europe au 17 janvier 2023, et seulement 1 563 386 réfugiés en Pologne. Le chiffre de 17 688 945 n'est pas un nombre de réfugiés, mais le nombre de passages de la frontière ukrainienne aller et retour. Les chiffres réels sont déjà suffisamment terribles, mais nos médias tentent systématiquement de surdramatiser la situation. Le quotidien suisse tente simplement de cacher que la Russie a été le premier choix des Ukrainiens.

---

686. https://labs.letemps.ch/chat/custom/guerre-russie-ukraine-2704/

6. Le bouleversement du monde

L'appellation « reste du monde » est profondément détestable, car elle suppose une sorte de classement entre les nations et souligne le dédain des Occidentaux pour tout ce qui n'est pas dans leur sphère. Mais elle est intéressante, car elle explique à elle seule les bouleversements de l'ordre mondial que nous sommes en train d'observer dans le sillage du conflit ukrainien.

Les diverses crises que le monde a vécues ces dernières années, du renversement de Kadhafi au conflit ukrainien en passant par la crise de la CoViD-19 et la défaite américaine en Afghanistan ont mis en évidence à la fois l'incompétence, l'inefficacité et l'arrogance des Occidentaux.

6.1. La dédollarisation

Une des conséquences majeures du conflit en Ukraine est la perte de confiance du « reste du monde » envers l'Occident. Le phénomène n'est pas complètement nouveau et certains pays du Sahel avaient déjà indiqué la voie avec l'expulsion des forces occidentales de leur territoire.

L'incroyable virulence de la réaction occidentale à l'intervention russe contraste avec la complaisance qui a accompagné les interventions occidentales au Moyen-Orient et en Afrique. Il n'en a pas plus fallu pour attiser la méfiance du « reste du monde » qui constate, plus qu'un « deux poids deux mesures », l'expression d'un profond mépris des Occidentaux pour tout ce qui ne vient pas d'eux.

En novembre 2019, alors en pleine campagne électorale, Joe Biden déclarait à propos de l'Arabie saoudite et l'affaire Khashoggi[687] :

> *Nous allions leur faire payer le prix et faire d'eux les parias qu'ils sont.*

On peut certes débattre de l'affaire Khashoggi, mais une telle promesse venant d'un des dirigeants d'un pays qui renverse des gouvernements, pratique la torture, des éliminations extra-judiciaires et ouvertement des crimes de guerre n'a évidemment rien de rassurant. D'autant plus que le président américain a fait la même promesse à la Russie[688]. La gestion du monde par des sanctions et des confiscations, lorsque ce ne sont pas des tentatives de renversement, n'est pas de nature à favoriser des relations harmonieuses.

Les sanctions qui ont frappé la Russie ont rappelé aux pays du « reste du monde » qu'ils sont à la merci de l'Occident. Ils ont compris que les Occidentaux adaptent les règles en fonction de leurs intérêts. Par conséquent, il s'agit de se débarrasser des dollars qui constituent le moyen de pression des sanctions. C'est d'ailleurs ce que dit le sénateur républicain Marco Rubio[689] :

> *Aujourd'hui même, le Brésil, le plus grand pays de l'hémisphère occidental, a conclu un accord commercial avec la Chine. Désormais, leurs échanges se feront dans leurs propres monnaies, en évitant le dollar. Ils créent une économie parallèle dans le monde, totalement indépendante des États-Unis. D'ici 5 ans nous ne parlerons plus de sanctions. Il aura tellement de pays qui effectueront leurs transactions dans des devises autres que le dollar que nous ne serons plus en mesure de les sanctionner.*

---

687. Alex Emmons, Aída Chávez & Akela Lacy, « Joe Biden, in Departure From Obama Policy, Says He Would Make Saudi Arabia a "Pariah" », *The Intercept*, 21 novembre 2019 (https://theintercept.com/2019/11/21/democratic-debate-joe-biden-saudi-arabia/)
688. Olivier Knox, « Biden warns Russia will be a pariah as long as Putin's in charge », *The Washington Post*, 5 avril 2022 (https://www.washingtonpost.com/politics/2022/04/05/biden-warns-russia-will-be-pariah-long-putins-charge/)
689. https://twitter.com/i/status/1642727525800460290

Cette crainte est le moteur de la «dédollarisation» qui s'annonce à grande vitesse. Déjà en février 2023, le yuan chinois a remplacé le dollar comme devise la plus utilisée dans les transactions commerciales en Russie[690].

Des pays comme la Russie, voire l'Iran, qui exportent des matières premières indispensables, peuvent sans doute résister à des sanctions, mais ce n'est pas le cas de tous les pays. De plus, l'alignement de l'Europe sur les États-Unis laisse craindre qu'une dépendance à l'euro puisse conduire aux mêmes problèmes.

L'enjeu est donc de réduire la dépendance au dollar (et à l'euro), qui est le principal levier dont disposent les États-Unis pour imposer leur volonté. Mais cela n'est pas sans conséquences pour l'économie américaine.

En 1972, la pression inflationniste créée par le financement de la guerre du Viêt-Nam a poussé les États-Unis à sortir du système de Bretton Woods et à renoncer à la convertibilité du dollar en or. Afin que le dollar ne s'effondre pas, ils ont alors manœuvré avec les pays du Golfe (1973), puis avec l'ensemble des pays producteurs de pétrole (1975) pour que le pétrole soit payé exclusivement en dollars.

L'idée était de contraindre les pays du monde à se procurer des dollars pour acheter du pétrole. Il se crée ainsi une demande de dollars permettant aux États-Unis d'imprimer des dollars de manière quasi-infinie sans être pris dans une boucle inflationniste. C'est une sorte de «système de Ponzi[691]» qui permettait à l'économie américaine — qui est essentiellement une économie de consommation — d'être soutenue par les économies des autres pays du globe. C'est le système du «pétrodollar», dont la disparition serait une menace considérable pour l'économie américaine et pourrait conduire à son effondrement.

À une époque où les États-Unis étaient la seule grande puissance économique, les pays du «reste du monde» n'avaient guère le choix. Mais aujourd'hui, avec l'essor d'une Chine dynamique qui ne tente pas d'exporter ses «valeurs», mais se contente de faire du commerce sans

---

690. «China's Yuan Replaces Dollar as Most Traded Currency in Russia», *Bloomberg*, 3 avril 2023 (mis à jour 4 avril 2023) (https://www.bloomberg.com/news/articles/2023-04-03/china-s-yuan-replaces-dollar-as-most-traded-currency-in-russia#xj4y7vzkg)
691. Wikipédia: un système de Ponzi est un montage financier frauduleux qui consiste à rémunérer les investissements des clients essentiellement par les fonds procurés par les nouveaux entrants.

juger, la situation est très différente. Car il ne s'agit pas simplement d'une question de «valeurs», mais d'un problème d'«alignement». On l'a vu avec Nord Stream 2, le fait d'être allié des États-Unis ne suffit pas : il faut être sur leur ligne. Or, la grande majorité des pays du globe a des intérêts nationaux qui ne coïncident pas avec ceux des États-Unis et ne souhaite pas avoir une société «à l'américaine». Ils ont leurs valeurs, leurs traditions et leurs cultures qu'ils souhaitent gérer à leur manière. Pour écarter l'épée de Damoclès que constituent les sanctions occidentales, ils préfèrent se distancer du dollar.

Dédollarisation

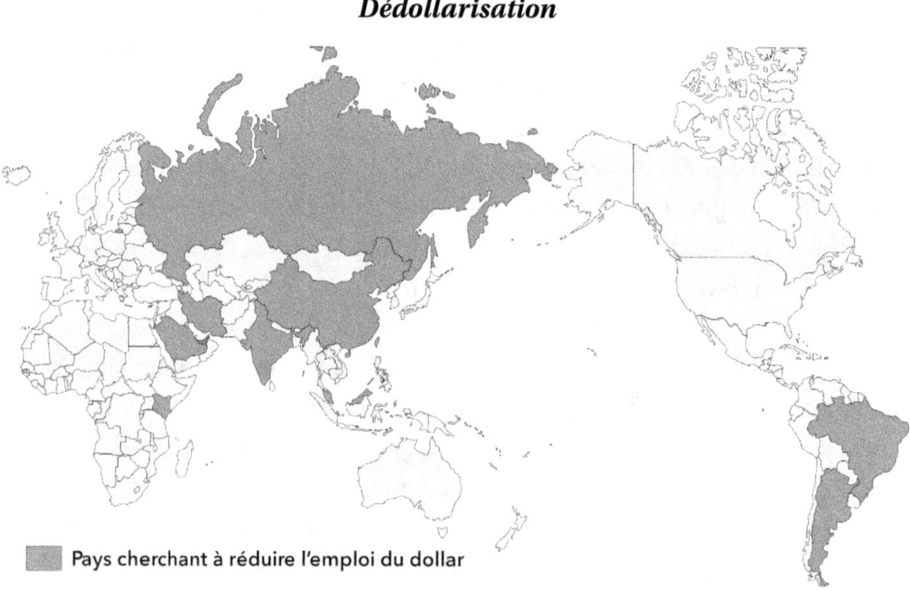

Figure 87 — Pays ayant déclaré utiliser des monnaies autres que le dollar pour leurs transactions commerciales (au 20 avril 2023).

De nombreux pays cherchent des moyens de paiement et des arrangements alternatifs pour échapper au dollar. L'emploi du yuan chinois, du rouble ou de devises nationales pour les échanges — y compris pour les produits pétroliers — tend à se développer. Toutefois, il faut rester prudent : le dollar reste la monnaie d'échange la plus utilisée pour les échanges commerciaux dans le monde (88 % des échanges selon la banque mondiale) et comme monnaie de réserve. La dédollarisation

292

est une tendance qui s'accélère, mais encore loin de menacer l'économie américaine.

6.2. La faillite de la diplomatie

6.2.1. La faillite de la diplomatie occidentale

La fonction de la diplomatie est de maintenir des canaux de communication entre les divers acteurs d'une crise et de créer des conditions favorables à une solution. Mais dès le début du conflit ukrainien, au lieu de prendre du recul, la diplomatie occidentale a pris le parti de l'un des belligérants. L'UE a privilégié la fourniture d'armes à l'action diplomatique. C'est un rôle inédit pour une structure multilatérale.

Cet engagement reste d'ailleurs mal compris dans le monde. Alors que l'on attend de l'UE un rôle d'arbitre, elle prend celui d'un joueur. À quelles fins? En admettant qu'il s'agisse d'une manière de montrer sa volonté de soutenir le droit international, pourquoi n'a-t-elle pas fourni des armes à l'Irak ou l'Afghanistan?

Depuis la fin 2021, la diplomatie occidentale est focalisée sur la situation en Ukraine. Elle déploie tous ses efforts pour garder groupé le troupeau des ennemis de la Russie et s'efforce de pousser les autres à les suivre en alimentant le conflit avec des armes. Nos diplomaties semblent avoir perdu de vue les problèmes du monde et, probablement pour la première fois depuis la fin de la guerre froide, elle perd l'initiative sur tous les plans.

Pire, à un moment où les pays de l'hémisphère sud s'inquiètent de la politique de la carotte et du bâton menée par l'Occident, Josep Borrell, chef de la diplomatie européenne, se distingue par ses déclarations intempestives et puériles. Sa comparaison entre l'Europe qui serait un «jardin» suscitant la convoitise du reste du monde dédaigneusement qualifié de «jungle» a été très mal reçue en Afrique, qui y a vu — avec raison — un discours essentiellement raciste. On peut difficilement faire plus maladroit de la part d'un diplomate.

Inquiète sur la tournure que prennent les choses sur la question de Taiwan, la Chine a publié un document de politique étrangère qui condamne l'attitude hégémonique des États-Unis à travers le monde[692], et a élaboré une *Initiative de sécurité globale* (ISG)[693]. Elle a par ailleurs proposé un cadre conceptuel pour des relations normales entre États et un règlement pacifique des différends[694], qui pourrait être appliqué à la résolution du conflit en Ukraine.

Mais après la visite de Xi Jinping à Moscou, les pays occidentaux craignent que ces initiatives aboutissent à un cessez-le-feu ou à la paix[695]. Alors que nos diplomates[696] déclarent *urbi et orbi* que la décision de négocier appartient à l'Ukraine[697], la Maison-Blanche déclare d'emblée que toute tentative d'entamer des négociations serait inacceptable[698]. L'Occident est en pleine contradiction.

La négociation est vue comme une récompense à la Russie et non comme une manière de préserver l'existence de l'Ukraine et des Ukrainiens. Notre diplomatie s'attache plus à la punir qu'à trouver une solution au problème, elle est donc à la fois juge et partie et il lui est impossible de jouer un rôle de médiation.

Parce que nous ne parvenons pas à soutenir logistiquement l'Ukraine, il est devenu commun, de penser que nous nous sommes désarmés et qu'il était une erreur de croire aux dividendes de la paix. C'est faux. Nos appareils militaires ont pu être réduits dès la fin de la guerre froide car nous avions la possibilité de repenser nos politiques de sécurité. Nous avions la possibilité d'assurer notre sécurité par la coopération et non plus par la confrontation. C'est ce virage que nous avons manqué.

---

692. « US Hegemony and Its Perils », Ministère des Affaires étrangères, 20 février 2023 (https://www.fmprc.gov.cn/mfa_eng/wjbxw/202302/t20230220_11027664.html)

693. « The Global Security Initiative Concept Paper », Ministère des Affaires étrangères, 21 février 2023 (https://www.fmprc.gov.cn/eng/wjbxw/202302/t20230221_11028348.html)

694. « China's Position on the Political Settlement of the Ukraine Crisis », *Ministère des Affaires étrangères*, 24 février 2023 (https://www.fmprc.gov.cn/mfa_eng/zxxx_662805/202302/t20230224_11030713.html)

695. Charles Hutzler, « U.S. Seeks to Head Off Any Chinese Call for Cease-Fire in Ukraine », *The Wall Street Journal*, 17 mars 2023 (https://www.wsj.com/articles/u-s-seeks-to-head-off-any-chinese-call-for-cease-fire-in-ukraine-ef456819)

696. https://www.rts.ch/play/tv/redirect/detail/13567586?startTime=508

697. Michael Birnbaum, « NATO says Ukraine to decide on peace deal with Russia — within limits », *The Washington Post*, 5 avril 2022 (https://www.washingtonpost.com/national-security/2022/04/05/ukraine-nato-russia-limits-peace/)

698. Tim Hains, « NSC's John Kirby: Any Call For A Ukraine Ceasefire That Comes From Xi's Trip To Russia This Week Will Be "Unacceptable" », Real Clear Politics, 19 mars 2023 (https://www.realclearpolitics.com/video/2023/03/19/nscs_john_kirby_china_and_russia_are_chafing_against_the_us-led_international_rules-based_order.html)

Notre sécurité n'est pas liée au nombre d'armes que nous avons, mais à la cohérence que nous avons à utiliser une combinaison de force et de diplomatie. La Russie tient en échec l'OTAN malgré un budget de la défense qui ne représente que 3,1 % des dépenses militaires globales, face à un Occident qui en cumule bon an mal 50 %. Les problèmes que nous avons aujourd'hui ne sont pas liés au nombre de nos armes, mais à notre incapacité à tisser des liens solides et à respecter nos engagements, comme nous l'avons vu. Le vieil adage de Végèce «Si vis pacem para bellum» ne signifie pas que la paix dépend de notre capacité à faire la guerre, mais de notre sagesse à la prévenir. Guerre et paix sont intimement liées.

Un politique de sécurité habile consiste à intégrer harmonieusement la diplomatie et la défense. Si nous avions aidé plus efficacement l'Afrique, et contribué efficacement à son développement, nous n'aurions pas de réfugiés aujourd'hui. En Ukraine, si nous avions respecté nos engagements et fait respecter les accords de Minsk, nous n'aurions pas de guerre aujourd'hui. Alors que la diplomatie occidentale semble rester accrochée au conflit ukrainien, celle de la Russie est active. Non seulement ça, mais la Russie a réussi à faire basculer le rapport de forces entre l'Occident et le «reste du monde».

6.2.2. La fin de la neutralité suisse ?

Un des événements marquants du conflit en Ukraine a été l'abandon par la Suisse de sa politique de neutralité. Cette évolution n'est pas complètement surprenante, car les observateurs attentifs ont constaté que les fondements de la politique étrangère suisse ont lentement dérivé depuis 2019. Cette année-là, un rapport sur le futur de la politique étrangère suisse évoque la prédominance d'un *ordre international basé sur des règles*[699]. Une orientation confirmée par l'ambassadeur Jürg Lauber, représentant permanent de la Suisse auprès des Nations unies à Genève, en pleine crise ukrainienne[700].

---

699. https://www.eda.admin.ch/dam/eda/fr/documents/aktuell/dossiers/avis28-bericht-190619_FR.pdf

700. Jürg Lauber, «À l'avenir, nous aurons toujours besoin d'un ordre international fondé sur des règles», *Le Temps*, 29 septembre 2022 (https://www.letemps.ch/opinions/lavenir-aurons-tou-jours-besoin-dun-ordre-international-fonde-regles)

Le 23 novembre 2022, Claude Wild, ambassadeur de Suisse à Kiev, confirme que la Suisse « *n'est pas neutre* » dans le conflit ukrainien, mais applique « *le droit de la neutralité* », subtile nuance, qui consiste à ne pas rejoindre une alliance et à ne pas livrer d'armes aux belligérants[701]. Il explique que l'on ne peut pas être neutre dans la situation où il y a « *une guerre d'agression et un agresseur clairs* »[702].

C'est un peu court et même choquant. Car on pourrait se demander pourquoi la Suisse n'a pas eu la même attitude lors des conflits en Afghanistan, en Irak ou en Libye, où elle a même plutôt soutenu l'attaquant. Or, on savait qu'elles étaient illégitimes, car basées sur des accusations *que l'on savait déjà être des mensonges.*

C'est un changement radical dans l'application de la neutralité par la Suisse. Sa neutralité est substantiellement différente de celles d'autres pays occidentaux, par le fait qu'elle a été imposée — et garantie — par les grandes puissances lors du démantèlement de l'empire napoléonien en 1815, et par son caractère permanent. Par opposition, la neutralité des États-Unis au début de la Seconde Guerre mondiale était une politique décidée unilatéralement, qui a été abandonnée après l'attaque de Pearl Harbor le 7 décembre 1941.

En d'autres termes, dans l'esprit et la lettre, la neutralité suisse n'est pas une politique de circonstance, mais s'applique indépendamment de la nature des acteurs impliqués dans un conflit. C'est comme cela qu'elle est perçue dans le monde, et c'est précisément cette caractéristique qui lui donnait une crédibilité unique.

Bien que la Suisse ait toujours agi comme si elle faisait partie du monde occidental, sa politique de neutralité lui a permis de jouer les intermédiaires tout au long de la guerre froide. Aujourd'hui, l'application « à la carte » de la neutralité selon qu'elle juge l'attaquant « bon » ou « mauvais » lui enlève toute crédibilité.

En février 2022, c'est à la Suisse que Zelensky s'est adressé pour une médiation. À ce stade, elle n'a pas encore adopté de sanctions contre la Russie et elle serait idéale pour remplir ce rôle. Les Occidentaux forcent alors Zelensky à renoncer à négocier.

---

701. https://www.rts.ch/play/tv/redirect/detail/13567586?startTime=547
702. https://www.rts.ch/info/suisse/13567448-claude-wild-la-suisse-nest-pas-neutre-dans-le-conflit-en-ukraine.html

En mars, alors que la situation tourne mal à Marioupol, Zelensky relance l'idée d'une négociation et adresse une proposition à la Russie. Mais cette fois-ci, Zelensky se tourne vers trois pays pour trouver un médiateur : la Chine, la Turquie et Israël. Pourtant, aucun de ces pays n'est un modèle de neutralité et la Turquie fournit même des armes à l'Ukraine. Alors pourquoi la Russie a-t-elle plus confiance en la Turquie qu'en la Suisse, qui a refusé de livrer des munitions pour l'Ukraine ?

Les conspirationnistes diront que « seuls les dictateurs peuvent se comprendre ». Mais une explication moins primitive est que la Turquie a une analyse moins passionnelle du conflit. Comme l'écrit le *Kyiv Independent* [703] :

> *La Turquie soutient fermement l'intégrité territoriale de l'Ukraine, tout en s'opposant à toute incitation aux tensions dans la région par une « politique incompréhensible » à l'égard de la Russie.*

Ainsi, alors que la Suisse se positionne en juge, Erdogan cherche à résoudre un problème de sécurité régionale et à stopper les pertes humaines[704]. C'est la différence entre une approche idéologique et une approche pragmatique. Pour un travail de médiation efficace, il ne faut pas adapter les faits aux conclusions, mais les conclusions aux faits.

La Suisse est alors l'un des pays occidentaux qui a appliqué le plus de sanctions à la Russie et probablement que Zelensky même pense qu'elle n'est plus assez crédible envers la Russie pour pouvoir assurer une médiation efficace. C'est pourquoi, en août 2022, la Russie refuse d'accorder à la Suisse l'accréditation pour représenter les intérêts de l'Ukraine à Moscou, en expliquant qu'elle « *a perdu son statut d'État neutre et ne peut agir ni comme médiateur ni comme représentant des intérêts ukrainiens* »[705].

---

703. « Erdogan announces new talks with Zelensky, Putin », *The Kyiv Independent*, 9 décembre 2022 (https://kyivindependent.com/news-feed/erdogan-announces-new-talks-with-zelensky-putin)
704. « Turkey's Erdogan announces meetings with Zelenskyy, Putin », *The New Voice of Ukraine*, 9 décembre 2022 (https://english.nv.ua/nation/turkey-s-erdogan-announces-meetings-with-zelenskyy-putin-50289792.html)
705. « Moscou refuse que l'Ukraine soit représentée en Russie par la Suisse », *rts.ch*, 11 août 2022 (https://www.rts.ch/info/monde/13300549-moscou-refuse-que-lukraine-soit-representee-en-russie-par-la-suisse.html)

6.2.3. *Le respect du Droit international*

Cela nous conduit à la question du respect du Droit international. Nous considérons illégale et illégitime l'action de la Russie et justifions ainsi la livraison d'armes à l'Ukraine. Vu de loin cela semble cohérent, mais cela ne l'est pas.

Car notre respect du Droit international ne peut se limiter à une critique du conflit depuis le 24 février 2022. Il fallait agir dès 2015 pour empêcher les bombardements des populations du Donbass par Kiev et faire respecter les accords de Minsk. Ceux-ci faisaient partie du droit international et devaient empêcher que le conflit s'aggrave. Comme nous ne l'avons pas fait, et que les Russes ont constaté que nous n'avions aucune intention de le faire, ils ont décidé de régler la situation en appliquant le principe onusien de R2P.

Pour ne pas légitimer la position russe, les médias francophones sont restés très discrets sur les aveux de Petro Porochenko, Angela Merkel, François Hollande et Volodymyr Zelensky de n'avoir pas voulu appliquer ces accords. Mais ces aveux ne sont pas passés inaperçus dans le « reste du monde ». Ils démontrent que notre conception du droit international est à géométrie variable et que nous utilisons le droit que lorsqu'il est en phase avec nos intérêts.

Lorsque l'on invoque des « valeurs » et des « principes » avec autant d'intransigeance pour les autres, on doit le faire pour soi. L'incohérence n'est pas acceptable. Nous serions crédibles en invoquant le Droit international si nous avions mis la même énergie à sanctionner ceux qui ont menti pour mener des guerres totalement illégitimes. Pourquoi n'a-t-on pas adopté de sanctions contre les États-Unis, la Grande-Bretagne et la France ? Pourquoi leurs avoirs n'ont-ils pas été confisqués pour la reconstruction des pays qu'ils ont détruits ? Pourquoi les dirigeants occidentaux n'ont-ils pas été jugés pour leurs crimes ? Le fait d'avoir traité différemment les interventions occidentales en Afghanistan, en Irak, en Libye et en Syrie et celle d'Ukraine tend à démontrer la nature politique de notre usage du Droit international. Non seulement cette constatation nous décrédibilise dans le « reste du monde », mais elle décrédibilise le droit international. C'est le cas de la Cour pénale internationale, qui est perçue par les pays africains comme un moyen de faire pression sur eux.

6.3. L'Afrique

La méfiance de l'Afrique envers les pays occidentaux n'est pas nouvelle. Elle a été largement stimulée par la désastreuse opération de 2011, visant à renverser Kadhafi. En détruisant la gouvernance du pays qui avait l'indice de développement humain alors le plus élevé d'Afrique, les Occidentaux ont déstabilisé durablement le Sahel. C'est ce qui a nécessité les opérations SERVAL et BARKHANE. Les pays africains ont alors compris que nous passons d'une crise militaire à une autre, sans nous préoccuper des conséquences régionales et de leurs effets sur les populations.

Sans stratégie ni objectifs clairs, nos opérations sont vouées à l'échec, conduisant à un état de guerre permanent. Menées sans réelle inclusion des pays africains concernés, nos actions apportent d'apparents succès de court terme, mais ne résolvent rien. C'est ce qui explique l'expulsion des contingents militaires français au Mali[706] et au Burkina Faso[707], après que la France a déjà retiré ses militaires de la Centrafrique à la suite d'une série de scandales[708].

Il suffit de comparer les 4,6 milliards d'euros que l'UE a dépensés en un an pour l'Ukraine au titre de sa *Facilité européenne pour la paix* (FEP)[709], avec les 2,7 milliards d'euros qu'elle a déboursés pour les activités de paix et de sécurité de l'Union africaine entre 2007 et 2019[710], pour mesurer l'amertume des Africains. Non seulement l'Afrique doit se débrouiller avec les conséquences de conflits que nous avons bien souvent créés par

---

706. Elian Peltier & Ruth Maclean, «French Soldiers Quit Mali After 9 Years, Billions Spent and Many Lives Lost», *The New York Times*, 15 août 2022 (mis à jour 19 août 2022) (https://www.ny-times.com/2022/08/15/world/africa/mali-france-military-operation.html)

707. «Burkina Faso confirms demanding France to withdraw troops», *Africanews*, 24 janvier 2023 (https://www.africanews.com/2023/01/24/burkina-faso-to-expell-french-troops//)

708. Nur Asena Erturk, «France withdraws last troop from Central African Republic», *aa.tr*, 15 décembre 2022 (mis à jour 16 décembre 2022) (https://www.aa.com.tr/en/africa/france-withdraws-last-troop-from-central-african-republic/2764958)

709. «Munitions livrées à l'Ukraine : le Conseil approuve un soutien de 1 milliard d'euros au titre de la facilité européenne pour la paix», *Conseil de l'UE*, 13 avril 2023 (https://www.consilium.eu-ropa.eu/fr/press/press-releases/2023/04/13/ammunition-for-ukraine-council-agrees-1-billion-support-under-the-european-peace-facility/)

710. «As More Conflicts, Problems around World Mount, European Union High Representative Tells Security Council World Must Invest in Revitalizing Multilateral System», *un.org*, 23 février 2023, SC/15210, 268e session (https://press.un.org/en/2023/sc15210.doc.htm)

des politiques malheureuses, mais nous faisons pression sur eux pour qu'ils épousent notre politique à l'égard de l'Ukraine.

Le 21 mars 2023, Alain-Claude Bilie-By-Nze, Premier ministre du Gabon, a accordé un entretien aux journalistes Marc Perelman de France 24 et Christophe Bobouvier de RFI. Avec une impertinence consommée, ils l'interpellent sur l'abstention du Gabon lors du vote de l'Assemblée générale des Nations Unies sur la situation en Ukraine. Avec intelligence, le premier ministre se déclare être « *toujours étonné qu'on demande [aux pays Africains] de se justifier sur les choix qu'ils font ; personne ne demande cela à d'autres pays, notamment aux pays occidentaux* »[711].

Aujourd'hui, les pays africains constatent que le dialogue avec les pays des BRICS, et notamment la Chine et la Russie, est plus facile et débarrassé du paternalisme occidental qui devient de plus en plus oppressant.

Nous en revenons toujours à une question fondamentale : Pourquoi le conflit ukrainien est-il plus condamnable que les autres que nous avons provoqués ? Le problème pour les Occidentaux est que l'effondrement attendu de la Russie ne pouvait être réalisé que si l'ensemble de la planète les suivait. Or, les pays africains ont des préoccupations bien éloignées du conflit régional européen.

Comme le déclarait S. Jaishankar, ministre des Affaires étrangères de l'Inde, répondant à une journaliste aussi peu éveillée que ses confrères français[712] :

> *Quelque part, l'Europe doit évoluer de l'état d'esprit que les problèmes de l'Europe sont les problèmes du monde, mais que les problèmes du monde ne sont pas les problèmes de l'Europe. Si c'est vous, c'est le vôtre, si c'est moi, c'est le nôtre.*

En juillet 2022, un document rédigé par la cheffe de la délégation de l'UE auprès de l'Union africaine (UA) a été présenté à Bruxelles, qui s'inquiète du fossé qui se creuse entre les deux continents[713] :

---

711. https://youtu.be/C__MvkcmYEQ
712. https://youtu.be/8U5LeXjyyOM
713. Vince Chadwick, « Exclusive: Internal report shows EU fears losing Africa over Ukraine », *devex.com*, 22 juillet 2022 (https://www.devex.com/news/exclusive-internal-report-shows-eu-fears-losing-africa-over-ukraine-103694)

La réputation de l'UE en tant que médiateur, artisan de la paix, s'érode en raison de l'aide militaire apportée par l'Union à l'Ukraine. En Afrique, l'UE est perçue comme alimentant le conflit et non comme un facilitateur de paix.

Le conflit en Ukraine et les milliards investis par l'Occident ont mis en évidence son incapacité à mettre ses priorités sur une solution pacifique des différends. Ce que les Occidentaux ont payé pour soutenir militairement l'Ukraine (au lieu de favoriser la solution des accords de Minsk qui aurait évité le conflit) sera autant moins d'investissements dans le « reste du monde ». Ce dernier a besoin d'infrastructures qu'actuellement seule la Chine est en mesure de financer.

6.4. Le Proche et Moyen-Orient

Le conflit en Ukraine a mis en évidence l'incapacité des Occidentaux à gérer leurs propres crises autrement que par la force. Les pressions et menaces exercées sur les pays du « reste du monde » pour qu'ils s'alignent sur la politique occidentale ont très mal été reçues au Proche-Orient.

Les « valeurs » qui servent de critères aux Occidentaux pour imposer des sanctions ou s'ingérer dans les affaires intérieures des pays ne sont pas perçues dans la région comme compatibles avec leurs cultures. Ces derniers savent que — comme pour l'Iran — leur manière de voir le monde et la société peuvent rapidement servir de prétexte à un changement de régime. L'Arabie saoudite a compris que les États-Unis sont des alliés dont il faut se méfier. Elle sait que leur promesse de faire du royaume un État paria, est une épée de Damoclès qui pourrait s'abattre n'importe quand.

Les pays de la région tendent à voir les interférences occidentales comme existentielles pour leurs sociétés. Cette dimension tend à les rassembler au-delà des divergences idéologiques.

Alors que la diplomatie occidentale est occupée avec le conflit ukrainien, la diplomatie russe fait revenir la Syrie sur la scène internationale, la Chine multiplie les initiatives au Moyen-Orient.

Le conflit ukrainien — ou, plus exactement, les sanctions qui l'ont accompagné — semble avoir encouragé Iraniens et Saoudiens à poursuivre leur dialogue secret sous l'égide de la Chine. Profitant sans doute de l'inattention des chancelleries occidentales, la diplomatie du « reste du monde » a cherché — elle — à résoudre les problèmes. Au Proche et Moyen-Orient, la diplomatie chinoise frappe un coup historique. Le 10 mars 2023, l'Iran, l'Arabie Saoudite et la Chine signent une déclaration tripartite[714] pour la reprise des relations diplomatiques entre les deux grandes puissances du Moyen-Orient et la réouverture d'ambassades[715]. Cet événement est suivi de l'invitation par le roi Mohammed ben Salman (MBS) du président iranien Ibrahim Raïssi en Arabie Saoudite pour une visite officielle[716].

Dans la foulée, l'Irak et l'Iran signent un accord de coopération en matière de sécurité afin de mettre fin aux actions des Kurdes, utilisés par les Occidentaux pour fomenter des troubles de part et d'autre de la frontière[717].

Mais ce rapprochement est mal vu à Washington. Le 6 avril 2023, William Burns, directeur de la CIA, fait une visite impromptue à Riyad pour faire part de la « frustration » des États-Unis de voir un rétablissement des relations avec l'Iran[718]. Les Occidentaux ont perdu pied et le « reste du monde » tend à les voir comme des fauteurs de trouble.

La Syrie, isolée par la diplomatie occidentale, revient sur la scène internationale. En février 2023, le président Bachar al-Assad est reçu au Sultanat d'Oman. En mars, il est invité avec son épouse aux Émirats arabes unis pour rencontrer le Cheik Mohammed[719]. La Syrie renoue ses

---

714. Henry Austin, « Regional rivals Iran and Saudi Arabia agree to restore their ties after years of tensions », *NBC News*, 10 mars 2023 (https://www.nbcnews.com/news/world/iran-saudi-arabia-agree-restore-diplomatic-relations-china-rcna74314)
715. https://www.spa.gov.sa/viewfullstory.php?lang=fr&newsid=2433248#2433248
716. Kathryn Armstrong, « Saudi Arabia invited Iran's President Raisi to visit, Tehran says », BBC News, 20 mars 2023 (https://www.bbc.com/news/world-middle-east-65010185)
717. « Iran, Iraq sign security cooperation agreement », IANS/Investing, 20 mars 2023 (https://in.investing.com/news/iran-iraq-sign-security-cooperation-agreement-3566648)
718. Alex Marquardt, « CIA director makes unannounced visit to Saudi Arabia », *CNN*, 6 avril 2023 (https://www.cnn.com/2023/04/06/politics/cia-director-william-burns-saudi-arabia/index.html)
719. « Syria's Assad in UAE for second post-quake Gulf visit », Al Jazeera, 19 mars 2023, (https://www.aljazeera.com/news/2023/3/19/424)

liens avec la Tunisie en mars[720], avec l'Égypte en avril[721] et elle est invitée par MBS au Sommet de la ligue arabe du 19 mai, à Riyad[722]. Parallèlement, Moscou engage sa diplomatie pour régler la question syrienne et une réunion quadripartite des vice-ministres des Affaires étrangères de la Russie, de la Syrie, de l'Iran et de la Turquie a eu lieu les 3-4 avril 2023 sous la houlette de Moscou.

Quant au conflit du Yémen, il semble vouloir se diriger vers une solution négociée grâce aux efforts de la diplomatie chinoise dans le sillage du rapprochement en l'Arabie saoudite et l'Iran[723]. En d'autres termes, c'est la diplomatie des BRICS qui prend la main au Moyen-Orient avec le commerce comme facteur unificateur. Alors que les Occidentaux s'acharnent à envenimer les conflits qu'ils ont créés (et dont ils ont récolté les fruits avec le terrorisme), la diplomatie eurasiatique s'attache à résoudre les problèmes.

En résumé, on observe une tendance à l'apaisement dans les conflits du Moyen-Orient. Avec les « routes de la soie » comme fil conducteur, les pays de la région pourraient bien voir un intérêt à mettre en veilleuse leurs querelles, pour joindre leurs énergies à façonner l'avenir. La réduction prévisible de la consommation des hydrocarbures en Occident est un défi pour ces pays qui doivent repenser leurs économies.

Ce bouleversement régional pourrait bien entraîner des répercussions sur Israël et sa politique toujours plus intransigeante à l'égard des Palestiniens. L'État hébreu a toujours considéré la désunion du monde arabe et l'alliance entre le royaume saoudien et les États-Unis comme une garantie pour sa sécurité. Il est probablement temps de reprendre une activité diplomatique plus coopérative, alors qu'il en est encore temps.

---

720. « Tunisie – Syrie : le rétablissement des relations diplomatiques confirmé par Saïed », Le Temps, 11 mars 2023 (https://www.letemps.news/2023/03/11/tunisie-syrie-le-retablisse-ment-des-relations-diplomatiques-confirme-par-saied/)
721. Summer Said & Benoit Faucon, « Egypt, Syria in Advanced Talks to Restore Diplomatic Re-lations », The Wall Street Journal, 2 avril 2023 (https://www.wsj.com/articles/egypt-syria-in-ad-vanced-talks-to-restore-diplomatic-relations-e569dfae)
722. Aziz El Yaakoubi & Maya Gebeily, « Saudi Arabia to invite Syria's Assad to Arab leaders summit, ending regional isolation », Reuters, 2 avril 2023 (https://www.reuters.com/world/middle-east/sau-di-arabia-invite-syrias-assad-arab-leaders-summit-sources-say-2023-04-02/)
723. Ryan Grim, « To Help End the Yemen War, All China Had to Do Was Be Reasonable », The Intercept, 7 avril 2023 (https://theintercept.com/2023/04/07/yemen-war-ceasefire-china-sau-di-arabia-iran/)

7. Sortir de la crise

7.1. L'incapacité de sortir des préjugés

Depuis plusieurs années déjà, les Occidentaux s'illustrent par des prises de décisions fondées sur des rumeurs, des informations non-vérifiées voire des fausses informations. C'est le cas des affaires Skripal ou Navalny, où des décisions et des sanctions ont été prises avant même que des enquêtes sérieuses, impartiales et inclusives soient menées.

La crise ukrainienne a montré le même phénomène, mais à son paroxysme. La stratégie des pays occidentaux s'est totalement adossée à un narratif qu'ils avaient eux-mêmes créé et non aux faits. On a littéralement inventé l'idée d'une économie russe chancelante qui allait rapidement être mise à terre par des sanctions. Il n'en a rien été. On a affirmé que la Russie n'était qu'une « station-service » et que cesser de lui acheter des hydrocarbures allait la faire s'effondrer. Il n'en a rien été. On racontait que l'opposition populaire à Vladimir Poutine en Russie était considérable et qu'il était isolé. Sa popularité, déjà élevée, s'est renforcée.

On a laissé entrevoir à l'Ukraine une victoire chimérique, qui a divisé l'Ukraine et renforcé la cohésion en Russie au prix de centaines de milliers de morts ukrainiens.

Les initiatives de Volodymyr Zelensky pour entamer un processus de négociation ont été systématiquement empêchées par ces mêmes pays occidentaux qui ont encouragé le massacre des populations civiles du Donbass entre 2024 et 2022 et qui y ont pris part (États-Unis, Grande-

Bretagne, Canada et France). Car l'objectif n'était pas d'aider l'Ukraine, mais d'abattre la Russie.

En d'autres termes, soit ces décisions ont délibérément utilisé l'Ukraine pour atteindre des objectifs qui allaient à l'encontre des intérêts de l'Ukraine (ce que les populations européennes n'ont certainement pas voulu), soit elles ont été prises sans que l'on en mesure les conséquences. L'examen des faits montre que la seconde explication domine, mais recouvre partiellement la première.

En Europe, et singulièrement en France, que l'on soit pour ou contre l'Ukraine ou la Russie, l'analyse du conflit est extraordinairement indigente. À gauche comme à droite, l'analyse du conflit ukrainien souffre de préjugés de ceux qui y voient une exigence morale à le soutenir et de ceux qui pensent qu'il montre les limites de la supranationalité.

Or, justifiés ou non, ces préjugés ne peuvent se substituer aux faits, et on constate qu'ils sont terriblement mal connus. Ceux qui interviennent dans nos médias ne font que répéter imparfaitement ce qu'ils ont entendu et assemblent des parcelles de faits qui permettent de coller avec leurs préjugés. Ce que l'on peut comprendre de la part d'un quidam dans la rue ne peut plus l'être de la part d'un directeur de l'IRIS.

Même des personnalités comme Emmanuel Todd, dont les commentaires ont eu un écho planétaire, ont une analyse du conflit basée sur sa propre perception et non sur des faits. En réalité, Todd a très mal compris la position russe. Son apport est moins lié à la pertinence de son analyse qu'à une approche qui tente de faire appel à la raison.

Que l'on soit pour la Russie ou pour l'Ukraine, la qualité de l'analyse est très mauvaise en France et en Europe, et un peu meilleure aux États-Unis. On peut cependant dégager des tendances : l'analyse en faveur de la Russie cherche plutôt l'apaisement, alors que ceux qui expriment une position pro-ukrainienne cherchent à « punir » la Russie.

La négociation est perçue comme une récompense. Comme le disait l'ambassadeur de Suisse à Kiev, négocier serait donner « *une prime à l'agresseur*[724] » ! Cette lecture pose trois problèmes.

Tout d'abord, elle contredit l'idée que c'est à l'Ukraine de trouver sa voie. Or, jusqu'à présent, nous avons tout fait pour que les négocia-

---

724. https://www.rts.ch/info/suisse/13567448-claude-wild-la-suisse-nest-pas-neutre-dans-le-conflit-en-ukraine.html

tions voulues par l'Ukraine n'aboutissent pas. Nous avons également soutenu les efforts du gouvernement ukrainien pour supprimer — au propre et au figuré — toutes les personnalités qui étaient favorables à une négociation.

Deuxièmement, elle part de l'idée fallacieuse et totalement fabriquée par nos médias que l'Ukraine est dans une dynamique de victoire et que donc le moment n'est pas à la négociation. C'est ce qu'avait dit Boris Johnson en août[725], puis Ursula von der Leyen en septembre 2022[726] et Emmanuel Macron en avril 2023[727]. C'est une position qui n'est soutenue que par des fantasmes, car depuis le début, l'Ukraine est en situation d'échec.

Troisièmement, elle pose un problème d'éthique et de cohérence. Car privilégier l'idée de « punir » l'agresseur par rapport à celle de résoudre le conflit signifie que l'on sort du rôle d'arbitre pour se mettre dans celui de justicier. L'idée de « punir » l'État et la population russes serait peut-être acceptable si on avait appliqué la même logique contre les États-Unis, la Grande-Bretagne, la France et Israël qui ont déclenché de multiples conflits au Moyen-Orient. Ces pays sont les instigateurs de guerres et de conflits, violent régulièrement le droit international, et commettent des crimes qui sont à l'origine du terrorisme qui frappe nos populations. Par ailleurs, en admettant ce rôle de justicier, qui punit-on réellement ? Ne sommes-nous pas en train de condamner l'Ukraine plutôt que la Russie ? Ici encore, le mythe de l'Ukraine victorieuse nous réserve des surprises.

Troisièmement, elle pose la question de notre intégrité. Quels que soient les sentiments des Ukrainiens à l'égard des Russes, nous ne devons pas prendre parti, mais plutôt prendre de la hauteur. En réalité, nous nous sommes mis dans le conflit, alors que pour jouer un rôle de médiation, il nous faudrait rester en dehors. C'est ce qui explique que la Chine, la Turquie et même la Russie ont pu contribuer à rapprocher des

---

725. Roman Romaniuk, « Possibility of talks between Zelenskyy and Putin came to a halt after Johnson's visit », *Ukrainskaya Pravda*, 5 May 2022 (https://www.pravda.com.ua/eng/news/2022/05/5/7344206/)
726. « Discours sur l'état de l'Union 2022 de la présidente von der Leyen », *Commission Européenne*, 14 septembre 2022 (https://ec.europa.eu/commission/presscorner/detail/fr/speech_22_5493)
727. Nicolas Barré, « Emmanuel Macron : « L'autonomie stratégique doit être le combat de l'Europe » », *Les Échos*, 9 avril 2023 (mis à jour le 14 avril 2023) (https://www.lesechos.fr/monde/enjeux-internationaux/emmanuel-macron-lautonomie-strategique-doit-etre-le-combat-de-leurope-1933493)

adversaires considérés comme irréconciliables, comme la Turquie et la Syrie, ou l'Arabie saoudite et l'Iran.

Au début avril 2023, alors que se profile une contre-offensive ukrainienne, les Occidentaux doivent constater que leurs ambitions étaient exagérées. Le *Washington Post* s'interroge sur les probables «*gains modestes*» d'une telle offensive. Et pourtant, alors que de nombreux indices pointent en direction d'un échec, on ne pardonnerait pas à Zelensky d'entrer dans une négociation, alors que les pays occidentaux ont fait miroiter une victoire totale sur la Russie[728] :

> *Mais l'ouverture de négociations avec le président russe Vladimir Poutine pourrait être risquée pour le dirigeant ukrainien, le président Volodymyr Zelensky, étant donné l'animosité aigüe envers le Kremlin au sein du peuple ukrainien, qui a subi des niveaux extraordinaires de violence et de privations au cours du conflit, mais qui est resté soudé par la promesse d'une victoire totale.*

Le narratif répété d'une Russie qui perd et d'une Ukraine victorieuse se retourne maintenant contre Zelensky. Les promesses non tenues sont le lot des politiciens, mais lorsque la population a fait le sacrifice du sang pour ces promesses, il n'est pas sûr qu'il pardonnera à ceux qui l'ont trompée. Cela concerne ici Zelensky, mais également tous ceux qui ont relayé un discours dont on savait qu'il était faux dès le départ : les journalistes de médias comme LCI, BFM TV, la RTS, la RTBF, Le Monde, et bien d'autres encore pourraient devenir les cibles légitimes de ceux qui se sont sentis trompés par leur discours.

Aux États-Unis, malgré les préjugés généralement défavorables à la Russie, une polarisation croissante de la population et la pression des médias traditionnels, l'analyse du conflit est restée un peu plus rationnelle qu'en Europe, notamment parce que les militaires ont une meilleure perception de la situation. En France, on pense, puis on se réfère — éventuellement — aux faits. Aux États-Unis, on regarde les faits, puis on pense. C'est pourquoi on observe des différences fondamentales entre

---

728. Alex Horton, John Hudson, Isabelle Khurshudyan & Samuel Oakford, «U.S. doubts Ukraine counteroffensive will yield big gains, leaked document says», *The Washington Post*, 10 avril 2023 (https://www.washingtonpost.com/national-security/2023/04/10/leaked-documents-ukraine-counteroffensive/)

des institutions comme la RAND Corporation et l'IRIS en France. Bien que la RAND ait élaboré les éléments de stratégie pour affaiblir la Russie à travers le conflit en Ukraine, elle avait déjà averti que cette stratégie serait dangereuse pour l'Ukraine, pour les États-Unis et pour l'Europe.

7.2. La perception russe

La conception russe de la guerre découle de la pensée de Clausewitz. Cela signifie que l'on passe de manière fluide du militaire au politique et que l'on cherche à transformer les succès opérationnels en succès stratégiques. Dans cette perspective, l'action diplomatique n'est pas antinomique de l'action militaire. Il y a donc une disponibilité à la négociation que l'on a pu constater avec les réponses positives aux demandes de l'Ukraine en 2022.

Mais d'un autre côté, les Russes ont compris que même s'il y avait un processus de négociation, les Occidentaux l'utiliseraient pour geler le conflit et le reprendre plus tard, comme ils l'ont fait avec les accords de Minsk. Ils savent que la parole des Occidentaux ne vaut rien. En 1990, April Glaspie, l'ambassadrice américaine en Irak, avait dit à Saddam Hussein que les Américains n'objecteraient pas à une invasion du Koweït[729]. Elle avait menti. En 2015, les États-Unis, la Russie, la Chine, la France, le Royaume-Uni, l'Allemagne, l'UE et l'Iran signent l'accord de Vienne (JCPOA). L'Iran, la Russie et la Chine l'ont respecté[730], pas les Occidentaux[731]. En 2020, les Américains et les talibans s'étaient mis d'accord sur une date pour le retrait des États-Unis[732]. Les Américains

729. «Confrontation In The Gulf – Excerpts From Iraqi Document on Meeting With U.S. Envoy», *The New York Times*, 23 septembre 1990) (https://www.nytimes.com/1990/09/23/world/confrontation-in-the-gulf-excerpts-from-iraqi-document-on-meeting-with-us-envoy.html).
730. Daniel Larison, «IAEA Confirms Iranian Compliance for the Fifteenth Time», *The American Conservative*, 31 mai 2019 (https://www.theamericanconservative.com/iaea-confirms-iranian-compliance-for-the-fifteenth-time/)
731. Mark Landler, «Trump Abandons Iran Nuclear Deal He Long Scorned», *The New York Times*, 8 mai 2018 (https://www.nytimes.com/2018/05/08/world/middleeast/trump-iran-nuclear-deal.html)
732. *Agreement for Bringing Peace to Afghanistan between the Islamic Emirate of Afghanistan which is not recognized by the United States as a state and is known as the Taliban and the United States of America*, state.gov, 29 février 2020 (https://www.state.gov/wp-content/uploads/2020/02/Agreement-For-Bringing-Peace-to-Afghanistan-02.29.20.pdf)

n'ont pas respecté leur parole et ont repoussé unilatéralement la date de plus de 4 mois. C'est la raison de leur pitoyable départ. Finalement, depuis novembre 2022, nous savons que la signature et la parole d'Angela Merkel et de François Hollande ne valaient rien. Et ce ne sont que quelques exemples...

De plus, les Russes ont compris que Volodymyr Zelensky et les Occidentaux sont prisonniers de leur discours. Après avoir promis la défaite de la Russie et l'entrée dans l'UE et dans l'OTAN à l'Ukraine, l'Occident s'est retiré toute possibilité de sortie de crise sans un conflit prolongé. Ainsi, la Russie sait que le flux d'armes occidentales se poursuivra et que la seule manière de cesser les hostilités est que les combats cessent faute de combattants (ukrainiens). Les Occidentaux pensent user la Russie, mais ils sont en train d'user leur seul atout dans la région.

La Russie ne cherchera probablement pas à étendre ses gains territoriaux, mais elle ne prendra pas l'initiative d'une négociation. Elle a compris que l'Ukraine est le jouet des pays occidentaux et elle ne s'engagera dans des négociations que si elle perçoit une sincère volonté de résoudre le problème et de se tenir aux accords conclus. Pour cette raison, elle sera sans doute très exigeante en fixant les termes d'un accord avec l'Ukraine, et exigera un engagement des Occidentaux.

Il est vraisemblable qu'une solution négociée sera plus défavorable à l'Ukraine qu'elle ne l'aurait été en février ou mars 2022, avant que les Occidentaux ne l'empêchent de poursuivre les pourparlers.

7.3. Vers une solution négociée ?

Le 23 novembre 2022, Claude Wild, ambassadeur de Suisse à Kiev, déclare que la décision de négocier «*appartient aux Ukrainiens*»[733]. Il a raison. Le problème est que *nous* avons empêché Zelensky de le faire en février, en mars et en août 2022 en le pressant pour qu'il abandonne ses propositions. Le 9 avril 2022, Josep Borrell, chef de la diplomatie européenne, avait d'ailleurs déclaré que «*cette guerre sera gagnée sur le champ de bataille*[734]». En d'autres termes, non seulement l'Union euro-

---

733. https://www.rts.ch/play/tv/redirect/detail/13567586?startTime=508
734. https://twitter.com/JosepBorrellF/status/1512778418445860864

péenne s'exclut elle-même d'une solution, mais s'il y en a une, elle ne sera pas diplomatique.

Nous ne sommes donc honnêtes ni avec les Ukrainiens, ni avec les Russes.

En 2022, il semble qu'une grande partie de l'opinion publique ukrainienne était favorable à une négociation avec la Russie. Mais comme nous l'avons vu, négocier est perçu comme une trahison et les purges constatées en Ukraine en mars 2022, en août 2022[735], puis en janvier 2023, montrent que les voix divergentes sur cette question ont systématiquement été réduites au silence. Le 27 août 2022, Mikhaïl Podolyak, proche conseiller de Volodymyr Zelensky, avait déclaré que la guerre ne pouvait se terminer que d'une seule manière : la défaite militaire de la Russie, la restitution des territoires occupés, le jugement des criminels et le début de la transformation de la Russie[736].

Mais la situation sur le terrain devient plus difficile pour l'Ukraine, qui peine à renouveler ses capacités en matériel et en personnel. C'est pourquoi, en novembre 2022, aux États-Unis, certaines voix comme celle du général Mark Milley, qui préside le Joint Chiefs of Staff, suggère que l'Ukraine s'engage dans un processus de négociations[737]. Sa proposition fait un tollé en Occident, mais il est bien placé pour voir que la situation en Ukraine se dégrade, et il la renouvèlera en février 2023[738]… sans succès !

Le problème est que, comme l'explique l'ambassadeur de Suisse à Kiev, les Occidentaux jugent que l'Ukraine ne doit s'engager dans un processus de négociation qu'après avoir pu «capitaliser» sur ses «contre-offensives»[739].

Ainsi, les armes livrées à l'Ukraine n'ont pas pour objectif de reprendre le territoire perdu, mais uniquement obtenir des succès — dont la nature n'a jamais été définie — qui permettraient de sauver la face lors d'une négociation. On est clairement dans une guerre par procuration.

---

735. Max Hunder, «Ukraine's President Fires Spy Chief and Top State Prosecutor», *Reuters/US News*, 17 juillet 2022 (https://www.usnews.com/news/world/articles/2022-07-17/ukraines-president-fires-security-service-chief-and-prosecutor-general)
736. https://www.pravda.com.ua/news/2022/08/27/7365021/
737. Alexander Ward, Lara Seligman & Erin Banco, «U.S. scrambles to reassure Ukraine after Milley comments on negotiations», *Politico*, 14 novembre 2022 (https://www.politico.com/news/2022/11/14/u-s-ukraine-milley-negotiations-00066777)
738. «General Milley: Russia-Ukraine war will end with negotiations», *The Kyiv Independent*, 16 février 2023 (https://kyivindependent.com/general-milley-the-war-will-end-with-negotiations/)
739. https://www.rts.ch/play/tv/redirect/detail/13567586?startTime=478

C'est d'ailleurs ce que l'on peut retirer de l'interview d'Emmanuel Macron du 9 avril 2023, de retour de son voyage en Chine, qui déclare *« le temps n'est pas aux négociations [...] le temps est militaire* [740]*»*. Le ton est donné.

L'Ukraine est devenue victime de sa propre propagande. Ceux qui — comme François Hollande[741] — prônent la poursuite des combats avec la profonde conviction que l'Ukraine est en train de gagner ont beaucoup de chances de se tromper. Ils comprennent la situation comme ils voudraient qu'elle soit et non comme elle est. Ils pensent que la Russie, craignant la reconquête ukrainienne, cherche à négocier, et donc que cela n'est pas le bon moment pour l'Ukraine.

Depuis février 2022, les Ukrainiens n'ont avancé que sur des territoires que les Russes avaient décidé d'abandonner auparavant. Ils ont avancé sans combattre, puis ils se sont fait massacrer dans des « poches de feu » (огневой мешок) par l'artillerie des Russes, sans que ceux-ci n'aient de pertes. La prise du territoire de Kharkov que les Russes avaient quitté au préalable a été meurtrière pour les Ukrainiens malgré l'absence de combats : ils sont arrivés dans une poche de feu et se sont fait détruire par l'artillerie russe sans pouvoir exploiter leur « succès ». La même chose s'est passée à Kherson. C'est la raison pour laquelle Zelensky était sceptique sur le retrait russe à Kherson et avait craint (avec raison) un piège[742] : il avait tiré les leçons de ce qui s'est passé à Kharkov !

Car la grande majorité des experts s'accorde à dire que la « contre-offensive de printemps » ne remplira pas ses promesses. On lui attribue des succès variables, mais à aucun moment les Occidentaux ne les mettent en regard des risques encourus. Les Occidentaux et l'Ukraine sont pris dans le syndrome des « couts irrécupérables » : les sacrifices ont été si grands qu'une négociation serait considérée comme une trahison envers ceux qui ont donné leur vie jusqu'à présent. Les Ukrainiens sont donc pris en étau entre le bon sens et le sentiment de trahison. C'est ce qu'Oleksiy Danilov, secrétaire du Conseil de sécurité de l'Ukraine, déclare en disant

---

740. « Now is not the time for negotiations, now is the time for military action – Macron », *Ukraïnska Pravda*, 9 avril 2023 (https ://www.pravda.com.ua/eng/news/2023/04/9/7397114/)
741. https://youtu.be/D8FDgJsrRt0?t=549
742. https://www.dailymail.co.uk/news/article-11411551/Is-Russias-retreat-Kherson-actually-trap-laid-Ukraine.html

que négocier serait un suicide politique (et probablement physique aussi) pour Volodymyr Zelensky[743].

Parce que nos médias soutiennent que le prix payé par les Ukrainiens est plus bas que celui payé par les Russes, nos gouvernements encouragent l'Ukraine à continuer à se battre. Mais c'est exactement l'inverse de la réalité et on sait que l'Ukraine n'a jamais été et n'est pas en mesure de prévaloir. Il ne s'agit dès lors plus de «gagner», mais de perdre plus dignement. C'est pourquoi on pousse l'Ukraine vers un «baroud d'honneur».

On ne peut préjuger du résultat de la contre-offensive de printemps (dont la date semble toujours plus se rapprocher de l'été[744]), mais le fait de voir des équipements prévus pour cette offensive utilisés dans le secteur de Bakhmout laisse supposer que l'armée ukrainienne s'essouffle avant même d'avoir commencé cette dernière[745].

Notre absence de recul dans la manière d'aborder le conflit nous a contraints à prendre position et à porter un jugement sur lequel il est désormais difficile de revenir. Il ne s'agissait pas ici de renoncer à la sympathie que l'on peut avoir pour l'un ou l'autre des belligérants, mais de conserver un lien avec la Russie de sorte à maintenir un dialogue. L'exclusion totale de la Russie des forums internationaux a exclu cette possibilité et l'Ukraine est maintenant condamnée à gagner (ce qui paraît difficile) ou à être détruite. C'est d'ailleurs en substance ce que dit Peter Maurer, Secrétaire général du *Comité international de la Croix-Rouge* (CICR) et ancien ambassadeur de Suisse responsable de la Politique de Paix, dans l'hebdomadaire suisse *Die Weltwoche*:

> *On ne met pas fin aux guerres avec des étiquettes comme «bon» et «mauvais», mais par un travail concret de réconciliation et de médiation.*

---

743. Safak Costu, «Zelensky Averts "Political Suicide" by Rejecting Peace Talks with Russia, Says Ukrainian Defense Council, Secretary Danilov», *BNN*, 6 avril 2023 (https://bnn.network/breaking-news/zelensky-averts-political-suicide-by-rejecting-peace-talks-with-russia-says-ukrainian-defense-council-secretary-danilov/)

744. «The anticipated Ukrainian counter-offensive: When, where and how?», *Euronews*, 22 avril 2023 (https://www.euronews.com/2023/04/22/the-anticipated-ukrainian-counter-offensive-when-where-and-how)

745. «La Republica: M109 howitzers delivered by Italy already in use Ukraine», *The Kyiv Independent*, 16 avril 2023 (https://kyivindependent.com/la-republica-italy-delivers-m109-howitzers-to-ukraine/)

Car coller des étiquettes n'est qu'une manière d'exclure le dialogue. En l'occurrence, les diplomates occidentaux auraient été bien inspirés de se pencher sur la question suivante :

> *Qu'est-ce qui fait que ce conflit est plus condamnable que ceux que nous avons créés auparavant ?*

Or, à ma connaissance, aucun diplomate, journaliste ou politicien occidental n'a une seule fois soulevé cette question ni même tenté d'y répondre...

Table des matières

1. Comprendre le conflit 7

2. Les acteurs 11
   2.1. Les États-Unis 11
      2.1.1. La doctrine Wolfowitz 12
      2.1.2. Le piège de Thucydide 14
      2.1.3. La stratégie de la RAND Corporation (2019) 22
   2.2. L'Ukraine 24
      2.2.1. Les objectifs de l'Ukraine 24
      2.2.2. La stratégie ukrainienne 26
   2.3. La Russie 28
      2.3.1. Les objectifs de la Russie 28
      2.3.2. La guerre comme continuation de la politique 47
      2.3.3. La Russie prête à négocier dès le début 49

3. Considérations géostratégiques 55
   3.1. La menace russe sur l'Europe 55
   3.2. Les « valeurs » 57
      3.2.1. De l'« ordre international basé sur le droit » à l'« ordre international basé sur des règles » 57
      3.2.2. Un regard nouveau sur le néonazisme et l'extrémisme 67
      3.2.3. Une nouvelle perception du terrorisme 72
   3.3. Les sanctions 73
      3.3.1. L'efficacité des sanctions sur l'économie russe 76
      3.3.2. Les sanctions sur les produits pétroliers 82
      3.3.3. Le manque de microprocesseurs 84

3.3.4. Les sanctions sur Nord Stream.. 85

3.3.5. Les engrais et les céréales.. 87

3.3.6. L'isolement de la Russie 90

3.3.7. La stabilité de la Russie 97

3.4. Le renforcement de l'OTAN et de l'UE..100

3.4.1. Les relations entre l'OTAN et la Russie 102

3.4.2. L'adhésion de l'Ukraine à l'OTAN et à l'UE 104

3.4.3. L'adhésion de la Suède et de la Finlande à l'OTAN................... 107

3.4.4. Le sabotage des gazoducs Nord Stream 1 et 2........................... 110

4. Considérations militaires.. 125

4.1. Le retour de la guerre conventionnelle 125

4.1.1. La cyberguerre 130

4.1.2. La disparition de la guerre hybride 132

4.1.3. La question nucléaire — Le fond du problème 134

4.1.4. La menace nucléaire russe 136

4.2. La conduite ukrainienne de la guerre.. 150

4.2.1. Une conduite des opérations dominée par la communication 150

4.2.2. L'absence de résistance populaire 152

4.2.3. La conduite des opérations 157

4.3. La contre-offensive de printemps (2023) 169

4.4. Les documents secrets américains « fuités » 173

4.4.1. Les documents militaires.. 176

4.4.2. Les documents de la CIA 177

4.5. La conduite russe des opérations..178

4.5.1. Les structures de conduite 179

4.5.2. La maîtrise russe de l'Art Opératif 184

4.6. Échec ou succès russe ?... 190

4.7. Le rôle des « volontaires » 193

4.7.1. Les volontaires individuels... 193

4.7.2. Les compagnies militaires privées (CMP)............................... 195

4.8. Le mythe du rôle de l'armement occidental en Ukraine 196

4.8.1. L'investissement occidental.. 197

4.8.2. Une guerre industrielle.. 198

4.8.3. Les Wunderwaffen... 200

4.8.4. La formation... 202

4.8.5. Les drones... 203

4.8.6. Les armes « intelligentes » 207

4.8.7. Les armes hypersoniques..210

4.8.8. Les chars de combat 212

4.8.9. L'artillerie 225

4.8.10. La guerre électronique...236

4.8.11. Les armes anti-aériennes 239

4.9. La diversion 244

5. La guerre de l'information 247

5.1. Des médias occidentaux défaillants 247

5.2. Le rôle du renseignement 251

5.2.1. Le renseignement stratégique...251

5.3. La désinformation russe 254

5.4. La guerre ukrainienne et occidentale de l'information............255

5.4.1. Les structures d'information..255

5.4.2. Des philosophies différentes...259

5.4.3. Principes de la communication ukrainienne et occidentale....263

5.4.4. Les pertes 271

5.5. Les réfugiés 286

6. Le bouleversement du monde 289

6.1. La dédollarisation..289

6.2. La faillite de la diplomatie 293

6.2.1. La faillite de la diplomatie occidentale.................................293

6.2.2. La fin de la neutralité suisse ?...295

6.2.3. Le respect du Droit international 298

6.3. L'Afrique 299

6.4. Le Proche et Moyen-Orient 301

7. Sortir de la crise 305

7.1. L'incapacité de sortir des préjugés.......................................305

7.2. La perception russe 309

7.3. Vers une solution négociée ? 310